U0943400

杨利华
冯晓青　编著

中国专利法研究与立法实践

ZHONGGUO ZHUANLIFAYANJIU YU
LIFA SHIJIAN

中国政法大学出版社
2014・北京

图书在版编目（CIP）数据

中国专利法研究与立法实践/杨利华，冯晓青编著.—北京：中国政法大学出版社，2014.6
ISBN 978-7-5620-5473-3

Ⅰ.①中…　Ⅱ.①杨…　②冯…　Ⅲ.①专利权法－研究－中国　Ⅳ.D923.424

中国版本图书馆CIP数据核字(2014)第132154号

出版者　中国政法大学出版社
地　址　北京市海淀区西土城路25号
邮寄地址　北京100088信箱8034分箱　邮编100088
网　址　http://www.cuplpress.com（网络实名：中国政法大学出版社）
电　话　010-58908285(总编室)　58908334(邮购部)
承　印　固安华明印业有限公司
开　本　720mm×960mm　1/16
印　张　32.75
字　数　540千字
版　次　2014年6月第1版
印　次　2014年6月第1次印刷
定　价　64.00元

国家社科基金重大项目（10&ZD133）
《国家知识产权文献及信息资料库建设研究》阶段性成果
司法部2012年度国家法治与法学理论研究项目（12SFB2041）
（中国知识产权思想史研究）阶段性成果

作者简介

—AUTHOR BRIEF INTRODUCTION—

杨利华，女，湖南长沙人。中国政法大学副教授、硕士生导师，中国知识产权法学研究会理事，法学博士。主要研究知识产权法学、知识产权法制史和知识产权信息管理。主持司法部2013年度项目“中国知识产权思想史研究”、国家知识产权局2009年度软科学规划项目“台湾专利制度史研究”等课题，参与2010年国家社科基金重大项目“国家知识产权文献及信息资料库建设研究”、2009年度国家社科基金重点项目“中国特色知识产权理论体系研究”等课题十余项。出版《美国专利法史研究》等著作多部，在专业核心期刊发表论文二十多篇，在知识产权法制史方面出版了一批具有影响的学术成果。

冯晓青，男，湖南长沙人。中国政法大学教授、博士生导师，知识产权法国家重点学科学术带头人和博士点负责人，中国政法大学无形资产管理研究中心主任，法学博士，兼任中国知识产权法学研究会副会长、中国知识产权研究会学术顾问委员会委员、国家知识产权战略专家库专家、最高人民法院案例指导工作专家委员会委员等社会职务。出版《知识产权法哲学》、《知识产权法利益平衡理论》、《企业知识产权战略》、《企业知识产权管理》等个人学术专著12部，主编知识产权法方面等著作与教材近三十部（含在英国出版的一部），在国内外核心专业刊物上发表知识产权论文一百余篇，其中美、英、澳、瑞士等国英文法律专业刊物近二十篇。主持国家社科基金重大项目等省部级以上项目十余项。创办学术网站“冯晓青知识产权网”。

前 言

—PREFACE—

人生三十而立，中国当代专利事业如果从1984年《中华人民共和国专利法》（以下简称1984年专利法，以后各次修订分别简称为2000年专利法、2008年专利法，而现行专利法简称专利法）颁布算起，今年也进入而立之年。系统总结和分析我国专利事业三十年的历史脉络和经验得失，对于我国专利制度的完善和专利事业的发展，无疑具有其不可替代的价值。本书作者在展开所承担的2010年国家社会科学基金重大项目《国家知识产权文献及信息资料库建设研究》的研究过程中，全面系统地整理了我国专利法的历史资料，并进行编辑整理和分析研究，形成本书。本书分理论探索、中国专利法律及相关规范、中国专利法大事记三部分。

理论研究部分，包括“中国专利法历史概述”、“中国专利法修改与完善研究”、“中国地方专利立法研究”、“中国专利法研究综述”等4篇专题论文。其中，“中国专利法历史概述”一文从宏观视野对我国专利法的产生和发展进行了比较全面的概括和总结；“中国专利法修改与完善研究”以新中国第一部《专利法》的三次修改为主线，针对每一次修改的背景、原则、意义和作用，特别是修改的具体内容作了详细介绍和研究，有助于对中国专利制度的改革和发展有比较清楚的了解；“中国地方专利立法研究”以我国地方专利立法为考察对象，剖析了我国地方专利立法的现状、特点和存在的问题，提出了完善我国地方专利立法的建议和对策，是研究我国地方专利立法的重要成果；“中国专利法研究综述”侧重于我国关于专利法研究状况的考察，在占有大量现有文献的基础上，梳理了我国专利法研究的有关成果并就其相关特点进行了归纳，提出了推动我国专利法研究的思路和建议。这些研究，对于从历史发展角度宏观地了解我国专利法制动态及相关的专利立法实践和研究，具有比较重要的意义。

中国专利法律及相关规范部分，收录了从我国第一部专利法规《振兴工艺给奖章程》到最新的现行《专利法》、《专利法实施细则》等重要法律、行政法规和部分重要部门规章、司法解释，以及不同时期立法修改的立法说明等，可视为纸质版的“中国专利法规资料库”。这些内容具有很强的实用性，是学习和研究我国专利法的重要资料。

“中国专利法大事记”按照时间顺序，梳理了自清末以来，北洋政府、南京政府、解放区政府、新中国早期以及1978年以来我国专利法相关的重要事件。本部分内容，也是了解我国专利立法及其实践的重要资料，可视为“中国专利法大事信息库”。

本书也是国家社会科学基金重大项目“国家知识产权文献及信息资料库建设研究”和司法部2012年度国家法治与法学理论研究项目“中国知识产权思想史研究”阶段性成果之一。本书由中国政法大学冯晓青教授与杨利华副教授共同编著完成。同时，中国政法大学知识产权法专业博士生陈啸，硕士生刘颖、曾梦倩参与了本书第一部分的撰写工作，具体分工是：“中国专利法历史概述”由杨利华、刘颖共同撰写；“中国专利立法完善研究”由冯晓青、杨利华共同撰写；“中国地方专利立法研究”由杨利华、刘颖共同撰写。“中国专利法大事记”部分则由杨利华、刘颖和刘成军共同完成。希望本书的出版，对于读者研究和学习我国专利法制有所裨益。

今年恰逢新中国专利法颁布30周年，本书的编著和出版，也是对我国专利法颁行30周年的纪念之作。当今我国正在实施国家知识产权战略，党的十八大也提出了创新驱动发展战略，希望我国专利法在推进我国创新型国家建设中发挥更重要的作用。

杨利华、冯晓青

2014年3月20日

目 录

— 理论探索 —

中国专利法历史概述 …… 3
中国专利法修改与完善研究 …… 26
中国地方专利立法研究 …… 63
中国专利法研究文献综述 …… 82

— 中国专利法律及相关规范 —

振兴工艺给奖章程（1898 年，节略） …… 125
中美通商行船续订条约（1903 年，节略） …… 127
咨各省呈请专利办法文（1905 年，节略） …… 129
奖励工艺品暂行章程（1912 年） …… 130
暂行工艺品奖励章程（1923 年） …… 132
奖励工业品暂行条例（1928 年） …… 134
中华民国专利法（1944 年） …… 137
中华民国专利法实施细则（1947 年） …… 151
保障发明权与专利权暂行条例（1950 年） …… 157
保障发明权与专利权暂行条例施行细则（1950 年） …… 161
发明奖励条例（1963 年） …… 164
中美贸易关系协定（1979 年，节略） …… 168
国家科委关于我国建立专利制度的请示报告（1979 年） …… 169

关于《中华人民共和国专利法（草案）》的说明（1983 年） …………… 175
对《中华人民共和国专利法（草案）》审议结果的报告（1984 年） …… 181
中华人民共和国专利法（1984 年） ………………………………………… 185
国家经委、国家科委、劳动人事部、中国专利局关于在全国设置专利工作机构的通知（1984 年） ……………………………………………… 194
专利局关于建立专利管理机关的公告（1984 年） ……………………… 197
中华人民共和国专利法实施细则（1985 年） …………………………… 198
专利收费标准（1985 年） ………………………………………………… 214
最高人民法院关于开展专利审判工作的几个问题的通知（1985 年） …… 217
中国专利局关于实施专利许可合同的备案的通知（1986 年） ………… 220
最高人民法院关于专利侵权纠纷案件地域管辖问题的通知（1987 年） ……………………………………………………………… 221
最高人民法院关于审理专利申请权纠纷案件若干问题的通知（1987 年） ……………………………………………………………… 223
专利管理机关处理专利纠纷办法（1989 年） …………………………… 225
企业专利工作办法（试行）（1990 年） ………………………………… 230
专利代理条例（1991 年） ………………………………………………… 234
关于《中华人民共和国专利法修正案（草案）》的说明（1992 年） …… 239
中华人民共和国专利法（1992 年） ……………………………………… 244
中华人民共和国专利法实施细则（1992 年） …………………………… 254
企业专利工作管理办法（试行）（2000 年） …………………………… 274
关于《中华人民共和国专利法修正案（草案）》的说明（2000 年） …… 282
中华人民共和国专利法（2000 年） ……………………………………… 289
中华人民共和国专利法实施细则（2001 年） …………………………… 300
最高人民法院关于对诉前停止侵犯专利权行为适用法律问题的若干规定（2001 年） ……………………………………………………………… 328
最高人民法院关于审理专利纠纷案件适用法律问题的若干规定（2001 年） ……………………………………………………………… 331

专利实施强制许可实施办法（2003 年） …… 336
国防专利条例（2004 年） …… 344
关于《中华人民共和国专利法修正案（草案）》的说明（2008 年） …… 351
中华人民共和国专利法（2008 年） …… 356
中华人民共和国专利法实施细则（2010 年） …… 369
最高人民法院关于专利、商标等授权确权类知识产权行政案件审理分工的规定（2009 年） …… 398
最高人民法院关于审理侵犯专利权纠纷案件应用法律若干问题的解释（2009 年） …… 400
专利实施强制许可办法（2012 年） …… 404

— 中国专利法大事记 —

清末 …… 415
北洋政府 …… 416
南京政府 …… 417
解放区政府 …… 419
新中国早期 …… 420
1978 年 …… 422
1979 年 …… 423
1980 年 …… 425
1981 年 …… 426
1982 年 …… 426
1983 年 …… 427
1984 年 …… 428
1985 年 …… 430
1986 年 …… 433
1987 年 …… 435
1988 年 …… 436

1989 年 …… 437
1990 年 …… 439
1991 年 …… 441
1992 年 …… 444
1993 年 …… 448
1994 年 …… 451
1995 年 …… 454
1996 年 …… 457
1997 年 …… 458
1998 年 …… 460
1999 年 …… 461
2000 年 …… 463
2001 年 …… 467
2002 年 …… 471
2003 年 …… 475
2004 年 …… 476
2005 年 …… 479
2006 年 …… 483
2007 年 …… 490
2008 年 …… 495
2009 年 …… 498
2010 年 …… 500
2011 年 …… 503
2012 年 …… 508
2013 年 …… 510

理论探索

中国专利法历史概述

一、导论

专利是在欧洲中世纪封建君主授予的新技术专营特权基础上发展起来的，是商品经济和生产技术发展结合的产物，虽然是封建特权的产物，但其天然地与市场（商品）经济相联系。近代以来，随着资产阶级权利意识的发展，专利这一基于新技术发明成果的专营权从君王恩赐特权变为符合法律正当性的私权。专利的正当性则是：赋予新产品的专营权，有利于新技术、新产品的开发和引进，丰富产品市场；同时通过专利的技术公开特点而避免技术垄断，促进技术开发和进步。随着1790年《美国专利法》和1791年《法国专利法》的颁布，以成文法形式确立专利授权的条件、权利内容与限制、侵权救济等内容的专利成文法保护模式，在整个19世纪迅速发展，专利的成文法保护成为现代专利法发展的基本特点。与此同时，19世纪国际贸易的发展引发了附随于商品贸易的专利国际保护需求，专利和著作权、商标权等知识产权一样，通过《保护工业产权巴黎公约》（以下简称巴黎公约）、《保护文学艺术作品伯尔尼公约》（以下简称伯尔尼公约）等国际公约，建立起知识产权的国际保护制度。各国以各自的专利法法为基础、同时参照巴黎公约的专利保护体系，为国际范围内技术交易提供了规则。

我国是一个有着悠久历史和灿烂文化的国家，在五千年的文明发展史中，向社会贡献了诸如四大发明等极大地影响了整个社会的科技成果。不过，自给自足的农业社会里，中央集权的政治制度、重农抑商的经济制度和以公法为主强调集体本位、义务本位的法制传统，使我国历史上缺乏专利这一技术“专营权”的市场环境与法律文化环境，因此直到清末，尚未产生现代意义的专利法[1]。我国专利法的观念和相关制度的发展，是随着我国近现代化而逐步发展的。

鸦片战争后，西方的专利等法律文化观念随着我国国门洞开后涌入的殖民者和睁开眼看世界的国人的增多而逐渐进入中国。1959 年太平天国洪仁玕在《资政新篇》中首次提出建立专利制度的主张；甲午海战后的变法维新运动中，清光绪皇帝于 1898 年颁布《振兴工艺给奖章程》，第一次规定给予新工艺以专利。不过，这些都只是停留在纸面上。20 世纪初期美国等在商约中提出的保护专利主张，引起了我国士绅关于专利制度的思考，初步形成了我国不能回避专利制度但需要在相关条件成熟后才能给外国人以专利保护的认识，并进行专利制度的初步尝试。

辛亥革命后，从 1912 年到 1928 年的北洋政府时期，先后制定了《奖励工艺品暂行章程》和《暂行工艺品奖励章程》，通过工商部授予新产品以专利，初步建立了我国专利制度。1927 年成立的南京国民政府，在北洋政府专利制度的基础上不断完善，进而在 1944 年通过了正式的《专利法》，随后又通过《专利法实施细则》，规定自 1949 年 1 月 1 日起正式实施[2]。

自 1912 年到 1923 年依据《奖励工艺品暂行章程》，北洋政府农商部批准专利 97 件，批准褒奖 144 件；自 1924 年到 1927 年依据《暂行工艺品奖励章程》批准专利的情况未见记载，1928 年政府工商部批准专利 38 件，批准褒奖 31 件；自 1932 年到 1937 年批准专利 123 件，1938 年到 1944 年底批准专利 434 件。[3] 总计在 1912 年到 1949 年的国民政府时期，我国总共批准了近 700 件专利。

基于特殊的国家社会经济制度，针对发明成果的运用与保护制度，随着新中国的经济制度而呈现另一种轨迹。专利制度整体上随着改革开放政策实施以后才逐步建立和完善。自 1984 年新中国第一部专利法诞生以来，我国用 30 年时间建立起与国际标准接轨并符合我国实际国情的专利制度。目前，专

---

〔1〕 我国自汉代以来的盐铁等商品的专卖制度，虽然具有产品专营这一专利制度的含义，但它主要由政府部门经营，实质上是官府攫取财富的工具，是官府与民争利的结果，与专利的技术商品专营权具有实质性区别。清末郑观应就织布技术取得的专利，虽然采用了“专利”一词，而且不像封建时期的专卖制度一样针对盐、铁、茶、酒等常规民用产品，而是针对新的生产技术，但仍然是政府赋予的官方产业的专营权，与现代专利法意义的专利不可相提并论。

〔2〕 不过，由于国内政局的变化，该法 1949 年随国民党政府进入台湾后在台湾实施并不断应对科技经济需要而修订。

〔3〕 齐长青、张尚策：“解放前中国专利制度概述”，载《发明与专利》1982 年第 1 期。

利制度在促进我国经济可持续发展、提高自主创新能力、建设创新型国家等方面发挥着举足轻重的作用。但是，专利侵权现象泛滥、专利权人维权难、公众专利意识差等问题仍然有待解决。纵观新中国成立以来的发明创造保护历程，思想观念、社会制度、国际压力等因素，都对我国专利制度的建立和发展起到了或积极或消极的影响，这些因素同时也是造成上述问题的原因。

二、建国初期的发明创造保护制度

建国初期的发明创造保护与利益调整制度，主要体现在1950年《保障发明权与专利权暂行条例》确立的发明权与专利权双轨制和1963年《发明奖励条例》、《技术改进奖励条例》确立的科技奖励制度。它们是新中国领导人基于对中国经济制度的认识而做出的选择。

（一）《保障发明权与专利权暂行条例》下的发明权与专利权科技成果双轨保护机制

建国初期，百废待兴，政府亟须从政治、经济、科技等各个方面进行国家重建。1950年8月11日，在新中国成立未满1年时，中央人民政府政务院批准公布了《保障发明权与专利权暂行条例》（22条），并于同日起施行。政务院财政经济委员会于同年10月9日公布了该条例的施行细则。该条例采用了与苏联相似的专利证书和发明证书的双轨制，确立了建国初期我国发明创造的保护制度。在这种制度下，专利权和发明权的区别在于，专利权属于一种垄断性的财产权，而发明权则仅具有荣誉性质，不具有垄断性，也并不构成财产权。

《保障发明权与专利权暂行条例》以“鼓励国民对生产科学之研究，促进国家经济建设之发展”为宗旨（第1条），具体规定了发明权和专利权的适应范围、内容与限制。它规定，凡我国国民“无论集体或个人，在生产上有所发明者”，均可以自愿申请发明权或专利权（第2条）。发明应在生产上能够直接使用并具有提供新的生产方法、制造新的产品、提高产能、增加产品价值等效果（第3条）。发明审核主管机关为“政务院财政经济委员会中央技术管理局”，以化学方法获得的物质不给予发明或专利，但其新制造方法除外（第3、5条）。发明人的权利包括：根据规定获得奖金、奖章、勋章或荣誉学位等奖励，作为遗产由继承人获得奖金，经批准后在发明物上署名（第6条）。专利权则包括运用专利技术办厂经营，以契约向他人转让或许可专利而取得报酬，向未经许可的使用人取得赔偿，作为遗产可继承，未转让或许可的可以申请改为发明权（第7条）。但是，涉及国防、军事及公共福利的发明，以及国营单位员工的职务发明和委托发明，仅给予发明证书而不给予专利证书（第8条）。条例第10条规定，共有专利权需经共有人同意才能行使，专利权的许可和转让需报主管部门批准。第11条规定了可能导致专利权撤销的情形：保护期内，未经核准私自将专利卖到国外；领取证书2年后未经核准延期而不实施专利；未经核准无故停止使用2年以上。第12条规定：私自向国外出卖专利、未经核准将发明公布到国外、被主管机关核定为秘密而泄露该秘密、剽窃他人发明或泄露他人秘密、擅自使用属于国家采用的发明权，将承担赔偿责任或刑事责任。第13条规定了先发明人的“先用权”。第14条规定，已被授予专利权的发明，若中央主管机关认为有收归国家采用与处理的必要时，可与专利权人协商将其专利权让与国家，协商不成，政务院可决定对专利权人改发发明证书，并发给奖金。条例赋予发明人协助进行发明实施与改进的义务（第15条），并规定申请发明权的发明不为政府采用时，可以申请或由主管部门直接改为专利权，已给发明证书的改给专利证书（第16）。对经审核确有价值和成功希望的潜在发明，可指定有关单位提供方便并给予补助（第17条）。此外，居住在中国的外国人也可依据该条例申请发明权或专利权（第18条）。对于申请发明权或专利权的处理程序，条例第19条规定，发明人填写申请书并附上相关证明材料向中央主管机关申请——主管机关收到申请10日内发放受理通知，一般在3个月内做出审查并通知申请人，认为资料不足时可要求补充，所有审查材料保密——审查合格的予以公告，3个月内无人异议的为审查确定——发给发明证书或专利证书，审查不合格的，发给审查书，详细说明理由——申请人可以在审查书送达45日内，报请再审查——对再审查决定仍然不服的，可在90日内起诉。根据第9和第20条，发明权或专利权期限自发证之日计算，期限为3～15年，由主管机关在证书中确定，期满失效或被撤销的由主管机关公告。

《保障发明权与专利权暂行条例》自1950年发布到1963年11月3日被国务院废止的13年间，中央主管机关据此共授予了4项专利权和6项发明权。例如，1953年4月1日中央工商行政管理局发布的“商标、发明公报”上，即登载了2项发明和3项专利。它们是：北京侯德榜1951年5月23日申请的“侯氏碱法”之发明权，其发明权范围包括“全部连续循环制造部分及应用设备”等5项，有效期为5年；北京永利化学工业公司总管理处1951年6月15日申请的“水煤气之转化触媒剂”的发明，其发明权范围包括“以粗硫酸与铁皮或……代替硝酸与铁，制作水煤气用的氧化触媒剂，藉将一氧化碳转化为氢”等5项，有效期为5年；上海胡振1950年11月20日申请的“软硬性透明胶膜网线版”的为期5年的专利权，权利“保障部分”为软硬性透明胶膜网线版双层广边制造方法；上海强英才等就“国产软木”于1951年2月5日申请的为期3年的专利，其保障部分为“国产软木的炼制过程”；江西董如瑾1951年3月10日申请的“地形测绘器”专利，有效期5年，专利权保障部分包括“用视距捷算器、分度盘、旋转臂及滑尺配合以绘算地形的结构”。[1]

根据这一条例发布的另一项专利是“在制造合成氨过程中吸除一氧化碳等方法”；另4项目发明是“棉花水分电测器”、“压差式火灾警报器”及“简易制造纯氩气方法”及“简易水分测定器”。[2]

根据条例和条例实施情况可以看出，该条例采取保护发明权与专利权的双轨制，其本质是发明权归国家所有，国家可以无偿使用，对发明人采取承认其人身权和奖励的政策，但发明人不能从发明的实际使用中分享受益。在我国新中国建立初期国家亟须进行经济重建的背景下，通过实行双轨制的发明创造保护制度，可以安抚、鼓励拥有发明创造能力或技术改良能力的知识分子和熟练技工，使国家获得所需的技术成果。这种双轨制的发明创造保护制度契合了当时我国的政治、经济状况的需要。不过，在1956年党中央宣布社会主义改造完成后，主管机关就没有再发布过任何发明权或专利权证书，该条例在实际上已经停止施行了。其实，在计划经济环境下，专利权作为技术成果的市场经营权，已失去了存在的土壤。

整体上，新中国成立初《保障发明权与专利权暂行条例》下发明权与专利权双轨制的短暂实施，尽管未对我国科技、经济的发展产生明显的促进作用，但它是新中国最早的科技管理与科技成果利益调整规范。

（二）《发明奖励条例》和《技术改进奖励条例》下的科技奖励机制

1963年11月3日，国务院发布《发明奖励条例》（27条）和《技术改进

〔1〕 参见中国专利局宣传组：《专利工作文选》（第1辑）之附件“1953年4月1日中央工商行政管理局发布的‘商标、发明公报’”。

〔2〕 参见韩秀成：“中国专利史话（四）”，国家知识产权局网站 http://www.sipo.gov.cn/mtjj/2005/200804/t20080401_362816.html，最后访问日期为2013年11月6日。

奖励条例》（28 条），于同日施行，并同时废止了《保障发明权与专利权暂行条例》。这是我国发明创造保护与利益调整制度上的重大转折。该两个条例以生产资料的社会主义公有制为基本前提，发明奖励由国家科学技术委员会（国家科委），技术改进奖励由国家经济委员会（国家经委）负责，对群众的发明属于国家所有，任何人都不得垄断，任何单位都可以任意利用。自此，新中国成立初实行的发明证书和专利证书双轨制的发明创造保护制度，被发明和技术改进的奖励制度所取代，专利制度正式退出中国市场。其实，这与当时对专利制度和社会主义经济的本质认识相关联。当时的社会观念认为，社会主义的基本特征是公有制，专利的私人垄断性质与社会主义经济基础不符，因此以公有制为基础的社会主义中国不应该有限制技术充分利用的专利制度。

“文革”期间，十年浩劫使得我国对于发明创造的保护一度停滞，专利制度更无从谈起。

1978 年 12 月 28 日，国务院重新修订公布了《发明奖励条例》。1979 年 11 月 21 日，国务院发布《自然科学奖励条例》。1982 年 3 月 16 日，国务院颁布了《合理化建议和技术改进奖励条例》，同时废止了 1963 年发布的《技术改进奖励条例》。这三部条例共同构成了我国改革开放初期的科技奖励制度。这些科技奖励制度旨在通过给予发明人证书、奖章及奖金等精神上和物质上的奖励，来鼓励发明，促进科技进步。社会主义的公有制经济基础和平均主义的社会观念，使得这样的制度选择在当时有其内在的必然性与合理性。但是，有价值的发明创造往往需要发明人所在单位提供人力、物力、财力等的支持，单位投入巨大却无从得到任何回报，发明属于国家所有，全国各单位（包括集体所有制单位）都可以根据国家计划予以利用。从事发明创作的科技人员不能分享自己技术成果的收益，干多干少、干好干坏一个样，其发明潜力也难以充分发挥。这样的制度设计显然不利于激励单位投入科研经费、培养科研人员、从事科研攻关，也不利于调动科技人员的科研积极性。此外，科技奖励是给予科学技术领域具有重大贡献的发明人的荣誉，通常仅针对某一科技领域内的重大成果，不针对一般技术的创新和推广运用，而且奖励主要是精神性的、一次性的，发明人不能直接分享技术成果的运用受益。这一制度在激励发明创造、促进发明创造的推广运用方面效果很有限。

如前所述，专利制度起源于欧洲中世纪封建君王恩赐的市场经营特权。自 17 世纪以来，随着资本主义的兴起和法学理论的发展，专利作为授予新技术发明人的市场专营权，因其具有促进技术创造与运用，促进社会科技进步的作用，其正当性得到普遍的肯定。到1883年巴黎公约建立专利等工业产权的国际保护制度，专利制度成为国际通用的技术成果利益调整机制。在专利制度下，基于新技术而依法取得的专利，是发明人的合法财产权，拥有新发明专利的权利人可以垄断性地利用其发明创造，任何人未经许可擅自利用专利权人的技术，即构成对他人专利权的侵犯。而且只要符合专利法规定的条件（是本法域内没有使用过的新发明，而且具有实用价值，能够进行利用），无论发明是否意义重大，均可取得专利权。可以说，专利制度与科技奖励制度相比，在制度目的、要求的创新程度、覆盖范围等诸多方面，都存在差异。两者在鼓励发明创造、促进技术开发与运用方面并存互补，而不能相互取代。单一的科技奖励制度难以适应促进产业技术水平，促进技术的推广与运用的需要，也无法满足外贸往来、科技合作方面的需求。当然，专利制度以市场为导向，主要激励具有市场价值的技术的开发和运用，对于一些重大的、前沿的、基础性的或探索性的以及市场前景尚不明确或社会价值较大而市场价值有限的科学技术领域，则不是专利制度的功能所及的范围，需要国家科技奖励与科技支持政策予以推动。

三、我国专利制度的初步建立

（一）对外交流对我国专利制度的呼唤

20世纪70年代，我国在外交领域取得了突破，在联合国恢复了合法席位，中美、中日关系也趋于正常化，并同七十多个国家建交，与此同时，我国同外国的经贸往来和科技交流也在不断扩大和加深。随着我国对外交流的不断扩大，专利制度的缺位引起了诸多问题。我国在引进先进设备、技术时，知识产权是外商最为关注的问题之一。由于我国没有建立专利制度，外商无法就技术取得垄断权，因此非常担心出现“一家引进，百家共享”的局面，这导致了外商出于保护技术的考虑，不愿将设备或技术卖给中国或向中国开价比通常更高。[1] 同时，外国企业、研究机构也想购买我国技术或与我国单

---

〔1〕 参见国家科委：《国家科委关于我国建立专利制度的请示报告》（1979年10月17日），中国共产党新闻网（http://cpc.people.com.cn），党的历史文献集和当代文献集（新时期科学技术工作重要文献选编），最后访问时间为2014年4月5日。

位合作研究开发新技术，但是由于我国没有专利制度，也没有管理出售技术的机构，因此多数购买或合作提议都未予答复。[1] 1978 年 12 月，党的十一届三中全会召开，我国开始实行对外开放政策，这进一步拓宽了我国在国际上的贸易往来与科技交流。由于在国际交往中频繁遭遇专利问题，我国政府和民间都意识到了建立专利制度的重要性和迫切性。

与此同时，1979 年 1 月 31 日，中美于华盛顿签订《中华人民共和国国家科学技术委员会和美利坚合众国能源部在高能物理领域进行合作的执行协议》。1979 年 7 月 1 日，中美于北京签订《中华人民共和国和美利坚合众国贸易关系协定》。两协议均列入了保护专利权的条款，我国只有建立专利制度、制定专利法，才能够保证协议中“根据各自的法律并适当考虑国际做法，给予对方的法人或自然人的专利和商标保护”的条款得到实际执行。

贸易往来与科技交流中的迫切需求和履行双边协定承诺的国际义务，使得我国建立专利制度势在必行。

（二）我国专利法的孕育与立法论争

1978 年 7 月，党中央在批准的外交部、对外经贸部、对外经济联络部的一份报告中提到“我国应建立专利制度”，这意味着中央正式做出了建立专利制度的决策。同年 9 月，国家科学技术委员会（以下简称国家科委）展开调研，开始着手筹建专利制度。1979 年 3 月，专利法起草小组正式成立，新中国成立后第一部专利法的起草工作正式开始。起草小组的成员包括来自北京大学、中国人民大学、中国社会科学院法学研究所、中国国际贸易促进委员会的四位法学专家和国家科委的两位工作人员。

同年 5 月，国务院派出了考察团，首次访问了世界知识产权组织，并到多个国家实地考察专利制度。考察团回国后，国家科委根据调查研究和考察情况，于 1979 年 10 月 17 日向国务院提交了《国家科委关于我国建立专利制度的请示报告》（以下简称《报告》）。《报告》的第一部分阐述了我国建立专利制度势在必行的 3 个理由：其一，建立专利制度，可以保护我国的发明创造，向国外出售技术，促进国内经济、技术发展；其二，建立专利制度有利

---

〔1〕 参见国家科委：《国家科委关于我国建立专利制度的请示报告》（1979 年 10 月 17 日），中国共产党新闻网（http://cpc.people.com.cn），党的历史文献集和当代文献集（新时期科学技术工作重要文献选编），最后访问时间为 2014 年 4 月 5 日。

于开展科技情报工作，为外贸、技术引进和国内科研工作做好参谋；其三，开展国际贸易和科技合作，必须建立专利制度。在第二部分，《报告》明确了我国的专利制度应当采取何种形式、何种审批方法以及专利保护对象。《报告》的第三部分还提出了我国建立专利制度必须抓紧做好的4项工作：一是，起草专利法；二是，成立中华人民共和国专利局；三是，建立专利代理机构；四是，开展专利知识的宣传普及和政治思想教育。

1979年6月4日，专利法起草小组经过两个多月的研究和讨论，完成了专利法草案的第1稿。时任全国人大法律委员会副主任的张友渔审阅后认为，该草案从法律技巧、文字表达等方面都具有相当高的水平，“很有味道”〔1〕。当时，围绕我国究竟应当采用单一专利制度的单轨制还是仿效苏联的双轨制，仍存在不同的声音。由于专利法草案的第1稿确立了单轨制，6月12日，起草小组又完成了草案的双轨制版本。其后，国家科委召开了专门会议，讨论我国在单轨制与双轨制之间的选择。与会人员经讨论认为，双轨制已不符合我国对外开放的政策和发展形势，我国最终应当实行单一的专利制度。

1980年1月14日，国务院批准成立中华人民共和国专利局，并正式批准转发了《报告》，且要求“有关部门要密切配合专利局工作，使我国的专利工作迅速开展起来”。虽然《报告》中的一些观点最终并未在专利法草案的讨论中被采纳，但其对于建立专利制度理由的阐述和对于专利保护对象及审批方法的选择奠定了我国专利制度的基础，也为我国专利法定下了基调。

1980年1月31日至3月4日，我国政府第一次派代表参加有关《巴黎公约》的外交会议。我国代表团成员利用会议间隙同WIPO总干事鲍格胥和副总干事范纳尔就中国专利法草案进行了细致深入的讨论，应中方要求，讨论是秘密进行的，共计14次，三十多个小时。〔2〕其后，专利法起草小组于4月22日形成了专利法草案的第7稿。

进入20世纪80年代，民间对于建立专利制度的呼声愈发高涨，《人民日报》于1980年3月连发2篇文章，探讨当时愈演愈烈的技术保密问题。各工厂之间相互保密，不向同行的其他单位介绍自己的先进技术，重复研发现象

〔1〕 张海志：“长风破浪会有时——国家知识产权局成立前后纪事”，载《中国知识产权报》2010年1月14日。

〔2〕 张海志：“长风破浪会有时——国家知识产权局成立前后纪事”，载《中国知识产权报》2010年1月14日。

严重，浪费了大量的人力物力。但是，在个别工厂向同行毫无保留地传授经验后，也会发生同行自己将发明创造投入生产，严重影响发明工厂发展的情况。在当时实行的单一的科技奖励制度下，这样的问题难以得到圆满解决，因此，当时的工业界发出呼声“需要立个法（专利法）”。

不过，受长期计划经济和科技管理体制的影响，许多人对专利这一技术垄断权心存疑虑，反对专利法的声音在当时也很突出。1980 年 8 月 25 日，原机械工业部一位副部长就上书邓小平和国务院领导，反对我国建立专利制度。当时的反对意见主要有以下 2 点：其一，专利制度是资本主义国家科技、经济发展的产物，强调垄断，与我国的社会主义性质水火不容；其二，我国的科技水平较落后，发明创造少，在这样的情况下实行专利制度，很可能造成外国人在我国垄断技术的局面。[1]

我国缺乏孕育知识产权文化的土壤，又因国门封闭，对其他国家的情况了解得较少，因此面对陌生的专利制度展开争论也是情理之中的事。为此，国务院于 1980 年 10 月召开了有 50 位专家和领导参加的“专利问题座谈会”，11 月又召开了全国性的“专利法讨论会”。多数与会人员认为，在我国实行改革开放的形势下，建立专利制度势在必行。同时，从长远来看，我国实行专利制度利大于弊。然而，1981 年 3 月，国家科委和中国专利局将专利法草案第 11 稿上报国务院审查，草案一经国务院法制局送到各有关部门征求意见，立即涌现出许多反对的声音，最终导致国务院无法批准草案。至此，新中国第一部专利法一度搁浅。

1982 年，事态突然峰回路转，柳暗花明。9 月，国务院召开讨论专利制度的专门常务会议，会议决定：“我国应该建立专利制度”。12 月，第五届全国人大五次会议上批准的《关于第六个五年计划的报告》明确提出“要制定和施行专利法”。

（三）我国专利法的诞生

1983 年 8 月，历经 20 多次研究修改的专利法草案经国务院常务会议审议通过，并于 9 月 29 日提请全国人大常委会审议。1984 年 3 月 12 日，经过 5 年的反复研究和讨论、参考了三十多个国家的专利法、先后 6 次征求全国各地方各部门的意见、历经二十多次较大修改，新中国第一部专利法冲破重重

[1] 参见韩秀成、任宝贵：《攻防两用话专利》，中国经济出版社 1994 年版，第 32 页。

阻碍，终于在六届全国人大常委会第四次会议上通过了。1985 年 1 月 19 日，国务院批准了《中华人民共和国专利法实施细则》（以下简称专利法实施细则）。专利法和专利法实施细则于 1985 年 4 月 1 日同日施行。自此，我国发明创造保护制度史翻开了崭新的一页。

尽管我国专利法制定的 20 世纪 80 年代初期，我国尚处于市场经济的萌芽阶段，缺乏专利制度所需要的技术市场化条件，但 1984 年诞生的新中国第一部专利法仍然体现了既符合我国国情又遵循了当时的基本国际标准的要求，而且保护水平较高，被视为一部有中国特色的、国际化的专利法。

一般认为，我国 1984 年专利法的法具有以下主要特点：

第一，立法宗旨上体现专利法的功利主义目标。专利法第 1 条将立法宗旨确定为“保护发明创造专利权，鼓励发明创造，有利于发明创造的推广应用，促进科学技术的发展，适应社会主义现代化建设的需要”。将推广应用发明创造作为专利法的目的之一，可以清楚地划定保护专利权和技术封锁的界限，促进科技发展，避免重复研发〔1〕，比较典型地体现了专利法的通过保护专利权促进技术进步的公共政策目标。

第二，用单一的专利制度取代此前效法苏联的发明证书和专利证书双轨制，使得我国的发明创造保护制度与国际通行做法相协调，有利于我国在国际上的贸易往来和科技交流合作。

第三，我国以同一部法律保护发明、实用新型和外观设计三种发明创造。而大多数国家以专利法保护发明，以单独立法为实用新型和外观设计提供保护。

第四，出于影响人民群众生活、阻碍行业发展的考虑，专利法中对于不受专利保护的对象的规定，除了国际上认可的科学发现、智力活动的规则和方法等，还包括食品、饮料、调味品、药品和用化学方法获得的物质。

第五，具有一些与当时公有制经济相适应的特色规定。为了使专利法同我国当时坚持的公有制经济基础相适应，专利法第 6 条确定了不同情况下的专利申请权和专利权归属，第 14 条和第 6 章分别确立了国家计划许可制度和强制许可制度，第 6 条规定了职务发明创造的归属。

第六，在专利纠纷处理方面，专利法实行行政保护与司法保护并行的双轨制。行政保护与司法保护在程序启动方式、是否终局、程序效率、维权成

〔1〕 参见冯晓青、刘友华：《专利法》，法律出版社 2010 年版，第 25 页。

本、举证责任等方面均有差异，双轨制将二者结合起来，给予专利权更全面的、更高效的保护。以行政方式保护专利权受到了《与贸易有关的知识产权协议》（以下简称 TRIPs 协议）的肯定，在实践中也取得了一定的成效，但是在行政程序与司法程序衔接等方面，我国的双轨制保护方式仍有待完善。

第七，遵循国际标准，保护水平较高。我国专利法制定时尽管国内工业经济水平不高，市场不发达，专利制度起步较晚，但遵循了巴黎公约的基本原则，对于优先权、临时性保护、强制许可的条件、专利权限制等方面的规定均与公约基本一致；同时，专利法遵循了有关国际惯例，规定在中国没有经常居所或者营业所的外国人、外国企业或者外国其他组织在中国申请专利的，依照其所属国同中国签订的协议或者共同参加的国际条约，或者依照互惠原则办理。这些都体现了我国专利法与专利国际标准的接轨，尽管当时的社会适用性问题难以避免，但使我国专利法从一开始站在较高的起点上，为我国专利制度的进一步国际化打下了坚实的基础。

（四）我国专利法的早期实施

专利法的问世，极大地激励了我国知识分子的发明创造热情。1985 年 4 月 1 日，即我国专利法实施的第一天，原中国专利局就收到来自国内外的专利申请 3455 件，被世界知识产权组织誉为创造了世界专利历史的新纪录。[1] 此后，专利申请一直以年均两位数的速度增长。截至 1991 年底，中国专利局已累计受理专利申请 217 383 件，其中发明 65 497 件，实用新型 135 577 件，外观设计 16 309 件。专利审批数量也逐步增加，截至 1991 年底，已累计批准 86 253 件专利，其中发明 11 806 件，实用新型 66 336 件，外观设计 8111 件，其中 1991 年的专利授权量达到 24 616 件。专利复审委员会累计受理的复审请求 573 件，结案 296 件，无效请求 470 件，结案 241 件。[2] 专利受理、初审、实审、复审、异议、授权、无效各项专利申请审批程序都运行良好。

专利法正式实施后，我国的专利事业如火如荼地开展起来。多个国家部委和省级人民政府相继出台本部门（地区）的专利法规、规章，主题涉及专利代理、专利许可合同、企业专利工作等。1985 年 10 月 9 日至 18 日，首届

---

〔1〕 参见国家知识产权局：“长风破浪会有时——国家知识产权局成立前后纪事”，http://www.sipo.gov.cn，最后访问日期为 2014 年 4 月 28 日。

〔2〕 国家科学技术委员会：《中国的知识产权制度》（中国科学技术蓝皮书第 7 号），科学技术文献出版社 1992 年版，第 12 ~ 13 页。

全国发明展在北京举行，展出了来自全国各地的发明创造共347项。1985年10月16日，中国发明协会成立大会在人民大会堂举行。协会是由胡锦涛、倪志福、邹家华等领导，和钱学森、黄家驷、张光斗等著名科学家联合倡议发起的，旨在推动群众性的发明创造活动。

为了保证专利法的促进技术进步的效果，政府根据当时有计划的商品经济的特点，积极探索有利于专利技术实施的途径：一是，建立和疏通计划渠道，使一些专利技术通过纳入国家和地方各类计划予以实施；二是，根据国家指导性计划，引导和推动符合国家产业政策、技术政策的专利项目予以实施；三是，设立和扶植专利技术开发机构和中介服务机构，通过举办信息发布会、展览会、交易会等形式，促进专利技术通过市场予以实施。

对于专利权的保护，我国从专利制度建立之初，就确立了以人民法院审理和专利管理机关调处相结合的执法保障体系。中国专利局制定了《专利管理机关调处专利纠纷暂行办法》（3章16条），具体规定了专利管理机关调处专利纠纷的范围、处理程序与方法及调解专利纠纷的要求等。1989年又在完善该办法的基础上，予以完善。

四、20世纪90年代我国专利法制的完善

从1985年专利法正式实施，至1992年进行第一次专利法修订，专利法为我国科技事业的发展发挥了巨大的作用，极大地激励了科技工作者发明创造的热情，专利实施也为我国的经济发展做出了贡献。截至1992年4月，中国专利局累计受理专利申请二十三万余件（平均每年增长24%）。专利技术的实施取得了明显的经济效益和社会效益。仅据1991年获得中国专利金奖和优秀奖的86个项目的统计，就已新增产值75亿元，新增利税22.4亿元，创汇1.2亿美元。[1]

与此同时，专利法的一些缺陷也在实施中逐步显现。囿于对专利制度的认识和立法经验的有限，我国第一部专利法在专利权保护对象、审查程序、维权程序等方面存在诸多不足，已开始制约我国科技水平的提高和某些行业

〔1〕 高卢麟："关于〈中华人民共和国专利法修正案（草案）〉的说明"，1992年6月23日在第七届全国人民代表大会常务委员会第二十六次会议上，http://www.law-lib.com，最后访问时间为2014年5月11日。

的发展，亟须通过修法来加以完善。例如，1985 年专利法规定，“药品和用化学方法获得的物质”不能被授予专利权。这是由于，我国化工行业和制药行业主要生产仿制产品和低档产品，自主创新研发能力较低，国际竞争力弱。不授予药品和化工产品专利权虽然使得我国企业可以继续走低成本仿制的道路，但是从长远来看，这种做法无法鼓励我国化工、制药企业进行自主研发、提升国际竞争力，最终不利于行业发展。同时，与化工产品、药品有关的专利纠纷也逐渐增多，主要涉及两个问题：其一，生产方法侵犯他人专利权；其二，在专利保护期内生产的产品被销往取得专利权的地区。[1]

与此同时，美国等西方国家正经受着经济萧条、失业严重的冲击，希望通过有效的知识产权国际化保护强化其包括医药等领域的科学技术成果的市场优势，获取高额的技术收益回报。在此背景下，美国依据其国内法《1988 年综合贸易与竞争法》中的“301 条款”，对其贸易伙伴施加压力，迫使其他国家接受美国的贸易规则、为美国商品开放市场。美国认为，我国在某些方面未能履行《中美贸易协定》中“相互提供对等的知识产权保护”的约定。1989 年第一次年度评估时，美国贸易代表办公室就将我国和巴西、印度等国列入了“重点观察名单”，1991 年 4 月 26 日，美国宣布我国为“在保护美国知识产权方面问题严重的重点国家”。[2] 1991 年 5 月 27 日，美国开始对我国的知识产权问题进行调查。历经 6 轮谈判，在据理力争并做出必要让步后，中美双方于 1992 年 1 月 16 日晚就中美知识产权保护问题达成了一致意见，并于次日签署了《中美知识产权保护谅解备忘录》。[3]

由于专利制度在国际科技、经济合作和贸易往来中的地位日益重要，作用日益显著，专利法国际协调活动日益频繁[4]，1986 年 7 月 10 日，中国政府正式提出了申请，要求恢复中国在关贸总协定中的缔约方地位。同年 9 月，我国开始全面参与关贸总协定乌拉圭回合多边贸易谈判，其中包括 TRIPs 协

---

〔1〕 参见卢素华：“从实践看修改专利法对化学专利的影响”，载《专利法研究（1994）》，专利文献出版社 1994 年版，第 36 页。

〔2〕 陆琛：“知识产权与中美保护知识产权谅解备忘录”，载《国际展望》1992 年第 5 期。

〔3〕 刘潮：“中美知识产权谈判的起因及其结果”，载《理论前沿》1992 年第 4 期。

〔4〕 高卢麟：“关于〈中华人民共和国专利法修正案（草案）〉的说明”，1992 年 6 月 23 日在第七届全国人民代表大会常务委员会第二十六次会议上，http://www.law - lib.com，最后访问时间为 2014 年 4 月 10 日。

议的谈判。1991 年 6 月，我国参加了世界知识产权组织就保护工业产权巴黎公约有关专利部分的补充条约召开的第一阶段的外交大会。

基于国际国内科技经济环境的影响，1988 年初，中国专利局成立专利法修订小组，开始进行专利法第一次修改的准备工作。经过反复研究论证，修改草案几经易稿，终于经国务院常务会议通过，并于 1992 年 6 月 23 日提请全国人民代表大会常务委员会审议。1992 年 9 月 4 日，第七届全国人民代表大会常务委员会第二十七次会议通过《全国人民代表大会常务委员会关于修改〈中华人民共和国专利法〉的决定》，修改后的专利法自 1993 年 1 月 1 日起施行。我国专利法第一次修改具有重大意义。国内方面，第一次修改使得专利法更加适应实践需要，有利于专利法发挥激励发明创造、提高科技水平、促进产业发展；国际方面，第一次修改履行了我国对外承诺的义务，为恢复我国关贸总协定缔约国的地位创造了条件。

1993 年 1 月 1 日，第一次修改后的专利法正式开始实施。专利保护水平的提高和专利审批制度的改进对我国科技进步、经济腾飞以及某些产业的良性发展都产生了积极的影响。以化学工业为例，1992 年《中华人民共和国专利法（以下简称 1992 年专利法）》删除了对于"药品和用化学方法获得的物质"以及"食品、饮料和调味品"不授予专利权的规定。修改后的专利法实施后，对化工行业主要产生了以下影响：首先，化学物质、医药及饮食品方面的专利申请有较大幅度增长。[1] 1992 年，化合物、药品和饮食品方面的专利申请量分别为 1405 件、1120 件和 846 件，1993 年的申请量分别增长至 1975 件、2871 件和 1574 件，增长率分别为 41%、156% 和 86%。[2] 其次，化工领域的合资合作有较大进展。将"药品和用化学方法获得的物质"以及"食品、饮料和调味品"纳入专利权的保护范围，打消了外商对于技术仿冒的顾虑，纷纷来华考查、投资。截至 1995 年底，我国化工领域的外商投资企业已达 5000 多家，外商投资额达 56 亿美元[3]。原化工部与美国杜邦公司、德

---

〔1〕 卢素华："从实践看修改专利法对化学专利的影响"，载《专利法研究（1994）》，专利文献出版社，1994 年版，第 36 页。

〔2〕 卢素华："从实践看修改专利法对化学专利的影响"，载《专利法研究（1994）》，专利文献出版社 1994 年版，第 36 页。

〔3〕 邢俊芳：《中国 21 世纪经济走向——部省级领导干部访谈录》，中共中央党校出版社 1997 年版，第 226 页。

国拜耳公司等多个世界著名的化工公司签订了全面、长期的合作协议，成功引进了资金、技术和先进的管理经验。再次，这一修改促进了化工、医药产业中科技含量高的“新化合物”的研发和产业结构调整。这一修改阻断了我国化工企业一直以来的低成本仿制道路，同时也促使我国相关政府部门转变观念，调整化工产业结构，推动企业将更多的资金、人力投入到科技含量高的“新化合物”研发上，提高企业的国际竞争力，这无疑有利于整个行业的长远、可持续发展。因此，这一修改对于我国化工、医药产业来说既是巨大的挑战也是宝贵的机遇。最后，这一修改履行了我国的对外承诺，也为我国恢复关贸总协定缔约国地位创造了条件。《中美知识产权保护谅解备忘录》的第1条即约定，“专利应授予所有化学发明，包括药品和农业化学物质，而不论其是产品还是方法”。TRIPs协议第27条“可授予专利的客体”规定，除了危害公共秩序或道德的发明、疾病诊疗方法、动植物品种或产生动植物的生物工艺之外，所有技术领域的任何发明，只要具有新颖性、涉及发明性的步骤，并可进行工业应用，均可被授予专利权。由此，第一次修改使得我国专利法在专利保护对象方面符合了《中美知识产权保护谅解备忘录》和TRIPs协议的要求。

1993年9月13日，我国正式加入了《专利合作条约》，成为这一重要专利国际条约的第57个成员。中国专利局成为《专利合作条约》的受理局、国际检索单位和国际初步审查单位，应申请人的申请，可以成为专利合作条约所称的指定局或者选定局。我国专利法的国际化进程进一步加快。

在专利法的实施方面，经过几年的准备和积累，我国专利审判进入20世纪最后10年中逐渐步入正轨。1993年8月5日，北京市高、中级人民法院在京举行新闻发布会，宣布两院正式建立知识产权审判庭。建立知识产权专门审判庭，培养专业的知识产权法官队伍，能够提高司法系统应对、解决知识产权纠纷的能力和效率，对于完善知识产权司法保护体系无疑是一个长足的进步。自1992年下半年起，最高人民法院决定由中国应用法学研究所选取、编辑刑事、民事、行政各类案件中的典型案件，汇编为《人民法院案例选》，为全国司法系统的审判工作提供指导。截止1999年底，编辑出版的30辑《人民法院案例选》共收录涉及专利权的典型案件20件，其中专利权权属纠纷5件，专利申请权转让纠纷1件，专利实施许可合同纠纷2件，专利侵权纠纷12件。5件专利权权属纠纷均涉及职务发明的认定，侵权纠纷则涵盖专利权保护范围的界定、三种专利权侵权的认定、间接侵权、不视为侵犯专利权的情形、专利权权利冲突、先用权等问题。在太原钢城企业公司第二金属制品厂诉张景禄专利实施许可合同纠纷案中，双方误将已提出专利申请但尚未取得专利授权的技术当作“专利技术”，将专利申请公告号当作“专利号”，签订了专利实施许可合同。[1] 当然，此案同时也表明，在当时我国公众、企业普遍知识产权意识不强，即使是发明人、需要引进技术的企业等利益攸关方，对知识产权的了解也十分有限。

其实，知识产权制度在我国的建立主要不是应对国内现实产业需求的自下而上的制度反馈，而是国家基于特定政策需要的应对举措的情况，即“对外开放倒逼对内改革”，不仅在专利法领域如此，在我国当时的著作权法等领域也非常突出。不过，我国专利法颁布以来有关部门的有效执法和法制宣传，在广大民众中有效地普及了专利法等知识产权法知识，提高了相关群体的知识产权意识，使我国的知识产权法制环境迅速优化，为我国适应自身技术市场需要的知识产权制度的建设积累了条件。

五、“入世”与我国专利法的发展

1995 年，随着世界贸易组织（以下简称世贸组织）的正式成立，中国“复关”谈判成为“入世”谈判。作为世贸组织多边贸易体系的重要组成部分，TRIPs 协议具有保护水平高、执法程序和保护措施严密、争端解决机制完善等特点。使我国专利法的规定与世贸组织规则相一致，成为专利法第二次修订工作的直接动机。与此同时，自 1992 年专利法第一次修订以来，我国国内的社会经济状况发生了深刻的变化，我国建立了社会主义市场经济体制，实行了国有企业改革和政府机构改革，因此专利法中带有计划经济烙印的内容需要修改。同时，由于我国专利制度建立时间较短，且缺乏实施专利制度的法律传统和文化土壤，公众专利意识较弱，专利侵权现象较严重，亟须提高专利侵权的制裁力度和专利权保护水平。此外，我国也逐渐认识到科技创新和产业结构优化对于经济发展的重要作用，并将专利工作纳入到技术创新体系之中，因此，需要进一步完善专利法，以激励科技工作者的发明创造热

---

〔1〕 最高人民法院中国应用法学研究所：《人民法院案例选（1992～1999 年合订本）》，中国法制出版社 2000 年版，第 323～328 页。

情，促进拥有自主知识产权和具有竞争优势产业的形成。从国际形势来看，经济全球化程度日益提高，知识经济逐渐兴起，“入世”将使得我国企业直接参与到激烈的国际竞争当中，而知识产权制度尤其是专利制度正成为各国在国际竞争中占领制高点的有力武器。在国际贸易中，专利许可证贸易的增长已超过有形货物贸易；技术创新成为经济增长的主要推动力，因此，专利保护日趋重要。[1]

为了适应国内国际形势的巨大变化，创造更完善的专利保护法律环境，使专利制度更好地为我国的科技进步和技术创新服务，专利法第二次修订工作于1999年正式启动。同年2月、3月，国家知识产权局条法司组织了12次由地方专利管理机关、国务院有关部委、知识产权界专家学者、专利代理机构参加的专利法修改征求意见座谈会，广泛听取各方面提出的修改意见。[2]在此次专利法修改的调研过程中，专利执法状况受到了特别的关注，1999年11月30日至12月4日，国务院法制办公室与国家知识产权局组织联合调查组，赴广东省调查专利行政执法问题。调查组在广州、顺德、中山、深圳召开了5次座谈会，广泛听取了省人民政府、省人大、专利管理机关、法院、企业、科研单位、专利代理机构对专利法保护现状以及专利行政执法状况的意见。[3] 2000年4月4日，国务院提请全国人大常委会审议《中华人民共和国专利法修正案（草案）》，8月25日，九届全国人大常委会第17次会议表决通过《全国人民代表大会常务委员会关于修改〈中华人民共和国专利法〉的决定》，修订后的专利法自2001年7月1日起施行。

我国专利法第二次修改的主要内容包括：首先，对与国有企业改革和政府机构改革的精神不相适应的规定做出了修改，例如国有单位专利权归属、国有企业转让专利申请权和专利权需政府主管部门批准的规定。其次，进一步完善了专利保护制度，根据TRIPs协议的规定，在专利权内涵中增加了“许诺销售”的内容，在复审和无效程序中增加了司法救济途径，并且依据实际经验，增加了专利侵权赔偿额计算方法以及省级人民政府专利管理部门调

---

〔1〕 冯晓青、刘友华：《专利法》，法律出版社2010年版，第28页。

〔2〕 国家知识产权局条法司编：《专利法第二次修改导读》，知识产权出版社2000年版，第65页。

〔3〕 国家知识产权局条法司编：《专利法第二次修改导读》，知识产权出版社2000年版，第66页。

解专利侵权纠纷的规定；第三，对专利审批和纠纷处理程序进行了简化和完善，以提高审批和维权效率，为专利申请人和专利权人提供更及时的保护。第四，我国已经于1993年9月加入《专利合作条约》，因此增加了有关专利国际申请问题的规定，旨在与《专利合作条约》相衔接。[1]

2006年5月，全国人大常委会执法检查组对专利法实施情况进行了检查，进行第二次修改的六年来，专利法实施取得了显著成绩。首先，我国专利法律制度日趋完备，为保护专利权、促进技术创新创造了良好的法律环境。截至2006年6月，已有22个省、自治区、直辖市人大常委会制定了地方专利保护条例。其次，我国政府部门对于专利工作的认识逐渐加深，公众的知识产权意识也有显著提高。广东省设立了知识产权工作专项资金，并拨出专门经费，重奖获得中国专利金奖的企事业单位，江苏省从2004年起连续3年共安排17亿元专项资金，支持具有自主知识产权的重大科技成果的应用和产业化。[2]再次，面对日益激烈的市场竞争，我国企业愈加重视运用专利制度，提升创新能力，取得竞争优势。华为公司每年专利申请量突破3000件，其中85%为发明专利，累计申请国内专利11 000多件，其中授权2100多件，在欧美等发达国家累计申请专利1700多件。[3]最后，专利行政保护和司法保护得到了加强，专利权的保护力度更大、维权程序更高效。长三角、粤港等地区建立了跨区域的联合执法机制，打破了专利保护的地域限制，加大了执法力度，降低了专利权人的维权成本。广州市天河区人民法院、深圳市南山区法院进行了“三审合一”试点工作，为探索更公正、更高效的知识产权司法模式积累了初步经验。

六、我国专利法的发展

随着高投入型的经济发展模式遭遇瓶颈，我国逐渐认识到可持续发展的重要性，希望摒弃资源消耗量大、生态环境破坏严重的粗放型经济增长方式，确立了改变发展方式、调整经济结构的观念。转变经济发展方式，意味着坚

---

〔1〕 关于本次修改的详细介绍和分析，参见本书“中国专利法修改与完善研究”一文。

〔2〕 路甬祥：“全国人大常委会执法检查组关于检查《中华人民共和国专利法》实施情况的报告”，2006年6月28日在第十届全国人民代表大会常务委员会第二十二次会议上。

〔3〕 路甬祥：“全国人大常委会执法检查组关于检查《中华人民共和国专利法》实施情况的报告”，2006年6月28日在第十届全国人民代表大会常务委员会第二十二次会议上。

持走中国特色自主创新道路，取得并有效运用自主知识产权，以创新能力在激烈的市场竞争中取得一席之地。2006 年 2 月，国务院发布了《国家中长期科学和技术发展规划纲要》，明确提出要用 15 年时间，使中国进入创新型国家行列的战略目标。2007 年 10 月，党的十七大报告也提出了提高自主创新能力、建设创新型国家的目标，以及“实施知识产权战略”的任务。2008 年 6 月，国务院发布《国家知识产权战略纲要》，知识产权战略成为国家重要发展战略。但是，在自主创新方面，我国的现实情况不容乐观。自主创新能力不强，缺乏核心技术，专利技术的实施率较低，成为制约我国产业发展和经济发展的关键因素。我国高科技领域中的发明专利，绝大多数来自国外，如无线电传输、移动通讯、半导体、西药、计算机领域，来自外国企业和外资企业的，分别占 93%、91%、85%、69%、60%。〔1〕由于缺乏核心技术，国产手机、计算机、数控机床售价的 20% ~40% 支付给了国外专利持有者。〔2〕因此，修改完善专利法，激励自主创新，是我国在新时期的当务之急。

从国际环境看，包括专利权在内的国际知识产权制度的协调趋势日益增强，发展中国家越来越重视对自身处于优势的传统知识、遗传资源和民间文艺作品的保护，希望借此维护自身利益，制止发达国家对于这些客体的掠夺和盗用。〔3〕2001 年，世贸组织多哈部长级会议通过了《关于〈与贸易有关的知识产权协定〉与公共健康的宣言》（以下简称宣言），世贸组织总理事会于 2003 年通过了落实宣言的《修改〈与贸易有关的知识产权协定〉议定书》。这两项文件允许世贸组织成员突破《与贸易有关的知识产权协定》的限制，在规定条件下给予实施药品专利的强制许可。〔4〕此外，《生物多样性公约》赋予了成员国利用专利制度保护遗传资源的权利，印度、巴西等遗传资源丰富的发展中国家和瑞士、挪威、丹麦等发达国家，均已通过专利法律制度保护遗传资源。据此，我国需要进行专利法修改，以体现国际公约的新规定，

〔1〕 路甬祥：“全国人大常委会执法检查组关于检查《中华人民共和国专利法》实施情况的报告”，2006 年 6 月 28 日在第十届全国人民代表大会常务委员会第二十二次会议上。

〔2〕 路甬祥：“全国人大常委会执法检查组关于检查《中华人民共和国专利法》实施情况的报告”，2006 年 6 月 28 日在第十届全国人民代表大会常务委员会第二十二次会议上。

〔3〕 参见冯晓青、刘友华：《专利法》，法律出版社 2010 年版，第 31 页。

〔4〕 田力普：“关于《中华人民共和国专利法修正案（草案）》的说明”，2008 年 8 月 25 日在第十一届全国人民代表大会常务委员会第四次会议上。

行使国际公约赋予的权利。

2005 年，国家知识产权局正式启动了专利法及其实施细则第三次修改工作。3 月，国家知识产权局就专利法修改中涉及的 4 方面 19 个主要问题的研究面向社会公开招标，至 2006 年 2 月，专题研究工作全部完成，研究报告结集出版。形成初步修改草案后于 2006 年 8 月至 10 月在其政府网站上公开征求意见，并在北京、宁夏、山东、江苏四地组织召开共 9 次由国务院有关部委、地方专利管理机关、专利代理机构、律师事务所、中外企业、专家学者等参加的专利法修改征求意见座谈会，并专程赴美国和日本进行调研。2006 年 12 月 27 日，国家知识产权局正式向国务院上报了修订草案送审稿，国务院法制办公室于 2007 年 2 月和 5 月广泛征求了多方面的意见，于 2008 年 3 月邀请了来自最高人民法院、北京市高级人民法院、北京市第一中级人民法院、北京市第二中级人民法院、中央政法委、全国人大教科文卫委员会、全国人大常委会法制工作委员会的代表，就与专利审判有关的问题进行了座谈，并于 5 月在北京召开专利法修改国际研讨会，听取国内外专家学者、企业代表的意见。2008 年 8 月 5 日，国务院向全国人大常委会提交了《中华人民共和国专利法修正案（草案）》，全国人大常委会于 8 月 29 日至 10 月 10 日在全国人大网上公布草案，向社会公开征集意见，并于 9 月分别召开由法院、专家学者参加的座谈会，以及由企业、有关行业协会参加的座谈会。2008 年 12 月 27 日，十一届全国人大常委会第六次会议第四次全体会议表决通过《全国人民代表大会常务委员会关于修改〈中华人民共和国专利法〉的决定》，新的专利法自 2009 年 10 月 1 日起施行。专利法第三次修改是“开门立法”的生动实践，充分体现了民主立法、科学立法的精神。

专利法第三次修改的主要内容包括：首先，根据激励自主创新、提高自主创新能力的要求，在专利法的立法宗旨中添加了“推动发明创造的管理、应用”、“提高自主创新能力”、“建设创新型国家”的内容，提高了专利授权标准，删除了向外国申请专利须先申请中国专利的规定，加大了对违法行为的处罚力度，并且增加了法定赔偿的规定。其次，根据促进技术推广应用的需要，规定专利权共有人可以单独实施或者以普通许可方式许可他人实施该共有专利，并且借鉴外国做法，在不视为侵权的情形中增加了一项。第三，根据《修改〈与贸易有关的知识产权协定〉议定书》和《生物多样性公约》

的规定，增加了为公共健康目的的强制许可和保护遗传资源的内容。〔1〕

专利法第三次修改不仅为我国提升自主创新能力、建设创新型国家创造了积极的法律环境、提供了有力的制度支撑，而且翻开了我国以主动立法修改为国家发展服务的新篇章。不同于以往两次修改，专利法第三次修改是根据我国经济社会发展的自身需要，在总结我国专利工作20多年的实践经验基础上，以解决我国的实际问题为导向，主动进行的专利法完善。这无疑是我国专利制度历史上的又一个里程碑。

2011年11月，国家知识产权局启动了专利法第四次修改的准备工作。2012年2月下旬开始，国家知识产权局的工作人员赴浙江、深圳等地进行调研，其他省（区、市）知识产权局也按照要求组织了本地的调研工作。调研后汇总形成的30个省份的调研情况和典型案例反映出，30%的专利权人遇到了侵权纠纷，其中仅有10%的权利人采取维权措施，很多权利人因为专利权难以得到保护已经丧失了对专利制度的信心。〔2〕6月中旬，国家知识产权局召开局务会议，进一步明确了本次专利法修改以“加强专利保护、加大执法力度”为核心内容，审议并原则通过了征求意见稿及其说明。〔3〕2012年8月9日，国家知识产权局在其网站上公布了《中华人民共和国专利法修改草案（征求意见稿）》，面向社会公开征集意见。

专利法第四次修改的征求意见稿针对目前专利维权举证难、周期长、赔偿低、成本高的难题，分别给出了相应的解决办法。首先，针对举证难的问题，赋予司法机关和行政执法机关调查取证权；其次，针对周期长的问题，增加管理专利工作的部门对侵权赔偿额的判定职能，并明确无效宣告请求审查决定的生效时间及相关后续程序；第三，针对赔偿低的问题，增设对故意侵权的惩罚性赔偿制度；第四，针对维权成本高的问题，赋予管理专利工作的部门查处和制止恶性侵权行为的职能。

---

〔1〕 关于本次修改的详细介绍和分析，参见本书“中国专利法修改与完善研究”一文。

〔2〕 “关于专利法修改草案（征求意见稿）的说明”，国家知识产权局网站 http://www.sipo.gov.cn/tfs/dtxx/jndt/201208/t20120810_736933.html，最后访问日期为2013年11月6日。

〔3〕 “关于专利法修改草案（征求意见稿）的说明”，国家知识产权局网站 http://www.sipo.gov.cn/tfs/dtxx/jndt/201208/t20120810_736933.html，最后访问日期为2013年11月6日。

结语

我国专利法的第一、二次修改，直接动因来自于国际上的压力，第一次修改迫于美国压力，需要通过修改专利法的方式履行《中美知识产权保护谅解备忘录》承诺的义务；第二次修改则是基于“入世”的需要，主动将专利保护制度与国际条约接轨。第三次修改则主要是出于我国自身发展的需要，通过修改专利法，使专利制度服务于提高自主创新能力，建设创新型国家的战略目标。从被动移植到主动移植再到自主建立与我国国情相适应、与国际制度接轨的中国专利制度，我国专利法从无到有、逐渐完善的发展历程反映出我国对于专利制度的认识由浅到深的过程。目前，我国的专利工作进入了新的阶段，对专利制度的认识不断深化，“激励创造、有效运用、依法保护、科学管理”成为专利工作的重要方针；我国在专利方面的国际交流不断扩大加深，国家知识产权局与世界知识产权组织、外国政府专利部门的合作明显增多，合作领域也逐步拓展；专利申请与审查逐步实现电子化、自动化。

中国专利法修改与完善研究

专利法的诞生是我国专利制度建立的里程碑，它标志着我国保护发明创造的专利制度进入了一个新的历史时期。实践证明，以专利法为核心的我国专利制度的推行，对于鼓励发明创造，提高我国创新能力，促进经济社会发展，发挥了十分重要的作用。然而，法律调整的社会关系随着时代变化而出现新的特点，专利法也不例外。随着我国社会主义市场经济体制逐步建立与完善，以及自主创新战略的提出与实施，专利法承载着更多的历史使命，需要与时俱进，及时予以修改与完善。自 1984 年新中国第一部专利法颁布，我国专利法先后经过 1992 年、2000 年和 2008 年三次重大修改。[1] 本部分将对这三次修改的主要内容进行介绍和评述，从中可以发现我国专利度的完善是通过不断修改的形式得以体现的。

一、我国专利法第一次修改与完善

我国 1984 年专利法实施 7 年来，专利申请量以年均 23.8% 的速度增长。到 1992 年 1 月底，已累计受理专利申请 22 万余件，批准专利 8 万余件，世界各地来华申请专利的国家和地区达 66 个。实践证明，1984 年专利法总体上是符合我国经济和科技发展要求的。但该法在实施中也暴露不少问题。为了进一步加强专利制度的作用，适应专利制度国际化的趋势，我国专利法的修改提上议事日程。1986 年专利法的修订列入国家“七五”立法规划。1988 年初

[1] 目前我国专利法正面临第四次修改。国家知识产权局已向国务院提交了专利法修改草案送审稿。不过，与下文介绍与分析的三次修订相比，第四次修订送审稿涉及的内容较为集中，重点是强化专利权的行政执法和司法保护。限于篇幅，在此不予赘述。

中国专利局成立了专利法修订小组。在1992年9月4日七届全国人大常委会第27次会议上通过了《关于修改〈中华人民共和国专利法〉的决定》，并于1993年1月1日正式实施。以下称之为1992年专利法。此次专利法修改的主要内容如下：

（一）扩大了专利保护范围

1984年专利法规定对药品租用化学方法获得的物质以及食品、饮料和调味品不授予专利权，修改后的专利法则删除了这一规定，对上述产品也授予专利权。这是我国知识产权制度与国际接轨的重大举措，有利于我国医药、化工行业从仿制为主的窘境中走出来，从根本上改变我国医药和化学工业落后的局面。

（二）延长了专利权保护期限

专利权的保护期限应根据鼓励发明创造和促进产业发展所需要的时间而定。修改后的专利法将发明专利保护期从15年改为20年，实用新型和外观设计专利保护期从原来5年加3年续展期改为10年，不再续展。这有利于鼓励从事开发周期较长的发明创造的积极性，进一步与国际工业产权保护协调。

（三）改进了专利审批制度

这方面的修改和调整较多。主要有：①将授权前的异议程序改为授权后的撤销程序。即异议程序专利申请经审查后，在授权前须公告，自公告日起3个月内，任何人对公告的申请都可提出异议。它是一种督促程序，旨在提高专利审批质量。但实践中异议量不足1%。由于这一程序，所有申请必须推迟数月才能获得批准，而且它还常被一些竞争对手用来阻挠申请人尽早获得专利。这一修改，大大加快了专利审批时间。②增设本国优先权。1984年专利法只对外国申请人在国外第一次申请后又在我国申请给以优先权。修改后的专利法规定，申请人就相同主题的发明或者实用新型在中国第一次提出专利申请之日起12个月内又向专利局提出申请的，可以享有优先权。本国优先权制度的确立有利于保护本国发明人的合法权益。③扩大了专利申请文件修改的范围。将原修改范围仅限于说明书扩大到说明书和权利要求书。④对无效宣告请求的时间及被宣告无效的专利权的追溯效力作了进一步规定。修改后的专利法把“自专利授权后任何时间都可以提出无效请求”改为只能在授权后6个月后提出，并补充了被宣告无效的专利权对已执行的司法判决、裁定等无追溯力的一般原则。

此外，在完善专利审批程序方面，修改后的专利法还设置了权利恢复程序；扩大了专利复审范围，对专利局撤销或维持专利权的决定不服的，也可以请求复审；明确了发明专利申请公布的时间以及专利复审委员会和专利管理机关审理案件的性质等。这些无疑有利于加快我国专利审批的进程与速度。

（四）进一步加强了专利权的保护

修改的内容主要有：①增加了进口权的规定。根据国际惯例，进口权是专利权人独占实施权的重要组成部分。与 TRIPs 协议、巴黎公约补充条约（专利法部分）及《中美知识产权谅解备忘录》都确认了这一权利。修改后的专利法增加了专利进口权，提高了专利保护水准。②对方法专利的保护延及依该方法直接获得的产品。方法专利的保护如不延及依该方法直接获得的产品，那么这种保护是很脆弱的，因为专利方法是否已被他人利用很难发现。同时，如果第三人在我国境外使用该方法制造产品出口到我国不构成侵权，这就会形成法律保护的真空地带。专利法的这一修改，是专利国际协调的要求。③对强制许可条件作了重新规定。修改后的专利法删除了 1984 年专利法第 51 条，补充了强制许可的类型。④补充冒充专利的处罚。修改后的专利法对 1984 年专利法第 63 条作了补充规定，增加了对冒充专利产品或方法的管理和制裁的规定。这有利于维护我国专利管理秩序，保护广大消费者的合法权益。此外，为与修改后的专利法一致，1992 年 12 月 12 日国务院批准修订了《中华人民共和国专利法实施细则》，该实施细则也于 1993 年 1 月 1 日起施行。

总之，此次专利法的修改使我国的知识产权保护达到了一个新的水准。它对于促进我国科学技术发展，促进我国的改革开放将产生深远的影响。

二、我国专利法第二次修改与完善

为使专利制度更好地服务于改革开放和经济建设，我国专利法及其实施细则于 1992 年进行了比较大的修改，保护范围扩大，保护水平提高，受到国内外的肯定。然而，第一次修正后的专利法实施以来，国际国内形势发生了很大的变化。从国际上看，经济全球化的趋势迅猛发展，科学技术突飞猛进；相应地，知识产权保护日益受到国际社会的重视，知识产权保护水平不断提高。随着加入世界贸易组织的进程加快，我国更加迫切地需要加强科技创新，发展高科技，实行产业化，把我国的科技实力变为现实的生产力，使我国的综合国力赶上国际先进水平。此时，加强对知识产权的保护和管理显得更加重要。为适应新形势的要求，更好地发挥专利制度的作用，对专利法再次进行修改就提上日程了。

从国内形势看，随着建立社会主义市场经济体制目标的确立，尤其是国有企业改革的深入发展，产业结构的调整与优化已成为经济发展的主题，全社会对科技创新和进步的重视程度越来越高，专利工作的重要性日益凸现，1999 年中共中央、国务院发布了《关于加强技术创新、发展高科技、实现产业化的决定》，对加强知识产权管理提出了明确的要求。然而，1992 年修改后的专利法尽管对诞生于我国计划经济时代的专利法作了系列修改，但我国从计划经济模式向市场经济体制的历史性转变始于 20 世纪 90 年代中期。为适应我国市场经济发展需要，强化专利制度对技术创新的作用，需对专利法再次修改。

从第一次专利法修正案的实施情况看，尽管整体上成效显著，但存在的问题也比较突出，如法律保护力度不够、专利审理程序和纠纷处理的一些规定有的不适应公众需要。为此，1998 年底，九届全国人大常委会将修改专利法列入国家“九五”立法规划。2000 年 8 月 25 日，九届全国人大常委会举行第 17 次全体会议，表决通过了关于修改《中华人民共和国专利法》的决定，同日国家主席江泽民签署第 36 号主席令，公布全国人大常委会修改专利法的决定，自 2001 年 7 月 1 日起施行。

（一）专利法立法宗旨修改

在当代，世界科技发展非常迅猛，科技对经济的推动作用越来越大，科技创新越来越成为当今社会生产力解放和发展的重要基础与标志，越来越决定一个国家、民族的发展过程。与科技创新和技术进步紧密结合的是专利制度，专利制度堪称科技创新机制中必不可少的组成部分，是实现科技创新目的不可或缺的手段，既为科技创新活动提供有效的激励机制，也为科技创新成果提供了法律保障。

应当说，我国 1992 年专利法在鼓励发明创造，促进科技进步方面功不可没。其第 1 条就明确指出，颁行专利法的目的是要通过保护发明创造的专利权，起到鼓励发明创造、促进科学技术进步的作用。但专利法规范的内容多为程序性规范，关于专利权的拥有、转让、实施、保护过程中操作性的法律规范内容较多，而积极鼓励发明创造、促进科技创新与进步的规范嫌少。这次修改专利法的一个重要着眼点和目标，就是通过完善专利法，为专利工作纳入科技创新体系奠定坚实的法律基础，健全我国科技创新机制，推动我国的科技创新事业。从实际出发和促进科技创新的统一，构成了专利法修改的灵魂。

促进科技创新的精神在专利法修改中随处可见，其中特别表现在第1条立法宗旨的修订上。即将原来的“促进科学技术的发展”改成“促进科学技术的进步和创新”，虽然只有几字之差，却具有不容忽视的意义：修改前的专利法立足于促进科技进步，是从科技的角度进行规定的；修改后的专利法以促进科技创新为己任，将专利制度融入国家科技创新体系，它要求处理好专利与技术创新的关系，确立和强化企业的技术创新主体地位。

（二）专利保护的主体及发明创造的专利性

1. 专利保护的主体。从适应我国市场经济体制发展的需要看，专利法对专利保护主体的规定中，需要完善的主要在于专利法第6条及其实施细则第10条对职务发明创造内涵、外延的确定及产权归属界定上。

依1992年专利法的规定，职务发明创造是指执行本单位的任务或者主要是利用本单位的物质条件所完成的发明创造。该条没有直接规定构成职务发明创造的要素，而是在规定“职务发明创造申请专利的权利属于该单位”。同时，以列举方式表达了职务发明创造的含义。这一规定，在国有企业尚未提出“产权清晰”的要求前，有一定程度的合理性。但是，它总体上含有计划经济的特色，与建立有我国特色的社会主义市场经济的新形势越来越不适应，而且这样的表达也不够清楚、直接。此次修改专利法，重新审视了职务发明创造的内涵、范围、产权关系归属及对职务发明创造人或设计人权益的保护。具体包括：

（1）“持有”、“所有”的区分不再存在。1992年专利法对职务发明创造专利权归属的规定是以所有制的不同区分的。这是我国特定经济形态的产物。修改后专利法第16条则规定：职务发明创造申请专利的权利属于该单位；申请被批准后，该单位为专利权人。非职务发明创造，申请专利的权利属于该发明人或者设计人；申请被批准后，该发明人或设计人为专利权人。修改后专利法取消了对专利权的“所有（人）”和“持有（人）”的区分，并相应地取消了持有专利权的全民所有制单位对专利发明没有完全处分权以及在转让专利申请权或专利权时必须经上级主管机关批准等限制性规定。根据修改后专利法，国有企业事业单位将作为市场竞争的主体，在申请专利和取得专利的权利义务方面将与非国有企业事业单位具有同等待遇。这实际上明确了国有企业对其专利权的独立自主的权利。在我国加入世界贸易组织前夕，对准备参与国际竞争的我国企业事业单位来说，具有特别重要的作用。应当说，这一修改在我国专利制度上是一个根本性的变化，“持有（人)”与“所有(人)”区分的消失，尽管在法律条文中只是几个字的变化，但无论是在我国的法学理论、知识产权制度还是在我国经济体制改革状况方面，都有着深刻的背景。

（2）合理界定职务发明创造范围。1992 年专利法将“主要是利用本单位的物质条件所完成的发明创造”作为职务发明创造的两种类型之一。这里的本单位的物质条件指本单位的资金、设备、零部件、原材料或者不对外公开的技术资料。实际上，这里仅以“主要利用本单位的物质条件”来界定职务发明创造是不周延的，因为职务发明创造单位的条件包括物质条件和技术条件，且技术条件对完成职务发明创造更加重要。随着市场经济的发展，一般的物质条件，如设备、原材料、零部件等完全可以通过买卖得到，不再适宜作为职务发明创造的主要标准。所以，修改后专利法将专利法第 6 条第 1 款的“执行本单位的任务或者主要是利用本单位的物质条件所完成的职务发明创造”，修改为“执行本单位的任务或者主要是利用本单位的物质技术条件所完成的……职务发明创造”。

另外，将“主要是利用本单位物质条件完成的发明创造”一概列入职务发明创造之列，不够妥当。因为，这种情况下完成的发明创造可能比较复杂。把单位提供物质条件这种外部条件一律作为界定职务发明创造的依据，会忽略这种发明创造的完成，起决定作用的仍是发明人、设计人的创造性劳动。它不利于调动科研人员从事发明创造的积极性。近些年来，我国为促进科技成果迅速转化为生产力，出台了一系列政策鼓励科研院所面向市场，按照市场需求搞科研。此时如果仅因为主要利用了本单位物质技术条件，就得由单位享有研究成果申请专利的权利，不考虑科研人员与本单位意思自治，显然是不合适的。从公平合理的角度看，应当允许根据事先订立的合同而有偿使用本单位物质技术条件所完成的发明创造，由发明创造人与单位协商确定权利的归属。

修改后的专利法为适应我国科技计划项目管理体制改革，特别是实施课题制的需要，引入了“合同优先”的原则，允许科技人员和单位通过合同约定发明创造的权利归属。这表明修改后专利法对主要利用本单位的物质技术条件完成的发明创造，发明人或设计人按照事先的约定向单位返还资金或交纳使用费的，可以不作为职务发明创造。“合同优先原则”是对职务发明创造留的口子，对单位和个人都是有益的。

（3）职务发明创造中发明人或设计人与单位的利益平衡。1992 年专利法第 16 条规定，专利权被授予后，单位应当分别对发明人或者设计人给予奖励；发明创造专利实施后，根据其推广应用的范围和取得的经济效益，对发明人或设计人给予奖励。修改后专利法则规定，发明创造专利实施后，单位根据其推广应用的范围和取得的经济效益，对发明人或设计人应当给予报酬。这种变化在于把“应当给予奖励”改为“应当给予报酬”。这一修改首先是观念上的一个突破。因为在我国计划经济体制下，往往将单位在实施职务发明专利后给予发明人或设计人的额外报酬视为一种奖励，没有意识到它实际上是发明人或设计人应当获得的劳动报酬。在实践中，许多单位也将其作为一种可有可无的奖励措施，使许多发明人、设计人的利用不能得到切实保障。这种状况不利于充分调动科技人员进行技术创新的积极性。修改后专利法的这一修改较好地弥补了这一不足，有利于调动科研人员从事发明创造和实施发明创造两方面的积极性，因为他们自己的利益与发明创造的实施是紧密联系在一起的。

2. 发明创造的专利性。在我国专利法中，发明创造的专利性，是指发明、实用新型的新颖性、创造性和实用性以及外观设计的新颖性、不相似性、实用性。专利法在第一次修正以及此次修正中，对这方面的问题改动很小。修改后专利法主要是对外观设计的专利性作了修改。

1992 年专利法第 23 条规定了授予外观设计专利权的条件，即“授予专利权的外观设计，应当同申请日以前在国内外出版物上公开发表过或者国内公开使用过的外观设计不相同或者不相近似”。该条的本意是要求被授予专利权的外观设计应当与申请以前公开发表过或公开使用过的外观设计既不相同也不近似，但该条用“或者”一词连接“不相同”、“不相近似”这两个条件，导致两个条件处于任选其一的地位，即只要满足其中一个就能授予外观设计专利权，与立法原意明显产生了偏差，在实际上也出现了分歧。其实，“不相同”与“不相近似”不是两个平行的概念，而是具有上下位逻辑关系的概念，凡是不相近似的外观设计必然不相同；反之则不然。1992 年专利法将这两个条件用“或”连接，其结果导致“不相近似”的条件不起作用。因此修改后专利法将上述“或者”改成了“和”，明白无误地表明既不相同也不近似的外观设计才具有专利性。

另外，在我国知识产权实务中，知识产权权利冲突的现象突出。以在工业产权与著作权相交叉乃至重叠的外观设计领域而论，新颖性的要求尚不足以避免外观设计专利与在先权利的冲突。在国际上，大多数国家没有将外观设计作为专利保护，但规范外观设计的专门法仍然有成例可循。例如，欧盟的外观设计保护指令中虽已有“外观设计不得违反公共秩序及道德”的规定，却仍有不允许侵犯著作权等其他在先权利的规定，日本意匠法也有类似条文。为避免在知识产权领域内发生不同权利人之间不同权利方式的冲突，修改后专利法补充规定，授予专利权的外观设计不得与他人取得的在先权利相冲突。

（三）专利审批和维权程序

1. 向外国申请专利手续的简化。依照 1992 年专利法第 20 条规定，我国单位或个人将其在国内完成的发明创造向外国申请专利的，应当首先向专利局申请专利，并经国务院有关主管部门同意后，委托国务院指定的专利代理机构办理。由此可以看出，我国单位或个人向外国申请专利是受严格条件限制的。近年来，我国政府机构改革已使行政机关转变职能，即行政机关原则上不干预当事人行使民事权利，因此有关单位或个人将其在国内完成的发明创造向外国申请专利时经国务院有关主管部门批准已无必要。同时，随着我国改革开放的深入，经济成分趋于多元化，企业和个人并不隶属于某一特定的行政主管部门，原来的规定在实践中缺乏可操作性。为了鼓励国内单位和个人向外国申请专利，使其合法权益在国外获得充分保护，增强我国在国际市场上的竞争力，“经国务院有关主管部门同意”的条件在修改后专利法中被取消。不过，为了保护国家利益，当发明创造涉及国家安全或重大利益需要保密时仍需按有关规定办理。

2. 实用新型专利申请审批制度的改进。修改以后专利法第 57 条第 2 款规定，专利侵权纠纷涉及实用新型专利的，人民法院或者管理专利工作的部门可以要求专利权人出具由国务院专利行政部门做出的检索报告。要理解这一修改的精神，应该明确现行实用新型审批制度缺陷的根源并不在于实用新型专利权稳定性较差，立法的完善不在于重建一个确权程序来解决实用新型专利稳定性的问题，而在于如何利用确权步骤提高实用新型专利权的稳定性。

实用新型专利申请审批制度的改革，必须要面向实用新型专利实践。从实际看，实用新型专利申请量尽管很大，但能够转让的实际上很少，发生纠纷的相对比率也很低，撤销请求和无效请求等也不多。在专利实践中，侵权诉讼与无效宣告请求好似一对孪生兄弟，形成了一个诉讼链，从后者大体可以推测到侵权诉讼的数量。

基于上述实际情况，并借鉴奥地利、法国、荷兰等国实用新型审查制度方面的经验，此次专利法修改时除维持了原有的初步审查制外，规定了上述“检索报告制”。这一制度立足于实用新型专利申请未经实质审查即可授予专利权，与发明专利相比缺乏足够的法律确定性的现实。从另一个角度说，为了维护公众的利益，防止实用新型专利权人滥用权利或过于轻率地提起专利侵权诉讼，尤其是防止一些专利权人恶意申请获得实用新型专利妨碍他人的正常生产经营活动，增加这一规定也是很有必要的。

3. 专利申请权与专利权转让手续的简化。1992 年专利法及其实施细则允许专利申请权的转让。专利法第 10 条第 2 款规定，全民所有制单位转让专利申请权或专利权的，须经上级主管机关批准。它实际上是我国专利法中体现计划经济体制特点的规定。修改后专利法删除了此款规定。对于转让专利申请权或者专利权，1992 年专利法规定当事人除必须订立书面合同外，合同还需经专利局登记和公告后才生效。国际上，一般只要经专利局“登记”后转让合同就可生效。由于转让专利申请权及专利权的登记工作与公布工作有一段时间间隔，难于在同一天完成，1992 年专利法的上述规定就存在转让生效时间不够确定的缺点。特别是根据专利法实施细则第 81 条规定，发明专利申请权的转让，在申请日后 18 个月内提出的不予公告，这样就可能酿成 18 个月内发明专利申请权转让合同纠纷。因此，修改后的专利法限定为只要登记，转让即生效。

4. 简化对提交外国检索和审查结果资料的要求。1992 年专利法第 36 条规定：“发明专利的申请人请求实质审查的时候，应当提交申请日前与其发明有关的参考资料。发明专利已经在国外提出过申请的，申请人请求实质审查的时候，应当提交该国为审查其申请进行检索的资料或者审查结果的资料；无正当理由不提交的，该申请即被视为撤回。”这一规定在我国专利制度诞生初期是很有必要的，但时至今日，情况有了很大的变化，我国专利审查已跨入世界先进国家之列，专利审查员的审查水平不断提高。随着我国专利法计算机检索系统的应用，审查员获得对比文件的能力大大提高。特别是我国国家知识产权局已成为专利合作条约的国际检索单位、初步审查单位，已无必要对所有在外国提出过申请的专利申请都要求提交有关检索、审查资料。当然，也不排除在特定情况下仍然需要申请人配合、协助审查程序的尽快完成，因而应保留专利局在必要时要求申请人提交有关检索和审查资料。因此，修改后专利法将1992年专利法第36条第2款修改为：发明专利已经在国外提出过申请的，国务院专利行政部门可以要求申请人在指定期限内提交该国为审查其申请进行检索的资料或者审查结果的资料；无正当理由逾期不提交的，该申请即被视为撤回。

5. 明确专利权的生效日。1992年专利法没有规定专利权的生效时间，专利法实施细则对此作了弥补。其第54条规定，“专利权自颁发专利证书之日起生效”。实际上，专利权的生效时间与专利权的期限、专利权的保护范围一样，都属于应当在专利法中作出规定的基本问题，仅在专利法实施细则中作出规定不大合适。而且，以颁发专利证书之日作为专利权生效日的合理性值得怀疑，因为专利权作为一种垄断性的、公开的权利，是一种需要公示的权利，向社会公告才能使公众知晓某项发明创造是否被授予专利权，专利权人才能开始行使自己的权利。另外，以颁证日作为专利权生效日还容易引起一些矛盾与冲突。由于颁证日通常早于公告日，公众在公告日前并不确切地知道某专利申请已被授权，这样就会出现要求公众在不知情的情况下承担责任的情况。而且在公告之前，专利权人也不能有效地主张权利。

6. 专利权撤销程序的取消。1992年专利法修改时，取消了授权前的异议程序，改为授权后的撤销程序，旨在简化审批程序，加快授权速度。从专利法第一次修改后实施的情况看，取消专利法规定的授权前的异议程序是正确的。撤销程序的设立，使异议程序撤销后，仍可使社会公众有机会介入专利审查，以保证专利授权的质量。但从专利工作的实践看，撤销程序与无效宣告程序之间存在着严重的不协调，增设撤销程序的效果很不理想。为减少流程，避免因程序重复设置导致专利权长期处于不稳定状态，消除撤销程序对无效程序的干扰，修改后专利法取消了撤销程序，并删除了1992年专利法第41、42、44条，同时对其他条款的有关规定作了相应调整。当然，撤销程序取消后，也要考虑是否使公众介入审查而造成新的不便，考虑是否对不符合条件的专利非得启动无效程序。为此，1992 年专利法实施细则第 48 条的规定移到专利法中很有必要。

7. 强制许可的改进。专利法在 1992 年第一次修改时对强制许可作了一些修改，与 TRIPs 协议基本一致。在 1992 年专利法中，强制许可有合理条件强制许可、公共利益强制许可、依存专利强制许可等三种类型。为与 TRIPs 协议一致，修改后专利法参照 TRIPs 协议的表述作了相应的修改。

另外，对于实施强制许可的使用费方面的纠纷，1992 年专利法只是规定专利权人对于专利局关于实施强制许可的使用费裁决不服的，可以向人民法院起诉，而没有明确取得实施强制许可的单位或个人对于实施强制许可的使用费裁决不服时，是否可以向人民法院起诉。在实践中，不排除存在着取得实施强制许可的单位或个人对专利局就强制许可使用费裁决不服而提起诉讼的法律依据不足的情况。为此，修改后的专利法将专利法第 58 条修改为，专利权人对国务院专利行政部门关于实施强制许可的决定不服的，专利权人和取得实施强制许可的单位或个人对国务院专利行政部门关于实施强制许可的使用费的裁决不服的，可以自收到通知之日起三个月内向人民法院起诉。

（四）专利司法和行政执法

1. 专利权的司法保护。

（1）专利侵权损失赔偿额的界定。赔偿损失是承担民事责任适用最广、最普遍的责任方式，专利侵权诉讼也不例外。1992 年专利法及其实施细则缺乏对专利侵权损害赔偿额界定的规定，只是最高人民法院 1992 年关于审理专利纠纷案件若干问题的解答规定了 3 种计算方法，即以专利权人因侵权行为受到的实际经济损失作为损失赔偿额、以侵权人因侵权行为获得的全部利润作为损失赔偿额、以不低于专利许可使用费的合理数额作为损失赔偿额。

其中前两个计算法体现了民事侵权损害赔偿的一般适用原则，即完全补偿原则或者说填平原则。这一原则的要旨是使专利权人因侵权行为受到的实际损失能获得合理赔偿。修改后的专利法确认了最高人民法院上述司法解释确定的前两种计算方法。但由于专利权不同于一般的民事权利，专利侵权损害赔偿额按照前两种方法计算，有时会存在困难，所以在实践中还有第三种方法可供选择，即以专利许可使用费作参照。不过，考虑到专利侵权的特殊性，修改后的专利法没有完全照搬最高人民法院上述司法解释的第三种计算方法，而是规定“被侵权人的损失或者侵权人获得的利益难以确定的，参照专利许可使用费的倍数合理确定”。

（2）诉前临时措施。专利侵权行为通常是一种持续的、动态发生的行为，往往在被侵权人起诉以后或向管理专利工作的部门提出处理请求后仍在进行。对这种正在实施或即将实施的专利侵权行为，如果等到整个诉讼程序终结、人民法院做出判决或管理专利工作的部门做出的处理决定生效后才采取措施加以制止，有可能使专利权人的合法权益受到难以弥补的损害。我国的民事诉讼法规定了财产保全措施，但没有这种诉前可以停止有关行为的制度，即没有明确规定人民法院可以在当事人正式起诉前采取临时措施制止侵权。为保障专利权人的合法权益不受无法弥补的损害，并与 TRIPs 协议相一致，修改后的专利法专门增加了诉前的临时措施条款。依修改后的专利法第 61 条规定，专利权人或者利害关系人有证据证明他人正在实施或即将实施侵犯其专利权的行为，如不及时制止将会使其合法权益受到难以弥补的损害的，可以在起诉前向人们法院申请采取责令停止有关行为和财产保全的措施。

（3）发明专利临时保护纠纷案件诉讼时效。诉讼时效上存在的问题，主要是发明专利临时保护纠纷案件上，即发明专利申请公布后至专利权授予前使用该发明支付使用费的纠纷案件的诉讼时效从何时起算。为明确发明专利临时保护纠纷的诉讼时效，修改后的专利法规定，发明专利申请公布后至专利权授予前使用该发明未支付适当使用费的，专利权人要求支付使用费的诉讼时效为 2 年，自专利权人得知或应当得知他人使用其发明之日起计算，但专利权人于专利权授予之日前即欲得知或应得知的自专利权授予之日起计算。

（4）专利侵权诉讼中的举证责任。1992 年修改专利法时规定举证责任转移的条件是被控侵权人使用专利方法生产的产品应当是新产品。因为如果一项新产品的制造方法是受专利保护的，这种专利方法可以说是独一无二的，如有人制造与这种新产品同样的产品，那么他很可能是用专利方法制造出来的。现在的问题是在专利实践中，仅仅要求被告提供“其制造方法的证明”有时不能清楚地证明被告实施的方法与专利方法之间的异同，这样会达不到方法专利侵权诉讼中举证责任倒置的目的。为此，修改以后的专利法将 1992 年专利法第 62 条第 2 款中“应当提供其制造方法的证明”改为“应当提供其制造方法不同于专利方法的证明”。

不过，修改以后的专利法仍然没有规定在援引反证时，应考虑到被告保护其制造秘密以及商业秘密的合法权益。这方面大规定有待于进一步的完善。

（5）专利行政诉讼第三人主体资格的确立。在我国司法实践中，当事人对于专利复审委员会宣告专利权无效或者维持专利权的决定不服提起的诉讼属于行政诉讼，专利复审委员会是被告。而根据行政诉讼法第 27 条规定，同提起行政诉讼的具体行政行为有利害关系的其他公民、法人或其他组织可以作为第三人参加诉讼。专利权人作为行政机关具体行政行为的法律后果的直接承受者，他与被告存在着利害关系。专利权人参加到诉讼中来，就等于给了一次申辩的机会，这有利于帮助法院查明案情，避免引起重复诉讼，有利于维护其合法权益。同样，在专利权人提起的以专利复审委员会为被告的行政诉讼中，无效宣告请求的第三人也有必要作为第三人参加诉讼。应当看到，专利法在请求人问题上采取的是“无直接利益者也有诉讼权”的原则。专利权与其他知识产权一样具有社会新颖性，是一种社会性的权利。授予某人以专利权应当看成是与全社会都有关部门的事情，因为专利的授予意味着其他任何人都得承担不得擅自实施的义务。可见，请求人与被诉具体行政行为也具有利害关系。很难想象请求人可以原告的身份提起行政诉讼而不能以第三人的身份参加诉讼。从实际情况看不准许无效请求人以第三人的身份参加诉讼，是不利于保护其合法权益的。

2. 管理专利工作的部门与专利权的保护。

（1）管理专利工作的部门的地位与职能。我国 1985 年实施的专利法及 1993 年第一次修改的专利法都没有明确规定管理专利工作的部门的地域管辖与管理职能。然而，我国专利法的实施证明，管理专利工作的部门的设立是我国专利制度的一大特色，行之有效，为世人瞩目。为明确地方管理专利工作部门的法律地位，并促进其职能的发挥，加强专利行政管理和行政执法，修改后的专利法第 3 条增加规定：“省、自治区、直辖市人民政府管理专利工作的部门负责本行政区域内的专利管理工作”，明确了省、自治区、直辖市人民政府管理专利工作的职能。

（2）管理专利工作的部门的行政执法。

第一，管理专利工作的部门的行政执法地位。1992 年专利法及其实施细则赋予了专利管理部门调处专利纠纷（包括专利侵权纠纷、专利权属纠纷等）和查处假冒他人专利、冒充专利的职权。从实际情况看，管理专利工作的部门调处专利纠纷的执法地位一直是专利实践中一个有争议的问题。管理专利工作的部门的行政执法地位不明确，无疑是制约其发展的一个障碍。

过去，不少人认为，专利纠纷调处活动完全是由管理专利工作的部门针对两个平等主体之间就专利争议居间进行调解和裁决的行为，管理专利工作的部门调处专利侵权纠纷等行为，不具有行政执法的性质。实际上，管理专利工作的部门调处纠纷的性质只能由该机构的地位、职能、调处决定书所体现的行为人的意志及调处方与被调处方所形成的社会关系来决定。由这些方面看，管理专利工作的部门调处专利侵权等纠纷，应具有行政执法性质。明确管理专利工作的部门的行政执法主体资格，是确定管理专利工作的部门的行为是否产生法律效力的首要条件，并且关系到管理专利工作的部门在行政法律关系包括行政诉讼法律关系中的地位。

第二，管理专利工作的部门对假冒他人专利的专利侵权行为的行政处罚权。行政处罚是国家行政机关和法律、法规授权的组织依法对违反行政法规的相对人实施法律制裁的行为。修改后专利法第58、59条加强了管理专利工作的部门维护市场秩序的职能，明确赋予其对假冒他人专利行为的行政处罚权。其第58条规定，假冒他人专利的，除依法承担民事责任外，由管理专利工作的部门责令改正并予以公告，没收违法所得，可以处5万元以下的罚款；构成犯罪的，依法追究刑事责任。这对假冒他人专利的违法行为是一个强有力的威慑。仅就“公告”而言，就是一个很好的消除影响和宣传专利法的有效措施。

修改后的专利法第57条规定，未经专利权人许可，实施其专利，即侵犯其专利权，引起纠纷的，由当事人协商解决；不愿协商或者协商不成的，专利权人或利害关系人可以向人民法院起诉，也可以请求管理专利工作的部门处理。管理专利工作的部门处理时，认定侵权行为成立的，可以责令侵权人立即停止侵权行为，当事人不服的，可以自收到处理通知之日起15日内依照《中华人民共和国行政诉讼法》向人民法院起诉；侵权期满不起诉又不停止侵权行为的，管理专利工作的部门可以申请人民法院强制执行。进行处理的管理专利工作的部门应当事人的请求，可以就侵犯专利权的赔偿数额进行调解；调解不成的，当事人可以依照《中华人民共和国民事诉讼法》向人民法院起诉。

（五）我国专利立法进一步与国际接轨

如前所述，与国际接轨是这次修改专利法及其实施细则的一个重要指导性原则。专利法及其实施细则经1992年修改后，国际知识产权制度又有了新的进展，这次修改自然应考虑如何与国际标准进一步接轨。

1. 与TRIPs协议接轨。尽管我国在1992年第一次修订专利法时提前满足了TRIPs协议的许多要求，经过几年努力，我国的专利法律规定与TRIPS协议的内容基本一致，但仍有一些方面存在差距。在这次修订中，与TRIPs协议进一步接轨理所当然地成了重要主题。

（1）取消行政机关终局决定。1992年专利法第43条第3款规定，“专利复审委员会对申请人、专利权人或者撤销专利权的请求人关于实用新型和外观设计的复审请求所做的决定为终局决定”，第47条第3款规定，“专利复审委员会对宣告实用新型和外观设计专利权无效的请求所作出的决定为终局决定”。即专利法将实用新型和外观设计专利批准与否的最终决定权以及该两类专利无效请求的最终决定权赋予了专利局。专利制度实施至今，我国的法院已积累了较多的审理知识产权案件的经验，已有能力承担对实用新型和外观设计专利申请的复审及无效宣告终审。更为重要的是，“终局决定”的规定既不符合法制精神，也不符合TRIPs协议的要求。从法制角度讲，此时如果专利复审委员会的决定有误，侵犯了相对人的合法权益，但无法通过法律途经加以补救，“有错必纠”在这里形成了一个“真空地带”。从与TRIPs协议接轨的角度看，TRIPs协议明确规定，在获得或者维持知识产权的程序中做出的终局行政决定均应当接受司法机关或者准司法机构的审查。基于以上考虑，修改以后的专利法规定，对专利复审查委员会做出的涉及各种类型专利的申请、复审与无效、决定不服的，都可向人民法院提起诉讼。

（2）增加“许诺销售”的规定。TRIPs协议将专利分为产品专利与方法专利。对于产品专利，要求至少应授予制造权、许诺销售权、销售权、进口权；对于方法专利，至少应授予使用权，使用、许诺销售、销售或进口至少是由该方法直接获得的产品之权。对照我国1992年专利法第11条的规定，我国专利法与TRIPs协议的区别仅在于没有明确规定许诺销售权。这里的许诺销售在合同法意义上是销售要约的邀请，在专利法是指以做广告、在商店橱窗中陈列或在展销会上展示等方式做出的销售商品许诺。专利权人享有许诺销售权，就有权禁止他人进行一些销售前的推销或促销行为，使其能将专利侵权行为消除在萌芽状态。修改以后的专利法第11条中增加了专利权人许诺销售权的规定，有利于专利权人在侵权人实际销售侵权产品之前能够及时制止侵权行为，防止侵权产品的扩散，也是我国专利法与TRIPS协议相一致的举措。

（3）完善强制许可方面的规定。从与TRIPS协议接轨的角度看，关于强制许可的修改同时是为与TRIPS协议接轨所需。

（4）增加诉前临时措施。修改后的专利法的这方面修改，也是与TRIPS协议接轨所需。

2. 与专利合作条约（PCT）的协调。PCT是巴黎公约之下的一个专利领域的专门性国际条约，其基本内容是规定了同一发明要求在若干个国家获得专利保护的申请手段和审查程序，旨在用统一的申请程序方便申请人向多国申请专利。它规定了国际申请的效力和国际申请的程序，在国际申请的程序中又分国际阶段和国家阶段。在国家阶段中，它确定的原则是适用各成员国本国的法律，但对于国际申请进入国家阶段后，PCT作了一定的原则性限制规定，要求成员国必须接受，不过这些限制的具体程序和要求仍需由各成员国加以明确。

1994年1月1日我国正式加入专利合作条约。为有效实施该条约，国家专利局以第5号令的形式发表了关于我国实施专利合作条约的规定。不过，以部门规章的形式变通国家的法律法规，从法理上说是不合适的，因为它在法律效力上与专利法相抵触。这次修改专利时，立法者一致认为，应增加有关PCT申请的条款。为此，修改后的专利法在1992年专利法第20条中增加了第2、3款。其中第2款规定，我国单位或者个人可以根据中华人民共和国参加的有关国际条约提出国际申请，申请人提出国际申请的，应当遵守前款规定。这明确了我国单位或者个人提出专利国际申请的权利和应当满足的条件。第3款规定，国务院专利行政部门依照中华人民共和国参加的有关国际条约、本法和国务院有关规定处理专利国际申请。这为在专利法实施细则中具体规定有关专利国际申请的特殊程序提供了法律依据。

三、专利法第三次修改与完善

2008年，我国专利法进行了第三次修改。这次修订专利法，在一定程度上体现了我国经济社会发展战略转型的意图，其中重点是促进自主创新、建设创新型国家，为中国经济转型和产业升级服务。专利法第三次修改当然也受到国际环境影响，它是推进我国专利法进一步与国际接轨的重要举措。在上述背景下，2006 年 5 月，全国人大常委会对我国专利法的实施情况进行了检查。在第十届全国人大常委会第二十二次会议上提交的《全国人大常委会执法检查组关于检查专利法实施情况的报告》即明确提出将专利法的修订列入人大常委会 2007 年的立法计划。总的来说，专利法第三次修订是我国自身发展的内在需求，也是与国际专利保护趋势相协调的要求，更是有效地解决专利制度运行中存在的问题、更好地发挥其在促进我国经济社会发展方面的作用和功能的要求和体现。

（一）专利法总则部分之完善

1. 专利法之立法宗旨。2000 年专利法第 1 条规定：“为了保护发明创造专利权，鼓励发明创造，有利于发明创造的推广应用，促进科学技术进步和创新，适应社会主义现代化建设的需要，特制定本法。”与 1992 年专利法相比，该条主要是突出了“科学技术创新”的重要意义和作用，使“创新”第一次在中国专利立法中获得了前所未有的地位。本次修改专利法，则进一步提升了专利立法促进创新的重大意义和使命。2008 年专利法（即现行专利法）第 1 条规定：“为了保护专利权人的合法权益，鼓励发明创造，推动发明创造的应用，提高创新能力，促进科学技术进步和经济社会发展，制定本法”。与 2000 年专利法相比，主要是强调了“提高创新能力”，同时将“有利于发明创造的推广应用”修改为“推动发明创造的应用”，强化专利法在促进发明创造应用方面的功能和作用，与“提高创新能力”一脉相承。应当说，这一修改具有深厚的现实原因和前瞻意义——中国已将提高自身创新能力、建设创新型国家作为国家政策和战略举措，而中国（特别是企业）在技术创新、自主创新能力方面，与西方发达国家相比还有很大的差距。

这次修改专利法，在立法宗旨条款中增加了“提高创新能力”的内容，表明在我国新的历史时期提出建设创新型国家的宏伟蓝图中，专利立法对促进创新和建设创新型国家具有十分重要的作用。专利法对促进技术创新、提高自主创新能力具有重要意义，而技术创新与自主创新能力的提高是建设创新型国家的重中之重，该内容的增加将引导专利法更好地发挥促进科技进步与创新的功能和作用，使专利法成为实现创新型国家宏伟目标的重要法律保障。因而在我国，这一修改的意义是深远的。

2. 专利保护客体的界定。我国专利保护的客体有发明、实用新型和外观设计。但是，对于发明、实用新型和外观设计的定义这样十分重要的问题，2008 年专利法以前的各个版本均未予明确，而是纳入立法层次低一级的专利法实施细则[1]中规定。这次修订专利法改变了这一局面。2008 年专利法在 2000 年专利法第 2 条中增加 3 款，作为第 2、3、4 款：发明，是指对产品、方法或者其改进所提出的新的技术方案；实用新型，是指对产品的形状、构造或者其结合所提出的适于实用的新的技术方案；外观设计，是指对产品的形状、图案或者其结合以及色彩与形状、图案的结合所作出的富有美感并适于工业应用的新设计。

3. 重复授权的规制。重复授权是我国专利法实施中存在的一个现实问题。如何防止重复授权，可以从多方面入手加以解决，但立法上的规定具有决定性意义。为了避免重复授权问题出现，专利法首先确立了"同样的发明创造只能授予一项专利权"的原则。但仅仅是这一原则不足以解决重复授权问题，而是需要进一步明确禁止重复授权的具体内涵。同样的发明创造只能授予一项专利权，可以理解为禁止对同样的发明创造授予两个或者两个以上的专利权，包括禁止基于同样的发明创造同时存在两个以上的有效专利权。但现在的问题是，基于同样的发明创造先后存在两个以上有效专利，专利法是否应予禁止？2008 年专利法实施前在对"抵触申请"规定时，仅限于他人的专利申请，而不包括本人申请，这使得在审查实践中容易造成同一人对同样的发明创造被重复授予发明和实用新型专利权。2008 年专利法的上述规定则弥补了这一缺陷，它可以使同一申请人同日对同样的发明创造既申请实用新型专利又申请发明专利时，避免重复授权现象的产生。

4. 涉外专利申请与审批。

（1）中国单位或者个人向外国人、外国企业或者外国其他组织转让专利申请权或者专利权问题。2000 年专利法第 10 条第 2 款规定："中国单位或者个人向外国人转让专利申请权或者专利权的，必须经国务院有关主管部门批准"；第 3 款规定："转让专利申请权或者专利权的，当事人应当订立书面合同，并向国务院专利行政部门登记，由国务院专利行政部门予以公告。专利申请权或者专利权的转让自登记之日起生效"。2008 年专利法则将上述第 10

[1] 参见 2001 年 7 月 1 日起施行的《中华人民共和国专利法实施细则》（以下简称 2001 年专利法实施细则）第 2 条。

条第2款修改为："中国单位或者个人向外国人、外国企业或者外国其他组织转让专利申请权或者专利权的，应当依照有关法律、行政法规的规定办理手续"。这一修改，使中国单位或者个人向外国人转让专利申请权或者专利权的，"按照有关法律、行政法规的规定办理手续"即可，便利了中国单位或者个人向外国人、外国企业或者外国其他组织转让专利申请权或者专利权，有利于我国开展与国外之间的专利技术贸易。

（2）取消对涉外专利代理机构的指定。2000年专利法第19条第1款规定："在中国没有经常居所或者营业所的外国人、外国企业或者外国其他组织在中国申请专利和办理其他专利事务的，应当委托国务院专利行政部门指定的专利代理机构办理"；第2款规定："中国单位或者个人在国内申请专利和办理其他专利事务的，可以委托专利代理机构办理"。2008年专利法则将上述第19条第1款修改为："在中国没有经常居所或者营业所的外国人、外国企业或者外国其他组织在中国申请专利和办理其他专利事务的，应当委托依法设立的专利代理机构办理"；将第2款修改为："中国单位或者个人在国内申请专利和办理其他专利事务的，可以委托依法设立的专利代理机构办理"。

显然，2008年专利法取消了外国自然人、企业或者其他组织在中国申请专利和办理其他专利事务而必须委托指定的涉外代理机构办理的规定，而代之以应当委托依法设立的专利代理机构办理，实际上是扩大了我国专利代理机构办理专利业务的范围。这一修改是基于我国专利代理机构现状而做出的。由于我国专利制度的历史不长，过去我国专利代理机构有能力从事涉外业务的很少，国家对专利代理机构从事涉外业务的控制相应地较严格，需要在获得专门的批准后才取得从事涉外专利代理的资格。但现在情况有了很大的改变，很多专利代理机构也具备了处理涉外专利业务的能力。这一修改，将大大扩大中国没有经常居所或者营业所的外国人、外国企业或者外国其他组织在中国申请专利和办理其他专利事务时选择专利代理机构的机会，便利了涉外专利事务的办理。同时，这一修改还有一个十分重要的作用是，有利于促进我国专利代理机构的公平竞争，防止涉外专利业务被少数专利代理机构垄断，从而有利于促进我国专利代理水平整体质量的提高。

（3）取消将在中国完成的发明或者实用新型向外国申请专利须先向中国申请专利、须委托中国专利代理机构的规定。2000年专利法第20条第1款规定："中国单位或者个人将其在国内完成的发明创造向外国申请专利的，应当先向国务院专利行政部门申请专利，委托其指定的专利代理机构办理，并遵守本法第四条规定。”2008 年专利法则将上述第 20 条第 1 款修改为：“任何单位或者个人将在中国完成的发明或者实用新型向外国申请专利的，应当事先报经国务院专利行政部门进行保密审查。保密审查的程序、期限等按照国务院的规定执行。”同时，增加一款作为第 4 款：“对违反本条第一款规定向外国申请专利的发明或者实用新型，在中国申请专利的，不授予专利权”。

2008 年专利法的上述规定，涉及以下内容的变化：①在中国完成的发明创造向外国申请专利时，不再要求“先向国务院专利行政部门申请专利”，而代之以“事先报经国务院专利行政部门进行保密审查”。而且，在中国完成发明创造的主体由“中国单位或者个人”扩大为“任何单位或者个人”；②在中国完成的发明创造向外国申请专利时，不再要求必须委托中国的专利代理机构办理。这两个变化都有其特定缘由。

就第一个变化而言，主要借鉴了美国、德国等国家的经验，并考虑到过去在一些中国依法设立的合资企业、独资企业、研发机构等“中国单位”，为了自身利益最大化，规避 2000 年专利法第 10 条有关向外国人转让专利的规定以及第 20 条有关首先在中国申请专利的规定。根据该法 20 条第 1 款，包括中国和外国当事人在内的任何单位和个人，就在中国完成的发明创造向外国申请专利时，履行保密审查报批手续即可。这一修改，反映了我国专利法对专利申请价值导向的变化，即为向国外申请专利创造宽松的环境和条件。特别是就中国单位和个人而言，与发达国家相比，目前向国外申请专利的数量仍然很小。随着经济全球化的发展以及中国加入世贸组织，中国的企业越来越需要走向国际市场，而实施“兵马未动、粮草先行”的国际专利申请战略具有很大的必要性。这在客观上要求我国专利立法为中国单位和个人申请国外专利提供便利。当然，为了防止对我国科技和经济发展乃至国家经济安全具有重大影响的、在我国完成的发明创造流失到国外，2008 年专利法增加规定，要求事先报经国务院专利行政部门进行保密审查。如果违法这一规定向外国申请专利的发明或者实用新型，在中国申请专利的，不授予专利权。这样就有利于避免无论是中国单位或个人还是外国单位或个人在我国完成的对国家经济和科技发展具有重要影响的重要发明创造流失到国外，有利于维护中国国家利益。

就第二个变化而言，在中国完成的发明创造向外国申请专利时，不再要求委托中国的专利代理机构办理，是考虑到向外国申请专利委托代理的现实情况决定了不必一律强制要求委托中国代理机构办理。很多国家或地区的专利法一般要求外国人向其申请专利时应委托本国或地区专利代理机构代理。虽然仍然有一些企事业单位或个人就其在中国完成的发明创造向外国申请专利时有必要先委托国内专利代理机构代理，那些比较成熟的企事业单位则不一定需要先通过国内代理。考虑到这一现实情况，2008 年专利法取消了强制代理的规定，有利于在中国完成发明创造的单位或个人在向国外申请专利时根据自身情况自主决定是否选择国内委托代理机构。

5. 指定许可范围的修改。2000 年专利法第 14 条第 2 款规定："中国集体所有制单位和个人的发明专利，对国家利益或者公共利益具有重大意义，需要推广应用的，参照前款规定办理"。2008 年专利法则删除了上述第 2 款。[1]

上述 2000 年专利法第 14 条的规定，被称为"指定许可"，是专利立法中颇具中国特色的规定。指定许可的直接原因是，有些重要的发明，不仅涉及专利权人的利益，而且与国家利益或公共利益也密切相关。如果按照通常实施他人专利的模式，就需要实施单位与专利权人进行谈判，在签订实施许可合同后才能实施专利。对于那些具有重大价值的发明专利来说，这不利于迅速推广。为此，中国专利法自 1984 年颁布以来，虽经三次修订，但一直保留了促进对具有重大价值的发明创造的行政推广制度。[2]

当然，由于专利权毕竟是一种私权，私权保护是专利法的主旋律。专利法对指定许可的范围和条件应当从严，以免损害专利权人的利益。根据 2008 年专利法，指定许可限于对国家利益或者公共利益具有重大意义的国有企业事业单位的发明专利，不再包括中国集体所有制单位和个人的发明专利，这样就大大缩小了适用指定许可的范围。[3]

6. 专利申请权与专利权的共有。专利申请权和专利权是具有财产权性质的专有权利，可以为两个或者两个以上的单位或个人所共有。原则上说，专利申请权和专利权的共有问题可以适用我国民法通则关于财产所有权共有的

[1] 参见 2008 年专利法第 14 条。

[2] 在 2000 年专利法前，此制度被称为"计划许可制度"，这与过去实行的计划经济体制有关。

[3] 在 1985 年专利法中，指定许可涉及的专利权的主体主要是指"全民所有制单位"。在 2000 年专利法中，"全民所有制单位"被替换为"国有企业事业单位"。这一修改与中国企业制度改革有关。

一般规则。但毕竟专利申请权和专利权是一种无形财产权，一般财产所有权共有的规则难以解决实践中发生的诸多因为专利申请权和专利权共有引发的纠纷。为此，有必要在专利法中专门规定这一问题。

2008 年专利法第 15 条第 1 款规定："专利申请权或者专利权的共有人对权利的行使有约定的，从其约定。没有约定的，共有人可以单独实施或者以普通许可方式许可他人实施。许可他人实施该专利的，收取的使用费应当在共有人之间分配。"第 2 款规定："除前款规定的情形外，行使共有的专利申请权或者专利权应当取得全体共有人的同意。"

第 15 条关于专利申请权和专利权共有人行使权利的规定，弥补了我国现行立法中对共有专利权行使缺乏规范的空白，既有利于充分保障共有人的合法权益，又有利于促进共有专利的实施，实现专利法既要充分保护权利人的专有权，又要促进专利技术的推广应用的双重价值目标。

在现实中，共有专利具有普遍性。以前由于缺乏立法规范，只能援引民事法律关于共有的一般规范和原则处理。2008 年专利法的规定有以下特点：①意思自治优先。即共有人对权利行使有约定的，从其约定，这一规定有利于共有人之间协商解决权利行使问题。②明确了各共有人在缺乏约定前提下自己行使权利的范围和限制，有利于共有权利的行使。③确立了收益共享原则。即许可他人实施该专利的，收取的使用费应当在共有人之间分配，这有利于确保全体共有权利人的利益，防止在共有权利行使方面处于优势地位的共有人独占共有专利的利益。〔1〕

7. 专利行政管理部门的职责。行政处理包括专利权纠纷在内的知识产权纠纷是中国知识产权制度的一个重要特点。就专利法来说，除了处理专利纠纷外，专利行政部门还具有专利管理的职能。2008 年专利法在现有规定的基础之上，在 2000 年专利法第 21 条中增加一款，作为第 2 款："国务院专利行政部门应当完整、准确、及时发布专利信息，定期出版专利公报"。〔2〕

这一规定从立法的角度确认了国务院专利行政部门传播专利信息的法定义务，为规范其传播专利信息的职能、职责和义务，加强在全国范围内对专

〔1〕 当然，上述规定仍有值得完善之处。如它没有考虑其他共有人在具有正当理由的情况下可以阻止任何共有人单独实施，以维护其他共有人的利益。

〔2〕 参见 2008 专利法第 21 条。

利信息传播的指导和管理，促进我国发明创造者和其他科技人员、研究人员，以及企事业单位等充分利用专利信息从事发明创造和技术创新工作，促进专利信息在我国的充分、有效应用，具有十分重要的意义。

8. 不授予专利权的发明创造的原则性规定。中国专利法基于我国的社会主义性质和现实国情，对不授予专利权的客体作了明确确定。2008 年专利法一方面保留了此前法律的规定，只是在个别文字上做了修改；另一方面，首次明确规定："对违反法律、行政法规的规定获取或者利用遗传资源，并依赖该遗传资源完成的发明创造，不授予专利权"。〔1〕这是该法的一个重要特点，即增加了对遗传资源专利权保护方面的规定。该规定旨在建立一种机制，防止违反我国遗传资源管理法律法规而完成的发明创造获得专利权。

9. 专利权的保护范围。2000 年专利法第 11 条第 2 款规定："外观设计专利权被授予后，任何单位或者个人未经专利权人许可，都不得实施其专利，即不得为生产经营目的制造、销售、进口其外观设计专利产品。"

2008 年专利法则维持了上述第 1 款的规定，并将第 2 款修改为："外观设计专利权被授予后，任何单位或者个人未经专利权人许可，都不得实施其专利，即不得为生产经营目的制造、许诺销售、销售、进口其外观设计专利产品"。〔2〕与 2000 年专利法的规定相比，修改之处是增加了外观设计专利权人的"许诺销售权"。关于许诺销售权，中国专利法在 2000 年修改时基于 TRIPs 协议并没有规定外观设计专利权人享有该种权利，而没有规定。

不过，由于在外观设计专利权保护的实践中，出现了不少单位或个人在未经外观设计专利权人许可的情况下制造了侵权产品，然后利用广告、展销、展览等形式推销这些侵权产品。外观设计专利权人要制止这些行为，需要等到侵权人实际销售这些侵权产品后才能进行，因为 2000 年专利法并没有赋予其请求专利行政部门或人民法院制止这些行为的权利。这显然对于充分、及时地维护外观设计专利权人的合法权益是不利的。而且，在 2000 年专利法已对发明和实用新型专利权人规定了许诺销售权的情况下，外观设计专利权人缺乏这一权利，也造成了三种专利权保护的不均衡。鉴于此，2008 年专利法明确规定外观设计专利权人对其外观设计专利产品的许诺销售权。

---

〔1〕 参见 2008 专利法第 5 条第 2 款。

〔2〕 参见 2008 年专利法第 11 条。

（三）授予专利权的条件

1. 授予专利权的条件。此次修改专利法，一个重要特点即是在对发明、实用新型和外观设计专利新颖性标准上，引进了很多国家采用的绝对新颖性标准，取消了现有技术和现有设计的地域限制。有人甚至认为，这是此次修改专利法的最大“亮点”。具体地说，2008 年专利法第 22 条第 2 款规定：“新颖性，是指该发明或者实用新型不属于现有技术；也没有任何单位或者个人就同样的发明或者实用新型在申请日以前向国务院专利行政部门提出过申请，并记载在申请日以后公布的专利申请文件或者公告的专利文件中”；第23 第 1 款规定：“授予专利权的外观设计，应当不属于现有设计；也没有任何单位或者个人就同样的外观设计在申请日以前向国务院专利行政部门提出过申请，并记载在申请日以后公告的专利文件中。授予专利权的外观设计与现有设计或者现有设计特征的组合相比，应当具有明显区别。”

2008 年专利法采用绝对新颖性标准，首先，这一规定是针对在实践中，一些专利申请人将没有在我国公开使用过或者以其他方式为公众所知、但在国外已经被公开使用或者已经有相应的产品出售的技术或设计去申请专利，妨碍了国外已有技术或设计在我国的应用，而需要从立法上加以解决。其次，从现有技术或现有设计标准的现实看，原来规定的“地域性标准”逐渐丧失了意义。2000 年专利法规定的新颖性标准在出版物公开方面采用全球标准，在使用或其他方式公开方面则限于国内范围。随着科学技术的发展，特别是网络技术的发展，加之经济全球化的急速变化，出版物与非出版物之间的界限变得模糊起来，将现有技术或现有设计的非出版物公开的地域范围限于我国国内已显得过时。再次，对现有技术或现有设计取消地域范围限制，是目前大多数国家专利法的通例，采用绝对新颖性标准是遵循国际通行的做法。最后，绝对性标准的采用，也表明了我国对发明、实用新型和外观设计专利质量的要求提高了，有利于提高我国专利授权的质量，提高我国自主创新能力。这对于实现 2008 年专利法增加的“提高创新能力”等立法宗旨具有实实在在的意义，也是在具体制度上保障实现这些立法宗旨的体现。[1]

---

〔1〕 需要注意，在 2008 年专利法对新颖性标准的改革中，除了不属于现有技术或现有设计标准外，还在抵触申请标准上做了局部修改。此规定的修改，主要是与避免重复授权的规定相吻合。对外观设计专利抵触申请的规定，则是 2000 年专利法所没有的。

2. 外观设计专利权授权条件的完善。在外观设计专利权授权条件方面，除了上述新颖性标准的改革外，2008 年专利法还引进了类似于注册商标的"显著性"标准。根据该法第 23 条第 2 款规定："授予专利权的外观设计与现有设计或者现有设计特征的组合相比，应当具有明显区别。"这一规定显然提高了外观设计专利授权的要求，甚至被认为是明确了外观设计专利的"创造性"标准。

外观设计创新不仅能够提高企业产品的附加值，而且通过新颖、独特的造型能够燃起消费者的购买欲望，促进厂商提高市场竞争力。借鉴国外立法经验，提高外观设计质量、促进外观设计创新是外观设计专利改革的方向。上述提高外观设计专利的授权标准，将有利于提高我国外观设计专利的质量，有利于促进我国外观设计创新。

3. 不授予专利权的对象。关于不授予专利权的对象，2008 年专利法的改革是在 2000 年专利法规定的基础之上增加了一项内容，即"对平面印刷品的图案、色彩或者二者的结合做出的主要起标识作用的设计"。这一修改也是针对外观设计专利而言的。与第 23 条第 1、2 款增加外观设计绝对新颖性标准和创造性标准一样，其主要目的是为了提高外观设计专利的质量，促进外观设计的创新。近些年来，中国外观设计专利申请和授权数量增长迅速，但其中也不乏很多仅涉及主要起标识作用的、以瓶贴和平面包装为主要特色的图案设计，属于对平面印刷品的图案、色彩或者二者的结合起主要标识作用的设计。这类设计固然有一定的新颖性和创造性，但与外观设计专利保护的本质不够协调，需要通过立法修改引导外观设计的创造者重视对产品本身外观的创新活动，以提高中国外观设计专利产品的国际竞争力。另外，现实中广为存在的上述现象还引发了一个法律问题，即将瓶贴和平面包装袋主要起标识作用的图案设计申请专利，容易产生外观设计专利权与他人的注册商标权、著作权相冲突。基于这些考虑，2008 年专利法做出了上述修改。

（四）专利的申请

1. 发明与实用新型专利申请的要求。对照 2000 年专利法的相应规定，2008 年专利法对发明与实用新型专利申请的要求有 2 个修改：①在请求书应当载明的信息上，将"发明人或者设计人的姓名"改为"发明人姓名"；②对权利要求书的要求，将"说明要求专利保护的范围"改为"清楚、简要地限定要求专利保护的范围"。

就第一个修改而言，2008 年专利法将实用新型创造者定义为“发明人”，而不是“设计人”。这样一则与外观设计的创造者被称为“设计人”做了区分，二则从术语表达上体现了实用新型与发明一样，都属于发明创造范畴，本质上也是发明。在中国，在整体的创新能力还不够强的形势下，提高具有一定发明高度的实用新型创造者的从事发明创造的积极性，仍然是未来专利法的重要立法趋向。为此，实用新型创造者取得与发明创造者同样的“发明人”的身份是必要的。

就第二个修改而言，该修改是对 2000 年专利法实施细则第 20 条规定的移植和完善。2000 年专利法实施细则第 20 条规定：“权利要求书应当说明发明或者实用新型的技术特征，清楚、简要地表述请求保护的范围。”权利要求书框定了纳入专利权保护范围的技术特征，是判定他人是否侵犯专利权的根据，具有直接的法律效力。可见其在专利法中具有十分重要的地位。专利法对权利要求书的撰写因而具有相应的要求。除了应当以说明书为依据以外，还应清楚、简要地界定请求保护的范围。但在 2008 年专利法前，后一要求是纳入专利法实施细则中规定的。鉴于此问题的重要性，2008 年专利法将其纳入，并对个别文字表述做了修改。[1]

2. 关于遗传资源专利申请问题。2008 年专利法在 2000 年专利法第 26 条中增加一款，作为第 5 款，规定了依赖遗传资源完成的发明创造申请专利的信息披露义务。该款规定“依赖遗传资源完成的发明创造，申请人应当在专利申请文件中说明该遗传资源的直接来源和原始来源；申请人无法说明原始来源的，应当陈述理由”。这是该法在第 5 条规定不能授予专利权的遗传资源之后，再次涉及遗传资源专利问题的规定。实际上，遗传资源披露也是落实《生物多样性公约》确立的针对遗传资源的国家主权、获取遗传资源的知情同意以及使用遗传资源惠益分享原则的基础。对于依赖遗传资源完成的发明创造，2008 年专利法的这一规定有利于我国主管部门了解遗传资源的获取与利用是否符合国际上规定的知情同意原则和惠益分享原则，便于保护来自于我国的遗传资源的提供者的利益，促进遗传资源惠益共享。

3. 外观设计专利申请问题。

（1）外观设计专利申请提交文件的要求。2000 年专利法第 27 条规定：

---

[1] 即将“表述”改为“限定”。这就更明确地体现了权利要求对专利保护范围的限定作用。

“申请外观设计专利的，应当提交请求书以及该外观设计的图片或者照片等文件，并且应当写明使用该外观设计的产品及其所属的类别。”2008 年专利法则将该条修改为：“申请外观设计专利的，应当提交请求书、该外观设计的图片或者照片以及对该外观设计的简要说明等文件。”同时增加一款作为第 2 款：“申请人提交的有关图片或者照片应当清楚地显示要求专利保护的产品的外观设计。”

上述修改涉及两个方面的问题：①在提交文件的要求上，强调了“对该外观设计的简要说明等文件”；②在申请人提交有关图片或者照片的要求上，“应当清楚地显示要求专利保护的产品的外观设计”。第一个修改表明，对外观设计的简要说明尽管属于文字性内容，不能展示外观设计保护的部位与特点，但对于明确外观设计的保护范围仍具有非常重要的意义。简要说明是对外观设计图片或照片中没有表达的部分或者其他内容进行文字性阐明，旨在便于理解外观设计专利保护的内涵，因而能够起到解释、限定和说明的作用。第二个修改表明，由于外观设计专利权的保护范围以表示在图片或者照片中的该产品的外观设计为准，申请人提交有关图片或者照片，应当清楚地显示要求专利保护的产品的外观设计，以免在发生外观设计专利纠纷时，因权利保护范围模糊而影响对侵权的判断。

（2）关联外观设计专利申请。2000 年专利法第 31 条第 1 款规定：“一件发明或者实用新型专利申请应当限于一项发明或者实用新型。属于一个总的发明构思的两项以上的发明或者实用新型，可以作为一件申请提出”；第 2 款规定：“一件外观设计专利申请应当限于一种产品所使用的一项外观设计。用于同一类别并且成套出售或者使用的产品的两项以上的外观设计，可以作为一件申请提出”。2008 年专利法则将上述第 2 款修改为：“一件外观设计专利申请应当限于一项外观设计。同一产品两项以上的相似外观设计，或者用于同一类别并且成套出售或者使用的产品的两项以上外观设计，可以作为一件申请提出”。这一修改的主要特点是允许关联外观设计合案提出外观设计专利申请。

上述修改也是针对实践中关联外观设计专利申请存在的困境而在立法上做出的回应。在中国外观设计专利申请实践中，经常出现这样的情况：一个设计人有了一个基本的创新设计方案后，围绕该方案设计又提出了很多相似的设计方案。从设计人的角度来说，他当然希望其基本的创新方案和关联设计都能够获得专利权保护，以免被控侵权人将获得专利的外观设计稍微修改成不同的外观设计后规避其侵权行为。2008 年专利法以前，设计人的这一愿望则存在法律障碍，因为如果他就这些相似的关联外观设计分别提出专利申请，则因不符合禁止重复授权的原则而不能都获得专利权。但如果设计人在一份专利申请中要求保护这些相似的外观设计，那么又会因不符合 2000 年专利法第 31 条第 2 款规定的单一性原则而不被驳回。为了克服上述障碍，2008 年专利法引进了关联外观设计专利申请原则。这一修改，便利了关联外观设计设计人申请外观设计，避免竞争对手在对现有基本设计进行修正后轻而易举地绕开外观设计专利权的保护范围，从而有利于充分地保护外观设计专利权人的合法权益。

（五）专利权的终止与无效

2008 年专利法对 2000 年专利法这部分修改的地方很少。涉及的变化如下：

将第 47 条第 2 款修改为："宣告专利权无效的决定，对在宣告专利权无效前人民法院做出并已执行的专利侵权的判决、调解书，已经履行或者强制执行的专利侵权纠纷处理决定，以及已经履行的专利实施许可合同和专利权转让合同，不具有追溯力。但是因专利权人的恶意给他人造成的损失，应当给予赔偿"；第 3 款修改为："依照前款规定不返还专利侵权赔偿金、专利使用费、专利权转让费，明显违反公平原则的，应当全部或者部分返还"。

上述修改中，第 2 款尽管只涉及个别术语的变化，即将原来的"裁定"改为"调解书"，但这一修改的价值很大，并且在理论上也具有重要意义。第 3 款则没有实质变化，只是在文字表述上较 2000 年专利法的规定精炼一些。故以下仅对该第 2 款修改的问题加以探讨。

宣告专利权无效决定的追溯力应不适用于人民法院做出的民事裁定，这可以从民事诉讼裁定的本意做出理解。最高人民法院《关于对诉前停止侵犯专利权行为适用法律问题的若干规定》第 13 条规定，申请人不起诉或者申请错误造成被申请人损失的，被申请人可以向由管辖权的人民法院起诉请求申请人赔偿，也可以在专利权人或利害关系人提起的专利侵权诉讼中提起损害赔偿的要求，人民法院可以一并处理。由此可见，在原告申请裁定有误，给被告造成损害时，原告须承担损害赔偿责任。从理论上说，即使该裁定已经执行，亦应当具有追溯力。实际上，法律要求请求人在申请裁定措施时提供一定的担保，主要目的就是为了万一申请有误而给对方造成损害时能够保障给对方以赔偿，否则担保将失去其应有的意义。基于此，2000 年专利法第 47 条第 2 款规定的宣告专利权无效决定的追溯力适用于人民法院做出的裁定不具有合理性，2008 年专利法对此做出了修改。

（六）专利权的保护

专利权的保护是专利法的核心内容。在中国，专利权保护涉及专利行政处理和司法保护两大块。

1. 专利权的保护范围。

（1）发明与实用新型专利权的保护范围。2000 年专利法第 56 条规定："发明或实用新型专利权的保护范围以其权利要求的内容为准，说明书和附图可以用于解释权利要求"。2008 年专利法则将上述 2000 年专利法第 56 条改为第 59 条，修改为："发明或者实用新型专利权的保护范围以其权利要求的内容为准，说明书及附图可以用于解释权利要求的内容"。该修改涉及的内容是将"说明书及附图可以用于解释权利要求"修改为"说明书及附图可以用于解释权利要求的内容"。这一变化旨在更加明确说明书和附图的目的，是对权利要求内容的解释，而不是仅仅是解释权利要求而已。这一修改也强化了发明与实用新型专利权的保护范围是"权利要求的内容"，有助于在专利申请和专利诉讼实践中准确把握发明与实用新型专利权的保护范围。

（2）外观设计专利权的保护范围。2000 年专利法第 56 条第 2 款规定："外观设计专利权保护范围以表示在图片或照片中的该外观设计专利产品为准"。也就是说，外观设计专利权的保护范围是表示在图片或照片中的该外观设计，并限于在申请专利时指定的产品上使用。2008 年专利法关于外观设计专利保护范围的完善体现为除了维持上述规定外，还增补了以下规定："简要说明可以用于解释图片或者照片所表示的该产品的外观设计"。这一规定是与该法在第 27 条增补的申请人提交的外观设计专利申请应包括该外观设计的简要说明是一脉相承的。这一增补更是对实践需要的回应。在外观设计专利实践中，图片或照片往往反映了外观设计的诸多细节，如果要求被控侵权产品再现外观设计专利产品所有细节时才构成外观设计专利侵权，则不利于充分保护外观设计专利权人的合法权益。但如果允许忽略其中的一些细节，则需要对允许忽略哪些细节建立必要的规则，以避免审查中的主观随意性，确保公众对外观设计专利保护范围的可预见性。正是基于这些考虑，2008 年专利法做出了上述修改。可以预见，上述修改将有利于在专利申请和处理专利纠纷实践中明确外观设计专利权的保护范围。

2. 外观设计专利检索报告制度。2000 年专利法第 57 条第 2 款规定："专利侵权纠纷涉及新产品制造方法的发明专利的，制造同样产品的单位或者个人应当提供其产品制造方法不同于专利方法的证明；涉及实用新型专利的，人民法院或者管理专利工作的部门可以要求专利权人出具由国务院专利行政部门做出的检索报告"。2008 年专利法则将该款改为第 61 条，分两款规定。其中第 1 款维持上述第 57 条第 2 款前一部分的规定不变；第 2 款改为："专利侵权纠纷涉及实用新型专利或者外观设计专利的，人民法院或者管理专利工作的部门可以要求专利权人或者利害关系人出具由国务院专利行政部门对相关实用新型或者外观设计进行检索、分析和评价后做出的专利权评价报告，作为审理、处理专利侵权纠纷的证据"。

上述修改的变化的特点是：增加了处理外观设计专利侵权的检索报告制度。这一修改也是基于外观设计专利申请不实行实质审查带来的专利法律稳定性较差而做出的。如果明显存在问题的外观设计专利权人随意起诉侵权人，就可能造成严重损害公众利益的后果。在不准备对外观设计专利申请实行实质审查制度的前提下，严格对外观设计专利的保护就具有必要性。因此，这次专利法修改，借鉴了实用新型专利检索报告制度的做法，规定了外观设计专利检索报告制度，并且是将两者纳入同一条款和标准进行规范的。

3. 专利行政执法。由于专利行政执法在中国专利权保护中一直占有重要地位，2008 年专利法不但保留了这一模式，而且提高了行政处罚标准，并参照其他知识产权专门法的规定，强化了专利行政执法权限。具体地说，体现在以下两方面规定上：

（1）整合了对假冒他人专利和冒充专利的处罚，并提高了行政处罚标准。2008 年专利法则将 2000 年专利法第 58、第 59 条合并为第 63 条，修改为："假冒专利的，除依法承担民事责任外，由管理专利工作的部门责令改正并予公告，没收违法所得，可以并处违法所得四倍以下的罚款；没有违法所得的，可以处二十万元以下的罚款；构成犯罪的，依法追究刑事责任"。

上述规定表明，2008 年专利法鉴于假冒他人专利和冒充专利都是作假并欺骗公众的违法行为，没有必要像 2000 年专利法一样在行政处罚力度上予以区分，因而将原有的不同规定统一为一个处罚标准，并且在措辞上也统一改为"假冒专利"。同时，基于假冒专利行为后果的严重性，该法提高了原来规定的处罚标准，即罚款的标准由3倍以下提高到4倍以下，由5万元以下提高到20万元以下，提高的幅度是相当大的。提高行政处罚标准，体现了2008年专利法对加强专利权行政保护的用心。无疑，通过加强对假冒专利行为的行政打击力度，有利于维护专利权人的合法权益，净化专利市场，提高专利在社会生活中的信誉。

（2）赋予了管理专利工作的部门查处假冒专利行为的行政职权。2008年专利法增加一条，作为第64条："管理专利工作的部门根据已经取得的证据，对涉嫌假冒专利行为进行查处时，可以询问有关当事人，调查与涉嫌违法行为有关的情况；对当事人涉嫌违法行为的场所实施现场检查；查阅、复制与涉嫌违法行为有关的合同、发票、账簿以及其他有关资料；检查与涉嫌违法行为有关的产品，对有证据证明是假冒专利的产品，可以查封或者扣押。管理专利工作的部门依法行使前款规定的职权时，当事人应当予以协助、配合，不得拒绝、阻挠"。这一条与中国现行《中华人民共和国商标法》（以下简称商法）第55条规定有相似之处，旨在通过赋予管理专利工作的部门查处假冒专利行为的行政职权，强化专利行政执法力度，进一步加强对专利权的保护。

4. 专利侵权损害赔偿额规定之完善。专利权是一种财产权，专利法对专利侵权主要追究侵权人的民事责任，而损害赔偿则是专利侵权民事责任的主要承担形式。2000年专利法第60条规定，侵犯专利权的赔偿数额，按照权利人因被侵权所受到的损失或者侵权人因侵权所获得的利益确定；被侵权人的损失或者侵权人获得的利益难以确定的，参照该专利许可使用费的倍数合理确定。

但是，该规定存在以下2个问题：①没有明确对权利人因被侵权所受到的损失或者侵权人因侵权所获得的利益，应选择哪一个作为优先的计算方式；②没有考虑在其规定的3种方式均难以计算的情况下，如何确定专利侵权损害赔偿额。为克服这2个问题，2008年专利法将第60条改为第65条，分两款，第1款规定："侵犯专利权的赔偿数额按照权利人因被侵权所受到的实际损失确定；实际损失难以确定的，可以按照侵权人因侵权所获得的利益确定。权利人的损失或者侵权人获得的利益难以确定的，参照该专利许可使用费的倍数合理确定。赔偿数额还应当包括权利人为制止侵权行为所支付的合理开支"；第2款规定："权利人的损失、侵权人获得的利益和专利许可使用费均难以确定的，人民法院可以根据专利权的类型、侵权行为的性质和情节等因素，确定给予一万元以上一百万元以下的赔偿”。

5. 诉前临时措施与诉前证据保全。

（1）诉前责令停止有关行为的措施。为了充分保护专利权人的合法权益，很多国家专利立法规定了诉前的“临时措施”，即在诉前向法院申请责令停止有关行为。我国专利法在2000年第二次修改时也增加了这一制度。2008年专利法则对诉前责令停止有关行为在程序上进行具体的规范，便于在实践中操作。[1]尽管这些增补的规定基本上是对《中华人民共和国民事诉讼法》（以下简称民事诉讼法）关于诉前先予执行与财产保全措施规定的移植，但在专利法中对这些措施予以明确仍然是有必要的，有利于强化对专利权的司法保护。同时，为了公平合理地保障被告人的合法利益，不至于因为错误的禁令申请而导致被告的利益无法获得充分补偿，2009年专利法将民事诉讼法的有关规定整合到第66条中，明确了人民法院和申请人相应的责任和义务。另外，该条规定没有再规定诉前的财产保全措施，应当说专利权人或者利害关系人仍然有权按照中国民事诉讼法关于财产保全的规定申请诉前财产保全。

（2）诉前证据保全。关于诉前证据保全措施，2000年专利法没有作出规定，而且作为基本法的民事诉讼法也没有规定，而只是规定了起诉后的证据保全措施。与著作权、商标权侵权纠纷一样，专利侵权纠纷的审理中也经常出现如果不在起诉前进行证据保全，就很可能存在证据被灭失或者难以取得的风险。为此，最高人民法院在2001年曾颁布《关于对诉前停止侵犯专利权行为适用法律问题的若干规定》，规定人民法院执行诉前停止侵犯专利权行为的措施时，可以根据当事人的申请参照民事诉讼法的规定同时进行证据保全。

2008年专利法第67条分四款规定了诉前证据保全问题。这些规定，是完全新增的内容。这一增加是为了在专利司法实践中充分地保障专利权人的利益。在专利诉讼中，专利权人为了实现自己的诉讼主张，有必要提供充分的证据。但在很多情况下，存在证据可能灭失或者以后难以取得的危险。为此，需要通过诉前的证据保全作为手段，使权利人能够及时、充分地收集到必要的证据，以便支持自己的诉讼请求。2000年第二次修订专利法时却没有规定诉前证据保全制度。此后不久修改的《中华人民共和国著作权法》（以下简称

〔1〕 参见2008年专利法第66条。

著作权法）第50条和《中华人民共和国商标法》（以下简称商标法）第58条都增加了这方面规定。此次修改专利法就自然而然地有必要增加这一规定了。

（七）专利权的限制与例外

1. 强制许可规定的完善。鉴于强制许可制度在专利法中的重要意义以及国际公约规定了这一制度，中国从1984年颁布专利法开始，一直对强制许可制度做出了规定，只是随着形势的变化而屡做修改。

2008年专利法对强制许可制度的规定做了如下修改：

（1）将2000年专利法第48条修改为：有下列情形之一的，国务院专利行政部门根据具备实施条件的单位或者个人的申请，可以给予实施发明专利或者实用新型专利的强制许可：①专利权人自专利权被授予之日起满3年，且自提出专利申请之日起满4年，无正当理由未实施或者未充分实施其专利的；②专利权人行使专利权的行为被依法认定为垄断行为，为消除或者减少该行为对竞争产生的不利影响的。[1]

（2）将2000年专利法第51条改为第54条，修改为："依照本法第四十八条第（一）项、第五十一条规定申请强制许可的单位或者个人应当提供证据，证明其以合理的条件请求专利权人许可其实施专利，但未能在合理的时间内获得许可"。

（3）将2000年专利法第54条改为第57条，修改为："取得实施强制许可的单位或者个人应当付给专利权人合理的使用费，或者依照中华人民共和国参加的有关国际条约的规定处理使用费问题。付给使用费的，其数额由双方协商；双方不能达成协议的，由国务院专利行政部门裁决"。

另外，2008年专利法还增补了以下规定：①增加一条，作为第50条："为了公共健康目的，对取得专利权的药品，国务院专利行政部门可以给予制造并将其出口到符合中华人民共和国参加的有关国际条约规定的国家或者地区的强制许可"。②增加一条，作为第52条："强制许可涉及的发明创造为半导体技术的，其实施限于公共利益的目的和本法第四十八条第（二）项规定的情形"。③增加一条，作为第53条："除依照本法第四十八条第（二）项、第五十条规定给予的强制许可外，强制许可的实施应当主要为了供应国内市场。"

---

[1] 参见2008年专利法第48条。

上述修改，都有其特定的缘由，其中很重要的一个方面是与国际接轨的需要。事实上，与国际接轨是近些年来中国知识产权立法与修改的重要原则。此次修改专利法，当然要考虑新国际知识产权公约的最新发展以及我国参加国际公约的情况。

就 2000 年专利法第 48 条的修改而言，其依据之一是根据我国参加的巴黎公约第 5 条之一规定。[1] 2008 年专利法该条列举的第二种情形“专利权人行使专利权的行为被依法认定为垄断行为，为消除或者减少该行为对竞争产生的不利影响”，亦被纳入强制许可情形，则既是基于 Trips 协议的规定，对专利权人排除、限制竞争的行为，可以通过实施强制许可，保障申请人的合理利益，也是基于与我国 2008 年 8 月 1 日开始实施的反垄断法相衔接。

就 2008 年专利法新增的第 50 条而言，该规定涉及的药品强制许可明显是基于 2001 年世界贸易组织通过的多哈宣言和议定书的规定而增加规定的。我国加入世贸组织以后，议定书通过，它对 TRIPs 协议有所突破，即规定了在一定条件下的药品专利的强制许可：为了公共健康目的，可以给予制造并出口专利药品到特定国家或者地区的强制许可，从而打破了 TRIPs 协议第 31 条关于强制许可只能主要用于供应国内市场需要的限制性规定。我国作为世界贸易组织的成员，应遵循这一最新规定。此次修改专利法，自然应吸收上述议定书的规定。这一规定，有利于帮助缺乏制药能力或者制药能力不足的发展中国家和最不发达国家解决其面临的公共健康问题，允许我国制药企业制造有关专利药品并将其出口到这些国家。至于强制许可涉及的发明创造为半导体技术等方面的规定，也是为了与上述有关国际协定的规定一致。通过这些修改，2008 年专利法完善了我国强制许可制度，也实现了在新的形势下与国际专利制度关于强制许可方面规定的接轨。

2. 不视为侵犯专利权的行为。

（1）允许平行进口。2000 年专利法第 63 条第 1 款第 1 项规定：专利权人制造、进口或者经专利权人许可而制造、进口的专利产品或者依照专利方法直接获得的产品售出后，使用、许诺销售或者销售该产品的，不视为侵犯专

[1] 从 2008 年专利法关于该条的修改可以看出，强制许可申请人已由“单位”扩大到“单位或个人”。实际上，WTO 诸多成员国内专利立法并未对强制许可申请人资格予以限制，Trips 协议本身也没有将强制许可申请人限定为单位，而是包括任何有意实施某项专利的单位或个人。

利权。2008年专利法则将该款修改为：专利产品或者依照专利方法直接获得的产品，由专利权人或者经其许可的单位、个人售出后，使用、许诺销售、销售、进口该产品的，不视为侵犯专利权。[1] 该规定将进口行为纳入了权利限制的范畴，有利于促进专利产品的国际贸易和专利实施。

2008年专利法条的修改，主要是从立法表述的周延和科学的角度考虑的，其性质是与“平行进口”密切相关的“权利穷竭”问题。由于权利穷竭原则不仅是一个法律问题，而且关系到一个国家或地区专利政策导向问题，TRIPs协议等国际公约对成员立法没有统一要求。从我国的现实情况看，在我国获得专利权有相当大的部分属于外国人，特别是在高科技领域，专利权大多为外国人所控制，我国对外国技术和产品的依赖程度很高。为发展民族产业，提高市场竞争能力，我国专利法有必要引进平行进口制度。

（2）引入Bolar例外。Bolar例外是指仅为获得和提供药品或者医疗器械行政审批所需要的信息而以特定方式实施专利时，不构成专利权侵权。该例外可以从美国1984年专利法中找到渊源。该例外在实践中是来自于美国联邦上诉法院对Roche Products公司和Bolar Pharmaceutical公司一案[2] 的判决，故有Bolar例外之说。

中国是一个拥有13亿人人口的大国，公共健康问题非常重要。为了及时上市，需要在药品专利保护期届满前即进行这些活动。通过引入该制度，有利于公众在药品或医疗器械的专利权保护期限届满后及时获得价格较低的药品和医疗器械。基于此，2008年专利法借鉴了美国Hatch－Waxman法案，增加了以下规定：“为提供行政审批所需要的信息，制造、使用、进口专利药品或者专利医疗器械的，以及专门为其制造、进口专利药品或者专利医疗器械的”，不视为侵犯专利权。通过实施这一规定，既有利于与我国有关行政审批制度相衔接，促进药品或专利医疗器械的生产尽快实施，同时有利于平衡专利权人的利益与社会公众利益之间的关系，防止专利权滥用。

（3）善意侵权的法律责任。2000年专利法按照TRIPs协议的要求确立了“善意侵权”的原则。第63条第2款规定：“为生产经营目的使用或者销售不知道是未经专利权人许可而制造并售出的专利产品或者依照专利方法直接获

---

〔1〕 参见2008年专利法第69条第1款第1项。

〔2〕 221 USPQ 937，cert denied（1984），733 F.2d 858.

得的产品，能证明其产品合法来源的，不承担赔偿责任。”这自然是中国专利法的一大突破。2008 年专利法则保留了 2000 年专利法的这一原则，只是对行为人实施行为的范围做了扩大，即除了“使用或者销售”行为外，还包括“许诺销售”行为。该法第 69 条第 1 项规定，为生产经营目的使用、许诺销售或者销售不知道是未经专利权人许可而制造并售出的专利侵权产品，能证明该产品合法来源的，不承担赔偿责任。这一修改，使得不知情的许诺销售行为不承担赔偿责任，有利于平衡专利权人与社会公众之间的利益关系，促进专利产品的正常利用。

3. 现有技术或现有设计抗辩。2008 年专利法在专利权的保护一章中增加了一条，作为第 62 条：“在专利侵权纠纷中，被控侵权人有证据证明其实施的技术或者设计属于现有技术或者现有设计的，不构成侵犯专利权”。该条规定，在专利司法实践中已经被广泛认可，这就是所谓“公知技术抗辩原则”。因此，这一规定实际上是将专利司法实践中的成熟经验直接上升到法律的高度，其意义却是不可忽视的。它有利于法院及时处理专利权纠纷，使双方当事人从耗时、费力的专利纠纷中摆脱，将更多的精力投入生产经营活动或发明创造活动中。有了这一明确的法律规定，被控侵权人也用不着走无效宣告请求程序，在打掉专利权人的专利权后再来主张自己合法使用的权利，从而可以尽快解决争议。

实际上，这一规定还可以从专利法的公有领域理论做出透彻的理解。这就是，专利权作为一种垄断权，不能将已经公知、公用的技术（在外观设计中是设计，下同）划入其权利要求保护的范围。如果在取得的专利权中，其权利要求包含了已经公知、公用的技术，那么这部分依然不能受到保护。他人如果有证据证明其实施的技术或者设计属于现有技术或者现有设计的，理所当然地不能按侵权对待。其实，其他类别的知识产权也是一样。原则上说，作为专有权、垄断权意义上的知识产权，其中所包含的公有领域资源，应当永远留存于公有领域，而不能被权利人所垄断。只有这样，才能实现知识产权人的利益与社会公众利益的平衡，也才能实现知识产权法的立法目的。

四、结语

专利法是一部国家知识产权制度体系中的重要法律，特别与国家科学技术进步与创新之间的联系十分密切。专利法的修改是提升一个国家专利制度的功能和作用的体现。我国专利法也不例外。我国专利法的每一次修订，都有其特定的历史背景和缘由。在中国经济保持高速增长、科学技术发展迅速、发明创造日益增多且专利制度国际化趋势越来越明显的今天，我国专利法将承载更多的历史使命。我们有理由相信，在中国正在大力推进国家知识产权战略，实行自主创新政策、建设创新型国家的今天，不断修改、完善的中国专利法将在推动中国科技进步与创新、提升创新能力，促进中国经济社会发展方面，发挥更加重要的作用。

中国地方专利立法研究

一、前言

专利权是国家依法赋予发明创造者的专有实施权，专利法则是规范专利权的确认、行使、保护的法律。不过，专利法并非纯粹的私法，专利法“保护发明创造专利权”的目的与鼓励发明创造、有利于发明创造的推广应用、促进科学技术进步和创新等目的[1]并列。专利法的保护对象、保护措施与保护水平，既受到一个国家的法律体系和法律传统的影响，也与民众的发明创造能力、社会的市场发育成熟状况乃至公众的技术市场化的专利意识等紧密相关。中国传统文化中缺乏将技术成果市场化的社会文化环境，清末到民国时期建立的专利制度体系也在1949年后中止。我国当代的专利法始于20世纪80年代，不过当代专利法，是应对改革开放尤其是国际智慧财产保护需要开始的，而非单纯适应本国科技经济需要的结果。自1984年制定专利法以来，通过较低层次的部门专利规章和地方性专利立法，以及实行较灵活的专利司法措施，以柔化国际化的高水平的专利立法与国内尚不发达的专利法制需求的矛盾，这是我国近几十年专利法发展的重要特点。在新颖性条件的标准方面，1984年专利法并未采用当时为发展中国家普遍接受的相对新颖性标准，而选择了混合新颖性标准，与当时美国、日本的做法一致。在20世纪80年代我国的经济科技水准整体落后的情况下，这样的专利授权条件对于从事发明创造的科技人员，乃至整个利用专利制度激励科技创新的机制来说，无疑是个巨大的挑战。因此，在我国科研基础较弱、人才稀少、科研经费紧张

[1] 参见我国2008年专利法第1条；冯晓青：“专利法第四次修改旨在提升国家创新能力”，载《中国社会科学报》2012年10月17日版。

的背景下，一些地方政府设立了专利发展基金，并出台了相应的地方立法，以支持、资助新技术开发和专利申请，推动本地区专利事业发展。例如，湖南省科学技术委员会、湖南省财政厅于1986年12月2日发布的《湖南省专利发展基金管理暂行办法》，以及海南省政府于1989年7月24日发布的《海南省专利发展基金管理办法》就是体现。

我国的地方性专利立法内容相当丰富，31个省、自治区、直辖市以及国务院批准的较大的市的立法机关、行政机关，根据其工作需要，都是地方专利立法的主体。本部分主要以31个省、自治区、直辖市的省级地方机关颁行的涉及专利工作的法规文件为对象，只在研究中部分涉及更低层次的地方性专利立法。这些地方性专利立法具体包括：①各省级（含省、自治区、直辖市，下同）人民代表大会颁行的地方性专利法规；②省级政府颁行的涉及专利的地方政府规章；③省级政府所辖部门，如省级知识产权局（原为专利管理局）、科技厅（局）、财政厅（局）等发布的有关专利的地方规范性文件。本部分即拟从1984年我国专利法颁布以来的近三十年中，各省级地方机关制定或认可的，以规定专利权益及专利事务为内容的规范为研究对象，以图全面了解我国地方专利立法状况。资料的来源主要包括：①“北大法宝”等专门资料库；②国家知识产权局、省级知识产权局等相关政府网站；③有关工作报告和论述的记载。

本部分拟在尽量全面收集相关资料〔1〕的基础上，进行综合分析与统计，据此形成我国地方专利立法状况的蓝图，并结合与专利相关的科技经济状况尤其是专利授权状况，对我国地方专利立法进行一个全面的展示，从一个侧面反映我国近三十年专利工作的状况。

二、我国地方专利立法概况

我国当代专利法，始于1984年3月12日第六届全国人民代表大会常务委员会第四次会议通过的《中华人民共和国专利法》。如前所述，该法经历了1992、2000、2008年三次正式修改，2012年国家知识产权局根据人大立法安排，启动了第四次修改。为了配合专利法的施行，国务院制定并适时修订了

〔1〕不过，囿于作者信息收集手段和目前地方立法信息公开现状，本部分对各地方专利立法资料的统计难免有所遗漏，尚待作者在下一步的研究工作中予以完善。

相应的专利法实施细则，主管专利工作的国家知识产权局（原为中国专利局）则通过了与专利审核、收费、代理、行政执法等有关的专利部门规章，科技部、财政部、人事部、海关、教育部等部门也根据其所辖工作与专利事务的关联性而颁行了有关专利的技术促进、人才政策、财政税收、海关管理等的规章，最高人民法院、最高人民检察院根据专利司法保护的需要则发布了多项与专利有关的司法解释，军队系统也发布了有关国防的专利保护与促进规范。这些立法主体制定的专利法规和加入的有关专利的国际公约（如巴黎公约、TRIPs 协议、《专利合作条约》等）一样，因制定和发布机关的权限而在一定范围内发生全国性效力。本部分研究的我国的地方性专利法规，则主要在其颁发机构的地域范围内有效。从发展历史、立法层次、地区分布、立法主题 4 个方面，可以把握近三十年我国地方专利立法的基本情况。

（一）我国地方专利立法的历史分析

我国专利法从 1984 年颁布至今，历经 3 次修订，其修订变迁反映出我国当代专利事业伴随国家科学技术与市场经济发展而不断发展的过程，也体现了人们对专利工作认识的发展变化过程。“春江水暖鸭先知”，直接面临科技经济前沿的地方，其专利工作和专利立法，更现实地反映了我国专利工作的现实情况。

从 1984 年专利法颁布到 1992 年第一次修改，是我国专利事业的起步阶段。当时，国民经济处于从计划经济向商品经济转轨的初期，市场经济远未形成，科技开发和生产经营分属科研院所和企业承担，企业主要是按国家计划生产的公有制企业，技术创新的需求不强，整个社会没有形成专利制度所需的科技成果商品化的环境，人们对专利、专利法的认知度低。[1] 1985 年专利法实施后，国家专利工作开始启动，省级政府颁布的涉及专利事务的行政规章是这一时期的主要地方规范。根据统计，在 1984 ~ 1992 年的 8 年中，我国还没有省级人大制定的专利地方性法规，省级政府发布的专利地方政府规章包括北京、天津、上海、河北等 13 个省（市、区）发布的 18 项。1986 年 2 月 13 日《北京市人民政府关于专利管理工作的若干规定》是目前所知最早的地方政府规章，1986 年 12 月 2 日湖南省科委、财政厅《关于湖南省专利发

〔1〕 据笔者调查，1987 年中国人民大学知识产权专业招收本科起点的双学位学生时，当时的在校大学生大多数不知专利、版权等概念。

展基金管理暂行办法》是目前所知的最早的地方专利规范性文件。这一时期的专利地方政府规章和规范性文件，内容涉及专利纠纷调处、专利许可合同管理、专利代理管理、专利发展基金等，但因为缺少地方专利实践依据，这些法规尚属文本上的规范。

1992 年专利法的第一次修改到 2000 年专利法第二次修改时期，是我国改革开放进一步深入发展时期。当时，我国的计划经济逐渐广泛地让位于市场经济，为应对加入世界贸易组织需要而进行了大量修改。1992 年专利法修订通过后，我国地方专利立法迅速发展，11 个省市的人大制定并通过了相应的专利保护条例，20 余省（直辖市、自治区）制定了涉及专利纠纷解决、冒充专利行为查处、专利管理等问题的地方政府规章。不过，从地方专利立法均以“专利保护条例”为名、地方政府规章强调侵权打击等可以看出，当时人们对专利制度的认识主要是基于专利正当性基础上的“专利保护”，对于国际上通行的将专利法作为地方经济促进政策的做法，还少有关注。当然，在当时我国长期计划经济下专利制度依托的科技成果私有化、商品化观念尚未得到社会认可的情况下，普遍的“专利保护”立法，对于普及专利法律知识，强化人们专利权利与保护意识，具有独特的价值。值得注意的是，各地专利保护条例与关于专利的地方政府规章一样，虽然冠以某省、某市之名，但彼此大同小异，结合地区科技经济特点的“地方性”不强。不过，一些省市出台的《加强专利工作的意见》，则较多地体现出适应当地专利事业与经济发展的地方性。

2000 年专利法第二次修改到 2008 年专利法第三次修改的 8 年期间，是我国地方专利立法繁荣发展的时期。经过几十年改革开放尤其是 2001 年我国加入 WTO 后，经济融入国际市场体系，国外企业的专利运营策略和保护需求，使越来越多的民众认识到专利和专利法的重要性，地方专利立法有了现实的社会支持。在此期间，我国共有 22 个地区制定了专利地方性法规或是对之前的地方性法规进行了修订，北京市、安徽省、重庆市还将其地方专利法规命名为“专利保护和促进条例”，而没有使用“专利保护条例”，反映出地方政府已逐步认识到专利制度的价值在于：以专利保护为基础、以专利化的技术开发与运用实现的产业促进为依归。这无疑是地方专利立法上的长足进步。同时，这一时期各地知识产权局及其他相关政府部门发布的涉及专利工作的规范性文件大量增加，这些规范涉及的主题涵盖专利事业的各个方面，涉及的内容更加明确具体，更具可操作性。这一点在科技经济实力较强也是专利能力较强的地区尤其明显。如2005年北京市人大通过的《北京市专利保护和促进条例》就体现了地方立法者对专利现实价值的认识，广东省人大2010年在修订1996年《广东省专利保护条例》时，将名称改为《广东省专利条例》，并在内容方面体现了专利事业的多个方面。

从2008年专利法第三次修改至今的五年时间里，随着我国科技经济及其在此基础上的专利事业的发展，整个社会对于专利工作的认识明显深化，人们对于专利工作的重视程度进一步提高。不仅天津市、江苏省等东部沿海省市制定了更有地方针对性的专利法规，西部地区12省区中有6省在此期间制定或修订了其综合性专利条例。各地制定的涉及专利的规范性文件，大多针对当地新时期专利事业发展要求，地方针对性强，涉及专利资助、专利评奖、专利人才培养、战略性新兴产业专利工作等多个方面。无疑，经过近三十年的发展，我国地方专利立法已经从单纯强调专利保护、立法涉及面窄，内容彼此重复、地区针对性不强的初始阶段，逐步发展成熟。

（二）我国地方专利立法的层次（类型）分析

我国地方专利立法从立法层次或类型上，大致分为地方性法规、地方政府规章、地方规范性文件3个立法层次，它们分别由地方省级人大、政府和政府所辖部门制定并发布。政府所辖部门主要是各省级知识产权局（原为专利局），其次科技厅（或科委）、财政厅、人事厅等相关部门。

地方性法规的覆盖面较广，截至目前，除了内蒙古、吉林、海南、西藏4个省（区）外，其他省级地方都已制定了涉及专利工作的地方性法规，并且多数已经过修订。诸地方性专利法规的名称一般为“专利保护条例”、“专利促进条例”或“专利保护和促进条例”。山东省制定的《知识产权促进条例》将专利权、商标权、著作权和其他知识产权的促进与保护整合在一个立法文件中，无论是对于统一的知识产权立法还是综合的知识产权保护，这无疑是一个有益尝试。不过，知识产权中专利、商标、著作权在保护对象、确权原则、涉及产业、行使方式、保护重点等具有各自的特点，用统一的立法予以保护，无论在立法技术上还是制度设计上，尚有许多需要解决的问题。而且，如果地方立法机关对知识产权工作中的各类问题针对性不足，容易使其欠缺可操作性，流于形式。对于经济发展较落后，对知识产权工作尤其是专利工作认识不足的地区来说，不宜制定这样的综合性条例。

各省级人民政府发布的地方政府规章整体不多，而且主题内容基本集中于专利奖励、专利管理、专利许可合同管理、专利纠纷调处、冒充专利行为查处、专利行政执法等方面。其中，广州市因为每年春秋两季举办我国目前历史最长、层次最高、规模最大的进出口商品交易会——广交会，广东省政府基于对展会专利工作的重视，于2012年9月制定了《广东省展会专利保护办法》，以更好地保护展会专利，是国内具有地方针对性的专利地方政府规章的代表。

省级政府部门发布的关于专利的规范性文件，通常能够反映出该地区在专利工作中的侧重点，是专利地方立法中富有特点且数量最多的部分。例如，广东省积极推进战略性新兴产业发展，发布了一系列针对各新兴产业的专利分析及预警报告；江苏省针对自身外向型经济的特点，制定了《江苏省对外经济贸易中的专利管理暂行办法》。这些专利工作的侧重点与各地对自身经济发展方式的定位、该地区的产业结构、经济政策等因素密切相关。

大体来说，地方专利立法与当地科技经济实力呈现正相关关系，科技经济实力较强的地区也是专利立法活跃的地区。这些地区往往更加注重专利工作的均衡开展，发布的规范性文件涉及专利工作的各个环节，而且往往根据现实需要进行了适时调整。以上海市为例，其发布的关于专利的规范性文件涵盖了专利促进、专利保护、专利管理等环节，就专利促进而言，《上海市专利资助办法》、《上海市知识产权援助办法（试行）》、《上海市发明创造的权利归属与职务奖酬实施办法》都颇具代表性；《上海市处理和调解专利纠纷规定》、《上海市查处专利违法行为办法》、《保护世博会知识产权专项行动方案》等反映了根据上海当时当地专利保护需要适时制定相应规范的特点。而中西部科技经济实力较弱的地区因为专利工作影响较小等原因，发布的涉及专利工作的规范性文件通常仅涉及规范专利代理服务收费、国有专利资产管理等事项，所制定的规范也不多。

（三）我国地方专利立法的地区分析

按照我国经济发展结合地理状况，我国地区可划分为东部、东北、中部、西部四个区域。受各自经济状况影响，各个区域的地方专利立法呈现一些自身的特点。

东部地区包括北京、天津、河北、上海、江苏、浙江、福建、山东、广东和海南10省市。这里拥有多个经济特区和工业基地，是我国经济最先发展起来的地区，也是我国专利事业发展最快的地区，其中，广东、北京、江苏、浙江、上海在《2012 年全国专利实力状况报告》中位列综合专利实力榜的前 5 名。

从专利立法状况看，除了海南省，东部地区的其余 9 个省市都已制定了专利地方性法规，其中的河北、浙江、山东、广东的专利条例都经过多次修订，这一地区的地方专利立法的完善程度在全国处于较高水平。不过，海南省的专利事业发展现状，与其以旅游业为主导、第一、第二产业不发达的产业结构有关，工业尚处于起步阶段，其综合专利实力却位列全国倒数第 3 名，至今仍未制定专利地方性法规，其他专利规范也不多。

东北地区包括吉林、辽宁、黑龙江 3 个省。这里是我国近代工业发展起步较早的地区，但是由于资源衰竭、国家政策变化等原因，其工业发展逐渐出现瓶颈。从《2012 年全国专利实力状况报告》来看，东北三省的综合专利实力处于中游水平。在地方专利立法方面，这里也较为滞后，吉林省至今未制定专利地方性法规，而辽宁省和黑龙江省的“专利保护条例”的地方针对性也不够强，完善空间较大。以《黑龙江省专利保护条例》为例，该条例共 34 条，没有分章，其体系不甚清晰；专利促进方面，仅第 8 条，1 个条文原则性地规定了鼓励单位和个人申请专利，具体激励措施仅有“县级以上人民政府可以设立专利资助资金”。第 15 条至第 32 条详细地规定了专利行政部门的管理职能。这种结构反映出当地对于专利工作的认识主要是专利管理，尚未上升到专利的产业促进作用上。

中部地区包括山西、河南、湖北、湖南、安徽和江西 6 个省。中部地区是传统的老工业基地，但是产业结构的层次较低，能源消耗大的重工业所占比重过高〔1〕，高新技术产业仍处于起步阶段。从《2012 年全国专利实力状况报告》来看，湖南、湖北两省专利综合实力较强，位列前 10 名，安徽、河南两省则处于全国中游，江西、山西两省的专利综合实力较弱。湖南省是中部地区比较重视专利工作的省份，省人大结合专利工作需要于 1994、2001 和 2011 年三次进行了专利条例制定工作，湖北、安徽、河南、山西四省的条例也于 2000 年至 2008 年之间修订过，江西省也于 2009 年制定了其地方立法

〔1〕 陈宁尧：《基于新经济地理论的中部经济一体化政策研究》，华中师范大学硕士学位论文（2011 年 5 月），第 29 页。

《江西省专利促进条例》。不过，受当地经济状况影响下的专利工作，并没有提出完善的地方专利立法的现实需求，专利立法的现实性和地方性不突出。

西部地区包括重庆、四川、贵州、云南、广西、陕西、甘肃、青海、宁夏、西藏、新疆、内蒙古等12个省、自治区和直辖市。这里经济欠发达，一些地区仍以农牧业为主，虽然近年来的西部开发使其工业尤其是能源工业有所发展，但是整体上仍处于起步阶段。相应地，西部地区的整体专利实力弱。只有四川、陕西受国家安全战略布局的影响[1]，专利实力较强，地方专利立法也较完善，如四川省1997年制定了《四川省专利保护条例》，至今已经过两次修订，新的条例体系完整，水平较高，基本覆盖到专利工作的各个环节。其余地区尤其是青海等地，尽管制定了关于专利的地方立法，但内容较为粗放，多为原则性规定。另外，甘肃、新疆等省区制定或修订的新条例虽然文本水平较高，但部分规定与当地的经济发展水平、产业结构和专利工作现实状况不符，对本地区的作用有限。

（四）我国地方专利立法的主题分析

大体来说，地方专利立法主要包括以下主题，①综合性条例；②促进专利创造方面的主题，如专利奖励办法、专利奖评奖办法、专利申请资助办法、职务发明创造奖酬实施办法等；③促进专利运用方面的主题，如专利商用化促进办法、专利质押贷款管理办法、专利实施与产业化激励办法等；④专利保护方面的主题，如专利纠纷调处办法、查处冒充专利行为规定、展会专利保护办法、专利行政执法规程等；⑤专利管理方面的主题，如专利实施许可合同管理办法、专利代理管理办法、对外经济贸易中的专利管理办法等。本文分别选取了综合性条例、职务发明创造的奖励与报酬标准、专利产业化、专利行政保护与专利代理5个主题进行分析。

1. 综合性条例。它内容涵盖专利工作中的创造、运用、保护、管理、服务五个环节重要问题的综合性规定。截至2013年6月，全国各省、自治区、直辖市中，只有内蒙古、吉林、海南、西藏4个地区没有制定综合性专利条例。2009年至2011年，许多地方修订了现有的条例，或者制定了新的条例。

---

〔1〕 王利政："四方阵解说'十二五'R&D占比GDP的多面问题"，载《中国科技财富》2011年5月第9期，第58页。

2009年后制定的综合性条例的体系多为：总则、专利创造、专利运用（或将创造与运用合并为专利促进）、专利保护、专利管理，及侵犯专利权的法律责任。个别省份在此基础根据自身对于专利工作的认识进行了微调，如《广东省专利条例》将专利管理主题的规定拆分为“服务”和“监督管理”两章。而2009年之前制定的综合性条例的体系则不尽如人意，大多仅包括专利管理、专利纠纷调处、专利违法行为查处，及侵犯专利权的法律责任。而《黑龙江省专利保护条例》和《福建省专利保护条例》则根本未分章，内容也仅局限于专利行政管理。这反映出2009年以前，地方立法机关对于专利工作的认识仍然停留在行政管理、行政执法的层面上。

职务发明创造的奖励与报酬标准。对于职务发明创造的促进是专利促进的重要内容，我国专利法第16条明确规定了职务发明创造的发明人或设计人获得奖励和合理报酬的权利，专利法实施细则中又对该规定进行了细化，明确了奖金和报酬的最低标准[1]。当前，我国职务专利授权量在专利授权量中的占比偏低，各地方根据当地的现实情况，在地方专利立法中确定不低于国家最低标准的奖金与报酬标准，无疑能够起到激励职务发明创造人的积极性，促进职务发明创造的作用。

2. 职务发明创造的奖励与报酬标准。对于职务发明创造的奖励与报酬标准，各地方规定主要有以下4种情况。

第一种情况，在综合性条例中未规定适用于本地区的最低标准，只规定“依照法律、法规的规定”给予职务发明创造人奖金、报酬。采用该规定方式的地方有北京市、上海市、福建省、湖北省、甘肃省、青海省等。其中上海市知识产权局于2007年发布了《上海市发明创造的权利归属与职务奖酬实施办法》，该规范性文件明确了适用于上海市的最低标准。

第二种情况，在综合性条例中规定，单位与职务发明创造人有约定的，从其约定；无约定的，需要遵守本地区职务发明创造奖励与报酬的最低标准。采用该规定方式的地区包括天津市、江苏省、湖南省、四川省等，各地确定的最低标准都高于《专利法实施细则》确定的最低标准，其中，以《山东省知识产权促进条例》确立的标准最高。笔者认为，各地应综合考虑本地区的专利事业发展状况、专利密度较大产业的企业收益等因素，确定适用于本地

[1] 参见专利法实施细则第77条。

区的职务发明创造奖励与报酬的最低标准。

第三种情况，在综合性条例中仅规定国有企事业单位必须适用的最低标准，并规定其他单位可以参照执行该标准。采用该规定方式的地区有山西省、河南省、宁夏回族自治区等。

第四种情况，在综合性条例中未规定职务发明创造的权属、奖励、报酬问题。笔者也未从北大法宝数据库及省级知识产权局网站上找到对此问题做出规定的立法文件，辽宁省、黑龙江省、浙江省都属此种情况。这些地区的共同特点是，专利地方立法关注专利纠纷处理、冒充专利行为查处等问题，对于专利促进工作似乎不够重视。这反映出地方政府对专利工作认识的局限性。

笔者认为，前3种规定方式均有各自的合理性，各地应当综合考虑本地区的专利事业发展状况、经济发展状况等因素，选择对于职务发明创造的奖励与报酬标准问题的规定方式。

3. 专利产业化。近些年来，我国地方政府（尤其是沿海发达地区的地方政府）逐渐认识到将专利成果转化为现实生产力的重要性，各地的专利综合性条例纷纷将“促进专利运用”、“推动发明创造的应用”写入地方立法宗旨中。其中，广东、湖南等地的综合性条例均以专章规定促进专利运用，具体措施包括：支援符合条件的专利技术的产业化，支援专利技术交易机构、网路专利交易平台的建立和发展，鼓励商业银行增加对专利技术产业化专案的信贷投入等。

与此同时，地方政府提供的专利资助的涵盖范围也悄然发生了变化。2000年以前，专利资助资金一般只针对新技术的研发和专利申请（或发明专利申请），为受资助人提供研发资金或者帮助申请人支付专利申请费和专利代理费。2000年后，多个地方政府出台新的制度，将专利资助的范围扩大到专利技术的推广和实施。例如，江苏省财政厅、江苏省知识产权局于2011年6月22日发布的《江苏省知识产权创造与运用（企业专利实施计划）专项资金使用管理办法》规定，专利实施计划专项资金主要用于支援企业推进专利技术产业化，支援优秀专利技术通过产业化形成产品，以促进江苏省产业结构调整和经济发展方式转变。专利实施计划专项资金的使用范围涵盖了专利技术商品化前期的开发费用补贴，利用专利权质押贷款的专利评估费用以及贷款利息补贴，专利实施期间的专利权维持费及市场监管和维权费等。再如，辽宁省财政厅、辽宁省知识产权局于2003年3月27日发布的《辽宁省专利技术转化资金管理暂行办法》规定通过无偿资助和贷款贴息两种方式支援专利技术成果转化，优先扶持“列入国家促进专利技术产业化示范工程项目，国家、省重点推广专利技术转化项目，专利产业化园区重点孵化专案”。

此外，各地方知识产权局等部门也积极出台单独的规定，推动专利实施及产业化，促使专利技术真正地转化为现实生产力，在地方经济建设中发挥了重要作用。例如，四川省人民政府于2013年4月12日发布的《四川省专利实施与产业化激励办法》规定，四川省人民政府设立四川省专利实施与产业化奖，每年评选一次，对四川省行政区域内专利实施与产业化取得显著经济效益、社会效益的企事业单位给予资助激励。北京市财政局、北京市知识产权局则于2010年6月29日发布的《北京市专利商用化促进办法》规定，北京市财政局设立专项资金，用于对通过专利转让、专利许可方式实现专利商用化的突出项目进行资助，并且鼓励市属技术交易机构为北京市专利权人的专利商用化行为提供说明，搭建交易平台。

4. 专利行政保护。20世纪80、90年代，我国各地方政府对于专利工作的认识仅局限于专利保护，因此各地发布的地方政府规章的主题也多限于专利行政执法，主要涉及专利纠纷调处、查处冒充专利行为。1986年至1999年，我国共有14个省、自治区、直辖市发布了专利行政保护的地方政府规章，共计18部。近年来，地方政府逐渐认识到专利创造、运用、管理的重要性，地方专利立法的主题愈加丰富，但是，严峻的专利保护形势和愈发强烈的保护需求使得专利行政保护仍是专利工作的重点之一。

2000年后，个别地方政府修订了地方政府规章，使之更适应新时期的专利保护需求，其他一些地方政府（或地方知识产权局）发布了新的规定，从管辖、程式、自由裁量的范围等方面对专利行政执法进行规范。例如，四川省知识产权局于2012年8月21日发布的《四川省专利行政处罚自由裁量权实施办法》，2010年4月1日起施行的《江苏省专利行政执法规程》等，这些规定具有程式完备、可操作性强的特点。2011年6月27日，国家知识产权局发布了《关于加强专利行政执法工作的决定》，其后，各地方知识产权局纷纷出台配套规定，以该决定为依据，从制度建设、工作机制、能力建设3个方面提出加强专利行政执法工作的措施。

5. 专利代理。2009年后制定的综合性条例多规定了鼓励专利代理等专利中介服务发展、专利中介服务机构的义务，部分条例还规定了专利行政部门应当对专利代理机构与专利代理人进行执业监督、专利代理行业协会应当建立行业自律机制等问题，而2009年之前制定的条例则对此鲜有涉及。

近年来，各地逐渐认识到专利代理等专利中介服务在发展地方专利事业的过程中所起到的重要作用，因而纷纷出台鼓励、支持专利代理发展，规范专利代理收费的立法文件。例如，2012年12月天津市知识产权局出台了《天津市促进专利代理行业发展和规范管理的实施意见》，2012年3月广东省知识产权局出台了《2012年开展专利代理行业防治腐败工作实施方案》。

三、我国地方专利立法的特点

通过对我国地方专利立法概况的梳理不难发现，我国地方专利立法总体上呈稳步发展态势，各地的专利立法与本地区的经济特点、专利事业发展状况和研发经费投入强度密切相关。

（一）总体呈稳步发展态势

纵观发展历程，我国地方专利立法呈现出稳步发展的态势。2008年之前，大多数地方政府仅关注调处专利侵权纠纷、查处冒充专利行为等工作，对专利行政部门的定位是管理型。2008年之后，尤其是2011年之后制定或修订的条例呈现出2个共同特点。①更加关注条例对专利创作和运用的促进作用。最明显的表现就是，7个地区将2008年后制定或修订的综合性专利条例命名为“保护与促进条例”或“专利促进条例”。这个特点表明，地方政府已经将专利促进摆在了和专利保护及专利管理同样重要或者是更重要的位置上，反映出地方政府对专利工作认识的深化。②2011年后制定或修订的条例淡化了地方专利行政部门单一的行政管理形象，更加注重其服务职能。例如《广东省专利条例》、《天津市专利促进与保护条例》，即专章规定了地方专利行政部门需要落实的各项专利服务工作。

（二）与地方经济特点密切相关

地方专利立法的完善程度与地方经济特点、产业结构有着密切的联系。专利实力较强的地区通常会根据自身在各时期的现实特点，通过制定地方专利立法，应对专利工作中出现的新问题，有针对性地加强专利工作。

以经济发达的广东省为例。连续24年，广东省的GDP总量都位居全国第一，但是2012年广东省的人均GDP仅排名全国第7位，GDP含金量仅排名全国第4位，这反映出广东省虽然经济总量大、增速高，其经济增长的质量仍有待提高。广东的经济增长多依靠电子、玩具等劳动密集型产业，这些产业面临着“用工荒”、“贸易保护主义”等问题[1]，如果继续依靠劳动密集型产业，经济发展必将遭遇瓶颈。因此，广东省积极调整产业结构，推进经济转型升级，将发展经济的关注点转移到知识产权密集的战略性新兴产业上来。从2005年5月起，广东省密集召开了多次战略性新兴产业专利分析及预警报告会，涉及太阳能光伏、LED、生物医药、新一代通信、新能源汽车等多个产业，并在会上发布相关产业的专利分析及预警报告。

与广东省同属东部沿海地区的江苏省同样经济实力强大，同时江苏省经济具有外向型的特点，对出口贸易和外商投资的依赖程度较高。针对本地区的现实特点，江苏省知识产权局、江苏省对外贸易经济合作厅于2002年出台了《江苏省对外经济贸易中的专利管理暂行办法》，针对我国加入WTO、我国企业将更广泛地参与国际竞争的现实情况，对外贸涉及的专利重点加强管理、保护。

（三）地方专利事业发展状况密切相关

地方专利立法的完善程度，如条例的内容是否全面、具体规定是否具有可操作性，以及是否出台了相应的政府规章和规范性文件对重点问题做出更加详细具体的规定，与地区专利事业发展情况密切相关。例如，西藏自治区仍以较原始的农牧业为主，2012年的全年国内发明专利申请量仅为81件，发明专利授权量仅为57件。截至目前仍未制定综合性专利条例，涉及专利促进方面的规章也仅有2004年制定的《专利申请资助和奖励办法》。反观正处于经济转型期的广东省，多年来年度发明专利申请量和授权量一直居全国前两位，根据《2012年全国专利实力状况报告》，广东省不仅专利综合实力排名第1，而且是唯一在专利创造、运用、保护、管理、服务5个方面均位列第三名的省份[2]。广东省强大的专利实力，与其多年来不断趋于完善的地方专利立法有着密切的关系。广东省在1996年即出台了《广东省专利保护条例》，并于2010年制定了新的《广东省专利条例》，2012年又出台了政府规章《广

[1] 高巧、白艳娟：“国际经验对珠三角产业转型的启示”，载《中国物价》2012年10月第10期，第52页。

[2] 国家知识产权局知识产权发展研究中心：《2012年全国专利实力状况报告》，国家知识产权战略网 http://www.nipso.cn/onews.asp?id=17362，最后访问日期为2013年6月17日。

东省展会专利保护办法》。纵观广东省于2000年之后出台的规范性文件，可以发现广东省对于专利申请资助、专利执法等促进专利、保护专利的常规手段给予了一贯的关注。同时，2010年之后，广东省对专利联盟建设、战略性新兴产业的专利分析及预警等专利工作更加重视，体现出了广东省对于经济转型期的专利工作重点的调整，和对专利工作认识的深化。

（四）地方R&D经费投入强度密切相关

地方专利立法的完善程度，还与本地区的R&D经费投入强度密切相关，即与R&D经费占GDP的比值成正相关性。根据国家统计局网站公布的数据，北京市、天津市、上海市、广东省、江苏省等专利立法较完善的地区，其R&D经费投入强度 均在1.9以上，而尚未制定专利地方性法规的内蒙古、吉林、海南和西藏四个地区的R&D经费投入强度均在0.9以下，4个地区的平均值仅为0.5，远低于全国平均值1.84。大力的R&D经费投入与逐步完善的地方专利立法是加强地方专利工作的两条重要途径，只有给予R&D人员资金后盾和政策支持，才能充分调动起他们的积极性，使他们在专利创造和专利运用环节活跃起来。

四、我国地方专利立法的问题与完善建议

通过对我国地方专利立法从4个角度进行梳理，笔者归纳出立法主体繁杂、立法语言不够严谨、陈旧立法未得到及时清理等问题，这些问题阻碍了地方专利立法发挥促进、保护专利的作用。针对这些问题，笔者提出了相应的完善建议，以期地方专利立法能够解决实际问题，发挥实质性的促进、保护作用。

（一）设立专门机构，协调立法工作

1. 立法技术上的建议。除了综合性的专利条例，多数地方政府出台了政府规章来规制专利工作中的重点问题，如“专利纠纷调处办法”、“专利奖励办法”、“专利许可合同管理办法”等。在规范性文件层面上，地方专利立法呈现出立法主体繁杂、立法文件缺乏体系性的特点[1]，除了专利奖励、专利试点、专利执法等工作由地方知识产权局单独制定规范性文件来规定外，关

〔1〕 杨利华、郝喜：“我国知识产权法律规范体系建设现状、问题与对策研究——兼论国家知识产权文献及信息资料库中的部分法律法规体系构建”，载《武陵学刊》2012年9月第5期，第56页。

于其他专利工作的规范性文件几乎都由其他单位单独或其他单位与知识产权局一同制定，其中部分文件的制定主体如下图所示：

文件内容	制定主体
专利申请资助	知识产权局、财政厅（局）
专利专项资金管理	财政厅（局）、知识产权局
专利代理收费规范	物价局
专利管理专业工程技术人员任职资格	人事局、知识产权局
对外经济贸易中的专利工作	知识产权局、对外贸易经济合作厅
高校专利工作	知识产权局、教育厅
国有专利资产管理	经济贸易委员会、国有资产监督管理委员会、知识产权局
重大经济活动专利特别审查	知识产权局、发展改革委、经济信息委、科委、外经贸委
专利保险试点工作	知识产权局、中国保险监督管理委员会（地方）监管局

繁杂的立法主体，不仅容易导致立法空白和立法重叠，使权利人在维权时无所适从，也不利于立法内容的统一。笔者认为，要消除繁杂的立法主体可能给地方专利立法带来的一系列负面影响，可以在地方知识产权局内部设立一个专利立法协调机构，专门负责地方专利立法的协调、整合工作。

2. 规范立法语言，提高立法质量。个别地区的专利立法水平不尽如人意，一些规定过于简单、粗放，缺乏可操作性。例如，《江西省专利促进条例》第14条第2款规定："被授予专利权的单位应当给予职务发明创造的发明人、设计人奖金或者报酬。单位与其有约定的，从其约定；没有约定的，从实施专利的税后利润、税后专利许可使用费、税后专利转让费中按照高于国家规定的奖励和报酬的比例执行"。该规定中的"高于"一词似乎不是严谨的法律用语，且条例中并未明确具体的"高于"国家最低标准的程度，笔者也未从北大法宝数据库和江西省知识产权局网站上找到相关规定。如何理解"高于"？"高于"国家最低标准多少？该规定能否起到激励职务发明创造人的作用，着实令人怀疑。立法语言以准确、严谨、精炼为要，各地应当规范立法语言，使地方专利立法真正起到激励、保护的作用。

3. 加强立法评估，清理陈旧立法。如前所述，许多地方仍在沿用20世纪80年代的政府规章，例如黑龙江省1988年制定的《黑龙江省专利纠纷处理暂行规定》，吉林省1986年制定的《吉林省专利许可合同管理暂行办法》。在规范性文件层面，此现象就更加普遍。值得注意的是，经济较发达，专利实力较强的地方多在20世纪90年代展开地方立法清理，废止不适应新的现实情况和发展要求的地方立法，或者针对相关重点问题，制定新的立法以替代原文件。而专利实力较弱的地方沿用旧立法的现象则比较严重。旧立法囿于制定时的现实条件和较落后的专利意识，多存在不能适应新的发展要求、缺乏可操作性、个别条款与新立法冲突等问题。以《黑龙江省专利纠纷处理暂行规定》（以下简称《规定》）为例。《规定》中对专利行政机关处理纠纷的职权范围、基本程序、相关期限等事项做出了明确规定。但是，与2003年12月制定，2004年3月开始实行的《黑龙江省专利保护条例》（以下简称《条例》）对比之下，《规定》对于行政机关决定是否受理的期限和被请求人提交答辩书的期限都与《条例》存在冲突；同时，对于专利行政机关有权处理的专利纠纷的条件和调解的效力等问题，《规定》也存在不清晰之处。值得注意的是，《条例》中关于纠纷处理相关期限的个别规定，也与2010年国家知识产权局发布的《专利行政执法办法》相冲突。虽然在解决专利纠纷的过程中，可以依据"上位法优先适用于下位法"的原则，排除与《专利行政执法办法》不符的《条例》和《规定》的适用，但是这些规定的存在无疑将给权利人维权带来不必要的麻烦，不利于行政机关为权利人提供及时有效的保护，一些冲突的规定还有可能带来实施上的难题。笔者认为，专利实力较弱的地方政府应当加强对地方专利立法的评估，及时开展立法清理工作，废止或修订不适应新时期专利工作要求的立法，并根据现实适时出台新的立法文件。

4. 实行开门立法，吸纳实务工作者参与。近年来，我国各地方积极开展"开门立法"，地方专利立法摆脱了相对封闭、秘密的形象，逐渐成为一个公开透明、接受公众监督的过程，公众也不再仅是一部新立法规的被动接受者，而成了立法的直接参与者。"开门立法"的方式主要有两种，即公布立法草案或征求意见稿，面向社会公众广泛征求意见，以及邀请本领域的专家学者、实务工作者召开讨论会。

以广东省为例，《广东省专利条例》的制定过程即是"开门立法"的代表。2007年《广东省专利条例》的制定工作启动，广东省知识产权局、省法制办、省人大法工委成立调研组，先后赴佛山、中山、广州、深圳等地调研，召开了多场有企事业单位、代理机构、行业协会代表和专利权人参加的征求意见座谈会和论证会，并深入到腾讯科技、摩比天线等企业实地考察，听取意见。在论证会上，来自广州粤高专利代理有限公司、广州华进联合专利商标代理有限公司、广东三环专利代理有限公司、广州知友专利商标代理有限公司等单位的专利代理人，针对审批程式的效率、条文的文字表述、审批制度的完善等问题，提出了多项富有建设性的修改意见与建议。[1]

在地方专利立法实施的过程中，立法的缺漏之处、矛盾之处、缺乏可操作性之处以及与现实需求不相适应之处都可能在专利工作当中显露出来。作为直面专利工作最前沿的人，专利律师、专利代理人等实务工作者是这些问题的发现者、提出者和解决者。实务工作者参与地方专利立法，是一个从制度源头着手解决问题的方式，对于增强立法的可操作性、针对性和实效性非常有利。因此，专利实务工作者有望成为民间参与地方专利立法的中坚力量，以从立法的层次上解决实务工作中遇到的问题，使制定出来的专利地方立法更好地适应实际工作的需要。

（二）立法内容上的建议

1. 以科学的地方专利事业评价标准为立法导向。近年来，全国范围内的省级知识产权局对专利工作的认识程度已经明显提高，基本扭转了以每年的专利申请量和授权量为业绩的观点，但是专利实力较弱的地方对专利事业发展评价标准的设定仍有待改进。科学、全面的地方专利事业发展评价标准，可以查找出当前专利工作中的薄弱环节，指引本地区专利事业的发展方向。

专利实力较强的地区，政府对专利工作的认识通常也比较全面、深入，相应地，对专利事业发展的评价标准也设定得较为合理。例如，2012 年度专利综合实力位于全国三甲的江苏省，在《2011 年度江苏省专利申请与授权情况分析报告》中，主要对专利申请量、发明专利申请量、企业专利申请量、专利授权量、发明专利授权量、企业专利授权量、每万人发明专利拥有量、PCT 国际专利申请量 8 项数据进行了统计。笔者认为，江苏省选择的专利事业发展状况评价因素是比较合理的。

---

〔1〕 赵飞："我局组织召开《广东省专利条例》论证会"，广东省智慧财产权局网站 http://www.gdipo.gov.cn/shared/news_content.aspx?news_id=7513，最后访问日期为 2013 年 10 月 11 日。

从2011年起，国家知识产权局知识产权发展研究中心每年发布本年度的《全国专利实力状况报告》，主要从专利的创造、运用、保护、管理、服务5个方面，通过34个二级指标对全国各地区的专利实力进行了较为全面的测量和分析，具体包括专利创造的数量、结构、质量、效率，专利运用的效益及各种运用方式的发展程度、专利行政保护和专利司法保护的基本情况、专利行政管理能力建设及企业专利管理水平、专利服务业发展状况及公共服务能力等〔1〕。笔者认为，各地立法机关应当借鉴《全国专利实力状况报告》中的分析体系，科学、全面地设定地方专利事业发展评价标准，并以该标准为立法导向，有针对性地完善本地区的地方专利立法。

2. 完善专利行政部门的服务职能规定。第二次专利法修改前各地出台的立法文件局限于专利管理方面的纠纷调处和冒充专利行为查处等工作，这是由于长期以来，大多数地方专利行政部门一直将自己在专利工作中的角色定位为管理者。笔者认为，地方专利行政部门应当扭转自身在专利工作只发挥管理职能的观念，树立起为发明创造人、专利技术的潜在利用者和社会公众服务的意识。可喜的是，一些专利实力较强地区的立法机关已经在这方面做出了努力。例如，在2011年制定的《天津市专利促进与保护条例》中，第六章“保障措施”即专章规定了专利行政部门应当采取建设专利信息平台的保障措施。在立法位阶较高的综合性专利条例中明确专利行政部门的服务职能，使得专利行政部门的工作有章可循，也有利于权利人和社会公众监督其工作。

3. 完善专利人才培养规定。推动地方专利事业的发展，人才是基础。专利事业的建设和发展需要拥有较强的专利意识、供职于企事业单位、高校和科研院所的科技工作者，将科技成果转化为专利；需要业务精良的专利代理人和专利律师，为发明创造人提供专业的服务，促进专利的运用；还需要专家型的法官和专利行政人员来管理、保护专利成果。因此，培养专利人才是推动地区专利事业发展的基础。一些专利实力较强地区已逐渐意识到了专利人才培养工作的重要性，开始采取具体措施，加强本地区的专利人才培养工作。例如，上海市于2006年发布了《上海市专利管理专业工程技术人员任职资格暂行办法》，并于2007年出台了更为详细的实施意见。江苏省也在积极

〔1〕 国家知识产权局知识产权发展研究中心：《2012年全国专利实力状况报告》，国家知识产权战略网 http://www.nipso.cn/onews.asp? id=17362，最后访问日期为2013年6月17日。

开展培训知识产权工程师的工作。

4. 完善特色优势产业规定。在国务院做出“国务院关于加快培育和发展战略性新兴产业的决定”之后，许多地方政府没有经过严密审慎的研究论证、甚至没有经过审批就一窝蜂地上马新兴产业项目〔1〕，并出台一系列文件为项目保驾护航。但是，这样盲目地上马新兴产业项目，并不一定能够契合本地区的现实条件、特色资源，也无法对区域经济发展起到好的带动作用。

目前，我国地方专利立法存在着“小法抄大法”、“后法抄先法”的问题〔2〕，一些地方专利立法的部分条款与专利法、专利法实施细则相似或雷同，或是干脆照搬先发布的其他地区的规定。这样的地方专利立法脱离本地的实际情况，既不能解决本地的特殊问题，也不能促进本地的专利事业发展。

各地要在区域竞争中取得优势，实现可持续发展，应当因地制宜，确定本地区的特色优势产业，通过定期发布重点产业专利分析及预警报告并制定针对特定产业的优惠、扶助政策，形成能够发挥强有力的促进、保护作用的特色优势产业立法。例如，内蒙古自治区虽然综合专利实力较弱，但其蒙医药中医药产业优势明显。

五、结语

我国地域辽阔，专利地方立法是其专利制度及其实施中的重要特色。专利地方立法 不仅保障了我国整个专利制度和专利法的有效实施，而且能够因地制宜，结合地方经济社会发展特色，通过对专利权的有效保护和实施，促进地方经济和科技的发展。我国专利制度实施以来，专利地方立法也紧跟其上，并逐步积累了一些经验。通过考察我国地方专利立法可以发现，地方专利立法水平和实施效果与地方经济和科技发展水平一脉相承，总体而言，经济和科技较为发达的东部地区其地方专利立法水平与实施状况也最为满意。不过，由于受到体制、意识、立法和执法水平等多种因素的制约，我国地方专利立法还存在诸多问题，需要随着我国专利制度的完善和经济社会发展而不断予以完善。

---

〔1〕 刘全昌：“警惕新兴产业无序冒进”，《中国化工报》2012 年 4 月 27 日。

〔2〕 朱文杰：“关于地方立法工作若干问题的思考”，北京市人民代表大会常务委员会网站 http://www. bjrd. gov. cn/rdzd/llyj/201108/t20110825_ 63178. html，最后访问日期为 2013 年 7 月 12 日。

中国专利法研究文献综述

我国专利法自1984年颁布以来，到2014年已经走过30年历程。30年里，专利法经历了1992、2000、2008三次修订，专利法第四次修改也于2011年11月正式启动，专利法通过不断完善和有效的执法，在促进我国经济进步和科技发展、适应国际经济技术交流需要等方面，发挥了重要的作用，得到国际社会的普遍肯定。专利法的每一次进步和完善，都离不开学术界和实务界对专利法及相关制度的总结和研究。纵观我国专利法30年的研究成果，我国学者对其及专利制度的研究呈现出一种不断加强、不断深化的趋势。

本部分通过分析与专利制度有关的论文、著作，拟对我国专利法实施30周年的研究状况进行全面概括。当然，由于专利制度所涉内容之广，相关研究成果之多，又因篇幅所限，本部分不可能对30年来的全部论著进行分析。因此，笔者从中国期刊全文数据库（CNKI）收录的论文、学位论文和报纸中，以“专利”为检索词，优先选取法学权威期刊和核心期刊收录的论文及理论界著名学者、实务界知名人士的文章；同时，在中国政法大学校图书馆馆藏书目检索中，以“专利”为主题词，筛选出与专利有关的专著，结合国家知识产权局出版的专利法研究（1999~2011）系列丛书，并以上述材料为根据，进行整理和分析，梳理出其规律和特点。笔者将所涉内容分为专利法基础研究、专利制度研究、专利的实施与保护研究3大专题，每一个专题下按照时间顺序对不同时期的学者的研究重点进行梳理、介绍和分析，以期全面把握专利法实施以来的学术研究特点，并对国内专利法研究的趋势进行分析，为专利领域的进一步研究奠定基础。

一、专利法基础研究

关于专利法的基础研究，主要包括对专利制度的基础理论、专利国际保护、外国专利制度、我国专利立法及完善等方面的研究。通过上述基础问题的研究，能够对我国专利制度有一个总体上的了解和把握，并为各项具体制度的建立和完善奠定基础、提供理论支持。

（一）专利制度的基础理论研究

专利制度能够长期存在并为世界各国立法所确认，是因为其有存在的正当性并能够在社会生活中发挥激励发明创造，促进经济、技术发展的作用。学者们也主要是从专利制度的正当性和作用两个角度对专利制度的基础理论进行研究。

1. 专利制度正当性研究。在专利法产生之初，对专利制度的正当性的研究并不多见，直至21世纪后，该问题才逐渐纳入学者们的研究领域，学者们从哲学、经济学等多个角度研究了专利制度的理论基础，且研究的层次逐渐深入。从哲学角度论证专利制度的正当性的学者主要有：徐瑄（2002）〔1〕从法哲学角度，认为专利权垄断性是比照物权设立的对抗他人效力的权利逻辑范围。吴汉东（2003）〔2〕通过介绍法哲学家对知识产权的哲学分析，为研究知识产权制度一般性问题提供了一种新的解读方式。冯晓青（2005）〔3〕认为专利法是在专利权人的垄断利益与社会公共利益之间进行利益衡量、选择和整合以实现一种动态平衡的制度安排。苏运来（2008）〔4〕运用知识产权劳动理论、知识产权激励理论、利益平衡论对商业方法专利的正当性进行了论述。从经济学角度论证专利制度正当性的学者主要有：林秀芹（2004）〔5〕认为专利法应在保护专利权和公共利益之间达成一种平衡，从而减少专利的成本。刘筠筠（2005）〔6〕从法经济学的角度探讨专利制度的选择以及利益分享问

〔1〕 徐瑄：“专利权垄断性的法哲学分析”，载《中国法学》2002年第4期，第95~101页。

〔2〕 吴汉东：“法哲学家对知识产权法的哲学解读”，载《法商研究》2003年第5期，第77~85页。

〔3〕 冯晓青：“专利法利益平衡机制之探讨”，载《郑州大学学报》2005年第3期，第58~62页。

〔4〕 苏运来：“从知识产权法哲学视角谈商业方法专利的正当性”，载《商业时代》2008年第31期，第61~62页。

〔5〕 林秀芹：“从法律经济学的角度看专利制度的利弊——兼谈我国《专利法》的修改”，载《现代法学》2004年第4期，第110~115页。

〔6〕 刘筠筠：“专利制度的合理性选择与利益分享的法律经济学思考”，载《北方论丛》2005年第2期，第148~151页。

题，旨在为我国专利保护制度提供理论基础。梁志文（2012）[1]提出了创新范式理论，认为促进技术扩散是社会从专利制度中获得的收益。

此外，激励论、伦理角度也可以被用以解释专利制度的正当性。如杨利华（2009）[2]以激励理论为视角，认为专利制度不仅仅激励发明创造，更能够激励通过专利将技术成果市场化的商业行为。胡波（2011）[3]以制度伦理的视角为切入点，对专利法的正当性这一基础性问题进行了研究，并提出了新的"专利法伦理正当性理论"。

2. 专利制度作用研究。每一项制度得以在社会上长期存在，是因为其能够发挥一定的作用，能够促进社会的发展和进步，专利制度也不例外。在专利法颁布之初，学界关于专利制度作用的讨论就十分热烈。但是在当时，针对一部新诞生的法律，人们更多的是从宏观的角度去论述整个专利制度在经济发展和科技进步中所起的作用。如王东强（1985）[4]将专利制度对科技发展的主要作用归纳为2方面：①公开发明的技术内容，沟通科技交流的渠道；②有利于执行对外开放政策，促进中外科技的交流。马秀山（1991）[5]认为专利制度能促进经济发展，加速科技成果的推广利用、是国家运用知识资源的手段。沈尧曾（1991）[6]认为实行专利制度是有计划商品经济发展的必然结果。专利制度在发展有计划商品经济中的作用表现为：专利制度能成为一种有效的激励机制，能起到鼓励发明创造，促进科研、技术开发和技术实施的显著作用，因此必须建设与社会主义有计划商品经济相适应的具有中国特色的专利制度。郝晓锋（1991）[7]认为专利制度是科学技术发展到一定程度上的产物，专利制度对科学技术起到积累、固化、传播的作用。

随着专利法的不断修改与完善，专利制度在社会生产和生活中的作用逐渐表现的更突出、更具体，学者们对专利制度作用的研究，也逐渐从宏观层面不断细化到微观层面。如袁德（2002）[8]认为专利制度对高新技术的作用

---

〔1〕 梁志文："论专利制度的正当性"，载《法治研究》2012年第4期，第44～55页。
〔2〕 杨利华："专利激励论的理性思考"，载《知识产权》2009年第1期，第55－60页。
〔3〕 胡波：《专利法的伦理基础》，华中科技大学出版社2011年版。
〔4〕 王东强："浅谈专利制度与科技发展"，载《法学杂志》1985年第3期，第46～47页。
〔5〕 马秀山："专利制度——振兴、发展经济的杠杆"，载《专利法研究1991》，289～295页。
〔6〕 沈尧曾："有计划商品经济与专利制度"，载《知识产权》1991年第4期，7～17页。
〔7〕 郝晓锋："科技发展规律与专利制度的作用"，载《中外法学》1991年第1期，第30～33页。
〔8〕 袁德："试论专利制度对高新技术发展的作用"，载《安徽科技》2002年第6期，第31～33页。

表现为：推动技术研发、使技术的评鉴法制化等。杨喆、曹津燕、潘柯(2005)[1]认为我国应当借鉴美国高校技术转移的经验，大力发挥专利制度对科研成果产业化的促进作用。

然而，随着社会的进一步发展，人们对专利制度作用的研究不断细化。近些年来，对整个专利制度作用的研究越来越少，人们开始侧重研究某一项具体专利制度在社会中所发挥具体作用。尽管专门论述专利制度作用的文献呈现减少的趋势，但是专利制度在社会发展和科技进步中的地位依旧重要。

（二）专利国际保护研究

专利国际保护，是现代专利制度的应有内容。与专利有关的国际公约，主要包括《巴黎公约》、《专利合作条约》、《国际专利分类斯特拉斯堡协定》（下文简称《斯特拉斯堡协定》）、《国际承认用于专利程序的微生物保存布达佩斯条约》（下文简称《布达佩斯条约》）、《建立工业品外观设计国际分类洛迦诺协定》（下文简称《洛迦诺协定》）及我国尚未正式加入的《工业品外观设计国际保存海牙协定》（下文简称《海牙协定》）。专利国际保护是国际经济贸易发展的产物，标志着专利制度一体化、国际化的趋势的形成与发展。对专利国际保护的研究，能够促使我国专利立法不断与国际接轨，加强同世界的交流合作，提高我国的专利保护水平。我国学者对专利国际保护的研究总体上呈现出从条约的整体介绍到具体条款分析论证的趋势和特点。

在专利法第一次修改之前，我国学者对专利法国际保护的研究并不多见，相关研究也仅局限于对与专利有关的国际条约的简单介绍上。1992 年专利法的第一次修改，大幅度提高了我国专利法的保护水平，使我国专利法保护水准与国际水准逐步接近，关于专利法国际保护的相关研究也逐渐增多。如文希凯（1994）[2]对关贸总协定知识产权协议的签订历程做了简单回顾，并总结了我国专利法修改案对于当时立法与 TRIPs 不相一致的规定的修改之处。文希凯等（1994）[3]对我国加入《布达佩斯条约》的利弊和应当考虑的因素

---

〔1〕 杨喆、曹津燕、潘柯：“我国专利制度对科研成果产业化的促进作用——从美国国会通过《创造法案》谈起”，载《世界知识产权》2005 年第 3 期，第 52～54 页。

〔2〕 文希凯：“关贸总协定知识产权协议的签订及其对中国专利制度的影响”，载《专利法研究 1994》，第 1～19 页。

〔3〕 文希凯：“关于我国参加布达佩斯条约的可行性的调研报告”，载《专利法研究 1994》，第 163～171 页。

做了详细的介绍。吴伟成（1994）[1]认为中国加入《专利合作条约》，能促进中国申请人向外国申请专利，并能改进和完善中国专利审批程序。吴宁燕、王玮（1995）[2]对《斯特拉斯堡协定》进行了系统地论述，认为我国应当加入该协定，以增强专利分类的准确性和分类原则的统一性。刘桂荣（1995）[3]对《海牙协定》和《洛迦诺协定》的签订过程及内容进行了分析，并指出了我国加入《洛迦诺协定》的必要性和可行性。

但是，早期关于与专利有关的国际条约的研究，大部分仍然是对国际条约的介绍，以及探讨我国加入某项国际条约的必要性或者加入某国际条约后对我国的影响，很少涉及对条约中具体条款的研究。进入21世纪后，该项研究才逐渐成为学者们的研究重点。如徐红菊、裘雅雁（2001）[4]针对专利法保护标准，将我国的规定与TRIPs协议的规定进行比较，认为专利法第二次修改进一步满足了TRIPs协议对专利权保护标准的要求。文希凯（2003）[5]发文:《“TRIPs协议和公共健康宣言”第6段的执行》，认为我国应当抓住机遇，完成对TRIPs协议的修改。史学清（2008）[6]认为修订后的TRIPs协议中关于药品专利强制许可的规则，有助于发展中国家解决日益严重的公共健康危机。吴雪燕（2010）[7]认为TRIPs－PLUS条款影响了发展中国家药品的可及性，我国应当对该条款保持高度的警惕性。

（三）外国专利制度研究

正所谓“他山之石，可以攻玉”，通过对外国专利制度的研究，比较不同的立法例，有助于了解各种立法例的优劣，从而发现我国专利立法的缺失，为我国立法与实践提供借鉴。我国学者对外国专利制度的研究经历了从宏观

---

〔1〕吴伟成：“专利合作条约及其在中国的实施”，载《专利法研究1994》，第152～162页。

〔2〕吴宁燕、王玮：“我国加入国际专利分类协定的分析与研究”，载《专利法研究1995》，第193～202页。

〔3〕刘桂荣：“关于外观设计专利的两个国际协定”，载《专利法研究1995》，第203～108页。

〔4〕徐红菊、裘雅雁：“TRIPS协议与我国专利法保护标准之比较研究”，载《法学杂志》2011年第6期，第52～54页。

〔5〕文希凯：“药品专利与TRIPS协议——评WTO协议《“TRIPS协议和公共健康宣言”第6段的执行》”，载《专利法研究2003》，第24～51页。

〔6〕史学清：“TRIPS协定专利强制许可规则的重大突破及国际实践”，载《2008全国博士生学术论坛（国际法）论文集》，第103～109页。

〔7〕吴雪燕：“TRIPS－PLUS条款的扩张及中国的应对策略——以药品的专利保护为视角”，载《现代法学》2010年第5期，第112～120页。

介绍到具体借鉴的发展历程。

在1984年专利法立法之初，我国学者就有针对国外的专利制度进行研究。但是这一时期的研究，多是针对国外整体的专利制度及专利诉讼情况做简单地介绍，且主要介绍的是英美、德国、日本等较早建立专利制度，工业较为发达的国家。例如，郑成思（1984）〔1〕介绍了美国法律中对“发明”、“发现”、“技术革新”这些概念的理解。陈庆柏（1984）〔2〕对美国专利法的目的、获得、保护及特征做了介绍。慕槐（1987）〔3〕介绍了早期的英国专利制度。罗亚男（1988）〔4〕根据自己在联邦德国考察的经历，分析了德国专利诉讼法律系统中的特点。郭君武（1988）〔5〕对日本专利制度的目的、发明、专利授权条件、专利请求权和有关专利权的权利进行了简单的介绍。

1992年专利法进行第一次修改后，由于我国学者和专利行政工作人员频繁出国进修考察，学者们研究的重点不再局限于英美等工业化发展程度较高的国家，更多国家的专利制度逐渐进入了人们的视野。如张祥龄（1995）〔6〕对澳大利亚专利法及专利审查的特点、澳大利亚专利局受理、检索及审查国际申请的概况做了介绍。刘桂荣（1997）〔7〕对丹麦、芬兰、挪威、瑞典4国的外观设计法进行了介绍。1997年香港回归之际，更是有很多的学者对香港的专利制度进行了研究。例如，文希凯等（1997）〔8〕著有《香港〈专利条约〉简介》，耿业忠、王燕红（1997）〔9〕著有《香港〈注册外观设计条约〉研究》，蒋正龙（1997）〔10〕著有《香港特别行政区的知识产权保护》。

2000年专利法第三次修改后至今，国内学者对国外专利制度的研究范围越来越广。这个阶段的研究呈现出以下特点：

〔1〕郑成思：“美国法律中的发明创作与技术”，载《国外法学》1984年第6期，第22～24页。

〔2〕陈庆柏：“美国专利法概论”，载《国外法学》1984年第3期，第9～11页。

〔3〕慕槐：“刘锡鸿所见的英国专利制度”，载《比较法研究》1987年第2期，第32页。

〔4〕罗亚男：“简析联邦德国专利诉讼法律系统的优缺点”，载《法学杂志》1988年第2期，第34～35页。

〔5〕郭君武：“日本专利制度”，载《比较法研究》1988年第2期，第47～52页。

〔6〕张祥龄：“澳大利亚专利制度简介”，载《专利法研究1995》，第209～217页。

〔7〕刘桂荣：“北欧四国外观设计法简介”，载《专利法研究1997》，第281～307页。

〔8〕文希凯等：“香港《专利条约》简介”，载《专利法研究1997》，第1～60页。

〔9〕耿业忠、王燕红：“香港《注册外观设计条例》研究”，载《专利法研究1997》，第61～70页。

〔10〕蒋正龙：“香港特别行政区的知识产权保护”，载《专利法研究1997》，第71～85页。

首先，开始注重外国制度的比较研究及对中国的借鉴。如何越峰（2001）[1]发文对美国、日本、中国等国家的集成电路布图设计保护法内容进行了比较分析。韩晓春（2003）[2]认为相比于欧美国家，日本在专利复审、专利异议、专利无效、专利订正等制度的设计上，更接近我国，我国应当借鉴日本的相关规定。彭学龙、赵小东（2007）[3]针对外观设计的立法模式，比较分析了英、法的“版权法与专门法并行模式”、美国的“专利为主、多法并立模式”及德、日的“专门模式”后，认为“专门模式”更具有优越性，我国应另行制定专门的外观设计法。张慧霞（2011）[4]对假冒专利标记制度问题，从中美两国法律规定、法律责任、适用条件等方面进行比较，并为我国立法提出了借鉴之处。杨利华、冯晓青（2012）[5]对美国专利法的历史经验进行了总结，并提出了我国专利立法值得借鉴之处。

其次，开始注重各国对某项具体制度的不同规定，而非笼统地介绍外国整个专利制度。如张平（2002）[6]针对商业方法能否成为专利保护的客体，认为美、欧、日三国的规定虽有不同，但是没有根本的分歧，将与商业方法软件有关的发明纳入专利法保护是大势所趋。文希凯（2004）[7]认为我国应当借鉴加拿大的经验，落实世贸组织的公共健康决议，修改强制许可规定。陈健（2007）[8]通过对美国专利滥用理论及其与反垄断法审查的判例和立法发展的研究，认为我国应当规制专利滥用，完善知识产权法律制度。尹新天（2007）[9]以两起专利侵权案件为基础，分析了美国的专利政策，并讨论了

---

〔1〕 何越峰：“集成电路布图设计保护比较研究”，载《专利法研究2001》，第235～256页。

〔2〕 韩晓春：“中日专利申诉及专利行政诉讼制度的比较和借鉴”，载《专利法研究2003》，133～149页。

〔3〕 彭学龙、赵小东：“外观设计保护与立法模式比较及对我国的启示”，载《世界知识产权》2007年第6期，第74～79页。

〔4〕 张慧霞：“中美假冒专利标记制度比较研究”，载《知识产权》2011年第6期，第96页。

〔5〕 杨利华、冯晓青：“美国专利法的历史经验及其对中国大陆专利立法的启示”，载《月旦财经法杂志》2012年第12期，第171～186页。

〔6〕 张平：“美、日、欧在商业方法软件上的专利保护之争”，载《专利法研究2002》，第172～197页。

〔7〕 文希凯：“加拿大修改专利法中强制许可规定解析”，载《专利法研究2004》，第35～56页。

〔8〕 陈健：“防止专利权滥用法律机制之理论思考——以美国专利滥用理论的发展演变为视角”，载《专利法研究2007》，第75～92页。

〔9〕 尹新天：“美国专利政策的新近发展及对我国知识产权制度的有关思考”，载《专利法研究2007》，第1～48页。

我国知识产权制度建设中的相关问题。唐昭红（2012）[1]从美国的经济与法律背景出发，对美国软件专利法律制度作了详细的介绍的分析。

（四）我国专利立法与完善研究

在改革开放的大背景下，1984 年 3 月 21 日，新中国第一部专利法正式通过，从此开辟了我国现代专利制度的新局面。然而，随着科技和经济发展，最初制定的专利法并不能很好地满足社会的需求，需要不断对其进行修改、完善。我国分别于 1992 年、2000 年、2008 年对专利法进行了三次修改，专利法第四次修改也于 2011 年正式启动。专利法的制定及每一次修改，都引发了学者们广泛的讨论。

1. 1984 年专利法的制定。在我国正式颁布专利法之前，学界关于专利立法的讨论，大多是针对立法的必要性及如何构建专利法而展开。如吕润程（1983）[2]认为专利制度对我国利弊共存，应当建立适合我国国情的专利法，而不能照搬照抄西方国家。黄勤南（1984）[3]认为专利制度能够激励技术发明和革新，促进技术成果的推广利用，而通过法律来设置专利授权和审批程序，有助于防止发明技术滥竽充数。黄义坤（1984）[4]对为什么要建立专利制度，如何建立专利制度进行了分析。

2. 1992 年专利法第一次修改。随着我国经济、技术的快速发展，专利法已经不能很好地满足社会的需求，全球经济一体化进程的加快，也使知识产权制度在世界范围内得到了广泛的关注。在这样的背景下，专利法第一次修正案于 1992 年 9 月 4 日通过，于 1993 年 1 月 1 日起实施。在这一时期，对于专利法修改的研究，大多局限在对修法背景及修改内容的介绍上。如吴伯明（1992）[5]发文对专利法的修改之处逐条进行了分析和说明。千枝松（1994）[6]认为专利法的修改扩大了专利的保护范围、延长了专利的保护期限、对方法专利延伸保护、增加了专利权人的进口权、重新规定了强制许可

[1] 唐昭红：《美国软件专利保护法律制度研究》，法律出版社 2012 年版。

[2] 吕润程：“试论我国专利法中的取舍问题”，载《社会科学》1983 年第 5 期，第 57 ~59 页。

[3] 黄勤南：“略论我国制定和施行专利法的必要性”，载《法学杂志》1984 年第 1 期，第 26 ~28 页。

[4] 黄义坤：“我国专利制度在积极筹建中”，载《国际贸易》1984 年第 2 期，第 8 ~14 页。

[5] 吴伯明：“关于中华人民共和国专利法的修改”，载《专利法研究 1992》，第 63 ~95 页。

[6] 千枝松：“论中国专利法修改的背景和特点”，载《国际贸易问题》1994 第 8 期，第 44 ~48 页。

的条件、增设了本国优先权、设置了授权后的撤销程序。

3. 2000年专利法第二次修改。20世纪末，我国已经正式加入《专利合作条约》，并积极准备加入世界贸易组织，为了使我国专利法与PCT和TRIPS协议等国际条约相一致，专利法第二次修正案于2000年8月25日通过，并2001年9月4日起实施。早在第二次修正案通过之前，不少学者就对立法的修改提出了自己的意见。如冯晓青（1999）〔1〕分析了专利法第二次修改的总体思路，并对具体需要修改的制度进行了探讨。谢晓玲（1999）〔2〕提出对于实用新型授权，在修法时应当采用申请登记制加审查制。专利法第二次修正案通过后，不少学者对该修正案进行了介绍与评析。如冯晓青（2001）〔3〕对专利法第二次修改背景、总体精神与立法宗旨进行了探讨，并指明新法的着眼点在于促进科学技术的进步与创新。汤宗舜（2001）〔4〕发文对专利法第二次修改中的部分重要问题，如专利权人的权利的增订、外观设计专利授权条件的补充等问题，进行研究和说明。

4. 2008年专利法第三次修改。如果说前两次修改更多的是为了履行国际承诺，专利法第三次修改则是在总结立法以来的实践经验，根据自身的发展需求而作的修改。专利法第三次修正案是于2008年12月27日发布，于2009年10月1日起实施的。第三次修改草案颁布后，学者们纷纷发文对修法进行解读、点评，大部分学者看到了第三次修法取得的进步。如冯晓青（2009）〔5〕认为专利法立法宗旨和授权条件的改革体现了立法强化了对创新能力的提高；专利行政执法、诉前临时措施、损害赔偿等方面的修改体现了立法加强对专利权的保护。郭禾（2009）〔6〕认为第三次修改草案中关于专利行政执法权、专利申请权和“新”产品制造方法的举证等问题仍需进一步思考。然而，

〔1〕冯晓青：“对我国专利法立法修改的探讨”，载《发明与革新》1999第8期，第15～17页。

〔2〕谢晓玲：“进一步完善实用新型专利制度——谈对《专利法》的第二次修改”，载《广东行政学院学报》1999年第4期，第33～34页。

〔3〕冯晓青：“试论我国新专利法的修改背景、总体精神与立法宗旨”，载《天津市政法管理干部学院学报》2001年第3期，第3～6页。

〔4〕汤宗舜：“关于专利法第二次修改中的几个规定的思考”，载《专利法研究2001》，第6～21页。

〔5〕冯晓青：“《专利法》第三次修改的特点——以提升创新能力与加强专利权保护为视角”，载《电子知识产权》2009第3期，第16～24页。

〔6〕郭禾：“专利法修改若干问题之管见——关于专利法第三次修改（送审稿）的理论思考”，载《电子知识产权》2009年第3期，第11～15页。

任何法律的修改都不可能一次性解决所有有待改进的问题，也有不少的学者指出了第三次修法过程中存在的不足及完善之方法。如陶鑫良（2009）[1]认为我国专利实施的强制许可规范目前还存在着概念模糊等突出问题，因而还需要在实践中进一步地整合、充实和细化。程永顺（2009）[2]认为专利法第三次修改取得了重大进步，但是在假冒专利行为、专利权评价报告的性质、现有技术的抗辩、专利权无效诉讼的性质、间接侵犯专利权、侵权诉讼时效的规定等方面，仍需要进一步完善。

5. 2013 年专利法第四次修改。随着互联网技术的发展，专利侵权行为愈发严重，专利维权难度日益增加，恶性侵权现象大有发生。为了建立健全有效的打击专利侵权机制，国家知识产权局以“加强专利保护、加大执法力度”为核心内容，于 2011 年 11 月正式启动了专利法第四次修改。自 2012 年 8 月 9 日《中华人民共和国专利法修改草案（征求意见稿）》（下文简称《征求意见稿》）问世后，学者们纷纷对该《征求意见稿》表达了自己的看法。如李明德（2013）[3]认为应当坚持专利权为私权的基本理念，并且以此为前提构建一个有效的实施机制，便于专利权人主张权利和充分获得保护。冯晓青（2013）[4]认为促进创新能力提高是专利法修改的基本出发点，专利法第四次修改加强了专利行政执法和司法保护。张广良（2013）[5]对无效决定的生效时间、专利管理机关依职权查处“涉嫌群体侵权、重复侵权等扰乱市场秩序的故意侵犯专利权的行为”、法院责令侵权人提供与侵权行为相关的账簿、资料及无正当理由不提供的后果、惩罚性赔偿等问题，进行了探讨和分析。李晓秋（2013）[6]认为《征求意见稿》中规定的惩罚性赔偿制度欠缺可操作

---

〔1〕 陶鑫良：“《专利法》第三次修改后的强制许可规范”，载《电子知识产权》2009 年第 3 期，第 25～42 页。

〔2〕 程永顺：“《专利法》第三次修改留下的遗憾——以保护专利权为视角”，载《电子知识产权》2009 年第 5 期，第 11～15 页。

〔3〕 李明德：“关于《专利法修订草案（送审稿）》的几点思考”，载《知识产权》2013 年第 9 期，第 3～19 页。

〔4〕 冯晓青：“专利法第四次修改旨在提升国家创新能力”，载《中国社会科学报》2012 年 10 月，第 1～2 页。

〔5〕 张广良：“关于我国专利保护效果的几点思考——兼论我国《专利法修改中的某些重要议题》”，载《中国专利与商标》2013 年第 3 期，第 97～103 页。

〔6〕 李晓秋：“专利惩罚性赔偿制度：引入抑或摒弃”，载《法商研究》2013 年第 4 期，第 136～144 页。

性，应当予以摒弃。

二、专利制度研究

（一）专利保护客体研究

自专利制度创设至今，人们就从未停止过对专利保护客体的争论，我国专利法颁布的30年，也是我国科学技术发展最快、社会经济变革最剧烈的时期，所以针对不同时期科技的发展，学术界和实务界对于专利保护客体的讨论也呈现不同的特点。早期对保护客体的研究主要是介绍及解释专利法中关于客体保护的条款，如尹新天（1989）〔1〕从专利法的根本宗旨出发，详细阐述了发明的定义以及不能构成专利法所说发明的一些内容，提出了那些能够获得专利权的内容是和科学技术的发展密切相关的。随着经济社会的迅速发展，针对科学技术发展产生的新的客体，学界和理论界展开了大量的讨论。本文通过梳理研究文献发现，以下几个领域出现的专利保护问题最为明显：

1. 计算机领域内的客体保护。20世纪末到21世纪初，计算机的更新换代可谓日新月异，对计算机领域内的专利保护研究也从未停止，从软件保护到硬件保护，到软件加硬件的整体保护，对计算机领域内的专利保护研究日益成熟。如李贵方（1993）〔2〕以软件保护为主题，分析了各国对于软件的保护情况，提出了软件保护的困境并罗列了5点具体的困难，认为软件专利保护的出路在于有限专利。施泽华（1999）〔3〕通过介绍中国专利局、欧洲专利局和美国专利局及法院的相关法律法规，详细分析了软件专利保护的几个典型案例，提出了可申请专利的软件发明的主题的范围。蒲迈文（1995）〔4〕讨论了中国专利局对含有计算机程序发明专利申请的保护状况，提出了审查基准和审查实践中尚存的几个问题，并给出了相对应的解决意见。马浩（1997）〔5〕针对用“智力活动的规则和方法”判断含有计算机程序的发明是否可以授予

〔1〕 尹新天：“试论专利保护的对象”，载《工业产权》1989年第S1期，第31～40页。

〔2〕 李贵芳：“论计算机软件的专利保护”，载《法律科学》1992年第2期，第49～54页。

〔3〕 施泽华：“可获得专利保护的软件发明的主题”，载《专利法研究1999》，第106～133页。

〔4〕 蒲迈文：“含有计算机程序发明申请的专利保护现状和问题”，载《专利法研究1995》，第38～42页。

〔5〕 马浩：“含有计算机程序的发明专利申请的专利性判断及其权利要求的撰写”，载《专利法研究1997》，第147～161页。

专利权所产生的问题，提出了用专利法规定的适用性进行判断。冯晓青(1997)[1]就计算机领域的发明问题进行了研究，包括计算机硬件和计算机软件，着重对计算机的程序发明问题的各国做法进行了分析，从专利保护的角度对程序发明问题进行了深入探讨。孙海龙，曹文泽（2002）[2]通过对美国软件专利司法保护的发展趋势和我国软件专利保护立法、司法现状的分析，从而给予加强我国软件专利司法保护的建议。崔国斌（2005）[3]分析了“新颖点规则”和“结构变化论”等理论的缺陷，认为专利客体审查应该是整体性的，且计算机加程序应该被视为专利法意义上的机器，从而可以成为专利法保护的客体。

2. 化学物质及药品保护。对化学物质和药品保护始于1992年中美签署的《中华人民共和国政府与美利坚合众国政府关于保护知识产权的谅解备忘录》，这也促成了1992年专利法第一次修改中增加了对化学物质及药品的保护。研究化学物质及药品的代表性观点有：韩秀成（1992）[4]分析了我国对药品和化学物质实施专利保护可能产生的积极效果，呼吁我们抓住这一良好机遇，促进我国药品和化工迅速发展，并从国家的角度提出了4个方面的对策和措施。黄益芬（1993）[5]将化学领域的发明分为3种类型，就其实用性，创造性和新颖性进行了分析，并就化学发明和药物发明专利在申请和审查中的具体实践进行了深入探讨。卢素华（1994）[6]在专利法修改后一年多的实践基础上，阐述了修法对提高我国化工、医药、食品等领域人员知识产权保护意识，激发该领域科技人员积极性以及恢复我国在关贸总协定中的缔约国地位的积极影响。张清奎（2002）[7]对我国各种知识产权的保护形式进行了分析，提出了专利是对药品发明保护效力最强的一种法律保护形式，同时指出专利将成为我国“入世”后医药领域保护的主要形式。

---

〔1〕 冯晓青：“计算机领域发明的专利性”，载《发明与革新》1997年第5期，第28~29页。

〔2〕 孙海龙、曹文泽：“计算机软件专利保护法律问题研究”，载《法学家》2002第2期，第45~52页。

〔3〕 崔国斌：“计算机程序的可专利性分析”，载《法学杂志》2005第6期，第132~134页。

〔4〕 韩秀成：“挑战、机遇、对策——谈对药品化学物质实施专利保护”，载《知识产权》1992年第6期，第10~11页。

〔5〕 黄益芬：“化学物质及药品的专利保护”，载《专利法研究1993》，第226~248页。

〔6〕 卢素华：“从实践看修改专利法对化学专利的影响”，载《专利法研究1994》，第35~38页。

〔7〕 张清奎：“我国药品知识产权保护法规急需调整”，载《专利法研究2002》，第144~156页。

3. 商业方法及疾病诊断、治疗方法保护。对商业方法是否应该给予专利保护，国内学者一直持谨慎态度，但是随着经济技术的发展有不断开放的趋势。总体来说，对商业方法的保护研究趋势是从完全地拒绝给予其专利保护，到不应该完全排除在专利保护之外，到根据市场发展程度和经济社会发展程度来逐步放开。杨丽（2001）〔1〕分析了商业方法专利的现状，进而从专利制度本身出发来探讨商业方法的可专利性，提出了在我们对网络商业方法研究和实践都不成熟的前提下，应该拒绝赋予商业方法以专利权。马放（2004）〔2〕以SSB案例为起点，分析了美国和欧洲对于商业方法专利的态度，提出了专利保护范围应该与经济科技发展水平一致，且不应简单将商业方法完全排除在专利之外。张平（2005）〔3〕认为不必在法律层面上对商业方法的专利保护做明确规定，而应该借鉴美国，尽快完善《专利审查指南》中的相关规定，从政策和时间上把握开放程度。冯晓青（2007）〔4〕指出为了使商业方法专利的扩张不对现存专利制度建立的平衡机制构成威胁，必须根据本国当前经济、社会发展状况及市场发育程度等因素来确定适用的条件和范围。吴伟光（2010）〔5〕对商业方法发明专利的背景、问题和困难等进行了研究，认为在我国面临很多困难和问题的前提下，应该对商业方法的可专利性持谨慎态度，以免对我国的计算机、金融、电子商业等相关产业造成不良影响。

关于疾病诊断及治疗方法的专利保护研究，学者们态度基本一致。张沧、袁红霞（2004）〔6〕指出我国专利法与《审查指南》在“是否以有生命的人或动物为实施对象”的规定不同，导致了相关主题在适用法律上出现了困难，对于是否将疾病的诊断和治疗方法纳入专利保护的范畴应该持慎重态度。高巍（2007）〔7〕认为我国专利法把医疗方法排除于可专利性客体范围之外，应

〔1〕 杨丽：“论网络商业方法的可专利性”，载《法律科学》2001年第1期，第22~28页。

〔2〕 马放：“商业方法的专利性问题”，载《专利法研究2004》，第100~117页。

〔3〕 张平：“商业方法软件专利保护：美国的实践及其启示”，载《法商研究》2005年第4期，第138~145页。

〔4〕 冯晓青：“商业方法专利略论”，载《北方论丛》2007年第3期，第149~151页。

〔5〕 吴伟光：“商业方法发明可专利性研究”，载《网络法律评论》2010年第1期，第89~111页。

〔6〕 张沧、袁红霞：“与疾病的诊断和治疗方法不可专利性有关的几个问题探讨”，载《专利法研究2004》，第118~132页。

〔7〕 高巍：“我国排除医疗方法可专利性的原因思辨”，载《专利法研究2007》，第251~259页。

该是出于人道主义和社会伦理的考虑，医生在诊断和治疗过程中有选择方法和条件的自由，而不应该是无法在产业上利用。王京、俞翰政、马玉青(2009)〔1〕指出应该在《审查指南》的相关章节对“外科手术方法”的含义作进一步澄清，对于涉及非治疗目的的外科手术方法申请的审查时应进行综合考虑，进而确定相关申请是否具有实用性。赵鑫、张旭波（2009）〔2〕从循证医学角度出发，对如何看待“现有技术中的医学知识”以及如何界定“从所获得的信息本身能够直接得出”这两个难以把握的标准给予启示，从全新的视角来看待涉及诊断方法权利要求的判断。

4. 传统文化及遗传资源保护。传统文化及遗传资源保护是近年来学术界和实务界讨论相对激烈的问题，从研究情况来看，给予保护的态度基本一致，但就给予何种传统文化及遗传资源以保护及如何给予保护则众说纷纭。张清奎（2005）〔3〕从传统知识、民间文艺和遗传资源的类别和属性着手，提出了多层次全方位保护模式，重点分析了制定追溯性行政法规需要考虑的因素和原则，并对各种保护模式的力度和期限进行了简要的探讨。杨鸿（2005）〔4〕指出了遗传资源和传统知识保护中一系列问题，其根本在于如何在现在的专利制度中，有效地引入一些能够提供防卫性保护的程序，并尽可能与专利的合法性联系起来，且还需要各地区各国家展开充分合作。刘银良（2005）〔5〕基于 WIPO 在全球范围内的实地调查结果，对传统知识保护的客体做了详细研究，认为传统生活方式等三类事物不适宜作为保护客体，而民间文学艺术表达、传统标记和传统科技知识应该予以保护。杨志敏（2006）〔6〕提出建立遗传资源获取与惠益分享的国内制度，法律应该在所有权之外再赋予遗传资源权，在专利制度上应该对披露义务做行政性要求，在契约问题上寻求有条

---

〔1〕王京、俞翰政、马玉青：“非治疗目的的外科手术方法的可专利性”，载《专利法研究2009》，第166～175页。

〔2〕赵鑫、张旭波：“循证医学视角下的涉及诊断方法的专利保护”，载《专利法研究2009》，第176～185页。

〔3〕张清奎：“传统知识、民间文艺及遗传资源保护模式初探”，载《专利法研究2005》，第1～16页。

〔4〕杨鸿：“专利制度与遗传资源、传统知识的法律保护”，载《专利法研究2005》，第99～11页。

〔5〕刘银良：“怎样保护传统知识：客体的排除与选择”，载《专利法研究2005》，第132～148页。

〔6〕杨志敏：“生物遗传资源保护框架与知识产权制度”，载《专利法研究2006》，第1～13页。

件的契约自治以维系各方的利益平衡。张韬、武贵勉（2006）[1]提出了根据量化标准确定经典方剂保护客体的观点，论述了经典方剂保护制度中具体内容的规则体系，研究了制度中关于主体登记、经典方剂开发和利用惠益分享等机制的构建模式。严永和（2007）[2]认为在传统资源保护条款中设置非法获取利用不授权条款的理由不充分，将其列入专利排除制度在专利立法技术上欠妥当，提出了不设“非法获取利用不授权”条款，增设“传统资源”条款等三点建议。张冬、马超（2013）[3]认为部分传统文化可给予专利化保护，但面临全面公开和保护期限的问题，同时指出专利并不是传统文化保护的最好途径，保护应该充分利用知识产权制度，同时补充知识产权法律保护途径。

5. 植物品种及生物技术。植物品种保护研究早在20世纪90年代初就开始了，但对是否给予其专利保护一直持保守态度，从研究文献来看，绝大多数的文献都是通过研究国外植物品种保护情况，给予中国以借鉴意义。乔德喜（1994）[4]认为对植物品种的保护应该借鉴匈牙利或意大利的经验，建立专门方式保护与实用专利保护两者并行的模式，并就关于对权利限制、保护等几个立法的具体问题给予了意见和建议。李金光（1999）[5]分析了我国植物法律保护的范围和期限，指出我国尚存在专利权难以保护具体植物品种和有些品种不能得到保护的等问题，提出了在相关法规中规定交叉许可，对人工培育植物本身授予专利权等解决办法。牟萍（2004）[6]对美、日、欧关于植物新品种保护情况研究，分析了植物新品种权与植物专利保护的利弊，提出了在我国当前经济技术下，对是否开放对植物的可专利性、放弃“双重保护禁止”应该持保守态度。李菊丹（2010）[7]通过对美国自1980年以来的案例研究，探讨了美国是如何将植物发明纳入专利保护范围的、未来的发展

---

〔1〕张韬、武贵勉：“中医药经典方剂传统知识保护”，载《专利法研究2006》，第26~36页。

〔2〕严永和：“传统资源保护与我国专利法的因应——以《专利法修订草案》中的‘传统资源条款’为例”，载《知识产权》2007年第3期，第31~36页。

〔3〕张冬、马超：“传统文化专利保护的合法性问题”，载《河北法学》2013年第4期，第32~38页。

〔4〕乔德喜：“试论植物品种的知识产权保护”，载《专利法研究1994》，第135~151页。

〔5〕李金光：“植物法律保护的若干问题探讨”，载《专利法研究1999》，第134~141页。

〔6〕牟萍：“‘双重保护禁止’我们需不需要——植物新品种权与植物的专利保护间的两难抉择”，载《专利法研究2004》，第229~239页。

〔7〕李菊丹：“美国植物发明专利保护实践及其启示”，载《专利法研究2010》，第168~188页。

趋势以及这些做法对中国的借鉴，指出专利制度将在未来的植物品种创新领域发挥巨大的激励作用。

生物技术是否应该给予专利保护是学者们讨论的热点，从文献总结的情况来看，大多数的学者通过研究生物技术本身的特点，结合专利授予的条件，提出了生物技术保护的建议。张清奎（1997）〔1〕通过研究目前各国对生物技术发明专利保护的概况，分析了生物技术领域可授予专利权的范畴，发明的充分公开，实用性、新颖性和创造性判断以及权力要求的授权范围等方面存在的问题，提出了一些相对的解决建议。张清奎（2000）〔2〕对人体基因是否属于科学发现，关于基因治疗方法的专利保护，关于伦理道德，关于动物和植物品种的概念等数个问题分析了国内外的观点和做法，提出了看法和意见。张晓都（2001）〔3〕对美、日、欧的生物技术发明实用性问题进行比较研究，讨论了决定生物技术发明实用性条件标准的根本原理以及 DNA 片段发明，对中国的实用性标准制定提出了建议。徐伟（2005）〔4〕探讨了生物多样性知识产权利用的特点，反思了知识产权制度尤其是专利制度的局限，提出了逐步建构生物多样性知识产权保护的法律机制，并认为采用单行法模式全面规范生物多样性的保护与利用比较科学。

基因技术是20世纪末产生的新技术，学者们主要从基因技术的可专利性方面进行研究，结合国外对基因技术保护的态度和做法，论证了给予专利保护的合理性。崔国斌（1999）〔5〕围绕基因序列专利保护中基因序列的专利性审查展开，具体研究了基因序列的实用性、创造性与技术的充分公开3方面的内容。刘稚（2001）〔6〕介绍了一些主要国家对基因组 DNA、EST 和 SNP 的专利问题所采取的态度和做法，并深入讨论了这些做法的合理性，在此基础上提出了作者对于 DNA 序列专利问题的看法。孙昊亮（2005）〔7〕认为基因属于发明抑或发现并非基因受专利法保护的关键，而在于授予专利制度是否

〔1〕 张清奎："关于生物技术领域专利保护的若干问题的探讨" 载《专利法研究1997》，第162～178页。

〔2〕 张清奎："中国对生物技术的专利保护"，载《专利法研究2000》，第104～118。

〔3〕 张晓都："生物技术发明的实用性"，载《专利法研究2001》，第117～135页。

〔4〕 徐伟："论生物多样性的知识产权保护"，载《专利法研究2005》，第17～30页。

〔5〕 崔国斌："基因序列的专利性审查"，载《专利法研究1999》，第82～105页。

〔6〕 刘稚："DNA序列的可专利性"，载《专利法研究2001》，第144～155页。

〔7〕 孙昊亮："基因专利保护的利弊分析"，载《河北法学》2005年第7期，第144～147页。

能够更好地促进基因技术的发展，通过分析得出基因虽属发现，但给予其专利保护，理应给予专利权。

6. 其他客体保护。针对科学技术的发展而不断出现的新产品、新技术，学术界和实务界也有所关注，如王翰（2010）[1] 针对纳米技术与核技术、生物技术特点不同，归纳出纳米技术具有底层技术性、不确定危险性和道德危险性的特点，在此基础上，作者就纳米技术产品的可专利性进行了全面分析，并认为必须根据危险性的不同而分类处理。李秀娟（2011）[2] 对美国字型外观设计的相关案例进行了研究，就字型的可专利性、授权要件和单一性的具体体现进行了深入探讨，并结合我国字型侵权案件，分析外观设计对字型的保护与限制。

（二）专利主体研究

从笔者搜集到的文献来看，国内学者对于专利权的主体研究相对来说较少，通过对文献的梳理研究发现，对主体研究主要体现在对制度和权属上，在具体问题上体现为职务发明的专利权属及发明人无合作意图的共同发明的专利权属等，以下是对部分有代表性观点的文献做简要介绍。

姚建涛（1998）[3] 分别介绍了各种发明的权利主体，并对其做了充分的说明和准确的界定。喻继军、马向葵、张随成（2002）[4] 从利益分配、权利享有及权利保护等 3 个方面对专利权主体制度进行了研究，明确了发明人与申请人分离的 3 种情形，探讨了先申请制下的利益平衡机制，并提出了专利权利主体消亡之后的权利享有与权利保护的原则。钱良（2003）[5] 肯定了我国专利法试图通过对专利发明有实质性贡献的判断而不是仅凭雇佣关系的外表来判定专利权的归属，指出了现有立法中背离了专利权归发明人本人所有的原则，认为我国应借鉴外国的立法例，更合理地规范这个问题。李刚（2007）[6] 对美、德、法的专利法及相关规定进行了深入的研究分析，指出

---

〔1〕 王翰："纳米技术的可专利性分析"，载《专利法研究 2010》，第 189 ~ 204 页。

〔2〕 李秀娟："美国字型外观设计保护的实践与思考"，载《专利法研究 2011》，第 106 ~ 122 页。

〔3〕 姚建涛："论专利权主体的界定"，载《临沂师专学报》1998 年第 4 期，第 21 ~ 22 页。

〔4〕 喻继军、马向葵、张随成："专利权主体制度探讨"，载《科技进步与对策》2002 年第 9 期，第 136 ~ 137 页。

〔5〕 钱良："对雇员发明专利权归属的再思考"，载《河南公安高等专科学校学报》2005 年第 3 期，第 22 ~ 25 页。

〔6〕 李刚："科技创新时代我国职务发明专利权属制度的完善"，载《云南科技管理》2007 年第 5 期，第 30 ~ 32 页。

我国现行职务发明专利权属制度的设计存在不合理性，提出了关于职务发明专利权属的条款要综合考虑雇主的利益和保护发明完成人的自然权利，以合理确定职务发明专利权的归属。康建辉、代华、王渊（2009）〔1〕认为在我国高校科技创新过程中，专利权归属是造成权力纠纷和影响科技创新的重要因素，作者针对我国职务发明法律规定的不足，对完善高校职务发明权专利权归属问题提出建议。许晓辉、李龙（2009）〔2〕试图将大学生自主创业中的专利成果划分为职务发明、混合发明和非职务发明，在此基础上对大学生创业者与其所在高等院校以及大学生创业者与其合作企业的专利权属进行规范化界定。任广科（2010）〔3〕针对各发明人之间并无合作意图却共同完成发明的专利权利归属问题做了深入探讨，建议参考民法中添附的原则并结合专利权的特点进行专利权属的分配以及以技术特征为分析的基础，来确定发明人身份。潘志浩（2010）〔4〕提出我国专利法中专利权属合同约定优先的规定与科技进步法的条文相冲突，认为在高校中实施专利权属共有，将有利于成果转化、学科建设和创新培养，由此建议修改科技进步法的相关条文。谭艳红、黄志臻（2011）〔5〕分析对比国内外有关职务发明创造专利权权利归属的相关立法，指出我国现行法存在的诸多缺陷与不足，认为完善我国专利法律制度应该建立发明人优先、当事人意思自治优先的专利权权利归属制度，明确和简化构成职务发明的要件。杨姝玲、石晶玉（2012）〔6〕认为合理界定职务发明权的归属应当明确个人利益与社会公共利益之间的关系，建议将职务发明专利权归属于高等学校和提高现行的对于发明人的物质激励标准。

---

〔1〕康建辉、代华、王渊："高校职务发明专利权归属问题研究"，载《技术与创新管理》2009年第1期，第22~41页。

〔2〕许晓辉、李龙："大学生自主创业中专利权归属研究"，载《理论界》2009年第4期，第184~186页。

〔3〕任广科："无合作意图共同完成发明创造的专利权利归属"，载《电子知识产权》2010年第7期，第52~56页。

〔4〕潘志浩："关于高校实行职务发明专利权属共有的思考"，载《中国高校科技与产业化》2010年第7期，第30~31页。

〔5〕谭艳红、黄志臻："试论我国职务与非职务发明专利权的权属界定及其完善"，载《南京工业大学学报》2011年第2期，第30~35页。

〔6〕杨姝玲、石晶玉："论高等学校职务发明专利权属界定——兼谈《专利法》第6条的修改"，载《商业经济》2012年第13期，第122~123页。

（三）专利申请与审查研究

专利法法颁布的30年，是专利基础理论迅速发展的30年，同时也是专利实践和行政审批迅速发展成熟的30年。对于申请专利权人来说，到底什么发明或技术能够得到专利授权？对于行政审查的部门来说，到底什么发明和技术能够给予其专利权利？通过文献梳理研究可以发现，关于专利申请与审查的理论与实践研究整体上在不断成熟中，下文将分别对专利的申请和审查的文献做简要介绍。

1. 授权条件研究。根据我国专利法的规定，发明、实用新型专利的授权条件是创造性、新颖性和实用性，外观设计的授权条件是新颖性、实用性和富有美感，所以，对于专利的授权条件大都集中在专利三性上，不同时期的技术条件直接影响专利三性的判断，由此，本章节从宏观角度出发，只对专利三性的理论研究文献进行整理。

对创造性的研究主要有：王澄（2001）〔1〕认为如果依据马克思的商品等价交换原则，对发明创造所具有商品共有属性进行深入分析，由取得专利保护的发明创造在具有创造性的各种表象中，获取创造性判断标准的合理内核。管荣齐（2012）〔2〕指出我国“创造性”条件中的“显著进步性”体现为有益的技术效果，形式上被认为中国的专利创造性条件要高于国外，但是作者认为这其实是专利实用性条件的内涵，由此建议我国取消“显著性进步”要求。

对实用性的研究主要有：张晓都（2002）〔3〕在中外专利法理论与实践的研究基础上，深入分析了专利法实用性条件的含义、规定、实用性条件的目的以及决定实用性的根本原理，探讨了实用性与技术方案充分公开之间的区别和联系，对国内一些相关法律规定、实践中的争议也做了分析和评论。崔峥、路传亮（2010）〔4〕以探讨外观设计实用性的相关问题作为出发点，试图从理论上厘清外观设计中“适于工业应用”的根本含义，在此基础上对我国

〔1〕 王澄：“论创造性”，载《专利法研究2001》，第195～213页。

〔2〕 管荣齐：“中国专利创造性条件的改进建议”，载《法学论坛》2012年第3期，第149～154页。

〔3〕 张晓都：“发明与实用新型的实用性”，载《专利法研究2002》，第54～73页。

〔4〕 崔峥、路传亮：“试论工业品外观设计专利的实用性——兼谈对外观设计定义中‘适于工业应用’的理解和思考”，载《专利法研究2010》，第324～334页。

的立法和审查时间给予建设性的意见。

对新颖性的研究主要有：张清奎（1996）〔1〕以国际上新颖性的法律规定和司法实践所涉及的基本概念为基础，深入分析了不同做法的合理性，提出了新颖性与创造性、充分公开及申请文件修改的内在联系，为我国现行法规和实践提出了修改建议。张嘉铭（1998）〔2〕比较了国际上主要发达国家的外观设计法，提出以不损害社会公众利益和加大专利保护力度为原则，应该适当放宽我国外观设计专利的新颖性条件。

2. 专利申请研究。根据我国专利法，权利人可以就自己的发明技术申请发明专利、实用新型专利或者外观设计专利，对专利申请的研究大致可以分为以下几个方面：关于实用新型和外观设计申请的研究、抵触申请、重复授权、权利要求以及本国优先权。

关于实用新型专利和外观设计专利申请的文献主要有：张荣彦（1997）〔3〕针对当前大量实用新型专利名不副实的问题，分别从立法和审查两个方面提出了的解决途径和具体设想，并进行了可行性分析且从立法和审查上都是可行的，但是还要兼顾相关公众，代理机构以及法院各个方面的利益。李政（1998）〔4〕对实用新型专利审查制度的现状进行了研究分析，归纳了完善实用新型专利制度需要解决的问题和可供选择的修改文案，在此基础上对专利审查制度的修改提出了建议。吴观乐（2004）〔5〕认为我国对外观设计专利保护的研究跟不上外观设计专利保护实践的需求，实践中出现的问题按照目前的审查原则或判断原则来解决存在明显的不合理性，由此必须不断完善和加强我国外观设计专利保护。毛琎、钱亦俊（2011）〔6〕介绍了国际上关于设计空间立法情况，分析了我国外观设计专利制度中引入设计空间的必要性，提

〔1〕 张清奎："试论发明尤其是化学领域发明的新颖性"，载《专利法研究1996》，第35~55页。

〔2〕 张嘉铭："对放宽外观设计新颖性条件的建议"，载《专利法研究1998》，第159~164页。

〔3〕 张荣彦："实用新型的立法与审批——关于实用新型专利制度的改进"，载《中国专利与商标》1997年第2期，第71~76页。

〔4〕 李政："关于实用新型专利审查制度的研究和修改建议"，载《中国专利与商标》1998年第4期，第9~14页。

〔5〕 吴观乐："对我国外观设计专利保护的两点建议"，载《专利法研究2004》，第183~200页。

〔6〕 毛琎、钱亦俊："外观设计制度中的设计空间探讨"，载《专利法研究2011》，第140~151页。

出了设计空间的基本理念、确定方式、影响因素以及设计空间与专利性判断规则的衔接。

在专利申请过程中存在构成抵触申请的情况，对这方面的研究文献主要有：何越峰（1995）〔1〕较为全面地总结了中国的抵触申请制度，系统剖析了抵触申请的四个构成要件，探讨了在发现假冒申请时的审查程序的修改问题和发明相同性问题，并认为从法律层面理解发明相同性更有利于克服抵触申请中存在的矛盾。张丽（2007）〔2〕对专利法第22条中抵触申请所涉及的法条和实践操作进行了总结并对其法理进行了探讨，尤其对其中涉及的各种日期界限和“全文内容制”对比的规定进行了法理探讨。李中奎、李娟（2010）〔3〕就发明或实用新型与外观设计专利申请之间是否能构成抵触申请的问题，从两个不同操作方式的合理性和合法性两个方面进行论述，并提出了法律修改的具体建议。

审查过程中难免出现问题导致重复授权的问题，如何解决重复授权的问题以及如何完善审查制度，更好地，更高效地授权，学者们也就此展开了讨论。卜方、张杰（1995）〔4〕针对审查程序中出现的问题，为避免对同样发明重复授权，解决好权利衔接和保护期限的问题，提出了解决问题的5点措施，并指出只有对实施细则做出更详细、操作性更强的规定才能避免重复授权。冯于迎（2010）〔5〕研究分析了“舒学章”案，论述了禁止重复授权的法律基础，并对其进一步现实分析，挖掘出新旧专利法在实践中仍然存在的问题，由此对相关方面的法律制度建设和法律实践给予了相对的建议。

在专利申请过程中，权利要求十分关键，直接决定权利人的权利范围，随着科技发展以及司法上的完善，对权利要求的研究呈现出不断完善的特点。尹新天（1996）〔6〕认为对权利要求的审查和保护范围的确定应采用相同标准，同时必须遵循专利权保护范围以权利要求内容为准的基本原则，由此在

---

〔1〕何越峰：“论抵触申请及其构成要件”，载《专利法研究2005》，第93～102页。

〔2〕张丽：“抵触申请有关问题的探讨”，载《专利法研究2007》，第260～265页。

〔3〕李中奎、李娟：“抵触申请相关规定浅析”，载《专利法研究2010》，第269～275页。

〔4〕卜方、张杰：“如何避免对同样的发明创造重复授权——执行专利法实施细则第十二条第一款时出现的问题及解决问题的建议”，载《知识产权》1995年第4期，第34～35页。

〔5〕冯于迎：“专利重复授权再探讨”，载《知识产权》2010年第4期，第27～34页。

〔6〕尹新天：“试论用方法特征定义的产品权利要求”，载《专利法研究1996》，第56～71页。

审查与侵权诉讼中都必须给予权利要求中的方法技术特征足够的重视。马浩（1997）[1]针对用“智力活动的规则和方法”判断含有计算机程序的发明能否授予专利权时所遇到的问题，提出了用专利法规定的实用性规定进行判断，并就如何撰写权利要求提出了具体做法。施泽华（2005）[2]认为说明书中缺乏原理框图的装置权利要求以未得到说明书的支持为理由予以驳回的实践，将会导致创造性标准的不确定性，同时认为修改特殊法优于一般法的法律适用原则。

优先权与专利申请时间是密切相关的，国内学者对优先权的研究主要是对本国优先权的研究，如吴宁燕（1992）[3]阐述了优先权的演变过程，并将公约优先权与本国优先权在主体和客体上进行了比较分析。温旭（1997）[4]就设立本国优先权的作用和意义、确立本国优先权的基本条件、多项优先权的确立、本国部分优先权的确立、优先权能否成为行政撤销的理由做了详细的研究和分析。刘元霞、谢蓉（2008）[5]通过与其他国家的本国优先权比较，认为我国优先权制度暂时处于不利地位，作者以几个视为撤回制度的案例为基础，研究了如何更好地在巴黎公约的基础上适用本国优先权，并提出了对我国现行法律的具体修改建议。

3. 专利申请审查研究。专利申请的审查是专利授予的重要组成部分，根据文献整理，对专利申请的审查研究大致可以分为审批制度、流程和方法，实质审查和保密审查以及专利无效审查三个部分，总的来说，对专利申请的审查研究处于不断完善的过程中，使得专利的审查更加的科学、精简，更好地与国际接轨。

对专利审查制度的研究主要还是结合在专利审查过程中出现的问题，针对性地分析问题产生的原因并给予解决问题的建议。随着专利法的不断修改完善，专利审查制度的不断发展，各个时期的研究也呈现不同特点。胡一民

---

〔1〕 马浩：“含有计算机程序的发明专利申请的专利性判断及其权利要求的撰写”，载《专利法研究 1997》，第 147～161 页。

〔2〕 施泽华：“电学领域的装置权利要求及专利权的行使”，载《专利法研究 2005》，第 270～284 页。

〔3〕 吴宁燕：“外国优先权与本国优先权的比较分析”，载《专利法研究 1993》，第 249～254 页。

〔4〕 温旭：“本国优先权在专利申请中的应用”，载《中外法学》1997 年第 5 期，第 56～58 页。

〔5〕 刘元霞、谢蓉：“本国优先权制度的比较研究”，载《专利法研究 2008》，第 101～119 页。

(1992)〔1〕对专利法及其实施细则修改中涉及审批程序方面的修改做了概括性的总结，对修改的背景和法律含义做了简要的叙述，结合专利审批程序中碰到的实际问题，对专利法审批程序方面的不足提出了修改建议。李政(1998)〔2〕对专利审查制度的现状进行了分析，对完善专利审查制度需要解决的问题进行了归纳，并且对专利审查制度的完善提出了建议。王澄（2003)〔3〕认为完全可以在现行的法律框架下，在对权利要求的新颖性、创造性和实用性实施审查之前，确认由各组权利要求分别限定的发明创造之间是否具有专利法规所称的单一性。侯海薏、俞翰政（2004)〔4〕结合专利审批的特点，分析了专利法中自由裁量权的存在依据、滥用自由裁量权的原因和弊端、自由裁量应当遵循的原则等，同时探讨了对自由裁量的合理规制的方法。王澄(2006)〔5〕从语义学的角度出发，在专利行政部门对专利申请做出授权或驳回决定之前，需要通过听证方式告知给申请人的相关信息的内涵和外延，并不等同于授权或驳回决定中所涉及的相关信息。

针对实质审查制度在实行过程中产生的种种问题，学者们对制度本身进行了研究和反思，给出了完善实质审查制度的建议和意见。黄敏（1992)〔6〕对主要实审制国家在三性审查方面的规定及案例进行研究分析，结合国内技术领域实审中存在的典型案例进行比较，在此基础上的探索与讨论促进了我国在国际审查业务中的交流、协调与合作。鲍梦雄（1998)〔7〕认为检索时间的长短和检索与审查分开对加快实审进程的影响最大，其次是复核并重新分类是加快检索和保证审查质量的重要步骤，从流程上讲，如果要求发明申请人在申请时就提出提前公开和实审，也可加快审查进程。张志成（2005)〔8〕认为实质审查已成为我国一个亟待改革的问题，并提出了即时公开、按需审查、限期审查的改革思路，由此来避免专利恶性竞争及专利申请大量增加导致的问题。

〔1〕胡一民："专利审批程序主要变化及问题"，载《专利法研究 1992》，第 20～34 页。

〔2〕李政："专利审查制度问题的研究与对策"，载《专利法研究 1998》，第 106～112 页。

〔3〕王澄："浅说单一性审查方式"，载《专利法研究 2003》，第 216～226 页。

〔4〕侯海薏、俞翰政："合理规范专利审批中的自由裁量"，载《专利法研究 2004》，第 212～228 页。

〔5〕王澄："专利审批过程中的听证原则浅议"，载《专利法研究 2006》，第 178～186 页。

〔6〕黄敏："主要实审制国家审查方法的比较研究"，载《专利法研究 1992》，第 146～175 页。

〔7〕鲍梦雄："加快实质审查进程初探"，载《专利法研究 1998》，第 123～128 页。

〔8〕张志成："论实质审查制度的改革"，载《专利法研究 2005》，第 249～261 页。

对专利无效审查的研究主要是对专利无效宣告制度的研究，如张沧（2006）[1] 对专利权无效宣告请求制度的设立和价值进行研究，认为专利权无效宣告请求制度存在的原因在于专利权的行政审批制度，专利权无效制度的法律价值即在于纠正专利行政机关的不当授权。崔国振（2009）[2] 通过对当前主要国家和地区的专利确权制度进行实证法和法理分析，归纳了专利确权制度的存在价值，并通过对我国的现实国情及我国无效宣告制度的属性分析，对当前无效宣告制度的变革提出了建议。任晓兰（2011）[3] 认为在专利无效宣告案件中，即使对于相同或类似的案情也可能出现不同的审查结论，由此作者通过对实务中的案例剖析，总结关于并列技术方案的界定、判断方法与审查规则。

（四）专利权利与限制研究

专利法颁布30年中，早期对专利法的介绍比较多，大都属于解释专利法中的相关规定，刘同期（1985）[4] 根据专利法的相关规定，分析讨论了专利申请人是从何时成为专利权人，专利权人所享有的权利和专利权人所承担的义务等问题。樊庆年，李海莉（1995）[5] 分别介绍了专利权利人禁止、许可他人使用专利权、转让专利权等权利以及按时缴费、充分公开、正确行使权利等义务。彭玉勇（2008）[6] 介绍和解释了发明人的权利包括发明人身权与发明财产权，认为独立发明人需要特殊保护，处理职务发明人与单位的关系时应当向职务发明人适当倾斜，指出发明人权利保护的完善关键在于确立其基本民事权利地位。

然而，随着经济社会的迅速发展，专利制度逐渐发展成熟起来后，国内学者和实务界更多关注的是对专利权利的限制。胡波（2007）[7] 认为专利法

---

[1] 张沧："专利权无效宣告请求审查制度辨析——试论专利权无效争议的非民事属性"，载《专利法研究2006》，第220～232页。

[2] 崔国振："专利无效宣告制度的价值及其优化研究"，载《专利法研究2009》，第234～251页。

[3] 任晓兰："试论专利无效程序中'并列技术方案'的删除"，载《专利法研究2011》，第184～206页。

[4] 刘同期："我国专利法规定的专利权人的权利与义务"，载《山西大学学报》1985年第1期，第20～23页。

[5] 樊庆年、李海莉："专利权人的权利和义务"，载《科技信息》1995年第9期，第30页。

[6] 彭玉勇："论我国发明人权利保护的完善"，载《电子知识产权》2008第8期，第20～35页。

[7] 胡波："强化专利权的外部限制"，载《电子知识产权》2007年第11期，第61～62页。

理论的局限性以及产业利益集团的制约致使专利权的内部限制不能有效地消除专利制度的弊端，由此应该重视和强化专利法外部限制措施。反垄断法和人权法已经对专利权产生了实际限制作用，而伦理将在更广泛的意义上成为专利权的限制因素。张平（2009）[1]针对在技术标准制定和实施中出现的保护专利权人的利益以及保证技术标准的公益性、协调性和兼容性的问题，提出解决问题的关键就是对技术标准中的专利权进行限制，并从专利进入技术标准的动因、现有标准化组织的专利政策、相关司法判例分析了专利权限制的必然性和合理性。张大利（2010）[2]阐述了各国法律在不同程度上对专利权进行的限制，提出了在授予社会个体专利独占权的同时不损害社会公众的利益，认为我国专利法应明确定位先用权制度的利益倾向，承认专利权的国际穷竭原则，增强强制许可制度的可适用性。向凌（2013）[3]认为我国现行法中专利权限制制度的相关条款存在诸多不足，作者通过比较研究世界主要发达国家的立法和司法实践并借鉴其成功经验，为完善我国的专利权限制制度，进一步促进各方面利益平衡提出了建议。

在专利权限制中，学者们研究最多的要数权利穷竭和平行进口。马秀山(1995)[4]认为在不违反专利制度和保障专利权人获利的前提下，基于全球经济一体化大趋势下各国间的经济联系，平行进口并不构成侵权可为大多数国家接受。孙颖（1999）[5]认为平行进口与知识产权保护的冲突在理论上主要表现为知识产权的权利用尽与地域性原则，通过研究分析，作者认为中国应采用权利用尽原则，但在许可平行进口的同时给予严格限制。余翔（2000）[6]详细研究分析了欧共体的法律、实践和相关理论，认为在平行进口以及权利穷竭问题上，各国的立法和司法实践差异甚大，但从长远利益考虑，平行进

〔1〕张平："技术标准中的专利权限制——兼评最高法院就实施标准中专利的行为是否构成侵权问题的函"，载《电子知识产权》2009年第2期，第15~21页。

〔2〕张大利："论我国专利权限制制度的完善"，载《现代经济信息》2010年第1期，第136~137页。

〔3〕向凌："我国专利权限制制度的革新路径——基于比较法的分析"，载《知识产权》2013年第2期，第83~88页。

〔4〕马秀山："发展变化中的专利平行进口权"，载《专利法研究1995》，第115~120页。

〔5〕孙颖："平行进口与知识产权保护之冲突及其法律调控"，载《政法论坛》1999年第3期，第61~126页。

〔6〕余翔："专利权穷竭与专利产品平行进口——欧共体法律、实践及相关理论剖析"，载《国际贸易》2000年第2期，第41~45页。

口将对一国工业和技术的发展有深远影响。张永艾（2004）[1] 认为权利穷竭原则是基于私人利益与社会利益的平衡而产生的，其直接理论依据就是经济利益回报，它与知识产权的地域性特征相结合，产生了权利国内穷竭和国际穷竭两种学说，国际穷竭说是用来支持平行进口的。尽管权利穷竭说与平行进口关系密切，但它并不能完全用来评判平行进口是否侵权。任军民（2006）[2] 认为我国对权利用尽原则的基点认识不清，混淆了产品所有权和发明专利权的区别，以至于原则适用的对象发生了错位，权利用尽时间的认定和专利权人的心理动态等方面都存在严重的误解，由此作者对该原则进行重新研究并对专利法条文提出了的修改建议。许维杰（2010）[3] 从专利权穷竭制度的经济学及哲学基础、国内外对专利权穷竭制度的对策等方面，结合全球一体化下经济社会的特点，对专利权利穷竭和平行进口问题进行分析研究。张强、刘正（2013）[4] 分析研究了专利权穷竭原则的空间适用效力、默认许可和专利权用尽理论，认为我国应灵活运用区域内合作的方式促进专利权穷竭的广泛使用，但应该以国内穷竭适用为一般原则，国际穷竭适用为特例。

（五）专利侵权认定研究

1. 专利侵权判定。专利法颁布30年来，专利侵权认定一直是司法实践当中讨论的热点，总结和梳理相关文献发现，研究的重点主要在侵权判定的理论研究和具体的侵权判定原则上，在侵权判定的理论方面，早期研究主要以构成专利侵权的条件研究为主，而随着法律修改和司法实践不断深入，逐渐转向对司法维度的判定以及法律精神研究；在具体判定原则上，学界和司法界则参照研究了大量国外的研究成果，总体的发展趋势与发达国家和地区趋同。下文针对各个具体的判定原则分别进行阐述。

田力普（1987）[5] 根据中国专利法和民法通则的相关规定对于判断什么

---

〔1〕 张永艾："权利穷竭原则探究——兼论平行进口问题"，载《河北法学》2004第3期，第67~74页。

〔2〕 任军民："我国专利权权利用尽原则的理论体系"，载《法学研究》2006年第6期，第39~52页。

〔3〕 许维杰："专利权穷竭制度与平行进口问题分析"，载《法制与社会》2010第6期，第60~61页。

〔4〕 张强、刘正："我国适应专利权穷竭原则及构想"，载《行政与法》2013第5期，第115~118页。

〔5〕 田力普："如何判断专利侵权"，载《工业产权》1987年第1期，第36~40页。

行为是侵权，什么行为不是侵权作了深入探讨。江镇华（1988）[1]认为专利侵权的判定，对于正确解决专利纠纷，保护专利权人和其他相关公众的合法权益有重要意义，作者分析了构成专利侵权的形式条件和实质条件，指出了侵权判定的方法。郃中林（2007）[2]针对专利侵权审判中的几个基本的实体审查判断问题进行探讨，主要涉及侵权行为方式的认定，三种专利的侵权对比判断，专利侵权抗辩和专利侵权责任等方面。宋云璇、杨光明（2011）[3]以最高人民法院司法解释、司法政策和司法案例为研究对象，对专利侵权进行了司法维度的研判，在阐释、解读法律的适用的同时发现其蕴含的法律精神，由此达到对专利法律具体而微的认识。

2. 侵权判定的具体原则。除上述侵权判定的方法外，在具体案件中，还可以利用几个专利侵权判断原则帮助实施判断。专利侵权判断原则主要有等同原则、多余指定原则、禁止反悔原则、捐献原则及功能限定原则。其中，前两者为学界的研究重点。

等同原则一直是侵权判定研究中使用最频繁的，也是学术界和实务界研究相对较多的原则，总的来说，对等同原则的研究在不断深入，整理的文献大多对国际上对等同原则的适用进行了分析和总结，为我国等同原则在司法实践中的运用提出了具体的建议。张乃根（1995）[4]研究了美国近年来专利侵权诉讼中的等同原则，就其历史来源、发展过程和未来趋势作了深入探讨，并比较了中国的类似原则。刘慧明（1999）[5]阐述了确立和适用等同原则的必要性，分析了等同原则的适用要件，探讨了迂回发明、省略发明及独立开发的产品和方法这三个与等同原则适用有关的问题。濮家蔚（2004）[6]阐述了等同原则适用应考虑的因素和限制条件问题，探讨了等同原则和公知技术

〔1〕 江镇华："关于专利侵权的判定"，载《中国法学》1988 年第 3 期，第 29～32 页。

〔2〕 郃中林："专利侵权判断的几个基本法律适用问题"，载《专利法研究 2007》，第 335～376 页。

〔3〕 宋云璇、杨光明："我国专利侵权判定的司法解读"，载《专利法研究 2011》，第 263～276 页。

〔4〕 张乃根："美国专利侵权的等同原则——案例分析及其比较"，载《比较法研究》1995 年第 2 期，第 157～169 页。

〔5〕 刘慧明："试论确定专利保护范围的等同原则"，载《国外法译评》1999 年第 4 期，第 98～101 页。

〔6〕 濮家蔚："等同原则与公知技术抗辩的交叉和冲突问题探讨"，载《知识产权》2004 年第 2 期，第 32～36 页。

抗辩在侵权判定适用时产生的交叉和冲突，对比分析了我国和美国在审判实践中对相似案例判决上的差别。刘国伟（2006）〔1〕认为目前不少适用等同原则的案例实际上是根据“整体等同”来判定的，是对等同原则的误用，经过对比美国和台湾的司法实践，作者提出等同原则适用要满足“全部技术特征限定”的要求。张广良（2009）〔2〕以我国专利等同侵权原则适用现状为基础，结合美、日、德等国的适用情况，认为我国应该从严把握等同侵权原则的适用条件，不当扩大专利权保护范围，损害公共利益。张晓都（2009）〔3〕完整地介绍了美国和日本的等同原则和禁止反悔原则，在我国经济技术发展的现有基础和现实需要上，为完善我国现行专利侵权诉讼中的等同原则及确立禁止反悔原则提出了具体建议。

多余制定原则也是司法实践中涉及较多的专利侵权判定原则，刘国伟（2002）〔4〕认为专利侵权判定的根本原则是“以权利要求内容为准”，在这个基础上，多余指定原则是不符合国际上对专利侵权判定的原则趋势的，且不利于深化全民法律意识。赵吉军（2003）〔5〕阐述了多余指定原则的含义，总结了对多余指定原则的批评，分析了多余指定原则的合理性和限制，认为在实践中正确适用多余指定原则是有积极意义的。闫文军、刘昕（2006）〔6〕总结了我国多余指定原则的理论和实践内容，并与美、日、英德的相同理论和实践进行了比较分析，认为我国不再适用多余指定原则。

禁止反悔原则、捐献原则和功能限定原则在实践中争议较少，专门针对其展开的研究也不是非常常见，较有代表性的观点为：孟锐（2006）〔7〕对“全部技术特征原则”、“等同原则”和“禁止反悔原则”之间的关系进行了分析，提出了“全部技术特征原则”和“禁止反悔原则”实质上是从不同角

〔1〕 刘国伟：“在‘全面覆盖’羽翼下的等同原则”，载《专利法研究2006》，第273～293页。

〔2〕 张广良：“论我国专利等同侵权原则的适用及限制”，载《知识产权》2009年第5期，第29～33页。

〔3〕 张晓都：“适应建设创新型国家需要的专利侵权等同原则与禁止反悔原则”，载《专利法研究2009》，第296～313页。

〔4〕 刘国伟：“质疑多余指定原则”，载《专利法研究2002》，第132～138页。

〔5〕 赵吉军：“论多余指定原则的合理性”，载《专利法研究2003》，第277～285页。

〔6〕 闫文军、刘昕：“‘多余指定原则’比较分析”，载《专利法研究2006》，第233～256页。

〔7〕 孟锐：“从一个案例谈禁止反悔原则与全部技术特征原则的关系”，载《专利法研究2006》，第312～325页。

度对“等同原则”的限制。孙平（2010）[1] 分析了我国目前适用捐献原则尚存的一些问题，结合国外的理论和实践情况，在我国现有的经济技术基础上，分别提出了捐献原则谨慎使用、不宜适用、限制适用和侵权人举证等四点适用建议。毛祖开（2010）[2] 结合了美、日、德对功能性限定解释的相关立场以及我国司法、行政对功能性限定解释的变迁，从立法本意和国情出发对授权和侵权阶段的功能性限定的解释规则进行了深入探讨。戴妮、王雷（2010）[3] 认为对于含有功能性限定特征权利要求保护范围的解释时，应区分该特征是否为区别技术特征，若为区别技术特征，则采用司法解释方式进行解释，若不为区别技术特征，则可将其范围解释成通过阅读说明书后本领域普通技术人员可以实施的范围。

3. 外观设计专利侵权。外观设计专利侵权研究也是侵权研究的重点，如何在侵权案件中保障权利人的利益成了研究的重点。温旭（1996）[4] 结合广东近几年外观设计专利申请与保护中遇到的有关问题，就外观设计专利保护的基本策略、外观设计专利的侵权判定原则与方法、外观设计专利保护中的若干特殊问题等展开了较深入的研究与分析。孙德生（1997）[5] 通过对实际情况分析和比较法研究，提出了我国专利法应该增加使用权、明确创造性的标准、修改单一性的有关规定等建议。丁琛、谢小勇（2000）[6] 从同一产品类别的确认依据出发，建议完善我国法律法规以明确外观设计专利确权与侵权中同一产品类别的确认标准，修改法律条款，完善审查程序，增加图形要素分类，明示侵权行为等。程永顺（2004）[7] 认为外观设计侵权判定的前提为是否为同类产品，不同类别一般不构成侵权，标准是普通消费者的眼光和审美能力，遵循整体观察与综合判断的原则，同时提出了一些发明或实用新

---

〔1〕 孙平：“捐献原则在我国适用的探讨”，载《专利法研究 2010》，第 403～412 页。

〔2〕 毛祖开：“浅议功能性限定的解释规则”，载《专利法研究 2010》，第 413～422 页。

〔3〕 戴妮、王雷：“功能性限定保护特征的权利要求保护范围研究”，载《专利法研究 2010》第 423～435.

〔4〕 温旭：“外观设计的专利保护探讨”，载《专利法研究 1996》，第 178～192 页。

〔5〕 孙德生：“关于完善外观设计保护制度的几点建议”，载《知识产权》1997 第 6 期，第 18～37 页。

〔6〕 丁琛、谢小勇：“外观设计专利确权与侵权中同一产品类别的确认依据”，载《知识产权》2000 年第 4 期，第 36～39 页。

〔7〕 程永顺：“浅议外观设计的侵权判定”，载《知识产权》2004 年第 3 期，第 3～7 页。

型的原则并不适用与外观设计。吴观乐（2004）[1] 分析了以混淆理论为基础的判断方法所带来的问题，由此认为外观设计专利保护不应类似于商标保护那样建立在其鉴别功能上，而应当将外观设计专利保护的立足点放在保护外观设计创新活动上。徐新（2009）[2] 从外观设计专利侵权判定角度出发，结合我国专利法相关规定及理论基础，探讨了确定外观设计专利权保护范围时应当遵循的整体性解释原则、区分性解释原则和限定性解释原则。胡雪莹（2010）[3] 认为沿用混淆理论作为外观设计侵权判断的理论基础不具有普遍性，如回归到专利判定体系中就可以从根本上解决混淆理论不能解决的问题，由此，外观设计侵权判定应向专利侵权判定体系转变。孙海龙、姚建军（2011）[4] 论述了外观设计保护与商标保护的立法宗旨，从理论上和司法实践上对外观设计、判定侵权方法、被告的抗辩理由等方面做了深入探讨，认为判定被控侵权人是否侵犯外观设计专利权应回归到发明创造的本质属性。

4. 假冒专利和间接侵权研究。专利法颁布早期还有学者对假冒专利侵权的研究，文希凯（1988）[5] 对假冒他人专利行为作了深入探讨，并根据我国专利法、《中华人民共和国刑法》（以下简称刑法）以及《中华人民共和国民法通则》（以下简称民法通则）的有关规定，讨论了一些处理假冒他人专利案件的问题。陈启、吴伟（1989）[6] 指出了我国对专利的严格保护尚缺乏足够的重视，认为假冒他人专利罪在规定上不尽合理，且与实际要求相脱离，建议刑法对专利权进行专门保护，扩充此罪的行为要件范围。近年来学术界和实务界对间接侵权的问题开始大量关注，其中具有代表性的有陈武、胡杰（2006）[7] 通过对国外有关间接侵权立法的比较研究，归纳了间接侵权立法的共性、区别及优劣，为我国合理界定专利间接侵权及其制度的构建提供了理论

---

〔1〕 吴观乐："试论外观设计专利保护的立足点"，载《知识产权》2004 年第 4 期，第 14～19 页。

〔2〕 徐新："外观设计专利权保护范围的解释原则——以外观设计专利侵权判定为视角"，载《知识产权》2009 年第 6 期，第 55～59 页。

〔3〕 胡雪莹："新《专利法》下外观设计侵权判定体系的架构——兼论'混淆理论'的扬弃"，载《专利法研究 2010》，第 393～402 页。

〔4〕 孙海龙、姚建军："新专利法视野下审理侵犯外观设计专利权案件的法律探析——兼评外观设计与商标的品质"，载《专利法研究 2011》，第 250～262 页。

〔5〕 文希凯："对'假冒他人专利'案件的思考"，载《中国法学》1988 年第 3 期，第 33～36 页。

〔6〕 陈启、吴伟："对假冒专利罪的修改意见" 载《法学》1989 年第 1 期，第 18～20 页。

〔7〕 陈武、胡杰："专利间接侵权制度初论"，载《知识产权》2006 年第 1 期，第 60～64 页。

基础。于立彪（2007）[1]从法律、司法及学理层面系统分析了专利间接侵权的不同学说理论及其实质，阐述了美国专利间接侵权理论的发展、形成与实务，给予了我国立法和司法实务的启发和借鉴。

三、专利的实施与保护研究

（一）专利的实施研究

在专利法领域，专利的实施一直以来都是学者们的研究重点。专利的有效实施不仅能够发挥专利在现实生活中的作用，同时也能促使专利权人改善其经营管理，更能促进我国整体科技水平的提高。纵观30年来的研究成果，对专利实施的研究，可以分为微观和宏观两方面。微观方面主要是从专利权人角度出发，对专利利用制度进行研究，而宏观方面则是从国家、行业及企业等多角度，对专利管理、战略制度进行研究。

1. 专利利用研究。在专利法制定之初，国内学者对专利利用的研究较少，并且更多的是从《中华人民共和国合同法》（以下简称合同法）角度来研究专利利用过程中的问题。如刘云海（1985）[2]对专利许可证协议及费用问题进行了研究。谭启平（1989）[3]对专利实施许可合同的标的、合同法律性质的确定进行了探讨，并对完善专利实施许可合同必要条款提出自己的立法建议。李培（1986）[4]认为专利转让合同和专有技术转让合同同属技术转让合同，但也有区别，应当区分对待。王锋（1990）[5]认为专利许可证贸易合同具有标的的特殊性、所有权与使用权相分离、确切的时间性、特定的地域性四大特点。周和平（1998）[6]发文对专利转让的类型，转让双方应当注意的法律问题做了详细地分析。

---

〔1〕 于立彪："关于我国是否有专利间接侵权理论适用空间的探讨"，载《专利法研究2007》，第429～443页。

〔2〕 刘云海："许可证协议的标准条款"，载《国外法学》1985年第6期，第11～16页。

〔3〕 谭启平："专利实施许可合同的几个问题探讨"，载《现代法学》1989年第4期，第38～41页。

〔4〕 李培："专利转让合同与专有技术转让合同"，载《法学杂志》1986年第4期，第37～38页。

〔5〕 王锋："试论专利许可证贸易合同的法律特征"，载《法律科学》1990年第1期，第35～38页。

〔6〕 周和平："专利技术转让过程中与知识产权保护有关的若干问题"，载《知识产权》1998年第6期，第34～35页。

进入21世纪后，随着时代的发展，新的专利利用方式也逐渐出现在人们的日常生活和交易中，关于专利利用的研究也不再局限于传统的许可、转让等方式，对专利利用的研究角度也逐渐从合同法转向了知识产权法。

首先，专利许可制度仍然是研究重点，并且研究深度越来越广。如郭德忠（2007）〔1〕专门对专利许可中的搭售进行了研究，认为专利许可中被允许的搭售包括保证专利的正常性能、保护商标、封锁专利、只能用于方法专利的非专利产品等情形。曹新明（2007）〔2〕分析了专利许可协议中的有色条款，认为有色条款是一种限制竞争条款，对双方当事人的权利义务有重大影响。林秀芹、刘铁光（2010）〔3〕认为专利许可使用权具有排他效力和对抗效力，我国专利法实施条例中的相关规定应该予以修正。文希凯（2011）〔4〕认为我国在专利许可实施合同的普及和管理上尚不完备，应当借鉴国外的“当然许可”制度，以促进专利技术的运用与推广。

其次，专利质押、证券化、信托等利用方式逐渐进入了研究范围。

2007年《中华人民共和国物权法》（以下简称物权法）的颁布，为专利质押提供了法律基础，如何从专利法角度完善专利质押制度便成了学界讨论的重点。如刘广南、于光（2010）〔5〕认为应当通过建立专利权价值评估体系、简化专利权质权设定程序等措施，以完善我国的专利质押制度、推进专利权质押的融资。韩志杰（2011）〔6〕对专利质押登记的客体、专利质押登记申请的启动以及专利权的有效证明、专利权的重复质押、质押期间出质人与质权人的权利和义务问题进行了探讨。田小军、王晗（2012）〔7〕从专利质押的性质、设立要件、专利申请权的可质押性三个方面对专利质押制度进行探讨。

早在20世纪初，对于专利信托制度的研究已经初见端倪。随着社会中信

〔1〕 郭德忠：“专利许可中的搭售”，载《河北法学》2007第25期，第93～98页。

〔2〕 曹新明：“专利许可协议中的有色条款功能研究”，载《法商研究》2007第1期，第89～95页。

〔3〕 林秀芹、刘铁光：“论专利许可使用权的性质——兼评《专利法实施条例修订草案》第15条与第99条”，载《电子知识产权》2010年第1期，第55～59页。

〔4〕 文希凯：“当然许可制度与促进专利技术运用”，载《专利法研究2011》，第227～238页。

〔5〕 刘广南、于光：“完善专利权质押制度推进专利权质押融资”，载《专利法研究2010》，第377～392页。

〔6〕 韩志杰：“专利权质押若干问题探析”，载《专利法研究2011》，第239～249页。

〔7〕 田小军、王晗：“专利质押的法理分析与对策建议”，载《商品与质量》2012年第7期，第118页。

托制度的发展和成熟，对专利信托业务的研究也愈发完善。如封文辉、戚昌文（2001）[1]对专利信托业务中受托专利定价问题、利益分配问题、信托期限问题、专利信托法律关系中的权利义务问题进行了研究。袁晓东（2007）[2]提出应当通过专利信托，最大化利用专利价值，发挥专利应有的作用。张晓云、冯涛（2012）[3]提出可以通过设立专利贷款信托模式、专利股权投资信托融资模式、专利基金信托融资模式来开发运用专利信托产品。李文江（2013）[4]提出应当借鉴日本的有益经验，通过建立统一的专利价值评估，规范专利信托登记等制度，发挥专利信托的应有价值。

证券化作为一种新型的专利利用方式，出现的时间较晚。对于专利证券化的研究，在国内出现的也较晚。如陈勇（2006）[5]认为可以通过证券化推进专利的实施与产业化，以解决专利实施率低下的问题。于华伟、袁晓东、杨为国（2007）[6]发文探讨了专利证券化的基础资产及特征、资产的选择以及转移问题。靳晓东（2010）[7]提出可以通过专利评估制度、特定目的的公司制度、税收制度、证券制度的立法完善，来促进专利资产证券化交易的进行。

2. 专利管理研究。良好的专利管理制度，是企业实施运用专利，促进技术创新和经济进步的重要保障。早期对于专利管理的研究，多是侧重于专利管理机构的介绍。直到专利法第二次修改之后，随着专利法对企业专利保护力度地加大，企业的专利拥有量和专利保护意识逐渐明显，对专利的管理也日益增强。因此，不少学者对企业的专利管理问题提出了自己的看法。如孙国瑞、祁雁辉（2006）[8]分析了我国企业专利管理存在的缺失，建议通过建

---

〔1〕 封文辉、戚昌文："专利信托业务若干问题研究"，载《知识产权》2001年第4期，第24~27页。

〔2〕 袁晓东："专利信托的功能及其运用领域"，载《科学学研究》2007年第4期，第640~645页。

〔3〕 张晓云、冯涛："专利信托融资模式的设计与运用"，载《知识产权》2012年第6期，第72~74页。

〔4〕 李文江："我国专利信托制度的价值取向与立法完善"，载《金融理论与实践》2013年第6期，第95~100页。

〔5〕 陈勇："以证券化推进专利实施与产业化"，载《知识产权》2006年第1期，第40~42页。

〔6〕 于华伟、袁晓东、杨为国："专利证券化：资产选择与转移问题研究"，载《科技管理研究》2007年第4期，第228~233页。

〔7〕 靳晓东："我国专利资产证券化法律制度的完善"，载《法学杂志》2010年第1期，第85~87页。

〔8〕 孙国瑞、祁雁辉："我国企业专利管理问题研究"，载《科技进步与对策》2006年第5期，第28~30页。

立科学的企业专利管理机构，培养专职专利管理人才等措施，完善企业专利管理制度。邓恒（2006）〔1〕认为应当借鉴美、日企业的成功专利管理经验，采用现代企业专利管理模式、方法及应用策略。冯晓青（2007）〔2〕认为企业专利管理是企业经营管理的重要方面，企业专利管理应当围绕着企业专利申请、授权、保护、利用等方面进行。付明星、黄庆（2007）〔3〕通过对成果管理和专利管理进行定性对比和经济学比较分析，提出专利管理的作用机制和政策导向建议。

3. 专利战略研究。专利战略一般是指运用专利保护手段谋取最佳经济效益的总体性规划。根据制定和实施的主体的不同，可将专利战略分为国家、行业和企业专利战略。对专利战略的研究，一方面有助于明确国家、相关行业关于专利的总体部署和发展目标，另一方面能够为企业利用专利技术获得和保持竞争优势提供策略和手段。虽然我国学者对专利战略的研究相对较晚，但是在近些年，随着市场竞争的激烈化，对专利战略的讨论已变得愈发热烈。学者们主要是从专利战略的重要性及如何建立、实施专利战略等角度进行分析讨论。

从宏观方面来说，对国家专利战略的研究，起步于21世纪初。如张晓玲（2004）〔4〕认为要制定实施国家专利战略，就要正确处理引进、消化、吸收与自主创新之间的关系，加强政府在实施专利战略的宏观管理职能，整合专利资源，发挥专利人才优势。杨林村、邓益志（2005）〔5〕认为国家要积极实施专利战略，组织、引导、保护民事主体取得和使用专有权，以激励创新，创造财富。王玉莉、刘奕洲（2012）〔6〕认为我国的国家专利战略尚处于不成熟的阶段，国家应当营造宜于创新的文化环境，不断完善专利制度和加强专

---

〔1〕邓恒："现代企业的专利管理——以高新技术公司为研究对象"，载《知识产权》2006年第4期，第39~41页。

〔2〕冯晓青："企业专利管理略论"，载《现代科学管理》2007年第4期，第5~6页。

〔3〕付明星、黄庆："专利管理与成果管理在技术创新体系中的作用及政策选择"，载《知识产权》2007年第5期，第30~36页。

〔4〕张晓玲："制定国家专利战略的现实意义"，载《中国发明与专利》2004年第11期，第44~47页。

〔5〕杨林村、邓益志："国家专利战略研究"，载《科技与经济》2005年第4期，第13~17页。

〔6〕王玉莉、刘奕洲："国家专利战略实施中的问题与对策"，载《中国经贸导刊》2012年第31期，第64~66页。

利管理。值得一提的是，在2008年《国家知识产权战略纲要》颁布之后，如何进一步具体实施国家专利战略，也便成了研究的重点。如郑胜利（2008）〔1〕认为高校应当贯彻落实《国家知识产权战略纲要》，大规模培养各级各类知识产权专业人才。田力普（2008）〔2〕发文明确了颁布《国家知识产权战略纲要》的意义和历史机遇，分析了其核心内容和精神实质，提出应当全面实施《国家知识产权战略纲要》。王先林（2008）〔3〕认为防止知识产权滥用是我国国家知识产权战略的一项重要内容，并分析了防止知识产权滥用的制度体系与我国应采取的主要措施。

此外，不少行业内部的专利战略，也为人们所探究。如陈谊（2004）〔4〕认为我国生物医药业应建立知识产权联盟，实施保护模仿创新、建立技术标准、利用国际公约等战略。张玉蓉、余翔（2006）〔5〕对核电行业可以实施专利许可战略、外围专利战略、核电企业各部门实行联合专利战略、建立行业专利联盟等专利战略措施。

从微观方面来讲，企业是实施和运用专利战略最主要也是最直接的主体，对企业专利战略的研究，有助于促进企业技术革新，提高企业的专利利用能力和实施水平。早期关于企业专利战略的研究，大多针对的是企业专利战略的定义、特点等基础问题。如陆新明（1996）〔6〕将专利战略定义为运用手段寻求市场竞争有利地位的战略。田虹（1999）〔7〕在国外企业专利战略进行分析比较后，提出我国应当通过提高科技水平，加强国际科技合作与交流，逐步建立专利战略体系，完善我国专利制度。

自中国2001年加入世界贸易组织后，经济、科技的发展为企业带来的更多的机遇和挑战，专利战略在企业创新能力、科研水平中的地位愈发重要。

〔1〕郑胜利：“论我国高等学校知识产权专业人才教育——实施《国家知识产权战略纲要》的思考”，载《中国发明与专利》2008年第8期，第15～18页。

〔2〕田力普：“全面贯彻实施国家知识产权战略纲要”，载《中国发明与专利》2008年第7期，第9～15页。

〔3〕王先林：“实施知识产权战略与防治知识产权滥用——《国家知识产权战略纲要》中防止知识产权滥用解读”，载《中国发明与专利》2008年第7期，第22～24页。

〔4〕陈谊：“我国生物制药行业专利战略探析”，载《前沿》2004年第5期，第65～69页。

〔5〕张玉蓉、余翔：“我国核电行业专利战略研究”，载《电子知识产权》2006年第12期，第22～27页。

〔6〕陆新明：“专利战略定义研究”，载《知识产权》1996年第5期，第17～20页。

〔7〕田虹：“专利战略特点及国际比较研究”，载《知识产权》1999年第2期，第24～26页。

国内学者对企业专利战略的研究也愈发深入。如冯晓青（2002）[1] 指出企业应当充分运用专利战略手段以促进技术创新。吴汉东（2003）[2] 认为加入WTO后，专利战略已经成为中国企业实施可持续发展的战略选择，是其开展市场竞争的战略重点和进行对外贸易的战略举措。郑翘楚（2006）[3] 从专利战略的内涵、战略环境分析、模式、战略的组织实施等方面展开了比较系统的研究，建立了系统的专利战略理论体系。徐家力（2007）[4] 分析了专利进攻战略和专利防御战略，强调企业专利战略在我国企业的重要作用，认为企业应当积极参与专利规则的制定，促进经济的发展。冯晓青（2007）[5] 通过真实案例，对企业专利技术所有权有偿转让战略和专利技术有偿许可使用战略进行了分析。

（二）专利的保护研究

通过梳理和研究文献，专利保护主要分为行政保护与司法保护，由于中国的特殊国情和体制，对专利的行政保护一直在专利保护中扮演着重要的角色，对专利行政保护体系和发展趋势也是学术和实务界探讨的重点，总的来说，在当前经济社会技术条件下，专利行政保护体系是有其存在价值的，但是文献研究表明未来趋势是加大保护和不断完善制度。下文将对各个方面的文献做专门叙述。

1. 专利行政保护与执法研究。随着经济社会和科学技术的发展，专利侵权方式也呈现多样化的趋势，研究专利行政保护对保障专利权利，维护社会秩序有着至关重要的作用。程永顺（2004）[6] 认为在专利诉讼中正确表述判决和正确理解判决非常重要，专利行政案件尤其是专利权无效行政案件会受到民事诉讼习惯的影响，但就其属性还是行政诉讼法规范，有必要将判决加以

---

[1] 冯晓青："企业技术创新中的专利战略研究"，载《渝州大学学报》2002年第2期，第8~12页。

[2] 吴汉东："WTO与中国企业专利发展战略"，载《中南财经政法大学学报》2003年第6期，第3~10页。

[3] 郑翘楚：《企业专利战略》，武汉大学出版社2006年版。

[4] 徐家力："企业专利战略研究"，载《北京论坛（2007）文明的和谐与共同繁荣——人类文明的多元发展模式："全球化趋势中跨国发展战略与企业社会责任"法学分论坛论文摘要集》，第350~366页。

[5] 冯晓青："企业专利有偿转让战略研究"，载《发明与创新》2007年第6期，第28~29页。

[6] 程永顺："规范和正确理解专利行政案件判决"，载《电子知识产权》2004年第1期，第41~43页。

规范并统一对其的理解。邓建志、单晓光（2007）[1]分析研究了知识产权行政保护的学术界定、相关法律的规定以及我国专利法第三次修改征求意见稿，深入探讨了知识产权行政保护的具体含义，指出当前我国行政保护的核心内容正在发生改变。何伦健（2007）[2]通过对我国专利权的行政保护体系的深刻反思，对中外专利权的行政保护的理论和实践进行分析比较，在此基础上给予我国专利权保护体系发展和完善的建议。和育东（2009）[3]认为弱化对发明和实用新型的行政保护，加强对外观设计专利侵权的行政保护，同时建议扩大管理专利工作部门查处外观设计专利侵权案件的权限和缩减甚至取消其对发明、实用新型专利侵权纠纷的处理权。武善学（2010）[4]分析了我国专利行政保护法规、存在的问题以及实践经验，借鉴国外相关方面的经验对完善我国专利权行政保护制度提出了建议。邓建志（2012）[5]通过比较研究发现专利行政裁决职能呈现出弱化趋势，而行政查处职能和行政调解职能则呈现出强化趋势，并认为其发展趋势应该由过去的以行政裁决为重心，到现在的以行政查处为重心，再到将来的以行政服务为基本理念和重心。邓建志（2012）[6]基于对中国专利行政保护制度建立和发展过程中六大内外因素的研究分析得出中国专利行政保护制度继续存在和发展具有合理性与必要性，基于对该制度在执法实践中的绩效研究得出中国专利行政保护制度在实践中绩效显著，具有司法保护不可替代的功能优势。李玉香（2013）[7]通过对专利行政执法权的概念、条件的分析研究，深入探讨了专利行政执法权存在的必要性和合理性，结合了我国专利法、专利法实施细则和专利行政执法办法的相关规定，对如何完善我国专利行政执法权提出相关的建议。

2. 专利司法保护与救济研究。专利的司法保护文献研究的内容相对来说

---

〔1〕 邓建志、单晓光："我国知识产权行政保护的含义"，载《知识产权》2007 年第 1 期，第 62 ~ 67 页。

〔2〕 何伦建："我国专利权的行政保护"，载《电子知识产权》2007 年第 2 期，第 39 ~ 41 页。

〔3〕 和育东："走出专利行政保护的发展困境——以外观设计专利与发明、实用新型专利的区别为视角"，载《电子知识产权》2009 年第 10 期，第 89 ~ 91 页。

〔4〕 武善学："论我国专利权行政保护存在的问题及其完善"，载《甘肃联合大学学报》2010 年第 2 期，第 18 ~ 21 页。

〔5〕 邓建志："我国专利行政保护制度的发展路径"，载《知识产权》2012 年第 3 期，第 68 ~ 74 页。

〔6〕 邓建志："中国专利行政保护制度绩效研究"，载《中国软科学》2012 年第 2 期，第 80 ~ 87 页。

〔7〕 李玉香："完善专利行政执法权之再思考"，载《知识产权》2013 年第 4 期，第 69 ~ 72 页。

更为具体，梳理文献后发现学界和实务界对专利诉讼中的赔偿，外观设计侵权保护和被告抗辩展开了大量的讨论和研究，另外，对不侵权之诉，诉讼时效和中止审理等司法诉讼实践也有涉及。

学术界和实务界对司法实践中赔偿的研究主要有冯晓青（1997）[1]对最高人民法院《解答》中的三种赔偿计算标准进行了分析，并做了适用研究，探讨了赔偿额是否因侵权人过错不同而异、惩罚性赔偿、间接侵权以及从属专利侵权赔偿等问题。姚兵兵（2003）[2]运用过错侵权理论，结合实际案例对销售商在专利侵权中赔偿责任的确定进行分析论证，只要经销商经必要审查得到生产者的不侵权保证或承诺，即使日后生产者构成侵权，销售商也免除赔偿责任。姚兵兵（2005）[3]针对实务中专利侵权赔偿的难点问题在理论上和实践上予以论证，提出一项产品多项专利侵权确定赔偿时应区分的标准，该标准建立在相当因果关系，辅之法官自由裁量和区别对待来确定赔偿额。孙海龙、姚建军（2008）[4]认为我国专利侵害赔偿制度在坚持"填平原则"的基础上，应建立专利保护力度与其创新程度相适应、专利保护范围大小与损害赔偿相适应的原则，建构侵害与赔偿的因果关系和举证责任制度。和育东（2009）[5]分析了美、日、英、德四国专利侵权损害赔偿额计算的演变过程，建议我国专利侵权损害赔偿计算引入边际利润的概念，通过对我国和发达国家的比较，认为我国对某些计算方式具有惩罚性是对惩罚性赔偿的误读。刘晓纯（2011）[6]对确立专利侵权中惩罚性赔偿原则的必要性以及惩罚性赔偿原则的法律基础作了研究分析，认为我国应该明确惩罚性赔偿的适用情况等原则性问题，具体规定故意侵权的情形和赔偿数额。张玲（2012）[7]认为

〔1〕 冯晓青："专利侵权损害赔偿额初探"，载《律师世界》1997年第11期，第2～3页。

〔2〕 姚兵兵："销售商在专利侵权中赔偿责任的确定——过错侵权理论的运用"，载《专利法研究2003》，第298～306页。

〔3〕 姚兵兵："谈一种产品多项专利侵权案件中赔偿责任的确定"，载《专利法研究2005》，第351～361页。

〔4〕 孙海龙、姚建军："完善专利侵害赔偿法律制度——以中美两国专利侵害赔偿制度及其司法实践比较为研究视角"载《专利法研究2008》，第321～340页。

〔5〕 和育东："专利侵权损害赔偿计算制度：变迁、比较与借鉴"，载《知识产权》2009年第5期，第7～18页。

〔6〕 刘晓纯："侵权责任法视角下的专利侵权赔偿原则研究"，载《知识产权》2011年第9期，第45～48页。

〔7〕 张玲："论专利侵权赔偿损失的归责原则"，载《中国法学》2012年第2期，第119～130页。

专利侵权赔偿损失的归责原则是解决专利侵权人是否承担赔偿责任的一个基础性问题，而在侵权责任归责原则的立法技术上专利法比《中华人民共和国侵权责任法》（以下简称侵权法）要落后许多，专利法应对不同种类的侵权行为规定不同的责任方式及归责原则。李晓秋（2013）[1]认为专利侵权惩罚性赔偿制度的引入可能会阻滞侵权损害救济之伦理回归、减弱补偿性赔偿的功能、僵化借鉴惩罚性赔偿制度现有的立法实践、造成专利行政机关职能扩大、导致专利立法的可操作性的下降，所以应该摒弃惩罚性赔偿制度。

被告抗辩是被告对抗原告（权利人），维护自己的合法利益的重要手段，对被告抗辩的研究有：黄子平（1994）[2]对合法使用权、实际权益、请求宣告专利无效、先用权、不属于保护范围的抗辩方式做了详细地分析，提出了在具体诉讼实践当中关于如何选择抗辩方式的四点建议。冯晓青（1997）[3]阐述了专利侵权诉讼中被告的五种策略，并提出被告应积极应对，运用法律所允许的方法和手段澄清事实和阐述理由，摆脱被动状况。温旭（1997）[4]具体分析了使用自由公知技术抗辩所应具备的几个条件，提出从严把握用于抗辩的公知技术，避免抗辩成功而专利有效的矛盾局面。袁真富（2010）[5]认为我国法律层面缺乏对专利默示许可规则的规定，导致司法实践上的混乱，应该尽快通过司法解释原则上承认该规则的适用，并适时上升为法律上的明确规定以增强默示许可规则的明确性和稳定性。曹新明（2010）[6]认为现有技术抗辩的主要作用是免责，而其效果是节约诉讼成本和提高审判效率，但由于现有技术抗辩容易引发“专利权不可侵犯”与“现有技术不可垄断”两大价值观的冲突，因此在选择适用现有技术抗辩时应注意相关的条件。朱旭云（2011）[7]从现有技术抗辩的制度本源出发，深入分析了现有技术抗辩适

---

〔1〕 李晓秋：“专利侵权惩罚性赔偿制度：引入抑或摒弃”，载《法商研究》2013年第4期，第136～144页。

〔2〕 黄子平：“论专利侵权诉讼中被告的抗辩”，载《知识产权》1994年第4期，第32～34页。

〔3〕 冯晓青：“浅析专利侵权诉讼中被告的策略”，载《发明与革新》1997年第24期，第24页。

〔4〕 温旭：“自由公知技术抗辩在专利诉讼中的应用”，载《知识产权》1997年第1期，第45页。

〔5〕 袁真富：“基于侵权抗辩之专利默示许可探究”，载《法学》2010年第12期，第108～119页。

〔6〕 曹新明：“现有技术抗辩研究”，载《法商研究》2010年第6期，第96～101页。

〔7〕 朱旭云：“也谈现有技术抗辩的适用——从现有技术抗辩法律制度本源出发”，载《知识产权》2011年第7期，第25～30页。

用的具体案例，就现有技术抗辩的适用规则以及现有技术抗辩的属性，结合我国专利法与司法解释的相关规定提出了现有技术抗辩的适用建议。

关于司法保护研究文献还涉及诉讼时效研究，中止审理研究和不侵权之诉研究。如孙德生（1996）〔1〕从时效制度的起源与发展出发，通过对国内外相关法律研究比较，建议对专利法第61条做出补充对连续的侵权行为的时效规定，不当得利返还，专利权人滥用时效限制以及明确诉讼时效自得知侵权行为和侵权人之日起算。郝力（1996）〔2〕认为在专利侵权诉讼中，对被控侵权人请求宣告专利无效的，法院不应中止审理，假如请求宣告无效被作为侵权人利用作为对抗侵权诉讼的手段，就该剥夺侵权人这种权利。姚兵兵(2004)〔3〕以司法解释的批复案例为研究对象，从诉讼理论的视角，对受理不侵犯专利权案件的正当性进行分析论证，由此认为法院有必要给予义务人以原告名义提供一种以消极确认之诉的方式作为救济途径并形成制度。邓宏光（2005）〔4〕认为，为限制专利权人滥用权力，我国应该构建专利权不侵权确认之诉，该诉讼的成立需要以原被告之间存在纠纷为前提。

结语

纵观专利法颁布30年来的文献研究，我国学术界和实务界对于专利的基础理论、域外法、专利客体、行政审查与保护以及司法诉讼方面的研究相对成熟，而专利权主体、专利权利以及专利管理与战略的研究相对甚少。从总体上来看，研究的总体情况还是很有发展前景的，当前我国专利法第四次修改正在如火如荼进行中，相信借此契机更会推动我国专利研究的进一步发展。

通过对30年来专利文献进行横向和纵向研究发现：从研究内容来看，从专利法颁布早期的宏观方面的研究逐渐转变为对微观具体问题的研究，如从国家层面实施专利制度到研究专利的某一项特定制度的研究；从单一地对专

---

〔1〕 孙德生："对专利侵权诉讼时效方面相关问题的探讨"，载《专利法研究1996》，第193～199页。

〔2〕 郝力："专利侵权诉讼不应中止审理"，载《专利法研究1996》，第168～172页

〔3〕 姚兵兵："请求确认不侵犯专利权制度的设立及纠纷解决机制"，载《专利法研究2004》，第434～445页。

〔4〕 邓宏光："构建我国专利权不侵权确认之诉制度"，载《专利法研究2005》，第339～350页。

利法及专利制度进行研究扩大到对知识产权法、民法甚至对整个法律领域的研究；从单纯地研究国内立法与司法拓展到对整个国际领域的立法与司法的研究。从研究的方法来看，从早期的单一针对法律、法理研究发展到多个学科的跨学科研究，如哲学、经济学、社会学、心理学等。由于专利的特殊属性和特点，30 年间出现了大量的专利与工科的研究文献，但本研究仅对专利理论方面文献进行综述，故在此不予赘述。从理论研究目的来看，从最初的如何理解专利法律和制度发展到今天更多地为检验专利法的正当性以此推动专利法律建设，以保证法律与社会需要的同步发展。从实践目的来看，最初的研究目的为如何在实践当中正确地、合理地运用法律的手段来保护发明人的合法权益，随着经济社会和专利利用的不断发展，目前的研究目的更多的是如何高效地利用专利制度来维护发明人的利益，如制定知识产权战略等。从研究意义上来看，从最初的重点关注发明人的利益到如今更多地关注发明人利益与社会公众之间的利益平衡，做到既能保护发明人的合法权益又能保证社会公众的利益以促进科技与经济社会发展；从最初的研究立法与修法使得法律作为上层建筑更好地适应经济基础，发展为推动法律建设，促进司法体制改革，普及法律意识，宣扬法律精神，为建设创新型法治国家打下坚实的理论基础。

中 国 专 利 法 律 及 相 关 规 范

振兴工艺给奖章程(1898 年，节略）[1]

（1898 年 7 月 12 日清光绪总理衙门颁布）

第一款　如有自出新法制造船、械、枪、炮等器，能驾出各国旧时所用各械之上，如美人孚禄成轮船，美人佘林琦海底轮船、炸药、气炮，德人克鲁伯炼钢炮，德人刷可甫鱼雷、英人亨利马蹄泥快枪之类。或出新法与大工程，为国计民生所利赖。如法人利涉凿苏伊士河，建纽约铁线桥，英人奇路浑大西洋电线，美人遏叠灯德律风之类。应如何破格优奖，俟临时酌量情形，奏明请颁特赏。并许其集资设立公司开办，专利五十年。

第二款　如有能造新器，切与人生日用之需，其法为西人旧时所无者，请给工部郎中实职，许其专利三十年。

第三款　或西人旧有各器而其制造之法尚未流传中土，如有人能仿造其式成就可用者，请给工部主事职衔，许其专利十年。

第四款　如有著新书贯通中外学政，深明治体，纲举目张，切实可用于今日者，或能博徵时务，发明经义，原原本本有功圣教者，请特恩赏绘翰林院编检实职。或派往各省学堂为总教习。

第五款　或著新书发明专门之学，如公法律例、农学、商学、兵法. 算学、格致之类，确有心得，请赏给庶吉士主事中书实职。发交总署及出使各国大臣各洋务省份因才器使，或派往京师及各省大学堂专门分教习. 每一人所著书必在二十万言以上，乃得请奖，杜冒滥。既得奖后，其书亦准自刻，专售二十年。

---

〔1〕 这是近代中国第一个鼓励技术创新与文化创作等的法规。该章程共十二款，其中对发明创造予以奖励的内容主要体现在前三款：第四、五款规定对著述新书的奖励，第六至第十款规定捐资办文化实业的奖励，第十一款规定奖励的申报，第十二款规定奖励申请的审查及假冒责任。

值得注意的是，当时赋予的“专利”、“专售”等专营权，是在给予职官等恩赏之后的补充奖励。

第六款　如有独捐巨款兴办学堂……

第七款　如有独捐巨款兴办藏书楼博物院……

第八款　其捐集款项办藏书楼博物院学堂等……

第九款　如有独捐及募集巨款，开辟地利若干，设建枪炮厂……

第十款　以上各款分别请奖之例，皆就未得官之人而言。……

第十一款　凡请奖励之例或由本人将所制之器、所著之书、所办之事呈明总理衙门查核奏请办理，或由京外大员将所制之器、所著之书、所办之事奏请交总理衙门查核办理。

第十二款　凡著书制器各事，必由总理衙门认真考验实属新书、新器，乃得给奖；捐办各事，必行查地方官所办属实，乃得给奖，若有抄袭陈言，冒減书，私贩洋货，自称新器及兴办各事，捏报不实等情，自应从严驳斥，显暴于众以愧耻之。若竟侥幸售欺得奖，一经查出，除撤销奖案外，仍当严示惩创。已得官者革职治罪，未得官者另行酌情罚重款，禁锢终身。原保大臣分别议处。

中美通商行船续订条约(1903 年，节略)[1]

（1903 年 10 月 8 日）

大清国大皇帝、大美国大伯理玺天德，因欲推广彼此之商务及振兴两国人民之利益，又因于一千九百零一年九月七号会定议和条约之第十一款，内开：大清国国家允定将通商行船各条约内诸国视为应行商改之处及有关通商各他事宜均行议商，以期妥善简易等因；是以大清国特派钦差办理商约事务大臣工部尚书吕海寰、钦差办理商约事务大臣太子少保前工部左侍郎盛宣怀；大美国特派钦差修订商约事宜驻扎中国便宜行事全权大臣康格、钦差修订商约事宜驻沪总领事古纳、钦差修订商约事宜驻沪商董希孟；

各将所奉特赐之权互相较阅，俱属妥当，现将两国从前所立之通商行船各条约会议修改及议定增补各款，以期利便通商，开列如左：……

第九款 无论何国人民，美国允许其在美国境内保护独用合例商标，如该国与美国立约，亦允照保护美国人民之商标；中国今欲中国人民在美国境内得获保护商标之利益，是以允在中国境内美国人民行铺及公司有合例商标实

---

〔1〕 王铁崖：《中外旧约章汇编》（第 2 册），（北京）三联书店 1982 年第二版，第 256 页。

《中美通商行船续订条约》谈判时，美国要求“凡美国人民创制各物已经美国给以执照者，经向南北洋大臣注册后，援照所允保护商标之办法，保护其在华自执自用之权利”。这一要求引起了我国士绅实业界的强烈反对，并引发了中国当时是否应保护专利的大讨论，美国代表则坚持其专利保护要求。经过为期一年的谈判，尽管签订的《中美通商行船续订条约》保留了保护美国专利的内容，但已经做了很大的调整。在根据美方要求保护美国专利的基础上，设置了给予美国人在华专利保护的多项条件：①中国设立专门的专利管理机构（专管创制衙门）并制定了专门的专利法律（创制专律）。②美国保护中国国民申请取得美国专利的权利。③美国人在华专利需要满足多项条件：其一，在中国销售；其二，已经取得美国专利；其三，不侵犯中国人的在先发明的权益；其四，缴纳规费；其五，以所定年数为限；其六，不超出中国国民的保护水平。

这一调整，使美国要求的对美国公民专利权无条件地保护，变为以保护中国发明人在美专利权基础上的对美国专利权人在华权益有条件的国民待遇，深深地影响了此后中国专利法的发展。

在美国已注册或在中国已行用或注册后即欲在中国行用者，中国政府准其独用，实力保护。凡美国人民之商标在中国所设之注册局所由中国官员查察后，经美国官员缴纳公道规费，并遵守所定公平章程，中国政府允由中国该管官员出示禁止中国通商人民犯用、或冒用、或射用、或故意行销冒仿商标之货物，所出禁示应作为律例。

第十款 美国政府允许中国人民将其创制之物在美国注册，发给创造执照，以保自执、自用之权利。中国政府今亦允将来设立专管创制衙门。俟该专管衙门既设，并定有创制专律之后，凡有在中国合例售卖之创制各物已经美国给以执照者，若不犯中国人民所先出之创制，可由美国人民缴纳规费后，即给以专照保护，并以所定年数为限，与所给中国人民之专照一律无异。

咨各省呈请专利办法文(1905 年，节略)〔1〕

（1905 年 10 月 19 日清政府商部）

东西各国近百年来，讨究艺术，研精阐微，一切事物无不日趋于新。凡国民有能创新法、得新理、制新器便民而利用者，准其呈官，考验得实，则给以凭照，许其专利若干年，他人不得仿效。其奖劝甚至，而定例尤严，必须确系创作，始得享此利益。所以人人竭思殚虑，智巧日出而不穷。

中国风气初开，商民渐知专利之益，往往寻常仿制物品，率行禀请专利，核与各国通例不符。本部综理商政，提倡不遗余力，所有各项公司局厂，凡有关振兴商业挽回利权之举，正宜设法劝办，伴得逐渐推广。间有创新办公司，本部准予专办者，然均指定地方，其范围极狭，实于力兴维持之中，仍寓严示限制之意。盖先办之人一经准其专利，则虽有资本雄厚者，且将坐视垄断无所措手，殊与振兴宗旨相背……

现在各省商人呈请专利，往往即行照准，或咨部立案办理，殊属参差。急宜著定办法，以昭划一。嗣后各省呈请专利者，接到此次部文之日为止，无论华洋商人均需咨报本部，先行备案，俟专利章程施行后，再行核办。其有未接部文以前业经批准之案，应予通融办理，惟年限已满，续请展限者，应按现拟办法办理。其有援案呈请专办者，亦应咨由本部核明，分别准校，以免分歧而维商政。

---

〔1〕 根据这一办法，清末一度由各省颁布专利的做法据此废止，颁布专利的权力收归商部，并规定在“专利章程”施行后办理。因为清末并未制定这一章程，1905 年以后清政府实质上没有实行专利制度。

奖励工艺品暂行章程(1912年)[1]

（1912年12月5日北洋政府工商部颁布）

第1条　本章程称工艺品者为发明或改良之制造品。

第2条　自己发明或改良之制造品得向本部呈请奖励，但左列制造品不在奖励之列：

一、饮食品。

二、医药品。

三、有紊乱秩序妨害风俗之虞者。

四、业有同样制品呈请在先者。

第3条　欲得奖励之工厂或制品人，应将所制之品，添具制造说明及图式模型在京呈送工商部，在外呈由各该省之地方行政长官转送工部，前项说明书中应详细记明制造方法，原料产地、成品、价目应用件、密封呈递，并由封面注明由考验专员开拆字样。

第4条　发明或改良之制造品，经工商部考验认为合格者，分别给予奖励，其奖励之法如左：

一、营业上之奖励给予执照，许其制造品于五年以内得专卖之。

二、名誉上之奖励给予褒状。

前项之第一款年限自给予执照之日起算为第一项奖励时，工商部将其制造品名，奖励种类及制造之工场名称或制品人之姓名、商号于公报公告之。

---

〔1〕章程对于新发明的制造品给予五年的专卖权，对于技术改良物品给予褒状，并列举了不予保护的客体，并规定了伪造、假冒等的违法责任。在1912～1923年的11年运行期间，工商部依据该规范发放了97项贸易专营许可证，144项奖励证书，被视为中国第一部专利法规。参见徐海燕：《中国近现代专利制度研究（1859～1949）》，知识产权出版社2010年版，第107～109页，该章程全文见该书附录三。

第5条 军事上应秘密之物品，工商部依主管官署之请求，得不予奖励或予之而加以制限。其以受奖励者亦得制限之或取消之，但酌予相当之报酬。

第6条 领有执照之工厂或制品人在专卖年限内应受该管官署之检查，执行前项检查者应执有正式证明书。

第7条 受奖励权得让与之。前项让与须呈报该管官署。

第8条 自发给执照之日起，逾一年未开始营业或专卖年限内无故休业一年者，其受奖励权应归消灭。

第9条 专卖年限期满时工商部应于公报公告之。

第10条 伪造他人已得本部之发明改良之物品，在专卖年限以内者处五等有期徒刑或二十元以上三百元以下之罚金。

第11条 未经奖励之品而冒用奖励标识者处五等以下之徒刑拘役或五百元以下百元以上之罚金。

第12条 本章程自公布之日施行。

第13条 本章程于特许法施行时废止。

暂行工艺品奖励章程(1923年)〔1〕

(1923年3月31日北洋政府工商部颁布)

第1条 关于工艺上之物品及方法首先发明及改良或应用外国成法制造物品，著有成绩者得按照本章程呈请奖励。

第2条 享有奖励权利者以中华民国人民为限。

第3条 奖励之类别分列于左。

一、凡关于工艺上之物品及方法首先发明及改良者得请专利，其年限定为三年、五年二种，由工商部核准此项限期，均由批准之日起算。

二、凡应用外国成法制造物品，著有成绩者呈请给予褒奖。

第4条 左列之工艺品不得呈请奖励。

一、有紊乱秩序妨害风俗之虞者。

二、业有同样发明或改良呈请核准在先者。

第5条 左列之工艺品不得呈请专利。

一、饮食品。

二、医药品。

工艺品之发明或改良，有关公益须普及者得不予专利或加以限制。

第6条 呈请文收理后，经审查准予专利者由部发给专利执照，准予褒奖者由部发给褒奖励。

第7条 呈请奖励者应于呈文件将详细说明书及图式制品模型等件呈部审查。

---

〔1〕 它是在修改《奖励工艺品暂行章程》的基础上形成的。同日北洋政府工商部颁布了该章程的施行细则。这是我国第一部专利法的实施细则，共9章22条。参见徐海燕：《中国近现代专利制度研究（1859～1949）》，知识产权出版社2010年版，附录。

第8条 呈请奖励者应按左列照费褒状费，随同呈文缴纳。

一、专利三年，五十元。

二、专利五年，一百元。

三、褒状，五元。

以上照费褒状费如不准予奖励时仍将原费发还。

第9条 已经核准奖励之制造品其呈请人之姓名、商号、制品名称、种类、专利年限、专利执照或褒奖状之号数均应于公报公布之。

第10条 工艺品之发明或改良为军事上应守秘密者，得依主管官署之请求，不予专利或加以限制，但应由主管官署给予相当报酬。

第11条 已得专利者于专利期限内，又将其专利物品有所发明或改良者得另再呈请核准专利。

第12条 呈请人所发明或改良之物品有一部分与先行呈请之物品相同者，其相同之部分应准先行呈请者享有专利权。

第13条 专利权得继承或转移之，但须呈请工商部核准换给执照。

第14条 在专利年限以内如有他人私自仿造妨害专利权时，享有专利权者得呈请禁止。

第15条 已得专利者如有左列情事之一，其专利权应即取消。

一、已得专利权自给照之日起满一年尚未实行制造营业者。

二、贩运外国货品，冒充自己专利品发行者。

三、所制物品与说明书所载或与图样模型不符者。

四、专利期内无故休业一年以上者。

五、违反本章程第4条所规定者。

六、以诈仿方法蒙请核准者。

在专利年限内工商部认为必要时得造派专员检查专利品之制造事项。

第16条 专利年限期满或取消时应于公报公布之。

第17条 本章程施行后所有暂行工艺品奖章即行废止。

第18条 前经依照暂行工艺品奖章得有营业上之奖励者，于本章程施行三个月以内依照本章程规定呈请专利时，得予核准换给执照，过期不呈请换照者，其所受奖励权即取消之。

第19条 本章程自公布之日施行。

奖励工业品暂行条例(1928年)[1]

(1928年6月18日南京国民政府工商部颁布)

第1条 关于工业上之物品及制造方法，首先发明或特别改良或应用外国成法制造物品著有成绩者，得依本条例呈请工商部奖励。

第2条 奖励之类别如左：

一、专利凡关于工业上之物品及制造方法，首先发明或特别改良者，得呈请工商部考验合格后予以专利，其年限分十五年、十年、五年、三年四种。此项期限自给照之日起算，由工商部呈请国民政府备案并饬令各省一体保护。

二、褒奖凡擅长特别技能制品优良或应用外国成法制造物品，著有成绩者，得呈请工商部审查合格后，给予褒奖。

第3条 左列之工业品不得呈请奖励：

一、凡有妨害社会秩序或善良风俗或公共卫生之虞者。

二、有同样发明或特别改良业经核准奖励在先者。

第4条 凡所发明或特别改良之工业品为军事上应守秘者，得由主管官署之请求不予专利或加限制，但应由主管官署给予相当报酬。

第5条 凡呈请奖励经审查核准后予专利者，由工商部发给执照，准予褒奖者，由工商部发给褒章并褒状。

第6条 凡呈请奖励者，应于呈文外将详细说明书、图样、制品或模型等件呈送工商部审查，其呈请专利者并应呈送宣誓书，证明自己确是发明或特别改良者。

---

〔1〕 它是南京政府工商部在修改《暂行工艺品奖励章程》的基础上发布的。全文21条，未分章节。这我国第一次在规范性文件中使用“专利”一词。条文参见徐海燕：《中国近现代专利制度研究(1859~1949)》，知识产权出版社2010年版，附录。

第 7 条　凡呈请奖励者，经核准通知后，应依照下列之规定缴费，于六个月内领取执照或褒章。

一、专利十五年执照费，分五期缴纳者，自第一年至第五年每年五十元，愿一次缴清者二百元。

二、专利十年执照费，分三期缴纳者，自第一年至第三年每年四十元，愿一次缴清者一百元。

三、专利五年执照费，五十元须一次缴清。

四、褒状费十元。

第 8 条　凡呈请专利经核准通知后六个月内不领执照者作为无效，但得声明故障呈准展限，其所展之限不得愈三个月。在未领执照前专利权不能抗第三者。

第 9 条　已得奖励之工业品或方法，其呈请人之姓名、厂名、资本、制品名称及种类专利年限、专利执照、褒章号数均由工商部在本部公报公布之。

第 10 条　已得专利权者于专利期内又将其专利物品或方法有所特别改良时得再呈请专利。

第 11 条　呈请人所发明或特别改良之物品或方法，有一部分与先行呈请之物品或方法相同者，其相同之部分应准先行呈请者享有专利权。

第 12 条　专利权得继承或转移之，但应呈请工商部核准换给执照。

第 13 条　在专利年限以内，如有他人私自仿造、影射，妨害专利权，享有专利权者除依民事法规要求赔偿外，得呈请工商部禁止并没收之。

第 14 条　获有专利权者，须在物品上注有专利号数及某年某月某日核准字样，以免发生仿造情事。

第 15 条　已得专利权者，如查明有左列事情之一，其专利权应即取消。

一、已得专利之工业品自给照之日起满一年尚未实行制造，并无特别情形呈经核准者。

二、贩运外国货品冒充自制者。

三、所制物品与说明书或图样不符者。

四、专利期内无故休业一年以上者并未呈经核准者。

五、违犯本条例第 3 条所规定者。

六、以诈伪方法蒙请核准者。

第 16 条　专利年限期满或取消时均由工商部在本部公报公布之。

第 17 条 本条例施行后，所有从前施行之工艺品奖励章程或条例即行废止。

第 18 条 前经依照第 17 条所称之工艺品奖励章程或条例得有专利权者，自本条例施行之日起六个月内应依照本条例之规定呈请工商部审核，过期不呈请审核者其专利权即取消之。

第 19 条 本条例施行细则由工商部另定之。

第 20 条 专利特许法制定公布后，本条例即行废止，但依照本条例取得之奖励继续有效。

第 21 条 本条例自公布之日施行。

中华民国专利法(1944年)[1]

（1944年5月29日南京国民政府立法院颁布）

第一章 发明

第一节 通则

第1条 凡新发明之具有工业上价值者，得依本法呈请专利。

第2条 本法所称新发明，谓无左列情事之一者。

一、呈请前已见于刊物，或已在国内公开使用，他人可能仿效者。但因研究实验而发表或使用，于发表或使用之日起六个月内呈请专利者，不在此限。

二、有相同发明核准专利在先者。

三、已向外国政府呈请专利逾一年者。

四、经陈列于政府或政府认可之展览会，于开会之日起逾六个月尚未呈请利者。

五、呈请专利前秘密大量制造而非从事实验者。

第3条 本法所讲工业上价值，谓无左列情事之一者。

一、不合实用者。

二、尚未达到工业上实施之阶段者。

---

〔1〕 它是我国颁布的第一部正式的专利法，1949年后该法由国民党政权带到台湾修订实施至今，期间经历1959、1994、2003、2011四次全文修正，以及1960、1979、1986、1997、2001、2013若干次局部修订。为便于使用，条文序号加粗并统一使用阿拉伯数字。

第4条 左列之物品不予专利。

一、化学品。

二、饮食品及嗜好品。

三、医药品及其调合法。

四、发明品之使用违反法律者。

五、妨害公共秩序善良风俗或卫生者。

第5条 发明于军事上有秘密之必要者，其应得专利之权利，得由政府收用，给以相当之报酬。

第6条 呈请专利之发明，经审查确定后，给予专利权，并发证书。专利权之期间为十五年，自呈请之日起算。

第7条 专利呈请权及专利权均得让与或继承。

第8条 专利权期内专利权人有再发明时得呈请追加专利，但其期间至原专利权期间届满时为止。

第9条 利用他人之发明或新型，在其专利权期内再发明者，得呈请专利。但再发明人应给专利权人以相当之补偿金，或协议合制，专利权人如无正当理由不得拒绝。

第10条 关于专利事项，于经济部设立专利局掌理之。专利局之组织以法律定之。

第11条 专利局于居住外国及边远或交通不便之地者，得依职权或据呈请，延展其对于专利局应为程序之法定期间。

第二节 呈请

第12条 呈请专利，由发明人或其受让人或继承人，备具呈请书、详细说明书、图式、模型或样品及宣誓书，向专利局呈请之。

受让人或继承人呈请时，应叙明发明人姓名，并附具受让或继承之证件。

第13条 发明人呈请专利及有关专利事项，得委托代理人办理之。

第14条 外国人依互相保护专利之条约，在中华民国为专利之呈请者，应依本法为之。

第15条 二人以上有同一之发明各别呈请时，应就最先呈请者准予专利。如同日呈请则令呈请者协议认定之，协议不谐时均不予专利。

第 16 条 原发明人与他人有同一之再发明，同时呈请时应予原发明人以专利。

第 17 条 二人以上共同呈请专利或为专利权之共有者，办理一切程序时除约定有代表者外，应共同连署。

第 18 条 专利呈请权为共有时，各共有人未得其他共有人之同意，不得以其应有部分让与他人。

第 19 条 承受专利呈请权者，如非在呈请时以承受人名义呈请专利，或在呈请后向专利局申请变更名义者，不得以之对抗第三人。为前项之呈请者，不论让与或继承，均应附具证件。

第 20 条 专利局职员任职期内除继承外不得呈请专利及直接、间接受有关专利之任何权益。

第 21 条 呈请专利权者，应就每一发明各别呈请。但两个以上之发明，利用上不能分离者，不在此限。

第 22 条 呈请专利之发明，实质上为两个以上之发明时，经专利局指示，或据呈请人声明，得改为各别呈请。

第 23 条 依前条各别呈请之发明，以最初呈请之日为呈请之日。追加专利之呈请改为独立专利之呈请，或独立专利之呈请改为追加专利之呈请时亦同。

第 24 条 发明为非专利呈请权人所呈请，经依异议不予专利时，专利呈请权人于异议确定之日起六十日内呈请者，以非专利呈请权人呈请之日为专利呈请权人呈请之日。

第 25 条 发明为非专利呈请权人呈准专利，经撤销时专利呈请权人于撤销后六十日内，并在该专利案核准后二年内呈请者，以非专利呈请权人呈请之日为专利呈请权人呈请之日。

第 26 条 凡为有关专利之呈请及其他程序者，延误法定或指定之期间，或不依限纳费，其行为均为无效。但声明故障，经专利局认为有正当理由者，不在此限。故障经认为有正当理由者，得自故障消灭之日起三十日内，并在法定期限届满后一年内，补行程序。前项规定于异议不适用之。

第三节　审查与再审查

第27条　专利局局长对于专利呈请案，应指定审查委员审查之。

第28条　审查委员有左列情事之一者应回避。

一、审查委员之配偶、前配偶或未婚配偶为该专利案呈请人或代理人者。

二、审查委员为该专利案呈请人或代理人七亲等内之血亲，或五亲等内之姻亲，或曾有此亲属关系者。

三、审查委员，其配偶、其前配偶或其未婚配偶，就该专利案与呈请人有共同权利人、共同义务人或偿还义务人之关系者。

四、审查委员现为或曾为该专利案呈请人之法定代理人或家长家属者。

五、审查委员现为或曾为该专利案呈请人之诉讼代理人或辅佐人员。

六、审查委员现为或曾为该专利案之证人、鉴定人、异议人或举发人者。

第29条　呈请案经审查后，应做成审定书，说明审定理由。

第30条　经审查认为可予专利之发明，应将审定书连同说明书、图式公告之，并通知呈请人。

不予专利之发明，应将审定书通告呈请人。

第31条　专利呈请人对于不予专利之审定有不服者，得于审定书送达之次日起三十日内备具理由书，请求再审查。

第32条　公告中之发明，无论何人认为有违反本法第1条至第4条之规定者，得自公告之日起六个月内备具声请书，附具证件，向专利局提起异议，请求再审查。

第33条　专利局接到异议声请书后，应将副本发交呈请人，限期一个月内答辩，逾期不答辩者，呈请案不成立。但经先行呈明理由准予展期者，不在此限。

第34条　再审查案件，专利局局长应指定未经审查原案之审查委员审查之，做成审定书，说明理由。

第35条　专利局审查时，得令呈请人于六个月内到局面询，或实验或补具详细或完备之说明书或模型或样品。

第36条　专利局得依职权或依异议之结果，令呈请人更正其说明书及图式。

第37条 对于再审查之审定有不服时，得于审定书送达之次日起三十日内，呈请经济部为最后之核定。

第38条 公告期满无人提起异议或异议不成立时，即为审查确定。

第39条 公告之专利案，应将审定书、说明书、模型或样品等，在专利局或其他适宜地点陈列六个月，公开阅览。

第40条 有关国防之发明不予公告，其呈请书件不予陈列。

专利呈请权人依本法第24条或第25条呈请之案件，不再公告。

第四节 专利权

第42条 专利权为专利权人专声制造、贩卖或使用其发明之权，其发明如为一种方法者，包括以此方法直接制成之物品。

第43条 前条之规定，于下列各款情事不适用之。

一、为研究或试验实施其发明，而无营利行为者。

二、呈请前已在国内使用，或已完成必须之准备者，但在呈请前六个月内，于专利呈请人处得知其制造方法，并经专利呈请人声明保留其专利权者不在此限。

三、呈请前已存在国内之物品。

四、仅由国境经过之交通工具或其装置。

五、非专利呈请权人所得专利权，以专利权人举发而撤销时，其实施权人在举发前以善意在国内使用或已完成必须之准备者。

本条第二第五两款之使用人限于在其原有事业内继续利用。

第44条 专利案公告后，暂准发生专利权之效力。

前项效力，因呈请不合程序作为无效，或因异议不予专利，视为自始即不存在。

第45条 专利权人得以其发明之全部或一部分，有限制或无限制让与他人或租与他人实施。

第46条 专利权之让与或出租，其契约如附有下列情事之一者，不生效力。

一、禁止或限制受让人使用某项物品或非出让人出租人所供给之方法者。

二、要求受让人向出让人购取未受专利保障之出品或原料者。

三、所订让与费或租用费过高，致实施人实施时不能得相当之利润者。

第47条 专利权为共有时，除共有人自己实施外，非得各共有人之同意，不得让与或租与他人实施。但另有约定者，从其约定。

第48条 专利权共有人未得其他共有人之同意，不得以其应用部分让与他人。

第49条 专利权之让与，应由各当事人署名，附具契约，呈请专利局换发证书。

第50条 专利权之继承，应附具证件，呈请专利局换发证书。

第51条 受雇人职务上之发明，其专利权属于雇用人，但订有契约者，从其契约。

第52条 受雇人与职务有关之发明，其专利权为双方所共有。

第53条 受雇人与职务无关之发明，其专利权属于受雇人。但其发明系利用雇用人资源或经验者，雇用人得依契约于该事业实施其发明。

第54条 受雇人与雇用人间所订契约，使受雇人不得享受其发明之权益者无效。

第55条 专利权人因中华民国与外国发生战争受损失者，得请求展专利五年或十年，以一次为限，但属于交战国人之专利权不在此限。

第56条 专利权人对于呈准专利之说明书及图式，有下列情事之一时，得向专利局请求更正，但不得变更发明之实质。

一、呈请范围之缩减。

二、误记之事项。

三、不明了之记载。

前项更正，专利局于核准后应公告之。

第57条 专利权人误将一个以上发明为一个呈请得有专利权者，得请求专利局分为各别之专利权。

第58条 专利权人未得附有限制之受让人、承租人或实施权人之承诺，不得放弃专利权及为前二条之请求。

第59条 有下列情事之一者，专利权当然消灭。

一、专利权期满时，自期满之次日消灭。

二、专利权无继承人时，专利权于专利权人死亡之日消灭。

三、专利权人逾应缴专利费之补缴期而仍不缴费时，专利权自原缴费期限届满之日消。

四、专利权人自行放弃时，自其书面表示之日消灭。

五、本法第 14 条之条约失效时，自失效之日消灭。

第 60 条 有下列情事之者，应撤销其专利权，并追缴证书。

一、违反本法第 1 条至第 4 条之规定者。

二、专利权人为非专利呈请权人者。

三、说明书图式故意不载明实施必要之事项，或故意记载不必要之事项，使实施为不可能或困难者。

四、说明书与曾在外国呈请时之说明书内容不同者。

五、说明书之记载非发明之真实方法者。

第 61 条 前条第二款限于有专利呈请权人，其他各款无论何人，得附具证据向专利局举发之。但异议不成立之案件，同一人不得以同一理由再为举发。

第 62 条 前项举发案之处理，准用本法关于再审查各条之规定。

第 63 条 专利权经撤销者，专利权之效力视为自始即不存在。

第 64 条 专利权撤销，其追加专利未撤销者，视为独立之专利权，另给证书，至原专利权期满时为止。

第 65 条 专利权之核准、消灭或撤销，专利局应公告之。

第 66 条 专利局应备专利权簿，记载核准发明之名称、专利期限、专利权人、代理人姓名及住址，及其他有关专利之权利与法令所定之一切事项。

第五节 实施

第 67 条 核准专利满三年，无适当理由，未在国内实施，或未适当实施其发明者，专利局得依职权撤销其专利权，或以关系人之请求，特许其实施，并通知专利权人。但特许实施人对专利权人应予以补偿金，其数额有争执时，由专利局定之。

第 68 条 有下列情事之一者，认为未适当实施。

一、核准专利之发明品，可在国内使用，而未为大规模制造，且不能提出充分理由者。

二、专利权人以其发明完全或大部分在国外制造，输入国内者。

三、利用他人发明为再发明之专利权人，非实施原发明人之发明不能实施及再发明，而原发明之专利权人在合理之条件下，拒绝租与再发明人实施者。

四、在国外输入零件，仅在国内施工装配者。

第 69 条 依本法第 67 条规定取得特许实施权人，不适当实施时，专利局得依关系人之请求或依职权撤销其特许实施权。

第 70 条 核准专利之发明品，足以代替国内最需要之物品，虽经适当实施制造，仍不能充分供给时，专利局得规定期限，令其扩充制造，逾期得撤销其专利权。前项期限，得因专利权人之请求，酌予延长。

第 71 条 本法第 67 条之特许实施，第 69 条之撤销实施权及第 70 条撤销专利权，各当事人有不服时，得呈请经济部核定。

第 72 条 政府因军事上之利用或国营事业之需要，得限制或征用专利权之一部或全部，但应给予专利权人以补偿金

第 73 条 专利权人应在专利物品或包装上附有专利标记及专利证书号数，并得要求实施权人为之，其未附加标记，致他人不知为专利品而侵害其专利权者，不得请求损害赔偿。

第 74 条 专利权人登载广告，不得逾越呈准专利之范围。非专利物品与非专利方法所制物品，不得附加呈准专利字样，或足以使人误认为呈准专利之标记。

第六节　纳费

第 75 条 专利证书费，每件国币二十元。

第 76 条 核准专利之发明，每年每件应缴专利年费如下（左）：

一、第一年至第五年，每年十元。

二、第六年至第十年，每年二十元。

三、第十一年至第十五年，每年四十元。

前项年费，第一年应于领取证明时缴纳，第二年以后应于届期前三个月预缴之。

第 77 条 依本法第 55 条呈准延展专利者，在延展期内每件每年应缴年费五十元。

第 78 条 专利权人在应缴专利年费之期限内未缴费时，得于该期限后六个月内补缴之，但应按前二条现定之费增加一倍。

第 79 条 专利局对于发明人或其继承人，认为无缴纳专利年费之能力时，得据呈请，延期二年或减免之。

第 80 条 左列各程序，每件应缴费十元。

呈请专利。

声请异议。

请求再审查。

追加专利。

延展专利。

请求实施权。

第七节 损害赔偿及诉讼

第 81 条 专利权受侵害时，专利权人或实施权人或承租人，得请求停止侵害之行为，赔偿损害或提起诉讼。

第 82 条 法院对于前条损害数额，得请专利局代为估计。

第 83 条 用作侵害他人专利权行为之物，或由其行为所生之物，得以被侵害人之请求施行假扣押，于判决赔偿后作为赔偿金之全部或一部。

第 84 条 意图伪造或仿造，窃用他人呈准专利之发明，已为一切必要之准备者，专利权人、实施权人或承租人得请求制止其行为。

第 85 条 法院受理专利诉讼案件，得向专利局咨询意见，或调阅文卷，或通知派员到庭说明。

第 86 条 专利诉讼案件判决后，法院应以判决书副本送专利局。

第 87 条 被侵害人得于判决后，声请法院将判决书全部或一部登报，其费用由败诉人负担。

第 88 条 关于专利权之民事或刑事诉讼，在呈请案、异议案、撤销案未确定以前，法院应中止其程序。

第 89 条 伪造有专利权之发明品者，处三年以下有期徒刑、拘役或科或并科三千元以下罚金。

第八节 罚则

第 90 条 仿造有专利权之发明品，或窃用其方法者，处两年以下有期徒刑、拘役或科或并科三千元以下罚金。

第 91 条 明知为伪造或仿造之发明品而贩卖或意图贩卖，而陈列或自外国输入者，处一年以下有期徒刑、拘役或两千元以下罚金。

第 92 条 违反本法第 74 条之规定者，处六个月以下有期徒刑、拘役或一千元以下罚金。

第 93 条 本法第 89 条至第 91 条之罪，须告诉乃论，其告诉应自得知被侵害之日起一年内为之。

第 94 条 专利局职员泄漏职务上所知关于专利之发明或呈请人事业上之秘密者，处三年以下有期徒刑、拘役或三千元以下罚金。

第二章 新型

第 95 条 凡对于物品之形状构造或装置，首先创作合于实用之新型者，得依本法呈请专利。

第 96 条 本法所称新型，谓无下列情事之一者。

一、呈请前已见于刊物，或已在国内公开使用，他人可能仿效者。但因研究实验而发表或使用，于发表或使用之日起六个月内呈请新型专利者，不在此限。

二、有相同之发明新型，核准专利在先者。

三、已向外国政府呈请专利逾一年者。

四、经陈列于政府或政府认可之展览会，于开会之日起逾六个月尚未呈请专利者。

五、呈请利前大量制造而非从事实验者。

第 97 条 左列物品，不予新型专利。

一、新型之使用违反法律者。

二、妨害公共秩序、善良风俗或卫生者。

三、相同或近似于党旗、国旗、军旗、国徽勋章之形状者。

第 98 条　合于本法第 95 条及第 96 条之新型于军事上有秘密之必要者，其应得专利之权利，得由政府收用，给以相当之报酬。

第 99 条　呈请专利之新型，经审查确定后，给予新型专利权，并发证书。

新型专利权之期间为十年，自呈请之日起算。

第 100 条　新型先经呈请发明或新式样专利，改请新型专利者，得以呈请发明或新式样专利之日作为呈请新型专利之日，但在发明或新式样专利案审定书送达之日起一个月后呈请者，不在此限。

第 101 条　公告中之新型，无论何人认为有违反本法第 95 条至第 97 条之规定，或利害关系人认为违反本法第 12 条之规定者，得自公告之日起六个月内，备具声请书，附具证件，向专利局提起异议，请求再审查。

第 102 条　新型专利权，为专利权人专有制造、贩卖或使用其新型之权。

第 103 条　专利权人得以其新型有限制或无限制让与他人或租与他人实施。

第 104 条　有左列情事之一者，应撤销其新型专利权，并追缴证书。

一、违反本法第 95 条至第 97 条之规定者。

二、新型专利权人为非新型专利呈请权人者。

三、说明书或图说故意不载明实施必要之事项，或故意记载不必要之事项，使实施为不可能或困难者。

四、同一新型之说明书，与曾在外国呈请时之说明书内容不同者。

第 105 条　核准专利之新型，每年每件应缴年费如下。

一、第一年至第五年每年十元。

二、第六年到第十年每年二十元。

前项年费，第一年应于领取证书时缴纳，第二年以后应于届期前三个月内预缴之。

第 106 条　伪造有专利权之新型者，处二年以下有期徒刑、拘役或科或并科三千元以下罚金。

第 107 条　仿造有专利权之新型者，处一年以下有期徒刑拘役或科或并科两千元以下罚金。

第 108 条　明知为伪造之新型，而贩卖或意图贩卖，而陈列或自外国输入者，处六个月以下有期徒刑、拘役或一千元以下罚金。

第 109 条　前三条之罪须告诉乃论，其告诉应自得知被侵害之日起一年内为之。

第110条 本法第7条至第20条、第23条至第31条、第33条至第41条、第43条、第44条、第46条至第54条、第56条、第58条、第59条、第61条至第66条、第72条至第74条、第78条、第79条、第80条、第81条至第88条、第92条及第94条之规定，于新型准用之。

第三章 新式样

第111条 凡对于物品之形状、花纹、色彩，首先创作适于美感之新式样者得依本法呈请专利。

第112条 本法所称新式样，谓无下列情事之一者。

一、呈请前有相同或近似之新式样，已见于刊物或已在国内公开使用者。

二、有相同或近似之新型或新式样核准专利在先者。

近似之新式样属于同一人者，为联合新式样，不受前项第二款之限制。

第113条 下列物品不予新式样专利。

一、妨害公共秩序、善良风俗或卫生者。

二、相同或近似于党旗、国旗、国父遗像、国徽、军旗、印信勋章。

第114条 呈请专利之新式样，经审查确定后，给予新式样专利权，并发证书。

新式样专利权之期间为五年，自呈请之日起算。

第115条 新式样先经呈请新型专利改请新式样专利者，得以呈请新型或新式样专利之日作为呈请新式样专利之日。但在新型专利案审定书送达之日起一个月后呈请者，不在此限。

第116条 以新式样呈请专利，由创作人或其受让人或继承人，备具呈请书、图说及宣誓书，向专利局呈请之。

第117条 以新式样呈请专利，应指定所使用新式样之物品，并叙明其类别。

前项物品之分类，由经济部定之。

第118条 公告中之新式样，无论何人认为有违反本法第110条至第113条之规定，或利害关系人认为违反本法第116条之规定者，得自公告之日起六个月内，备具声请书，附具证件，向专利局提起异议请求再审查。

第 119 条 新式样专利权，为专利权人就其指定新式样所使用之物品专有制造或贩卖之权。

第 120 条 前条之规定，于下列各款情事不适用之。

一、呈请前已在国内使用或已完成必须之准备者。但在呈请前六个月内，于专利呈请人处得知其新式样，并经专利呈请人声明保留其专利权者，不在此限。

二、呈请前已存在国内之物品。

本条第一款之使用人，限于在其原有事业内继续利用。

第 121 条 专利权人得就所指定使用之物品，以其新式样让与他人，但联合新式样不得分析让与。

第 122 条 专利权人对于呈请新式样专利之图说等，有下列情事之一时，得向专利局请求更正。

一、呈请范围之缩减。

二、误记之事项。

前项更正，经专利局核准后应公告之。

第 123 条 有下列情事之一者，应撤销其新式样专利权并追缴证书。

一、违反本法第 110 条至第 113 条之规定者。

二、新式样专利权人为非新式样专利呈请权人者。

第 124 条 核准专利之新式样，每年第件应缴年费十元。前项年费，第一年应于领取证书时缴纳，第二年以后应于届期三个月内预缴之。

第 125 条 伪造有新式样专利权之物品者，处一年以下有期徒刑、拘役或科或并科一千元以下罚金。

第 126 条 仿造有新式样专利权之物品者，处六个月以下有期徒刑、拘役或科或并科五百元以下罚金。

第 127 条 明知为伪造或仿造新式样之物品，而贩卖或意图贩卖而陈列，或自外国输入者，处拘役或三百元以下罚金。

第 128 条 前三条之罪，须告诉乃论，其告诉应自得知被侵害之日起一年内为之。

第 129 条 本法第 7 条、第 10 条、第 11 条、第 12 条第二项、第 13 条至第 15 条、第 17 条至第 20 条、第 24 条至第 31 条、第 33 条、第 34 条、第 37 条至第 39 条、第 41 条、第 44 条、第 47 条至第 54 条、第 58 条、第 59 条、

第 61 条至第 63 条、第 65 条、第 66 条、第 73 条至第 75 条、第 78 条、第 79 条、第 80 条第一款至第三款、第 81 条至第 88 条、第 92 条及第 94 条之规定，于新式样准用之。

第四章　附则

第 130 条　本法施行细则，由经济部定之。

第 131 条　本法施行前依法取得之专利权，视同依本法所取得之专利权，但专利期间仍以原核准者为限。

第 132 条　本法施行前未决定之专利案依本法办理之。

第 133 条　本法施行日期，以命令定之。

中华民国专利法实施细则(1947 年)[1]

（1947 年 11 月 8 日南京国民政府立法院颁布）

第 1 条 本细则依专利法第 130 条制定之。

第 2 条 本法第 2 条第一款、第三款、第四款，第 96 条第一款、第三款、第四款，第 120 条第一项第一款关于期限之规定，呈请人应叙明事实及年、月、日，有证件者并附送证件。

第 3 条 本法及本细则规定呈请时应备具之文件除科学名词之译名下附注外国文原名外，概用中国文字。

呈请人为外人者，前项文件如原系外国文，除译成中国文字外，并附原本。

第 4 条 本法第 12 条规定之说明书，应备同式两份，详载左列事项。

一、发明人或创作人之姓名、籍贯、出身经历、现在及永久住址。

二、发明或新型或新式样之名称。

三、发明或新型或新式样之性质、目的、功效及特点。

四、制造方法及新用原料之名称与产地，如属于机械品，应详载其构造及应用那个方法并附呈机械之正面、平面、侧面各图及请求专利各部分之详细图式，其图式须用墨水绘制，注明符号尺寸加以说明。如属于化学品，应

---

〔1〕 专利法实施细则与专利法一起于 1949 年 1 月 1 日实施。由于中华人民共和国成立后废除了民国法统，它们实际上只施行于台湾。伴随专利法的修订和专利工作的需要，专利法实施细则在台湾也进行了 1958、1973、1981、1994、2002、2004、2012 年的全文修订和 1986、1987、2008、2010 的局部修正。

另外，为配合专利法的实施，国民政府行政院 1947 年 9 月 24 日还发布了《商标局专利审查委员会组织规程》等配套规范。

为便于使用，此处将条文序号加粗并统一使用阿拉伯数字。

列举所用原料及药品之名称与产地及其配令之数量并详细说明其制造方法。

五、请求专利之部分。

第5条 本法第12条规定之模型、样品应与说明书符合。模型不得过火，样品应备同式三份。

第6条 说明书、图式、模型如不明晰或不完备或不符合，专利局得依本法第35条之规定，令呈请人于法定限期内补具其呈请文件。专利局定有程式者，应各依程式；查有不合时，亦得令补具。

第7条 在呈请中呈请人得因说明书与图式或模型或样品不符，自请更正或补送，但不得变更原呈请案之实质，原呈请案为新式样者，不得变更形状花纹、色彩及指定之物品类别。

第8条 宣誓书应由登记有案之公司、工厂、工业法定技师、律师或会计师签章证明。

第9条 呈请文件由邮局寄送者，必须挂号专利局，据发寄地点邮局日期、戳记认定呈请之先后。

第10条 说明书、图式应密封呈送，封面书明审查委员会开拆。

第11条 模型或样品送到时如有毁损，专利局的令呈请人补送。

第12条 新式样专利之呈请人应就经济部依本细则第50条所定之物品及类别指定之，其未能指定类别者，专利局得代为指定。

第13条 依本法第8条为追加专利或第112条为联合新式样专利之呈请者，应附呈其原专利证书。

追加专利权给予时，填入原专利证书，联合新式样专利权给予时，发给联合新式样之专利证书，并将该证书号数填入，原专利证书盖印发还。

第14条 本法第13条之代理人以合于代理人规则之规定为限。代理之规则另定之。

第15条 依本法第13条委托代理人时，应附呈代理权之证明文件，载明所代理之权限，其权限变更时亦同。

第16条 专利局对于代理人认为不适当者，得令呈请人变更之，并通知代理人。

第17条 代理人更换时或其居所或住所或印章有变更时，应呈报专利局。呈请人变更其居所或住所、印章时亦同。

第18条 外国人依本法第14条为专利之呈请者，应依本细则第14条规定委任代理人为之，并附送呈请人之国籍证明书，如为外国法人，附送其法人资格之证件。

第 19 条 凡在外国已呈请或呈准给予专利权者，依本法呈请专利时，其呈请人以在外国呈请案中之原呈请人或其合法承受人为限。

第 20 条 前条之呈请人，应于呈请书中叙明在外国呈请日期、呈准给予专利日期，其专利日期部分及年限有关租与或特许实施各事项，并附送有关证件。

外国以消灭或撤销之专利权，不得依本法呈请专利。

第 21 条 本法第 17 条所称之代表应由共有人全体约定，前项代表为呈请时，应附具约定之证件。

第 22 条 依本法第 15 条令各呈请人协议时，专利局应指定相当期限，逾期不呈报，视为所议不谐。

第 23 条 本法及本细则关于日期之规定，其最后一日为星期日或其他休息日时，以其休息日之次日代之。

第 24 条 本法及本细则规定或指定之期限，专利局得据请求变更之。

关于前项期限之变更，有利害关系人者，应得其同意，方得请求。

第 25 条 呈请人为法人时，应叙明发明人或创作人姓名、住所或居所及与发明人之关系及协议经过。

第 26 条 依本法第 26 条第一项声明故障者，应详叙事实及其发生之年、月、日。

依前条第二项补行程序者，应叙明故障消减之事由及年、月、日。

第 27 条 本法第 30 条、第 37 条之审定书应记载左列事项。

一、呈文号数。

二、物品或方法（在新式样为新式样之物品及类别）。

三、呈请人姓名（因异议或因举发再审查时，并记异议及举发人姓名）。

四、主文及理由。

五、审查年、月、日。

第 28 条 依本法第 32 条提起异议者，应将异议书及副本同时呈送专利局。

第 29 条 审定书或其他文件无从送达者，应于专利公报公告之，自刊登公报之日起满三十日视为送达。

第 30 条　专利证书应记载左列事项。

一、呈请人姓名。

二、证书号数。

三、专利之物品或方法（在新式样为新式样之物品及类别）。

四、专利期限。

五、发给证书之年、月、日。

第 31 条　专利簿应记载左列事项。

一、前条各款事项。

二、专利权人姓名、住址、籍贯、履历。

三、公告之年、月、曰

四、追加专利之方法及其年、月、日（在新式样为联合新式样及发证之年、月、日）。

五、延展期限及核准之年、月、日。

六、专利权消灭或撤销事由及年、月、日。

七、专利权让与或租与或继承之年、月、日。

八、特许实施者之姓名、住址及核准或撤销之年、月、日。

九、补发证书之事由及年、月、日。

第 32 条　本法各条所称让与包括卖与、赠与及互易等行为

第 33 条　专利权租与他人实施者，应具呈请书叙明租与部分、地域、期间。附送契约，由当事人联署呈请，专利局备案，并应予契约成立后三个月内呈请之。

第 34 条　专利权为共有而非由共有人全体实施时，应以契约规定共有人间之权利义务，并呈请专利局备案。

第 35 条　凡关于专利权人之一切法律行为或办理一切程序有共有人或关系人者，均应联署。

第 36 条　专利权之让与与租与或补偿金，其估价有争议时，得呈专利局定之。

第 37 条　专利权估价应注意左列各事项。

一、发明或新型之工业价值。

二、发明或新型之技术价值。

三、发明或新型或新式样之商业价值。

四、发明或新型或新式样之实际需要程度。

五、专利权之年限及地域。

六、专利权曾经租与卖与之价值。

七、有无较优或价值相类可以代用之发明、新型或新式样。

第 38 条 依本法第 55 条为专利权延展之请求者，应叙明受战事损失之事实，有证件者并附证件。

前项请求应附送专利证书，核准时于证书中注明。

第 39 条 依本法第 67 条请求特许实施应于专利权未撤销之前为之。

第 40 条 请求特许实施者应附呈实施制造详细计划书，向专利局呈请之。

前项特许实施经核准并议定补偿金后，由专利局发给特许实施之凭照。

第 41 条 本法第 68 条第三款所称实施指专利物品制造而言。

第 42 条 专利局得依职权随时检查发明品、创作品之是否实施及实施是否适当。

特许实施人应按年将实施情形报告专利局。

第 43 条 专利权被征用时，其补偿金额由征用机关专利局、专利权人及其他关系人共同议定一次给予。

依本法第 5 条、第 98 条收用者，准用前项之规定。

第 44 条 国营事业征用专利权时，应依让与之方法行之。

第 45 条 专利权之让与、消灭、撤销征用经审查确定时，专利局。

应于专利公报公告之，并上报经济部。

第 46 条 本法第 73 条专利标记及证书号数之附加，在专利权消灭或撤销后，不得为之。

发明、新型或新式样，经审定公告后，得于物品或包装上附加公告期内暂准专利字样。

第 47 条 专利权审查确定后，由专利局限期令呈请人依法纳费领取证书。

第 48 条 呈请专利应纳各费，除本法第 75 条至 77 条，第 80 条、第 105 条、第 124 条已有规定外，依左列之规定。

一、特许实施照费，每件二十元。

二、让与专利权，每件二十元。

三、继承专利权，每件二十元。

四、举发专利权，每件二十元。

五、估定价值，每件二十元。

六、补发证书，每件二十元。

七、更正书件，每件每次十元。

八、查阅案件，每件十元。

九、补发审定书，每件十元。

十、发给证明书，每件十元。

十一、摹绘图样，每件十元至四十元。

十二、抄录书件，每百字五元不满百字者亦同。

十三、发给其他书状，每件十元。

第 49 条　专利证书、特许实施凭照遗失或损毁时，专利权人或特许实施人得声叙事由，呈请补发，但应先登报三天，声明作废。

专利局补发证书应于专利公报公告之。

第 50 条　新式样使用之物品及类别由经济部另定之。

第 51 条　本细则与本法同日施行。

保障发明权与专利权暂行条例(1950年)[1]

（1950年8月11日政务院第四十五次政务会议批准，
1950年8月17日政务院财政经济委员会公布）

第一条 为鼓励国民对生产科学之研究，促进国家经济建设之发展，特制定本条例。

第二条 凡中华人民共和国国民，无论集体或个人，在生产上有所发明者，均应呈报中央主管机关审核并得依其自愿申请发明权或专利权。

第三条 本条例所称之发明系指在生产上创造新的生产方法，确能提高生产效能，或产制新的生产品，确能增加使用价值者。

前项发明并以能直接在工业制造或农业生产中实现者为限。

医疗方法及与生产无直接关系的学术发明的保障办法另订之。

第四条 发明者申请发明权或专利权，经中央主管机关审定合格后发给发明证书或专利证书保障之。

前项所称中央主管机关为政务院财政经济委员会中央技术管理局。

第五条 根据本条例第3条之规定对于以化学方法获得之一切物质，不给予发明证书或专利证书，但对制造此种物质的新方法给予之。

第六条 发明权人，除其发明之采用与处理权属于国家外，享有下列各种权利：

（一）根据国家规定之奖励办法，领受奖金、奖章、奖状、勋章或荣誉学位，其办法另定之；

（二）得将发明权作为遗产，继承此项遗产者，得领取奖金；

---

〔1〕 这是新中国发布的第一项调整科技成果权益的规范，实行发明权和专利权双轨制。1950年10月9日政务院财政经济委员会公布《保障发明权与专利权暂行条例施行细则》（32条），进一步规定了专利权和发明权的申请、审批与管理的办法。该细则于1963年被国务院的《发明奖励条例》代替。实际上1956年以后即停止施行。根据该条例，共授予了4项专利权和6项发明权。

（三）根据发明人之要求，经过中央主管机关批准后，得于发明物上冠以本人姓名或其他特殊名称。

第七条 专利权人享有下列各种权利：

（一）得以自己资本或招股经营企业，运用其发明从事生产；

（二）将专利权转让他人或对任何机关与个人发给采用发明许可证，取得报酬，其条件由专利权人与采用人以契约规定之；

（三）非得专利权人许可，他人不得采用其发明，违犯者应依法赔偿专利权人之损失；

（四）得将专利权作为遗产，继承此项遗产者，享有同样权利；

（五）在专利期限内，专利权人（包括其继承人，下同）如未转让其权利，亦未发出采用发明许可证时，得申请中央主管机关核准将专利权改为发明权。

第八条 发明有下列情形之一者仅给予发明证书，不给予专利证书：

（一）有关国防机密、军事技术或军事制造工业之发明；

（二）关系大多数人民福利有迅速推广之必要者，如医药品及农牧业品种等之发明；

（三）发明者在国家工厂、矿场、科学研究所、技术局、实验室或其他研究机关工作并在其本身职务范围内所完成的发明；

（四）发明者受国家机关、企业、社会团体委托并领取报酬所完成的发明。

第九条 发明权与专利权之有效期限为三年至十五年，由中央主管机关在发给证书中确定之。

第十条 专利权人应遵守下列规定：

（一）专利权为共有时，非得各共有人同意，不得单独行使；

（二）专利权之转让与采用发明许可证之发给，必须报经中央主管机关批准。

第十一条 专利权人有下列情形之一者，得撤销其权利，追缴其专利证书：

（一）专利期限内，未经核准私售专利权于国外者；

（二）领取专利证书已满二年，未经呈准延期，而不行使其专利权实行制造者；

（三）专利期限内无故停止制造满两年，未经报请核准者。

第十二条 有下列情形之一者应负赔偿责任及刑事责任：

（一）有本条例第10条第一款之情事者；

（二）未经中央主管机关核准将发明公布于国外者；

（三）经中央主管机关指定为不公布之发明，发明者本人或他人泄露此项发明秘密者；

（四）剽窃他人之发明，或在发明未公布前泄露他人之秘密者；

（五）擅自使用属于国家采用与处理之发明权者。

第十三条 在发明者提出申请以前，已采用该发明或已作采用之一切必要准备者，有继续采用或优先采用该发明之权。

第十四条 已给予专利证书的发明，中央主管机关如认为有归国家采用与处理之必要时，得与专利权人协商，请其让与专利权，协商不能获致协议时，政务院得做最后决定，改给专利权人以发明权，并规定发给奖金数额。

第十五条 发明者应积极协助其发明之实施及继续改进的工作。

第十六条 申请发明权者，如该项发明不为政府所采用，得再行申请专利权，或径由中央主管机关给予专利权。

已发给发明证书的发明，如政府不需采用，得由中央主管机关改给专利证书。

第十七条 凡中华人民共和国国民从事科学技术研究，已有具体计划和图样经中央主管机关审查认为确有价值并有成功希望者，得指定有关企业或研究实验机关给予研究实验之方便，并酌量予以物质的补助。

第十八条 居住中国之外国人得依据本条例申请发明权或专利权。

第十九条 申请发明权、专利权及其处理程序如下：

（一）由发明者填具申请书，附详细计划、图样、说明书及其他足以充分证明其成效之资料，向中央主管机关申请。中央主管机关应于收到申请书十日内对申请人为接受申请之通知，除特殊发明须经较长时期研究审查者外，并应于三个月内审查完毕通知申请人。

（二）中央主管机关认为资料不足时，得向发明者要求补充其资料，所有审查的资料，应予保守秘密。

（三）审查合格后，由中央主管机关公告，自公告之日起三个月内无人提出异议时，即为审查确定。但有关军事秘密的发明，不予公告。

（四）审查确定后，即发给发明证书或专利证书，发明权或专利权期限由发给证书之日起计算。

（五）审查不合格时，中央主管机关应发给申请人审查书，详细说明理由，申请人有权要求了解据以做出审查结论的一切资料。

（六）经审查不合格者，得于审查书送达之四十五日内，详申理由，报请再审查，如对再审查的决定仍有不服，得于九十日内，依法提起诉讼。

第二十条　发明证书及专利证书之期满失效或因其他原因撤销时，由中央主管机关公告之。

第二十一条　两人以上共同做成之发明，其发明权或专利权为共有，共有权之分配比例，由共有人协议定之。如不得协议时，得提供各个人对该项发明所贡献之材料，报请中央主管机关裁定之。

第二十二条　本条例由政务院财政经济委员会报经中央人民政府政务院批准后公布实行。其施行细则由政务院财政经济委员会另定之。

保障发明权与专利权暂行条例施行细则(1950年)

（1950年10月9日政务院财政经济委员会发布）

第一条 本细则根据保障发明权与专利权暂行条例第22条制定之。

第二条 申请发明权与专利权者，应依照规定格式，填具申请书、说明书，附具图样、模型或样品，逞送中央技术管理局。前项格式由中央技术管理局印发。

第三条 申请文件，须用中国文字。专门名词，须附注外文始能明了者，得附注外文。

第四条 申请书内，载明申请人姓名、住址、发明名称及申请志愿。每一申请书，以申请一种发明为限。

第五条 说明书应备同式二份，其内容应力求明了正确及完备，尤应指出发明之构成、制造方法、功效及认为新颖之特点，使发明之审查，得有确切的根据。

第六条 图样应备同式二份，用绘图黑墨水，依照工程制图方法绘制。

第七条 样品笨重时，可附送模型。

第八条 说明书图样或模型如不完备或不明晰，得请申请人补送，申请人应于接到通知之日起十天内补送之。若准备不及得请求延期，但以不逾三个月为限。过期不补送者，原申请案作为无效。

第九条 申请人在不变更原申请案件本质的原则下，自其申请书发出之日起一个月内，得请求补充或修正其申请文件。在准备不及时，中央技术管理局得依申请人的请求，延长其期限至三个月。

第十条 申请文件由邮局寄递者，必须挂号，以寄出邮局戳记的时间，认定申请的先后。自行递送者，依送到的时间认定先后。说明书与图样，应加密封注明“中央技术管理局密拆”字样。

第十一条 申请发明权或专利权等各项手续得委托代理人办理之。

第十二条 凡在外国享有专利权之发明未逾一年者，得再行在国内申请专利，但应附具国外证件。其已撤销者，不予接受。

第十三条 申请案件，由中央技术管理局组织发明审查委员会审查之。

第十四条 审查申请案件，得派员实地调查，或通知原申请人到局当面询问或实验。

第十五条 二人以上有同一的发明，以申请的先后，决定其优先权；但为使发明者都得到应有的鼓励，得裁定前项发明权或专利权为共有，给予优先者以较大的比例。

第十六条 申请案件经审查后，应由发明审查委员会制成审查书，记载下列事项：

（一）申请书号数及申请日期。

（二）发明名称。

（三）申请人姓名（或异议人或举发人姓名）。

（四）审查结果及理由。

（五）审查年月日。

第十七条 利害关系人提出异议时，应具异议书及副本，详述理由及证据，送中央技术管理局。

第十八条 关于异议的再审查，得指定日期地点，召集各当事人举行辩论，如未经请准改期而届时不到者，再审查不因之中止。

第十九条 审查合格的案件，应具备的簿记载下列事项：

（一）发明权人与专利权人姓名、籍贯、住址、履历。

（二）发明名称。

（三）公告年月日。

（四）发明权或专利权年限。

（五）证书号数。

（六）发给证书之年月日。

（七）延展期限及核准之年月日。

（八）让与或继承之事由及年月日。

（九）采用发明许可证人之姓名。

（十）消失或撤销之事由及年月日。

（十一）补发证书之事由及年月日。

第二十条 经核准之发明权或专利权和其他应予公告的事项，登载于中央技术管理局技术公报。

第二十一条 专利权期内，专利权人对原发明另有改进时，得申请追加专利，但其原有专利期限，不得变更。申请追加专利权者，须附缴原领证书。

第二十二条 专利权人因故不能行使专利权，申请延展专利期限者，须于期满三个月前申请之，并附缴原领证书。

第二十三条 申请专利权让与时，应由当事人联署，并附具让与的契约。

第二十四条 申请继承发明权与专利权时，应附送证明文件。

第二十五条 发明证书或专利证书如有遗失时，应即登载当地新闻报纸三天。经一月后，声明理由，出具公私机关或社会团体之证明书，并附该项报纸，请求补发。

第二十六条 在专利权期内，中央技术管理局得随时检查专利权人对专利权行使的情况。

第二十七条 已得到专利权者，须在物品上或包装上将证书号数，以及专利起讫日期，分别注明，以为专利标记。

第二十八条 领有证书的专利权，在登载广告时，不得超出审查核准的范围。其未经公告确定的申请案件，不得假冒中央技术管理局核准专利的名义。

第二十九条 本条例及本细则关于期限的规定，其最后一日为星期日或其他休息日时，以其休息日的次日代之。

第三十条 已得专利权者，有本条例第 12 条各款情事之一时，无论何人得向中央技术管理局举发之，但须附有确实证据。

第三十一条 在中央人民政府成立前，自国民党反动派政府取得的专利权尚未期满者，应于本细则公布之日起六个月内，重新申请审核。经审查合格后，得视作未满期专利权核发证书。

第三十二条 本细则，于政务院财政经济委员会批准后公布施行。

发明奖励条例(1963年)[1]

(1963年11月3日国务院发布施行)

第一章 总 则

第一条 为了鼓励发明和推广应用发明，以促进科学技术和国民经济的发展，制定本条例。

第二条 本条例所说的发明，是一种新的科学技术成就，它必须同时具备下列三个条件：

（一）前人所没有或国外虽有而未公布的；

（二）经过实践证明可以应用的；

（三）比现有的先进的。

第三条 全国各有关单位都应对群众的发明给予热情的鼓励和支持，并积极推广应用发明。

第二章 主管机构

第四条 中华人民共和国科学技术委员会（以下简称国家科委）统一领导全国发明工作，并监督全国对发明的推广应用。

第五条 国务院各有关部门和中国科学院负责领导本部门有关发明的申

〔1〕 根据1963年11月3日《国务院关于发布〈发明奖励条例〉和〈技术改进奖励条例〉的通知》，本条例发布施行后，中央人民政府政务院1954年8月27日公布的《有关生产的发明、技术改进及合理化建议的奖励暂行条例》和政务院财政经济委员会1950年8月17日公布的《保障发明权与专利权暂行条例》即行废止。

该条例在1978年由国务院修订重新发布，后被1999年5月23发布的《国家科学技术奖励条例》废止。

报、审查、鉴定等工作。

第六条 省、自治区、直辖市科学技术委员会（以下简称省、自治区、直辖市科委）负责领导本地区有关发明的申报、审查、鉴定等工作，并监督本地区对发明的推广应用。

第七条 省、自治区、直辖市各有关厅、局负责领导本厅、局主管范围内有关发明的申报、审查、鉴定等工作。

第八条 全国一切国防专用的发明，都由国防部核准。一切非国防专用的发明，都由国家科委核准。奖励办法都按本条例办理。

第三章 申报和审查

第九条 发明人（包括个人和集体，以下同）申报发明，应提出发明报告，按下列规定申报：

（一）发明人属于中央直属单位的，两份报主管部门审查，一份抄报国家科委（国防专用的抄报国防部）。

（二）发明人属于地方单位的，两份报省、自治区、直辖市主管厅、局审查，一份抄报省、自治区、直辖市科委。

（三）发明人属于国防部门的，凡是国防专用的发明，两份报军种、兵种或总部的有关业务部门审查，一份抄报国防部；非国防专用的发明，两份报所在省、自治区、直辖市有关厅、局审查，一份抄报所在省、自治区、直辖市科委，一份抄报军种、兵种或总部的有关业务部门。

（四）发明人是一般居民的，两份报省、自治区、直辖市有关厅、局审查，一份抄报省、自治区、直辖市科委。

第十条 发明报告应包含下列内容：

（一）发明的名称；

（二）发明人姓名、工作单位、职务和通讯地址；

（三）发明的完成日期；

（四）列为发明的理由；

（五）发明的详细内容；

（六）申报发明的日期。

第十一条 编写发明报告要实事求是，报告的内容要简要、明了、准确、完整。

第十二条 省、自治区、直辖市各有关厅、局对申报的发明，负责组织审查、鉴定，认为合格的，签注意见一式三份，两份报省、自治区、直辖市科委审核后转报国家科委核准（国防专用的报国防部核准），一份抄报国务院主管部门。

第十三条 国务院各有关部门、中国科学院对直属单位的发明人申报的发明，负责组织审查、鉴定，认为合格的，签注意见，报国家科委（国防专用的报国防部）核准。

国务院各有关部门负责审查省、自治区、直辖市各厅、局抄报的发明项目，并签注意见，报国家科委（国防专用的报国防部）。

第十四条 各主管单位接到申报的发明后，必须及时做出处理，并将审查、鉴定的结果通知申报人或申报单位。如在半年以上仍不予处理时，申报人或申报单位得向省、自治区、直辖市科委或国家科委（国防专用的向国防部）提出申诉。

第十五条 发明人和审查单位之间发生争议时，或其他单位、个人对已核准的发明项目有不同意见时，可向国家科委（国防专用的向国防部）申请作最后的决定。

第四章 奖 励

第十六条 对发明的奖励采用荣誉奖和物质奖相结合的方式。每项发明奖励一次。奖励共分五等，规定如下：

奖励等级	荣誉奖	奖 金
一	发明证书及一等奖章	一万元
二	发明证书及二等奖章	五千元
三	发明证书及三等奖章	二千元
四	发明证书	一千元
五	发明证书	五百元

第十七条 特殊重大的发明列为特等奖，由国家科委提出，报国务院批准，另行奖励。

第十八条 国家科委组织发明评奖委员会，负责发明的评奖工作。

第十九条 发明的评奖办法由国家科委另定。

第二十条 发明评奖委员会的评定结果，经国家科委批准后，由国家科委统一授奖。

第二十一条 经核准的发明，可由国家科委通报表扬。

第二十二条 以发明人的姓名命名发明，须经国家科委批准。

第五章 应用和保密

第二十三条 发明属于国家所有，任何个人或单位都不得垄断，全国各单位（包括集体所有制单位）都可利用它所必需的发明。

第二十四条 每项发明应否保密、应列密级及其保密措施，都按有关保密规定办理。

第二十五条 由于对外贸易或其他原因，需要将发明出售给国外时，经国家科委批准后，统一由对外贸易部办理。

第六章 华侨和外国人申报的发明

第二十六条 旅居外国的华侨和外国的单位或个人，都可以按照本条例申报发明，经审查批准之后，按本条例规定给予奖励。

中华人民共和国科学技术委员会发明局负责接受前款规定的申报。

第七章 附 则

第二十七条 本条例自国务院发布之日起施行。

中美贸易关系协定（1979年，节略）[1]

（1979年7月7日签订，1980年2月1日生效）

中华人民共和国政府和美利坚合众国政府，根据《中华人民共和国和美利坚合众国关于建立外交关系的联合公报》的精神，为了加强两国人民的友谊，以及在平等互利和非歧视性待遇原则的基础上，进一步发展两国间的经济贸易关系，议定如下：

第六条

一、缔约双方承认在其贸易关系中有效保护专利、商标和版权的重要性。

二、缔约双方同意在互惠基础上，一方的法人和自然人可根据对方的法律和规章申请商标注册，并获得这些商标在对方领土内的专用权。

三、缔约双方同意应设法保证，根据各自的法律并适当考虑国际做法，给予对方的法人或自然人的专利和商标保护，应与对方给予自己的此类保护相适应。

四、缔约双方应允许和便利两国商号、公司和贸易组织所签订的合同中有关保护工业产权条款的执行，并应根据各自的法律，对未经授权使用此种权利而进行不公正的竞争活动加以限制。

五、缔约双方同意应采取适当措施，以保证根据各自的法律和规章并适当考虑国际做法，给予对方的法人或自然人的版权保护，应与对方给予自己的此类保护相适应。

---

〔1〕该协定共10条，其第6条规定了专利与商标保护问题。这是新中国成立后中美间的第一个贸易协定，和我国与其他国家及国际组织的知识产权保护承诺一起，成为对外开放倒逼国内知识产权立法发展的重要因素。

国家科委关于我国建立专利制度的请示报告[1]（1979年）

（1979年10月17日）

随着我国国际交往的发展，各方面越来越多地接触到专利问题。中央、国务院领导同志多次指示研究这个问题。一九七八年三月，华国锋主席指示："国家科委要把专利工作统一管起来。"七月，中央批准的外交部、外贸部、外经部的报告中，提到"我国应建立专利制度"。八月，邓小平副主席在一封人民来信上批示："如成果可靠，应迅速推广，并在国际上取得专利权。"最近，华国锋主席又批示，要科委研究提出我国的专利管理办法。根据这些指示，我们从一九七八年九月开始了调查研究工作。

我们收集、研究了各主要工业发达国家、苏联及部分东欧国家和一些发展中国家的有关专利资料，主要国际专利组织的资料；向外贸部、贸促会、冶金部、一机部等有关部门了解专利技术贸易方面的情况和对专利问题的看法；还组织代表团赴日本、西德、法国、南斯拉夫进行实地考察，并访问了两个国际性专利组织：世界知识产权组织和欧洲专利局。通过调查研究，我们对国际专利制度的发展历史及其发展趋势，专利对经济、技术发展的作用，

---

〔1〕 1980年1月14日国务院同意并转发了该报告。在批转文件中指出：

为了促进和保护我国的发明创造，促进国际的科技交流，为引进外资和引进技术创造条件，从而加速我国经济、技术的发展，为实现四个现代化，有必要在我国建立专利制度。

当前，我们正在贯彻执行国民经济调整、改革、整顿、提高的方针，进行经济管理体制的改革。建立专利制度是按照经济规律管理经济，调动各工矿企业、科研单位和科技人员积极性的重要措施之一。这是一件新的工作，要注意在实践中总结和积累经验。

专利工作是涉外工作，在正式对外宣布建立专利制度以前，要尽快制定专利法及相应的规章制度，培养专利工作干部，宣传普及专利知识，登记国内的发明。有关部门要密切配合专利局工作，使我国的专利工作迅速开展起来。

上述文字参见中共中央文献研究室编：《新时期科学技术工作重要文献选编》，中央文献出版社1995年版，第六章。

专利问题在国际上的斗争情况有了初步了解。从一九七九年四月开始，在北京大学、人民大学、社会科学院法学研究所、贸促会以及中国科技情报所等单位支持下，组成了专利法起草小组，现已拟出我国《专利法》的建议性草案，正在征求有关方面的意见。

一

经过半年多的调查研究，我们认为建立专利制度势在必行。其理由如下：

（一）建立专利制度，可以保护我国的发明创造，向国外出售技术，促进国内经济、技术发展。新中国成立以来，党和政府一向十分重视发明创造活动。早在一九五〇年我国就发布了《保障发明权与专利权暂行条例》。一九五四年发布了《有关生产的发明、技术改进及合理化建议的奖励条例》。一九六三年颁布了《发明奖励条例》，毛泽东主席亲自为“发明证书”题字。多年来，我国科技工作者和工农兵群众，有不少发明创造。由于我国没有建立专利制度，不能向外国申请专利，得不到保护。有些先进技术被外国人偷去了，仿制后在外国申请专利，我们的产品反而不能出口，或是出口了，反而被指责为侵犯他人的专利权。

有些先进技术，外国想买。如高炉喷吹煤粉技术，西德提出要买。超音速切割喷嘴，美国、挪威都要买。可是因为我们没有专利制度，没有管理出售技术的机构，至今尚未出售。有些国外研究单位提出同我们合作研究，共同取得专利，占领国际市场。例如，法国石油研究院提出愿意和我国石油研究院合作研究重油炼制技术，我们也未答复。

目前我们的技术水平还比较低，建立专利制度后，可能一段时间内，国内的发明少，外国来申请保护的专利多，不对等。这种情况对我们不利。但是随着“四化”建设的进展，我们的发明创造会日益增多，情况会逐渐发生变化。暂时不对等将更激励我们努力创造。

根据我们考察了解，各国一般都是在工业化开始阶段实行专利制度的。如十八世纪的美国、法国，十九世纪的德国、日本，都是如此。究其原因，主要有两个方面：一是，便于引进国外先进技术；二是，促进国内的发明创造活动。特别是日本在二十世纪五十年代中期，由于实行专利制度，比较顺利地引进先进技术，发展迅速。南斯拉夫于第二次世界大战后恢复专利制度，一九四八年开始引进技术，加快了工业发展的速度。列宁于一九二一年亲自批准在苏联建立专利机构，目的是便于吸引外国发明向苏联申请专利和引进外国技术。

当前我们有些工业产品是仿制外国的，建立专利制度后不能任意仿造受到保护的产品。但是必须说明，只有到我国申请，经我国审查批准的外国专利，我们才给予保护。并不是外国的一切专利，我们都要保护。保护专利是相互的，外国人也不能仿造我们的新产品。外国向我们申请专利，必须提供中文技术资料，便于我们及时掌握新技术动向，提高自己的技术水平。

（二）建立专利制度有利于开展科技情报工作，为外贸、技术引进和国内科研工作做好参谋。我们考察的几个工业发达国家专利局和一些大企业集团，都有庞大的专利情报机构，对技术情报十分重视。日本特许厅收集和整理了国内外的《专利公报》和《专利说明书》一千八百万件。西德专利局收藏二千万件。西德的拜耳医药化学公司设立一个专利文献部，收藏了大量化学工业方面的图书、杂志、专利文献；从一九七〇年起同美国加利福尼亚州情报中心联机检索，查询化工方面的情报，只需几分钟就得到回答。据统计，全世界的新技术，仅百分之五到百分之十发表在技术刊物上，百分之九十到百分之九十五发表在专利文献上。建立专利制度，必须相应地建立一套专利文献资料及现代化的检索设备。除提供审查专利申请外，还可以向经济、贸易、科技部门提供咨询意见。

我国建立专利制度后，对于国内外申请登记的发明都要予以公布。这样，便于技术交流，避免科研工作的重复浪费。

（三）开展国际贸易和科技合作，必须建立专利制度。目前世界上已有一百五十个国家和地区建立专利制度，有八十八个国家参加国际保护工业产权条约《巴黎公约》，有八十个国家参加联合国的专门机构“世界知识产权组织”，保护专利已成为国际公认的惯例。最近，《中美两国贸易关系协定》以及《中美两国高能物理研究合作执行协议》的附件已正式签字。这两个文件都列入了保护专利权和版权的条款，实际上是向全世界宣布了我国承认专利制度。国内需要迅速建立专利制度，以保证协定中“双方对等地保护专利”的条文得以实行。五届人大二次会议上通过了《中外合资经营企业法》，第五条规定，工业产权可以作为投资。这也要求我国建立专利制度，清理自己的发明，在中外合资企业中作为我方投资。

过去，我们引进设备或技术，同外国厂商签订的合同，大都规定了保护专利和技术秘密的条款，我们没有专利制度，外国厂商担心技术泄露出去，是外商索价较高的一个原因。建立专利制度后，引进技术将会进行得顺利些。

专利制度是随着资本主义生产发展起来的保护技术发明的制度，具有私人垄断的性质。我们要根据社会主义原则和我国实际情况，权衡利弊得失，吸收专利制度中对我有利的因素，避免和减小对我不利的因素，建立自己的专利制度。

二

目前国际上有不同类型的专利制度。各国的专利法都有些差别。我国究竟建立什么样的专利制度，需要确定几个主要原则。

（一）采取什么形式。世界上，有两种类型。苏联和东欧等国家采用专利和“发明证书”两种形式。资本主义国家和南斯拉夫、匈牙利等则采用专利一种形式。

采用专利和“发明证书”两种形式的国家，外国人都是申请专利。本国人，在多数情况下，只能申请“发明证书”。“发明证书”的审批标准和专利相同。它的特点是：没有保护期限（最近苏联规定了保护期限）；发明所有权属于国家，任何企业都可以无偿利用；发明人可以获得荣誉奖和物质奖。这种形式改变了专利的私人垄断性质。

采用专利形式就是在一定期限内（五年至二十年）给予发明人垄断生产、销售、使用发明的权利，第三者要利用，必须征得他的同意，并付给费用。

我们建议，吸收国际上两种类型的长处，建立我国的专利制度。为鼓励发明创造，发给发明者“发明证书”、奖章和奖金。对其中可以申请专利的发明，给予专利权。专利权由发明人所在的单位（包括企业、研究所、大学等）或专利局指定的单位管理，国内任何单位都可以使用，但要付给专利权的管理单位报酬，该单位有责任提供技术指导。这样，即使发明不能被私人垄断，又使发明者和所在单位都得到精神和物质鼓励，兼顾个人、集体和国家的利益。向国外申请专利由国家指定的代理机构办理。外国的发明向我国申请专利，经我国专利局审查批准后，给予专利权。

（二）专利保护范围。现在美国和欧洲专利法规定保护一切技术领域，而大多数国家规定，科学理论、化学物质、食品、药品、原子能裂变物质，动、植物新品种等不能申请专利。

我们以前没有搞过专利，缺乏实践经验和干部，建议先采用多数国家的做法，对科学理论等暂不保护。待实践一段时间后，逐步扩大保护范围。

（三）采用什么审批办法。国际上有两种审批办法。一种是登记制，法国、意大利、南欧一些国家采用，只登记，不进行技术审查。一种是审查制，美、英、西德、日本、苏联、东欧等大多数国家采用。国际趋势是搞审查制。法国准备过渡到审查制。

登记制工作程序简单，缺点是：保护的内容不明确，发生侵权诉讼时往往败诉；登记国不了解发明的技术水平，起不到参考作用。

建议我国采用审查制。便于了解发明的技术内容，培养技术审查干部。现在我们人手不够，开始时，可以先审查对国民经济影响大的技术领域，随着经验的积累和人才的成长，逐步扩大审查领域。

三

建立专利制度，必须抓紧做好以下几项工作：

（一）起草《专利法》。我们打算把起草小组试拟的《专利法》初稿送有关方面征求意见，经过认真研究修改，预定一九八〇年第一季度拿出《专利法》草案，经国务院批准后，提交人大常委会审议。

（二）成立中华人民共和国专利局。专利局是国家执行《专利法》的权力机构，是直接对外机构，负责对国内外专利的审查批准。它的工作涉及司法、技术、经济、对外贸易等许多方面。建议专利局作为国务院直属局，由国家科委代管。

专利局的具体任务是：

1. 管理审批发明、“实用新型”（指对产品的形状、构造或组合的革新设计）、“外观设计”（指对产品的外形、图案、色彩等的美术设计）专利。

保护“实用新型”，对促进国内中小企业的技术发展有好处。

保护“外观设计”，有利于促进我国商品的式样改进，丰富人民生活，加强出口竞争能力。我们从外国的申请中还可受到启发，设计新式样。

多数国家的专利局负责保护商标的申请，我国建立专利局后，商标工作仍由工商行政管理总局管。

2. 提供技术情报、查询服务。

将中国科学技术情报所及其重庆分所和上海市科技情报所收藏的专利文献资料划归专利局，作为审查专利的材料，并供有关工业部门、贸易部门、科研单位查询。

3. 开展国际联系和合作。

同各国专利局、专利代理机构、国际专利组织建立联系，开展合作与交流。“世界知识产权组织”的宗旨是促进知识产权保护工作在国家之间和国际组织之间的合作。加入该组织，除交纳会费外，不承担什么义务，我国成立专利局后，建议参加。巴黎公约是有关工业产权问题的实质性条约，参加国必须遵守条约规定。发展中国家要求修改巴黎公约，与发达国家之间斗争激烈。我们对情况不大了解，建议暂不参加。

4. 承担引进技术的技术审查工作。

《南斯拉夫于外国技术合作法》规定，引进技术，必须经过专利局审查，证明此项技术是先进的，专利有效期未满，才能引进。法国、波兰等国家专利局，也承担这项任务。建议我国专利局成立后，创造条件，逐步开展对引进技术的审查工作。

专利局的建设规模、初步设想，暂定一千人左右，上海成立分局，五百人左右，作为事业单位，其中百分之七十是审查人员和法律人员。五年内配齐。当前编制北京一百五十人，上海五十人。人员要经过挑选、考核。

为应急需，拟请中组部从科学院、教育部、科委、文化部、各工业部门抽调六十至八十名专业人员（要求三十户迁入北京市的户口）。人员条件是：懂一门技术、美术或法律，能看一种外文资料，年龄在五十岁以下。

专利局的基本建设。在北京、上海各建一幢专用的办公楼（包括资料库、阅览室、计算机房、印刷厂等），及相应的宿舍。请予批准，作为紧急任务安排。

（三）建立专利代理机构。外国人向我国申请专利，必须通过代理机构，不得直接向专利局申请。我国际贸易促进委员会一直代理外商在中国申请商标注册，并代理中国企业、公司在外国申请商标注册。建议由贸促会承担专利代理业务，编制二百人左右，五年内配齐。目前先解决三十人（十户迁入北京市的户口）。

（四）开展专利知识的宣传普及和政治思想教育。专利工作在我国是一项新工作，国内对专利了解很少。在筹备建立专利制度的同时，有必要广泛宣传。除专利局进行外，建议中国科协在群众中广泛宣传、普及专利知识，采取多种形式鼓励发明创造和技术革新。

关于《中华人民共和国专利法(草案)》的说明(1983 年)[1]

（中国专利局局长黄坤益，1983 年 12 月 2 日）

现在我受国务院的委托，就《中华人民共和国专利法（草案）》作如下说明：

一、起草经过

我国于 1950 年曾颁布了《保障发明权与专利权暂行条例》，该条例于 1963 年废止。

为适应社会主义现代化建设和实行对外开放政策的需要，我国从 1978 年起开始筹建专利制度。1979 年 3 月着手草拟专利法。1980 年 1 月，国务院批准了国家科委《关于我国建立专利制度的请示报告》，成立了中国专利局。中国专利局等单位在起草专利法的过程中，考察了各种类型国家的专利制度，参考了几十个国家的专利法资料，广泛征求了国内有关单位的意见。国务院于 1982 年 9 月再次做出了在我国实行专利制度的决定。赵紫阳总理在五届人大五次会议上所做的《关于第六个五年计划的报告》中，提出了要“制定和施行专利法”。1983 年 8 月国务院常务会议讨论并原则通过了《中华人民共和国专利法（草案）》。

二、建立专利制度的必要性

专利制度是国际上通行的一种利用法律的和经济的手段推动技术进步的

〔1〕 首任专利局长黄坤益 1983 年 12 月 2 日在第六届全国人民代表大会常务委员会第三次会议上就《中华人民共和国专利法（草案）》所做的说明，简要介绍我国专利法的起草背景，是了解我国专利法诞生情况的重要文献。

管理制度。这个制度的基本内容是依据专利法，对申请专利的发明，经过审查和批准授予专利权，同时把申请专利的发明内容公之于世，以便进行发明创造信息交流和有偿技术转让。为了保护和鼓励发明创造，促进技术发明成果的推广，便利从国外引进新技术，加速我国的现代化建设，需要及早公布专利法，尽快把专利制度建立起来。

专利制度是在技术发明成果成为财富、成为商品的历史条件下产生和发展的。技术发明成果是劳动的产物，它凝结着发明人的创造性的脑力劳动，在许多情况下还凝结着试验研究仪器、设备和试验材料等物化劳动和一些辅助性的体力劳动，但起决定作用的是创造性的脑力劳动。技术发明成果运用到生产中去还可以转化为生产力，产生经济、技术和社会效果。因此，同其他商品一样，它也具有价值和使用价值，也应被作为财富加以保护。由于在社会主义条件下还存在着商品生产，为了社会主义现代化建设的需要，应当大力发展技术发明成果这样的商品的生产和交换。这就是我国建立专利制度的基本理论依据。

过去我们对技术发明成果强调国家所有，任何单位都可无偿使用，这样，发明人及其所在单位就不能从中得到经济利益。这是一种“吃大锅饭”的平均主义表现，不利于调动广大群众和各单位搞发明创造的积极性。进行经济体制改革以来，虽已开始实行技术有偿转让，但由于缺乏法律保护，不断出现产权纠纷及封锁保密现象。外国人也存在种种疑虑，不愿向我们转让有竞争能力的新技术，有时虽愿意转让，但索要高价。为了适应当前经济体制改革的需要，保护社会主义竞争，克服目前我国科技领域内存在的平均主义，打破技术封锁，发展国内外的经济技术交流，促进我国经济技术的进步，我国迫切需要建立专利制度。此外，在已经颁布的《中华人民共和国中外合资经营企业法》和《中华人民共和国商标法》中，对承认保护专利和商标的专用权都有明文规定。这是我国建立专利制度的实际依据。

建立专利制度对技术的交流推广和打破技术封锁是否有利？我们认为，从总体来讲是有利的。因为专利制度的一个最主要的特点就是它的“公开性”。申请专利的发明，必须将其主要内容写成详细说明，由专利局予以公布。这样做，有利于打破技术封锁。当然，这只是对申请专利的这部分发明而言。在我们国家内，要完全解决技术封锁的问题，还需要在其他方面采取相应的措施。

实行专利制度，也有束缚我们手脚的一面，这主要是指对于外国人来我国申请并取得专利保护的技术发明成果，今后不能任意仿制和无偿使用，如需使用，应同专利权人订立许可合同并支付使用费。有些技术发明成果通过有偿转让，可能比仿制更省时间、省钱。权衡利弊，从全局和发展的观点看，利将大于弊。因此，应该尽早颁布专利法，建立专利制度。

三、专利法（草案）的主要内容

专利法是国内法，也是涉外法，既要适合我国国情，又要考虑国际上通行的惯例。我国是一个发展中的社会主义国家，专利法必须考虑到这个特点，才能行之有效，并在激烈的国际竞争中保护自己的权益。

现就专利法（草案）中的几个主要问题说明如下：

第一、关于专利权。

专利法的核心是专利权问题。专利权是一种财产权，是排他性的，即非经专利权人同意，其他人不得制造、使用和销售专利产品，或使用专利方法。为体现我国社会主义经济制度的特点，处理好国家、集体和个人对这种财产权的关系，草案规定：

工作人员因执行本单位的任务或主要是利用本单位的物质条件所完成的职务发明创造，申请并取得专利的权利属于该单位；非职务发明创造，申请并取得专利的权利属于发明人或设计人。

根据现代科学技术发展的实际情况，职务发明创造占发明创造的绝大多数。因此，我国绝大多数的专利权将归社会主义公有制单位所有。

草案还规定，根据国家计划的需要，我国全民所有制单位之间相互不能拒绝使用取得专利权的发明创造，但使用单位应支付使用费。草案还规定，全民所有制单位转让专利权时，需经其上级主管部门批准。这说明我国全民所有制单位所取得的专利权只具有相对的排他性。

对专利权作了这些规定，将保证不会产生像资本主义国家那样的独家垄断，也可避免不按国家计划对某些热门产品一拥而上的情况。

第二、关于专利保护的对象。

为充分调动发明创造的积极性，草案规定，专利保护的对象有三种：发明、实用新型和外观设计。

对申请专利的发明须经过严格的技术审查。审查的标准同美、日等工业发达国家的标准基本相同。这样我们批准的专利发明将是比较先进的。

为了保护和鼓励广大群众从事小发明（即实用新型）和外观设计的积极性，专利的保护范围包括实用新型和外观设计，这可以鼓励产品品种和花色的多样化，以满足人民生活和生产日益增长的需要，增强出口的竞争能力。

考虑到我国当前的科学技术和工业发展水平不高，加上实行专利制度还缺乏经验，草案对保护的技术领域的限制较严。这是大多数发展中国家的做法。我们准备在实施一段时间取得经验以后，再逐步放宽。目前暂不给予专利保护的范围主要是某些新物质，如药品、食品和各种化学合成物质的新品种，还包括不适于用专利保护的动物和植物新品种等。这是因为这些物质对人民生活、保健及加工工业的影响很深、很广，如给予专利保护，搞不好容易束缚手脚。但对生产这些物质的新方法包括新的化学配方，仍可授予专利权，以有利于进行技术改造及从国外引进新技术。

对科学发现、数学方法和疾病的诊断治疗方法，草案规定不授予专利权，因为它们不能直接用于工农业生产，不属于专利法保护的范围。这种规定是符合国际惯例的。

第三、关于保密发明的专利保护。

专利制度的重要特点之一是它的公开性，申请专利的发明经审查批准后，一般即由专利局予以公布。但出于对国家的利益考虑，大多数国家，对涉及国家安全和重大利益需要保密的发明虽给予专利权，却不予以公开。

为保护国家机密，并适应对外开放政策和实行专利制度的需要，草案规定，对涉及国家安全和重大利益需要保密的专利申请，应按国家有关规定办理。对国防专用发明的专利申请，由国防主管部门办理。对非国防专用的发明，不应不加区别地都列入保密范围，而且大部分发明，例如公开出售的产品和向国外转让的技术，一般是无法保密的；需要保密的发明，可以首先向专利局提出专利申请，然后在一定期限内，由有关主管部门提出保密审查意见，应该保密的，由专利局按保密专利处理。

第四、关于对发明人的奖励和报酬。

为了鼓励发明创造的积极性，对发明人应给予工资以外的一定的补偿。草案规定，取得专利权的单位应当根据发明创造的意义和实施后的经济效益，对做出发明创造的个人给予奖励和报酬。

奖励包括精神的和物质的两个方面，这是对发明人创造精神予以褒奖，以表彰革新。报酬是指取得专利权的单位在一定时间内，从实施或有偿转让专利发明所得的收益中提取一定的比例，对发明人的创造性脑力劳动给予一定的补偿。这是符合社会主义按劳分配的原则的。取得专利权的单位可以从实施或有偿转让的收益中收回一部分财力、物力和智力投资，国家也可以对这部分收益按规定收取税金，补偿一部分科研投资。这样，就兼顾了国家、集体和个人三者的利益。

这里要附带说明一点，专利法同我国现行的发明奖励条例，不是相互对立的，两者有区别又有联系，可以同时存在，相辅相成。专利法和发明奖励条例虽然都是鼓励发明的，但专利法指的发明是一种构思，是解决技术课题的方案，其中大部分还没有实施；发明奖励条例指的发明是已经实施，经过实践证明可以应用的重大科学技术新成就。取得专利的发明符合发明奖励条例规定的是不多的，因为取得专利的发明，自批准专利到商品化的实施一般需要几年或十几年的时间。有些发明虽然符合发明奖励条例规定，但不能申请专利。专利法和发明奖励条例所规定的审查、批准程序也很不同。特别值得提出的是，取得专利权的单位一般可以得到经济利益，它有利于科研工作的良性循环和新技术与生产的结合；而得到发明奖的发明人所在单位，一般得不到经济利益。当然，现行的发明奖励条例中有某些与专利法不协调的条款，这在颁布专利法之后，可作适当的修改。

第五、关于对外国人的专利保护。

我国实行专利制度的主要目的之一是便于引进外国的先进技术，鼓励外国人来我国投资。为此，应鼓励外国人将其新的发明创造送来我国申请专利。出于维护主权和国家利益的考虑，草案规定，外国人来我国申请专利的，应依照其所属国和我国签订的协议或共同参加的国际条约，或依照互惠原则，依法办理。草案规定外国专利权人对在我国取得的专利发明享有专用权，同时又规定他们有义务在我国实施或许可他人实施其专利发明，不能以向我国输出产品代替实施。

有的同志认为，我们现在的科学技术水平比较低，发明不多，实行专利制度后，外国人的专利可能比本国人的多，因而主要是保护了外国人的利益，不如等到我国的科学技术有了较大发展之后再实行。由于我国有广阔的市场，许多外国人会被吸引来申请专利，但由于政治、经济等多种因素，也不会出现我国专利法一公布，外国的最新技术就会像潮水般地涌来的情况。何况我们实行专利制度的目的之一，就是为我国引进国外先进技术提供有利条件。所以，即使外国人来申请专利的数量多一些，也并不是坏事情。因为外国人来申请专利将向我国提供译成中文的最新技术情报，有一部分专利还将在我国实施，我们可以从中选择我们所需要的技术，这将有助于推动我国的技术进步。

有的同志还提出，实行专利制度以后，会不会束缚我们利用专利资料的手脚？这种担心是不必要的。迄今为止，世界上已有约2650万件专利失效，它们已成为公共财富，任何人都可以无偿使用。而现在依然有效的350余万件专利，因都已公开，也就失去了新颖性，今后不可能在我国取得专利权，也就是不可能再取得我国法律的保护。我们不能随意利用或只有付了使用费才能利用的，只是来中国专利局申请，并经审查批准取得了专利权的那部分专利。从世界范围来讲，这部分比例极小。我国有潜力、有人才，利用引进先进技术去创造的财富将大大超过由于承担专利使用费而付出的代价。

第六、关于对侵犯专利权的处罚。

侵犯专利权是一种侵犯财产权的行为，不少国家对此都规定给予民事赔偿和刑事处罚，也有的国家仅规定民事赔偿。为了有效地保护专利权人的权利，草案对侵权行为，除规定予以民事赔偿外，还对情节严重构成犯罪的，规定依法追究刑事责任。由于我国的刑法对侵犯专利权尚无具体规定，在刑法补充相应条款前，可以比照刑法第127条假冒商标罪论处。根据国外的情况，侵犯专利权的纠纷，多数由双方自行调解或仲裁解决，到法院起诉的为数不多，需要给予刑事处罚的更少。为了减少向法院起诉侵犯专利权的诉讼案件，各部门和地方各级科研成果管理部门可增加管理专利工作的职能，除负责对有关专利工作的指导外，经专利权人请求，还应负责调解有关专利的纠纷。

专利法不是一项孤立的法规，它的实施应同其他有关的法规及管理工作相互配合，相互制约。它也同思想工作的加强和各项经济管理体制的改革密不可分。建立专利制度是一项重要的经济和科技体制改革措施，它将有利于我国经济管理素质的改进和提高。

以上是对专利法（草案）中几个问题的简要说明。有关施行专利法的一些具体问题将由实施细则做出规定，以利执行。

对《中华人民共和国专利法（草案）》审议结果的报告(1984 年)[1]

（1984 年 2 月 23 日）

全国人大法律委员会先后开了七次会议，听取法制工作委员会关于修改《中华人民共和国专利法（草案）》的一些问题的汇报，结合全国人大常委会委员、教科文卫委员会以及中央有关部门和省、自治区、直辖市人大常委会的意见，对草案逐条进行了审议。大家认为，为了鼓励发明创造，有利于发明创造的推广应用，促进科学技术的发展，适应社会主义现代化建设的需要，制定专利法，建立专利制度，很有必要。专利法草案从 1979 年开始起草，经过反复研究修改，基本上是成熟的、可行的。同时，提出以下主要修改建议：

一、关于保护专利权问题

草案对保护专利权做了规定，这对鼓励国内发明创造和引进国外先进技术是必要的。针对一些外国专利权人的某些疑虑，对草案第 49 条规定“任何单位或个人欲实施他人的专利发明，均应与发明专利权人订立书面许可合同”，补充规定被许可人“无权允许合同规定以外的任何单位或者个人实施该专利”（修改稿 12 条）。同时，对草案关于专利局可以做出强制许可实施某项专利的决定以及当事人不能就实施强制许可的使用费达成协议的，由专利局裁决的规定，补充规定：“专利权人对专利局关于实施强制许可的决定或者关于实施强制许可的使用费的裁决不服的，可以在收到通知之日起 3 个月内向人民法院起诉。”（修改稿第 58 条）

〔1〕 这是 1984 年 2 月 23 日全国人民代表大会法律委员会对《中华人民共和国专利法（草案）》审议结果的报告，体现了专利法诞生的背景和一些制度的取舍依据。

二、关于国内专利发明创造的推广应用问题

草案规定，实施国外专利的，必须经过专利权人的许可。对国内的专利则还要考虑怎样有利于先进技术的推广应用。因此，将草案第 41 条规定“取得专利权的我国全民所有制单位不得拒绝其他全民所有制单位为执行国家计划利用其专利发明，但利用单位应与持有专利权的单位订立合同，并按国家有关规定支付使用费”，修改为：“国务院有关主管部门和省、自治区、直辖市人民政府根据国家计划，有权决定本系统内或者所管辖的全民所有制单位持有的重要发明创造专利允许指定的单位实施，由实施单位按照国家规定向持有专利权的单位支付使用费。”（修改稿第 14 条第一款）并增加规定：“中国集体所有制单位和个人的专利，对国家利益和公共利益具有重大意义，需要推广应用的，由国务院有关主管部门报国务院批准后，参照上款规定办理。”（修改稿第 14 条第二款）

三、关于专利的所有权问题

草案第 6 条规定全民所有制单位的职务发明创造，“申请并取得专利的权利属于该单位”，不够确切，因为全民所有制单位的职务发明创造专利的所有权应当属于国家。因此，修改为“申请被批准后，全民所有制单位申请的，专利权归该单位持有”。外资企业和中外合资经营企业同我国全民所有制单位的专利权是有所不同的，因而增加规定：“在中国境内的外资企业和中外合资经营企业的工作人员完成的职务发明创造，申请专利的权利属于该企业；非职务发明创造，申请专利的权利属于发明人或者设计人。申请被批准后，专利权归申请的单位或者个人所有。”

四、关于法律责任问题

草案第 78 条规定：“专利权受到侵犯时，专利权人或利害关系人有权要求侵权人停止侵犯和赔偿损失，或向人民法院起诉。”考虑到专利权纠纷的处理是专业性很强的工作，行政主管部门即专利管理机关应当有权处理。因此，将这一条修改为：“对未经专利权人许可，实施其专利的侵权行为，专利权人或者利害关系人可以请求专利管理机关进行处理，也可以直接向人民法院起

诉。专利管理机关处理的时候，有权责令侵权人停止侵权行为，并赔偿损失；当事人不服的，可以在收到通知之日起3个月内向人民法院起诉；期满不起诉又不履行的，专利管理机关可以请求人民法院强制执行。”（修改稿第60条）鉴于未经专利权人许可而使用或者销售其专利产品的情况比较复杂，为了划清侵权与非侵权的界限，补充规定下列两种情况不属于侵犯专利权的行为：一是专利权人制造或者经专利权人许可制造的专利产品售出后，使用或者销售该产品的；二是使用或者销售不知道是未经专利权人许可而制造并售出的专利产品的（修改稿第62条第一项、第二项）。

草案第80条规定：“侵犯专利权，情节严重，构成犯罪的，依法追究刑事责任。”考虑到未经专利权人许可而实施其专利的行为，属于民事侵权行为，可以按照民事案件起诉，要求赔偿损失，以不规定追究刑事责任为好。至于假冒他人专利，以假充真的，由于可能对消费者造成损害，可以比照刑法关于假冒商标罪的规定追究刑事责任。因此，将这一条改为：“假冒他人专利的，比照本法第60条的规定处理；情节严重的，对直接责任人员比照刑法第127条的规定追究刑事责任。”（修改稿第63条）

草案第83条规定：“专利局工作人员及有关人员违反本法第16条规定，或玩忽职守，徇私舞弊，危害申请人利益的，应给予行政处分；构成犯罪的，依法追究刑事责任。”考虑到国家工作人员玩忽职守的，可以依照刑法有关规定追究刑事责任，专利法可以不另作规定。徇私舞弊的，刑法第188条仅适用于司法工作人员。因此，将这一条修改为：“专利局工作人员及有关国家工作人员徇私舞弊的，由专利局或者有关主管机关给予行政处分；情节严重的，比照刑法第188条的规定追究刑事责任。”（修改稿第66条）

五、关于是否规定进口专利产品应经专利局或者专利权人同意的问题

草案第40条第二款规定：“发明专利权人在中国制造其专利产品或使用其专利方法后，其他人进口在外国制造的该专利产品或直接由该专利方法制造的产品时，应征得专利局的同意，并经国家主管进口部门批准。”在征求意见时，普遍不同意作这样的规定，由于有关部门对此意见还不一致，而且缺乏实践经验，可以暂不作规定。

关于专利法是规定保护发明、实用新型、外观设计三种专利，还是先规

定保护发明一种专利的问题，一直存在不同意见。我们意见，可以维持国务院通过的草案的规定，即规定保护三种专利不再修改。

此外，为了使专利法更加简明，符合法律规范的要求，对草案的结构和文字作了一些调整和修改。

草案修改稿已经按照上述意见作了修改，法律委员会建议常委会审议通过。

中华人民共和国专利法(1984年)[1]

(1984年3月12日第六届全国人民代表大会常务委员会第四次会议通过，
1984年3月12日中华人民共和国主席令第十一号公布，
自1985年4月1日起施行)

第一章 总则

第一条 为了保护发明创造专利权，鼓励发明创造，有利于发明创造的推广应用，促进科学技术的发展，适应社会主义现代化建设的需要，特制定本法。

第二条 本法所称的发明创造是指发明、实用新型和外观设计。

第三条 中华人民共和国专利局受理和审查专利申请，对符合本法规定的发明创造授予专利权。

第四条 申请专利的发明创造涉及国家安全或者重大利益需要保密的，按照国家有关规定办理。

第五条 对违反国家法律、社会公德或者妨害公共利益的发明创造，不授予专利权。

第六条 执行本单位的任务或者主要是利用本单位的物质条件所完成的职务发明创造，申请专利的权利属于该单位；非职务发明创造，申请专利的权利属于发明人或者设计人。申请被批准后，全民所有制单位申请的，专利权归该单位持有；集体所有制单位或者个人申请的，专利权归该单位或者个人所有。

在中国境内的外资企业和中外合资经营企业的工作人员完成的职务发明

〔1〕 我国专利法自1984年通过后，经过了1992年、2000年、2008年3次全文修正，2012年国家知识产权局又启动了新一轮的旨在强化专利权保护的专利法修改工作。尽管经历3次全文修改，但专利法的基本结构变化不大。

创造，申请专利的权利属于该企业；非职务发明创造，申请专利的权利属于发明人或者设计人。申请被批准后，专利权归申请的企业或者个人所有。

专利权的所有人和持有人统称专利权人。

第七条 对发明人或者设计人的非职务发明创造专利申请，任何单位或者个人不得压制。

第八条 两个以上单位协作或者一个单位接受其他单位委托的研究、设计任务所完成的发明创造，除另有协议的以外，申请专利的权利属于完成或者共同完成的单位；申请被批准后，专利权归申请的单位所有或者持有。

第九条 两个以上的申请人分别就同样的发明创造申请专利的，专利权授予最先申请的人。

第十条 专利申请权和专利权可以转让。

全民所有制单位转让专利申请权或者专利权的，必须经上级主管机关批准。

中国单位或者个人向外国人转让专利申请权或者专利权的，必须经国务院有关主管部门批准。

转让专利申请权或者专利权的，当事人必须订立书面合同，经专利局登记和公告后生效。

第十一条 发明和实用新型专利权被授予后，除本法第 14 条规定的以外，任何单位或者个人未经专利权人许可，都不得实施其专利，即不得为生产经营目的制造、使用或者销售其专利产品，或者使用其专利方法。

外观设计专利权被授予后，任何单位或者个人未经专利权人许可，都不得实施其专利，即不得为生产经营目的制造或者销售其外观设计专利产品。

第十二条 任何单位或者个人实施他人专利的，除本法第 14 条规定的以外，都必须与专利权人订立书面实施许可合同，向专利权人支付专利使用费。被许可人无权允许合同规定以外的任何单位或者个人实施该专利。

第十三条 发明专利申请公布后，申请人可以要求实施其发明的单位或者个人支付适当的费用。

第十四条 国务院有关主管部门和省、自治区、直辖市人民政府根据国家计划，有权决定本系统内或者所管辖的全民所有制单位持有的重要发明创造专利允许指定的单位实施，由实施单位按照国家规定向持有专利权的单位支付使用费。

中国集体所有制单位和个人的专利，对国家利益或者公共利益具有重大意义，需要推广应用的，由国务院有关主管部门报国务院批准后，参照上款规定办理。

第十五条　专利权人有权在其专利产品或者该产品的包装上标明专利标记和专利号。

第十六条　专利权的所有单位或者持有单位应当对职务发明创造的发明人或者设计人给予奖励；发明创造专利实施后，根据其推广应用的范围和取得的经济效益，对发明人或者设计人给予奖励。

第十七条　发明人或者设计人有在专利文件中写明自己是发明人或者设计人的权利。

第十八条　在中国没有经常居所或者营业所的外国人、外国企业或者外国其他组织在中国申请专利的，依照其所属国同中国签订的协议或者共同参加的国际条约，或者依照互惠原则，根据本法办理。

第十九条　在中国没有经常居所或者营业所的外国人、外国企业或者外国其他组织在中国申请专利和办理其他专利事务的，应当委托中华人民共和国国务院指定的专利代理机构办理。

中国单位或者个人在国内申请专利和办理其他专利事务的，可以委托专利代理机构办理。

第二十条　中国单位或者个人将其在国内完成的发明创造向外国申请专利的，应当首先向专利局申请专利，并经国务院有关主管部门同意后，委托国务院指定的专利代理机构办理。

第二十一条　在专利申请公布或者公告前，专利局工作人员及有关人员对其内容负有保密责任。

第二章　授予专利权的条件

第二十二条　授予专利权的发明和实用新型，应当具备新颖性、创造性和实用性。

新颖性，是指在申请日以前没有同样的发明或者实用新型在国内外出版物上公开发表过、在国内公开使用过或者以其他方式为公众所知，也没有同样的发明或者实用新型由他人向专利局提出过申请并且记载在申请日以后公布的专利申请文件中。

创造性，是指同申请日以前已有的技术相比，该发明有突出的实质性特点和显著的进步，该实用新型有实质性特点和进步。

实用性，是指该发明或者实用新型能够制造或者使用，并且能够产生积极效果。

第二十三条 授予专利权的外观设计，应当同申请日以前在国内外出版物上公开发表过或者国内公开使用过的外观设计不相同或者不相近似。

第二十四条 申请专利的发明创造在申请日以前六个月内，有下列情形之一的，不丧失新颖性：

一、在中国政府主办或者承认的国际展览会上首次展出的；

二、在规定的学术会议或者技术会议上首次发表的；

三、他人未经申请人同意而泄露其内容的。

第二十五条 对下列各项，不授予专利权：

一、科学发现；

二、智力活动的规则和方法；

三、疾病的诊断和治疗方法；

四、食品、饮料和调味品；

五、药品和用化学方法获得的物质；

六、动物和植物品种；

七、用原子核变换方法获得的物质。

对上款第四项至第六项所列产品的生产方法，可以依照本法规定授予专利权。

第三章　专利的申请

第二十六条 申请发明或者实用新型专利的，应当提交请求书、说明书及其摘要和权利要求书等文件。

请求书应当写明发明或者实用新型的名称，发明人或者设计人的姓名，申请人姓名或者名称、地址，以及其他事项。

说明书应当对发明或者实用新型做出清楚、完整的说明，以所属技术领域的技术人员能够实现为准；必要的时候，应当有附图。摘要应当简要说明发明或者实用新型的技术要点。

权利要求书应当以说明书为依据，说明要求专利保护的范围。

第二十七条 申请外观设计专利的，应当提交请求书以及该外观设计的图片或者照片等文件，并且应当写明使用该外观设计的产品及其所属的类别。

第二十八条 专利局收到专利申请文件之日为申请日。如果申请文件是邮寄的，以寄出的邮戳日为申请日。

第二十九条 外国申请人就同一发明或者实用新型在外国第一次提出专利申请之日起十二个月内，或者就同一外观设计在外国第一次提出专利申请之日起六个月内，又在中国提出申请的，依照其所属国同中国签订的协议或者共同参加的国际条约，或者依照相互承认优先权的原则，可以享有优先权，即以其在外国第一次提出申请之日为申请日。

申请人要求优先权，有本法第 24 条所列情形之一的，优先权的期限自该情形发生之日起计算。

第三十条 申请人要求优先权的，应当在申请的时候提出书面声明，写明在外国提出申请的申请日和受理该申请的国家，并且在三个月内提交经该国受理机关证明的该申请文件副本；未提出书面声明或者逾期未提交文件的，即被视为未要求优先权。

第三十一条 一件发明或者实用新型专利申请应当限于一项发明或者实用新型。属于一个总的发明构思的两项以上的发明或者实用新型，可以作为一件申请提出。

一件外观设计专利申请应当限于一种产品所使用的一项外观设计。用于同一类别并且成套出售或者使用的产品的两项以上的外观设计，可以作为一件申请提出。

第三十二条 申请人可以在被授予专利权之前随时撤回其专利申请。

第三十三条 申请人可以对其专利申请文件进行修改，但是不得超出原说明书记载的范围。

第四章 专利申请的审查和批准

第三十四条 专利局收到发明专利申请后，经初步审查认为符合本法要求的，自申请日起十八个月内，予以公布。专利局可以根据申请人的请求早日公布其申请。

第三十五条 发明专利申请自申请日起三年内，专利局可以根据申请人随时提出的请求，对其申请进行实质审查；申请人无正当理由逾期不请求实质审查的，该申请即被视为撤回。

专利局认为必要的时候，可以自行对发明专利申请进行实质审查。

第三十六条 发明专利的申请人请求实质审查的时候，应当提交在申请日前与其发明有关的参考资料。

发明专利已经在外国提出过申请的，申请人请求实质审查的时候，应当提交该国为审查其申请进行检索的资料或者审查结果的资料；无正当理由不提交的，该申请即被视为撤回。

第三十七条 专利局对发明专利申请进行实质审查后，认为不符合本法规定的，应当通知申请人，要求其在指定的期限内陈述意见，或者对其申请进行修改；无正当理由逾期不答复的，该申请即被视为撤回。

第三十八条 发明专利申请经申请人陈述意见或者进行修改后，专利局仍然认为不符合本法规定的，应当予以驳回。

第三十九条 发明专利申请经实质审查没有发现驳回理由的，专利局应当做出审定，予以公告，并通知申请人。

第四十条 专利局收到实用新型和外观设计专利申请后，经初步审查认为符合本法要求的，不再进行实质审查，即行公告，并通知申请人。

第四十一条 专利申请自公告之日起三个月内，任何人都可以依照本法规定向专利局对该申请提出异议。专利局应当将异议的副本送交申请人，申请人应当在收到异议副本之日起三个月内提出书面答复；无正当理由逾期不提出书面答复的，该申请即被视为撤回。

第四十二条 专利局经审查认为异议成立的，应当做出驳回申请的决定，并通知异议人和申请人。

第四十三条 专利局设立专利复审委员会。申请人对专利局驳回申请的决定不服的，可以在收到通知之日起三个月内，向专利复审委员会请求复审。专利复审委员会复审后，做出决定，并通知申请人。

发明专利的申请人对专利复审委员会驳回复审请求的决定不服的，可以在收到通知之日起三个月内向人民法院起诉。

专利复审委员会对申请人关于实用新型和外观设计的复审请求所作出的

决定为终局决定。

第四十四条　对专利申请无异议或者经审查异议不成立的，专利局应当做出授予专利权的决定，发给专利证书，并将有关事项予以登记和公告。

第五章　专利权的期限、终止和无效

第四十五条　发明专利权的期限为十五年，自申请日起计算。

实用新型和外观设计专利权的期限为五年，自申请日起计算，期满前专利权人可以申请续展三年。

专利权人享有优先权的，专利权的期限自在中国申请之日起计算。

第四十六条　专利权人应当自被授予专利权的当年开始缴纳年费。

第四十七条　有下列情形之一的，专利权在期限届满前终止：

一、没有按照规定缴纳年费的；

二、专利权人以书面声明放弃其专利权的。

专利权的终止，由专利局登记和公告。

第四十八条　专利权被授予后，任何单位或者个人认为该专利权的授予不符合本法规定的，都可以请求专利复审委员会宣告该专利权无效。

第四十九条　专利复审委员会对宣告专利权无效的请求进行审查，做出决定，并通知请求人和专利权人。宣告专利权无效的决定，由专利局登记和公告。

对专利复审委员会宣告发明专利权无效或者维持发明专利权的决定不服的，可以在收到通知之日起三个月内向人民法院起诉。

专利复审委员会对宣告实用新型和外观设计专利权无效的请求所做出的决定为终局决定。

第五十条　宣告无效的专利权视为自始即不存在。

第六章　专利实施的强制许可

第五十一条　专利权人负有自己在中国制造其专利产品、使用其专利方法或者许可他人在中国制造其专利产品、使用其专利方法的义务。

第五十二条　发明和实用新型专利权人自专利权被授予之日起满三年，无正当理由没有履行本法第 51 条规定的义务的，专利局根据具备实施条件的单位的申请，可以给予实施该专利的强制许可。

第五十三条 一项取得专利权的发明或者实用新型比前已经取得专利权的发明或者实用新型在技术上先进，其实施又有赖于前一发明或者实用新型的实施的，专利局根据后一专利权人的申请，可以给予实施前一发明或者实用新型的强制许可。

在依照上款规定给予实施强制许可的情形下，专利局根据前一专利权人的申请，也可以给予实施后一发明或者实用新型的强制许可。

第五十四条 依照本法规定申请实施强制许可的单位或者个人，应当提出未能以合理条件与专利权人签订实施许可合同的证明。

第五十五条 专利局做出的给予实施强制许可的决定，应当予以登记和公告。

第五十六条 取得实施强制许可的单位或者个人不享有独占的实施权，并且无权允许他人实施。

第五十七条 取得实施强制许可的单位或者个人应当付给专利权人合理的使用费，其数额由双方商定；双方不能达成协议的，由专利局裁决。

第五十八条 专利权人对专利局关于实施强制许可的决定或者关于实施强制许可的使用费的裁决不服的，可以在收到通知之日起三个月内向人民法院起诉。

第七章 专利权的保护

第五十九条 发明或者实用新型专利权的保护范围以其权利要求的内容为准，说明书及附图可以用于解释权利要求。

外观设计专利权的保护范围以表示在图片或者照片中的该外观设计专利产品为准。

第六十条 对未经专利权人许可，实施其专利的侵权行为，专利权人或者利害关系人可以请求专利管理机关进行处理，也可以直接向人民法院起诉。专利管理机关处理的时候，有权责令侵权人停止侵权行为，并赔偿损失；当事人不服的，可以在收到通知之日起三个月内向人民法院起诉；期满不起诉又不履行的，专利管理机关可以请求人民法院强制执行。

在发生侵权纠纷的时候，如果发明专利是一项产品的制造方法，制造同样产品的单位或者个人应当提供其产品制造方法的证明。

第六十一条 侵犯专利权的诉讼时效为二年，自专利权人或者利害关系人得知或者应当得知侵权行为之日起计算。

第六十二条 有下列情形之一的，不视为侵犯专利权：

一、专利权人制造或者经专利权人许可制造的专利产品售出后，使用或者销售该产品的；

二、使用或者销售不知道是未经专利权人许可而制造并售出的专利产品的；

三、在专利申请日前已经制造相同产品、使用相同方法或者已经作好制造、使用的必要准备，并且仅在原有范围内继续制造、使用的；

四、临时通过中国领土、领水、领空的外国运输工具，依照其所属国同中国签订的协议或者共同参加的国际条约，或者依照互惠原则，为运输工具自身需要而在其装置和设备中使用有关专利的；

五、专为科学研究和实验而使用有关专利的。

第六十三条 假冒他人专利的，依照本法第60条的规定处理；情节严重的，对直接责任人员比照刑法第一百二十七条的规定追究刑事责任。

第六十四条 违反本法第20条规定，擅自向外国申请专利，泄露国家重要机密的，由所在单位或者上级主管机关给予行政处分；情节严重的，依法追究刑事责任。

第六十五条 侵夺发明人或者设计人的非职务发明创造专利申请权和本法规定的其他权益的，由所在单位或者上级主管机关给予行政处分。

第六十六条 专利局工作人员及有关国家工作人员徇私舞弊的，由专利局或者有关主管机关给予行政处分；情节严重的，比照刑法第一百八十八条的规定追究刑事责任。

第八章　附则

第六十七条 向专利局申请专利和办理其他手续，应当按照规定缴纳费用。

第六十八条 本法实施细则由专利局制订，报国务院批准后施行。

第六十九条 本法自1985年4月1日起施行。

国家经委、国家科委、劳动人事部、中国专利局关于在全国设置专利工作机构的通知(1984年)[1]

(1984年8月23日)

各省、自治区、直辖市人民政府、国务院各部委、各直属机构，中国科学院、国防科工委、解放军总后勤部：

中华人民共和国专利法将于明年四月一日起施行。为了做好实施专利法的准备工作，根据专利法，需要在全国范围内建立相应的专利管理机关和专利服务机构，经研究，就此问题特作如下通知：

一、设置专利管理机关

根据专利法第60条规定：“对未经专利权人许可，实施其专利的侵权行为，专利权人或者利害关系人可以请求专利管理机关进行处理，也可以直接向人民法院起诉。专利管理机关处理的时候，有权责令侵权人停止侵权行为，并赔偿损失，当事人不服的，可以在收到通知之日三起个月内向人民法院起诉；期满不起诉又不履行的，专利管理机关可以请求人民法院强制执行”。专利法第14条、六十四条、二十条和六十五条，对擅自向外国申请专利、泄露国家重要机密的或侵夺非职务发明人的权益等，规定由专利管理机关进行干预和处理。因此，专利管理机关具有执行和管理的双重职能，其主要职责是：

1、制订本地区、本部门专利工作的规划和计划；

2、组织协调本地区、本部门的专利工作并进行业务指导；

3、处理本地区、本部门的专利纠纷；

4、管理本地区、本部门的许可证贸易和技术引进中有关专利的工作；

---

〔1〕 随着我国专利法的颁布，一系列配套性的规范相继发布。本通知和下一篇提供的专利局《关于建立专利管理机关的公告》都是关于专利工作机构及其职责的规范。

5、组织专利工作的宣传教育和干部培训；

6、领导本地区、本部门的专利服务机构。

省、自治区、直辖市一般设专利管理处，专利工作任务繁重的省、自治区和直辖市可以设专利管理局；各工业部、局和经济特区、开放城市亦可设专利管理处。使用事业编制，其编制人数由地方政府、各部门具体审定，可考虑局的规模不超过 15 人，处的规模不超过 10 人；地方专利管理机关可由科委或经委领导，部门的专利管理机关由部门科技局（司）领导。管理局、处长的人选，除按“四化”要求外，最好由具有大专文化程度学理工科、法律、科技管理或经济管理的人员担任。专利管理机关行政上以地方（部门）领导为主，业务由中国专利局指导。

省、自治区、直辖市、国务院各部委、直属机构下属单位的专利管理机构的设置和规模，由地方政府和各部门自定。

二、建立和健全专利服务机构

开展专利工作还必须建立和健全专利服务机构。省、自治区、直辖市和工业部门，可根据各自实际需要设置不尽相同的专利服务机构，主要承担专利文献服务、专利代理、专利技术开发和专利情报咨询等项工作；具体任务是：

1、为用户或读者提供专利文献服务，开展代查、代译、代复印和专利情报方面的咨询工作；

2、提供专利的代理服务，为申请人提供申请专利可行性的咨询、为申请人编写专利申请文件、办理申请和审查请求等项具体事务，取得专利权后，为专利权人提供实施专利咨询和代理许可证贸易等业务；

3、筹集专利发明基金，对发明人或发明单位在发明创造、申请专利和实施专利中遇到困难者，提供一定的经费帮助。

关于专利文献服务工作，各省、自治区和直辖市已有一定力量，考虑到在施行专利法后，专利文献服务工作量必将逐渐增加，而专利代理不但是全新的工作、而且是要经过专门训练和培养才能完成的工作，因此地方和部门要根据服务工作量的大小，配备适量的事业编制，可考虑先配备 20 至 30 人。

三、经费问题

专利管理机关和专利服务机构的经费，主要由地方政府和各部门自己解决。财政部每年拨一定数额经费，由专利局统一管理和分配使用，主要作为补贴开办专利事业购买国外新出版的专利文献。

省、自治区、直辖市，国务院各部委，直属机构下属单位的专利服务机构的经费，由地方政府、部门自行解决。

四、关于国防科研和国防工业的发明创造如何管理与服务，建议由国防科工委，总后勤部提出具体意见，与中国专利局共同商定。

五、专利司法机关的设置，请司法部和最高人民法院确定。

请各有关单位按此通知执行。

专利局关于建立专利管理机关的公告(1984年)

（专利局公告第2号，1984年8月30日）

一、为适应施行专利法的需要，根据专利法的规定，经国务院批准，国家经委、国家科委、劳动人事部、中国专利局联合发出《关于在全国设置专利工作机构的通知》，要求各省、自治区、直辖市一般设置专利管理处，专利工作任务繁重的省、自治区、直辖市可设专利管理局，各工业部、局和经济特区、开放城市亦可设专利管理处。

专利管理处、局的主要职责是：

（一）制定本地区、本部门专利工作的规划和计划；

（二）组织协调本地区、本部门的专利工作并进行业务指导；

（三）处理本地区、本部门的专利纠纷；

（四）管理本地区、本部门的许可证贸易和技术引进中有关专利的工作；

（五）组织专利工作的宣传教育和干部培训；

（六）领导本地区、本部门的专利服务机构。

《通知》还要求建立和健全专利服务机构，各省、自治区、直辖市和工业部门，可根据各自实际需要设置不尽相同的专利服务机构，主要承担专利文献服务、专利代理、专利技术开发和专利情报咨询等项工作。

二、国务院指定上海专利事务所为我国第二个涉外专利代理机构。上海专利事务所代办外国人来我国申请专利以及我国单位和个人向国外申请专利的有关事务，还承办国内专利代理事务，此前国务院已指定了中国国际贸易促进委员会作为第一个涉外专利代理机构。

中华人民共和国专利法实施细则(1985年)[1]

(1985年1月19日国务院批准，1985年1月19日中国专利局公布)

第一章 总则

第一条 根据《中华人民共和国专利法》(以下简称专利法)第68条的规定，制定本细则。

第二条 专利法所称的发明是指对产品、方法或者其改进所提出的新的技术方案。

专利法所称的实用新型是指对产品的形状、构造或者其结合所提出的适于实用的新的技术方案。

专利法所称的外观设计是指对产品的形状、图案、色彩或者其结合所做出的富有美感并适于工业上应用的新设计。

第三条 专利法和本细则规定的各种手续，应当以书面形式办理。

第四条 依照专利法和本细则规定提交的各种文件应当使用中文。对于国家有统一规定的科技术语，应当采用规范词。外国人名、地名和科技术语无统一中文译文的，应当注明原文。

依照专利法和本细则规定提交的各种证件和证明文件是外文的，专利局可以要求在指定期间内附送中文译本。

第五条 专利局邮寄的各种文件，送达地是省和自治区、直辖市以上城

---

〔1〕 这是我国第一部专利法实施细则，共10章96条，其章数与条款数都比专利法的多，体现出我国经历了几十年没有专利法的环境后，重新实施专利法需要对许多制度细节进行规范的现实情况。

此后，随着专利法的修订和专利工作的发展需要，专利法实施细则在1992年12月12日、2001年6月15日、2010年1月9日国务院通过新的修正案。

市的，自文件发出之日起满七日，其他地区满15日，推定为收件人收到文件之日。

申请人向专利局邮寄的各种文件，以寄出的邮戳日为递交日。如信封上寄出的邮戳日不清晰，除申请人能提出证明外，以专利局收到日为递交日。

第六条 专利法和本细则规定的各种期限的第一日不计算在期限内。期限以年或者月计算的，以其最后一月的相应日为期限届满日；该月无相应日的，以该月最后一日为期限届满日。

期限届满日是法定节假日的，以节假日后的第一个工作日为期限届满日。

第七条 申请人、专利权人或者其他利害关系人因不可抗拒的事由或者其他正当理由而耽误专利法或者本细则规定的期限，或者专利局指定的期限的，在障碍消除后一个月内，可以说明理由，请求顺延期限。但专利法第24条、第29条、第41条第一句、第45条和第61条规定的期限除外。

在专利局指定的期限届满前，申请人因有正当理由要求延长期限的，应当向专利局提出请求，并附具有关的证明。

第八条 国防系统各单位申请专利的发明创造，涉及国家安全需要保密的，其专利申请由国防科技主管部门设立的专利机构受理，专利局应当根据该机构的审查意见做出决定。

第九条 除前条规定外，专利局受理专利申请后，应当将需要进行保密审查的申请转送国务院有关主管部门审查；有关主管部门应当在收到之日起四个月内，将审查结果通知专利局；申请专利的发明创造需要保密的，专利局按保密专利申请处理，并且通知申请人。

第十条 专利法第6条所称执行本单位的任务所完成的职务发明创造是指：

（一）在本职工作中做出的发明创造；

（二）履行本单位交付的本职工作之外的任务所做出的发明创造；

（三）退职、退休或者调动工作后一年内做出的，与其在原单位承担的本职工作或者分配的任务有关的发明创造。

专利法第6条所称的本单位的物质条件是指本单位的资金、设备、零部件、原材料或者不向外公开的技术资料等。

第十一条 专利法所称的发明人或者设计人是指对发明创造的实质性特点做出了创造性贡献的人。在完成发明创造过程中，只负责组织工作的人、为物质条件的利用提供方便的人或者从事其他辅助工作的人，不应当被认为是发明人或者设计人。

第十二条 专利法第9条规定的两个以上的申请人在同一日期分别就同样的发明创造申请专利的，应当在收到专利局的通知后自行协商确定申请人。

第十三条 专利权人应当将其与他人签订的实施专利许可合同，在合同生效后三个月内向专利局备案。

第十四条 专利法第19条第一款和第20条所称的专利代理机构是指中国国际贸易促进委员会、上海专利事务所和中国专利代理有限公司以及国务院指定的其他专利代理机构。

第十五条 申请人委托专利代理机构向专利局申请专利和办理其他专利事务的，应当同时提交委托书，写明委托权限。

第二章 专利的申请

第十六条 申请专利应当向专利局提交申请文件一式两份。

第十七条 专利法第26条第二款所称的请求书中的其他事项是指：

（一）申请人的国籍；

（二）申请人是企业或者其他组织的，其总部所在的国家；

（三）申请人委托专利代理机构的，专利代理机构的名称、地址和专利代理人的姓名；

（四）申请人是单位的，代表人的姓名；

（五）要求优先权的，应当注明的有关事项；

（六）申请人的签字或者盖章；

（七）申请文件清单；

（八）附加文件清单。

申请人有两个以上而未委托专利代理机构的，应当指定一人为代表人；未指定代表人的，以第一署名人为代表人。

申请外观设计专利的，必要时还应当写明对外观设计的简要说明。

第十八条 发明或者实用新型专利申请的说明书，除发明或者实用新型的性质需用其他方式和顺序说明的以外，应当按照下列顺序撰写：

（一）发明或者实用新型的名称，该名称应当与请求书中的名称一致；

（二）发明或者实用新型所属技术领域；

（三）就申请人所知，写明对发明或者实用新型的理解、检索、审查有参考作用的现有技术，并且引证反映该项技术的文件；

（四）发明或者实用新型的目的；

（五）清楚、完整地写明发明或者实用新型的内容，以所属技术领域的普通技术人员能够实现为准；

（六）发明或者实用新型与现有技术相比所具有的优点或者积极效果；

（七）如有附图，应当有图面说明；

（八）详细描述申请人认为实现发明或者实用新型的最好方式，有附图的应当对照附图。

发明或者实用新型说明书可以有化学式或者数学式，但不得有商业性宣传用语。

第十九条　发明或者实用新型的几幅附图可以绘在一张图纸上，每幅附图应当用阿拉伯数字编号，并且按照顺序排列。

附图的大小及清晰度，应当保证在该图缩小到三分之二时，仍能清楚地分辨出图中的各个细节。

同一申请中使用的附图标记应当前后一致。发明或者实用新型说明书未提及的标记不得在附图中出现。

附图中除必需的词语之外，不应当含有其他注释。

第二十条　权利要求书应当说明发明或者实用新型的技术特征，清楚和简要地表述请求保护的范围。

权利要求书有几项权利要求的，应当用阿拉伯数字顺序编号。

权利要求书中使用的科技术语应当与说明书中使用的一致，可以有化学式或者数学式，但不得有插图。除有绝对必要外，不得使用“如说明书……部分所述”或者“如图……所示”的用语。

第二十一条　权利要求书可以包括独立权利要求和从属权利要求。

独立权利要求应当从整体上反映发明或者实用新型的主要技术内容，记载构成发明或者实用新型必要的技术特征。

引用一项或者几项权利要求的从属权利要求，只能引用在前的权利要求。

第二十二条　除发明或者实用新型的性质需用其他方式表达的以外，独立权利要求应当按照下列规定撰写：

（一）前序部分：说明发明或者实用新型所属技术领域以及现有技术中与发明或者实用新型主题密切相关的技术特征；

（二）特征部分：使用“本发明（或者实用新型）的特征是……”或者类似的简明语言，说明发明或者实用新型的技术特征。这些特征，与前序部分说明的特征一起，构成要求保护的技术特征。

一项发明或者实用新型应当只有一个独立权利要求，并且写在同一发明或者实用新型的从属权利要求之前。

第二十三条 除发明或者实用新型的性质需要用其他方式表达的以外，从属权利要求应当按照下列规定撰写：

（一）引用部分：写明被引用的权利要求的编号，可能时把编号写在句首；

（二）特征部分：写明发明或者实用新型附加的技术特征，对引用部分的技术特征作进一步限定。

引用两项以上其他权利要求的从属权利要求，不得互相引用。

第二十四条 摘要应当写明发明或者实用新型所属的技术领域、需要解决的技术问题、主要技术特征和用途。摘要可以包含最能说明发明的化学式或者说明发明、实用新型的一幅附图。全文以不超过200个字为宜。

第二十五条 申请专利的发明是涉及新的微生物学方法或者其产品，而且使用的微生物是公众不能得到的，除申请应当符合专利法和本细则的有关规定外，申请人还应当办理下列手续：

（一）在申请日前，或者最迟在申请日，将该微生物菌种提交专利局指定的微生物菌种保藏单位保藏；

（二）在申请文件中，提供有关微生物特征的资料；

（三）在请求书中写明该微生物分类命名（注明拉丁文名称）和保藏该微生物菌种的单位名称、提交日期和保藏编号，并且附具该单位的证明。

第二十六条 有关微生物的发明专利申请公布后，任何单位或者个人需要将专利申请所涉及的微生物作为实验目的使用的，应当向专利局提出请求，写明下列事项：

（一）请求人的姓名或者名称和地址；

（二）请求人不向其他任何人提供菌种的保证；

（三）在授予专利权之前，只作为实验目的使用的保证。

第二十七条 依照专利法第27条规定提交的外观设计的图片或者照片，不得小于3厘米×8厘米，也不得大于19厘米×27厘米。

申请人可以就每件外观设计提交不同角度、不同侧面或者不同状态的图片或者照片，以清楚地显示请求保护的对象。每幅图片或者照片应当写明外观设计的角度、侧面和状态，并且在图片或者照片背面的左、右上方分别标上顺序编号和申请人的姓名或者名称。

第二十八条 请求保护色彩的外观设计专利申请，应当提交彩色和黑白的图片或者照片各一份，并且在黑白的图片或者照片上注明请求保护的色彩。

第二十九条 专利局认为必要时，可以要求外观设计专利申请人提交使用外观设计的产品样品或者模型。样品或者模型的体积不得超过30厘米×30厘米×30厘米，重量不得超过15公斤。易腐、易损或者危险品不得作为样品或者模型提交。

第三十条 专利法第24条第二项所称的学术会议或者技术会议是指国务院有关主管部门或者全国性学术团体组织召开的学术会议或者技术会议。

第三十一条 专利申请有专利法第24条第一项或者第二项规定情形的，申请人应当在提出专利申请时声明，并且自申请日起两个月内，提交有关国际展览会或者学术会议、技术会议的组织单位出具的有关发明创造已经展出或者发表，以及展出或者发表日期的证明文件。

专利申请有专利法第24条第三项规定情形的，专利局在必要时可以要求申请人提出证明文件。

第三十二条 发明专利的申请人要求优先权的，应当自其在外国第一次提出申请之日起十五个月内提交受理该项申请的国家给予的申请号。

第三十三条 申请人对一项专利申请要求两项以上优先权的，该申请的优先权期限从最早的优先权日起算。

第三十四条 在中国没有经常居所或者营业所的外国人、外国企业或者外国其他组织申请专利的，专利局认为有疑义时可以要求其提供下列文件：

（一）国籍证明；

（二）外国企业或者外国其他组织总部所在地的证明文件；

（三）外国人、外国企业、外国其他组织的所属国，承认中国公民或者单位可以按照该国国民的同等条件，在该国享有专利权和其他与专利有关的权利的证明文件。

第三十五条 根据专利法第31条第一款的规定，发明或者实用新型专利申请的权利要求可以是下列各项之一：

（一）两项以上不能包括在一个权利要求以内的同类产品、方法的独立权利要求；

（二）产品和专用于制造该产品的方法的独立权利要求；

（三）产品和该产品的用途的独立权利要求；

（四）产品、专用于制造该产品的方法和该产品的用途的独立权利要求；

（五）产品、专用于制造该产品的方法和该方法的专用设备的独立权利要求；

（六）方法和为使用该方法而专门设计的专用设备的独立权利要求；

（七）方法和直接使用该方法制造的产品的独立权利要求。

第三十六条 依照专利法第31条第二款规定将两项以上外观设计作为一件申请提出的，应当将各件外观设计顺序编号，并且在请求书中写明使用每件外观设计的产品。外观设计的顺序编号应当标在每件使用外观设计产品的图片背面的左下方。

第三十七条 申请人撤回专利申请的，应当向专利局提出声明，写明发明创造的名称、申请号和申请日。

撤回专利申请的声明是在专利局作好公布专利申请文件的印刷准备工作之后提出的，申请文件仍予公布。

第三章　专利申请的审查和批准

第三十八条 对专利申请进行审查、复审的审查员或者专利复审委员会委员有下列情形之一的，应当自行回避，申请人或者其他利害关系人也可以要求其回避：

（一）是申请人或者专利代理人的近亲属的；

（二）与专利申请有利害关系的；

（三）与申请人或者专利代理人有其他关系，可能影响对专利申请的公正审查的。

专利复审委员会委员曾参与原申请的审查的，适用前款的规定。

第三十九条 专利局收到发明或者实用新型专利申请的请求书、说明书

（实用新型必须包括附图）和权利要求书，或者外观设计专利申请的请求书和外观设计的图片或者照片后，应当明确申请日、给予申请号，并且通知申请人。

第四十条 专利申请文件中缺少请求书、说明书或者权利要求书，或者不符合专利法第 27 条规定的，专利局不予受理，并且通知申请人。

第四十一条 在发明说明书中写有“对附图的说明”而无附图的，申请人应当在专利局指定的期限内补交附图或者声明取消“对附图的说明”。申请人补交附图的，以向专利局提交或者邮寄附图之日为申请日；取消“对附图的说明”的，保留原申请日。

第四十二条 一件专利申请包括两项以上发明、实用新型或者外观设计的，申请人可以在依照专利法第 39 条或者第 40 条规定的公告前的任何时候，或者在公告后，专利局认为有提出分案申请的正当理由的时候，向专利局提出分案的要求，自行将其申请分为几个申请。

专利局认为专利申请不符合专利法第 31 条和本细则第 35 条规定的，应当通知申请人在指定的期限内将其专利申请分案；申请人无正当理由期满不答复的，该申请被视为撤回。

第四十三条 依照本细则第 42 条规定提出的分案申请，可以保留原申请日，但不得超出原说明书记载的范围。

第四十四条 经初步审查，专利局认为专利申请明显属于专利法第 5 条或者第 25 条规定，或者明显不符合专利法第 18 条、第 19 条或者本细则第 2 条规定的，应当通知申请人，要求其在指定期限内陈述意见；申请人无正当理由期满不答复的，其申请被视为撤回。

专利申请经申请人陈述意见后，专利局仍然认为明显不符合前款所列各条规定的，应当予以驳回。

第四十五条 专利申请有下列情形之一的，申请人应当在专利局指定的期限内补正：

（一）请求书未使用规定的格式或者填写不符合要求的；

（二）发明或者实用新型说明书及其附图以及权利要求书不符合规定的；

（三）发明或者实用新型专利申请缺少摘要的；

（四）外观设计专利申请的图片或者照片不符合规定的；

（五）委托专利代理机构而未提交委托书的；

（六）其他应当予以补正的事项。

申请人无正当理由期满不补正的，其申请被视为撤回。专利申请经补正后，仍然不符合专利法或者本细则有关规定的，应当予以驳回。

第四十六条 申请人请求早日公布其发明专利申请的，应当向专利局声明。专利局对该申请进行初步审查之后，除予以驳回的以外，应当立即将申请予以公布。

第四十七条 申请人依照专利法第 27 条规定写明使用外观设计的产品及其所属类别时，应当使用专利局公布的外观设计产品分类表。未写明使用外观设计的产品所属类别或者所写的类别不确切的，专利局可以予以补充或者修改。

第四十八条 自发明专利申请公布之日起至审定公告前，任何人均可以对不符合专利法规定的申请向专利局提出意见，并且说明理由。

第四十九条 发明专利申请人因有正当理由无法提交专利法第 36 条规定的检索资料或者审查结果资料的，应当向专利局声明，并且在得到该项资料后补交。

第五十条 专利局依照专利法第 35 条第二款规定对专利申请自行进行审查时，应当通知申请人。

第五十一条 发明专利申请人在自申请日起 15 个月内，在提出实质审查请求或者在对异议提出答复时，可以对发明专利申请的说明书或者权利要求书主动提出修改。

发明或者实用新型专利申请的说明书或者权利要求书的修改部分，除个别文字修改或者增删外，应当按照规定格式提交替换页。

第五十二条 实用新型或者外观设计专利申请人自申请日起至申请公告前，或者在对异议提出答复时，可以对实用新型或者外观设计专利申请主动提出修改。对外观设计专利申请进行修改的，不得变更外观设计的基本组成部分。

第五十三条 依照专利法的规定，专利申请应当予以驳回的情形是指：

（一）申请不符合专利法第 3 条和本细则第 2 条规定的；

（二）申请属于专利法第 5 条、第 25 条规定或者不符合专利法第 22 条、第 23 条规定的；

（三）依照专利法第 6 条、第 8 条、第 18 条规定申请人无权申请专利，或者依照专利法第9条规定不能取得专利权的；

（四）申请不符合专利法第26条第三款、第四款或者第31条规定的；

（五）申请的修改或者分案的申请超出原说明书记载范围的。

第五十四条　依照专利法第41条规定，对专利局公告的发明或者实用新型专利申请可以提出异议的情形是指：

（一）申请专利的发明不符合专利法第3条和本细则第2条第一款规定，申请专利的实用新型不符合专利法第3条和本细则第2条第二款规定的；

（二）申请属于专利法第5条、第25条规定或者不符合专利法第22条规定的；

（三）申请人依照专利法第6条、第8条、第18条规定无权申请专利，或者申请的主要内容是取自他人的说明书、附图、模型、设备等，或者取自他人使用的方法，而未经其同意的；

（四）申请不符合专利法第26条第三款或者第四款规定的；

（五）申请的修改或者分案的申请超出原说明书记载范围的。

第五十五条　依照专利法第41条规定，对专利局公告的外观设计专利申请可以提出异议的情形是指：

（一）申请专利的外观设计不符合专利法第3条和本细则第2条第三款规定的；

（二）申请专利的外观设计属于专利法第5条规定或者不符合第23条规定的；

（三）申请人依照专利法第6条、第8条、第18条规定无权申请专利，或者依照专利法第9条规定不能取得专利权，或者申请专利的外观设计的基本组成部分是取自他人的设计、图片、照片、物品或者模型，而未经其同意的；

（四）对申请的修改，变更了外观设计的基本组成部分的。

第五十六条　任何人依照专利法第41条规定提出异议的，应当向专利局提交异议书一式两份，并且说明异议的理由。

第五十七条　专利局收到异议书后应当进行审查。对不符合规定的异议书，应当通知异议人在指定的期限内补正；未在指定的期限内补正的，被视为未提出异议。

异议书中未写明反对授予专利权的理由或者提出的理由不符合本细则第

54 条或者第 55 条规定的，不予受理。

第五十八条 专利复审委员会由专利局指定有经验的技术和法律专家组成，其主任委员由专利局局长兼任。

第五十九条 申请人依照专利法第 43 条第一款的规定向专利复审委员会请求复审的，应当提出复审请求书，说明理由并且附具有关的证明文件。请求书和证明文件应当一式两份。

申请人请求复审时，可以修改专利申请，但修改应当仅限于驳回申请的决定所涉及的部分。

第六十条 复审请求书不符合规定格式的，复审请求人应当在专利复审委员会指定的期限内补正；未在该期限内补正的，该复审请求被视为撤回。

第六十一条 专利复审委员会应当将受理的复审请求书转交原审查部门提出意见，由专利复审委员会做出决定，并且通知申请人。

第六十二条 专利复审委员会进行复审后，认为复审请求不符合专利法规定的，应当通知复审请求人，要求其在指定的期限内陈述意见；无正当理由期满不答复的，其复审请求被视为撤回。

第六十三条 复审请求人在专利复审委员会做出决定前，可以随时撤回其复审请求。

第六十四条 专利局做出授予专利权的决定后，应当通知申请人于两个月内缴纳专利证书费并且领取专利证书；申请人期满未缴纳专利证书费的，视为放弃取得专利权的权利。

第四章 专利权的无效宣告

第六十五条 依照专利法第 48 条规定，请求宣告专利权无效或者部分无效的，应当向专利复审委员会提出请求书，说明理由，必要时应当附具有关文件。无效宣告请求书和有关文件应当一式两份。

第六十六条 专利权无效宣告请求书不符合规定格式的，请求人应当在专利复审委员会指定的期限内补正；未在该期限内补正的，该无效宣告请求被视为撤回。

请求无效宣告的理由适用本细则第 54 条、第 55 条的规定。

无效宣告请求书中未说明理由或者所提出的理由不符合本细则第 54 条、

第 55 条规定的，不予受理。

第六十七条 专利复审委员会应当将专利权无效宣告请求书的副本和有关文件的副本送交专利权人，要求其在指定的期限内陈述意见；无正当理由期满不答复的，被视为无反对意见。

第五章 专利实施的强制许可

第六十八条 任何单位依照专利法第 52 条规定或者任何专利权人依照第 53 条规定，请求给予实施发明或者实用新型专利的强制许可的，该单位或者专利权人应当向专利局提交强制许可请求书，并且附具未能以合理条件与专利权人签订实施许可合同的证明文件，各一式两份。

任何单位依照专利法第 52 条规定请求给予实施发明或者实用新型专利的强制许可的，还应当提交该单位具备实施条件的说明文件一式两份。

专利局在受理强制许可请求书后，应当通知有关专利权人在指定期限内陈述意见；无正当理由期满不答复的，被视为无反对意见。

专利局在对强制许可请求书和有关专利权人的意见进行审查后，应当做出决定并且通知请求人和有关专利权人。

第六十九条 依照专利法第 57 条规定请求专利局裁决使用费数额的，当事人应当提出裁决请求书，并且附具双方不能达成协议的证明文件。专利局在收到请求书后应当在三个月内做出裁决，并且通知当事人。

第六章 对职务发明创造的发明人 或者设计人的奖励

第七十条 专利法第 16 条所称的奖励，包括发给发明人或者设计人的奖金和报酬。

第七十一条 专利权被授予后，专利权的持有单位应当对发明人或者设计人发给奖金。一项发明专利的奖金最低不少于 200 元；一项实用新型专利或者外观设计专利的奖金最低不少于 50 元。

由于发明人或者设计人的建议被其所属单位采纳而完成的发明创造，专利权被授予后，专利权的持有单位应当从优发给奖金。

对上述奖金，企业单位可以计入成本，事业单位可以从事业费中列支。

第七十二条 专利权的持有单位在专利权有效期限内，实施发明创造专利后，每年应当从实施发明或者实用新型所得利润纳税后提取0.5%～2%，或者从实施外观设计所得利润纳税后提取0.05%～0.2%，作为报酬发给发明人或者设计人；或者参照上述比例，发给发明人或者设计人一次性报酬。

第七十三条 发明创造专利权的持有单位许可其他单位或者个人实施其专利的，应当从收取的使用费中纳税后提取5%～10%作为报酬发给发明人或者设计人。

第七十四条 本细则规定的报酬，一律从制造专利产品、使用专利方法所获得的利润和收取的使用费中列支，不计入单位的奖金总额，不计征奖金税。但发明人或者设计的个人所得，应当依法纳税。

第七十五条 本章关于奖金和报酬的规定，集体所有制单位和其他企业可以参照执行。

第七章　专利管理机关

第七十六条 专利法第60条和本细则所称的专利管理机关是指国务院有关主管部门和省、自治区、直辖市、开放城市和经济特区人民政府设立的专利管理机关。

第七十七条 对于在发明专利申请公布后、专利权授予前使用发明而未支付适当费用的单位或者个人，在专利权授予后，专利权人可以请求专利管理机关进行调处，也可以直接向人民法院起诉。专利管理机关调处的时候，有权决定该单位或者个人在指定的期限内支付适当的费用。当事人对专利管理机关的决定不服的，可以向人民法院起诉。

前款规定准用于实用新型或者外观设计专利申请。

第七十八条 发明人或者设计人与其所属单位对其发明创造是否属于职务发明创造以及对职务发明创造是否提出专利申请有争议的，发明人或者设计人可以请求上级主管部门或者单位所在地区专利管理机关处理。

第七十九条 属于跨部门或者跨地区的侵权纠纷，当事人请求专利管理机关处理的，应当由发生侵权行为地区的专利管理机关或者侵权单位上级主管部门的专利管理机关处理。

第八章　专利登记和专利公报

第八十条 专利局设置专利登记簿，登记下列专利权有关事项：

（一）专利权的授予；
（二）专利权的转让；
（三）专利权期限的续展；
（四）专利权的终止和无效；
（五）专利实施的强制许可；
（六）专利权人的姓名或者名称、国籍和地址的变更。

第八十一条 专利局定期出版专利公报，公布或者公告下列内容：
（一）专利申请请求书中记载的著录事项；
（二）发明或者实用新型说明书的摘要；
（三）对发明专利申请的实质审查请求和专利局对该项申请自行进行实质审查的决定；
（四）发明专利申请的审定和实用新型、外观设计专利申请的公告；
（五）专利申请的驳回；
（六）异议的审查决定和对专利申请的修改；
（七）专利权的授予；
（八）专利权的终止；
（九）专利权的无效宣告；
（十）专利权的转让；
（十一）专利实施的强制许可的给予；
（十二）专利权期限的续展；
（十三）专利申请的撤回、视为撤回和放弃；
（十四）专利权人的姓名或者名称、地址的变更；
（十五）对地址不明的申请人的通知；
（十六）其他有关事项。

发明或者实用新型说明书及其附图、权利要求书和外观设计专利申请的图片或者照片，另行全文出版。

第九章　费用

第八十二条 向专利局申请专利和办理其他手续时，应当按照情况缴纳下列费用：

（一）申请费和申请维持费；

（二）审查费、复审费和异议费；

（三）年费；

（四）办理其他专利事务手续费：专利权期限续展费、著录事项变更费、专利证书费、优先权证明费、无效宣告请求费、强制许可请求费和强制许可使用费的裁决请求费。

上述各种费用数额，由专利局另行规定。

第八十三条　专利法和本细则规定的各种费用，可以通过邮局或者银行汇付，也可以直接向专利局缴纳。

通过邮局或者银行汇付的，应当在汇单上写明费用名称、发明创造的名称、申请号或者专利号。没有申请号或者专利号的，应当注明提出申请的日期。

通过邮局或者银行汇付费用的，以费用汇出日为缴款日。

第八十四条　申请专利未按时缴纳或者未缴足申请费的，申请人可以自提交申请之日起一个月内缴纳或者缴足；期满未缴纳或者未缴足的，其申请被视为撤回。

第八十五条　申请人请求实质审查或者请求复审，任何人提出异议或者请求宣告专利权无效，未按规定缴纳费用的，可以在自提出请求或者异议之日起十五天内缴纳，但缴费日不得超过专利法规定请求实质审查、复审或者提出异议的期限；期满未缴纳的，被视为未提出请求或者异议。

第八十六条　发明专利申请人自申请日起满二年尚未被授予专利权的，自第三年度起每年缴纳申请维持费。第一次申请维持费应当在第三年度的第一个月内缴纳，以后的申请维持费应当在前一年度期满前一个月内预缴。

第八十七条　第一次年费应当于领取专利证书时缴纳。在授予专利权时已经缴纳当年申请维持费的，专利权人应当按照当年年费数额补缴差额。以后的年费应当在前一年度期满前一个月内预缴。

第八十八条　申请人或者专利权人未按时缴纳申请维持费或者年费，以及缴纳的申请维持费或者年费数额不足的，专利局应当通知申请人在应当缴纳申请维持费或者年费期满之日起六个月内补缴，同时缴纳金额为申请维持费或者年费的25%的滞纳金；期满未缴纳的，自应当缴纳申请维持费或者年费期满日起，其申请被视为撤回或者专利权终止。

第八十九条 依照专利法第 45 条第二款规定，申请续展实用新型或者外观设计专利权期限的，应当在专利权期满前六个月内提出请求，并且缴纳续展费；期满未缴纳续展费的，被视为未提出请求。

第九十条 个人申请专利和办理其他手续，缴纳本细则第 82 条规定的各种费用有困难的，可以按规定向专利局提出减缴或者缓缴的请求。

减缴或者缓缴的办法由专利局另行规定。

第十章 附则

第九十一条 任何人经专利局同意后，可以查阅或者复制已经公布或者公告的专利申请案卷、专利登记簿和有关证明文件。

第九十二条 申请人向专利局提交的文件应当使用专利局制定的统一格式，由申请人或者其专利代理人签字或者盖章。

第九十三条 向专利局提交有关申请或者专利权的文件或者物品时，应当标明申请号或者专利号和发明创造的名称。邮寄文件或者物品必须挂号。

第九十四条 各类申请文件应当打字或者印刷。字迹应当整齐清晰，不得涂改。纸张只限使用正面。

附图应当用制图工具和黑色墨水绘制，线条应当均匀清晰。

第九十五条 本细则由专利局负责解释。

第九十六条 本细则自 1985 年 4 月 1 日起施行。

专利收费标准(1985 年)[1]

[1985 年 1 月 19 日，中华人民共和国专利局公告（第四号）]

根据《中华人民共和国专利法》第六十七条规定，向专利局申请专利和办理其他手续，应当按照规定缴纳费用。《中华人民共和国专利法实施细则》第八十二条第一款规定了应当缴纳的各种专利费用项目。现根据该条第二款的规定，将各种专利费用的收费标准公布如下：

专利收费标准（单位：人民币元）

（一）申请费
（1）发明专利申请费：150
（2）实用新型专利申请费：100
（3）外观设计专利申请费：80
（二）发明专利申请维持费 每年：100
（三）发明专利申请审查费：400
（四）复审费
（1）发明专利申请复审费：200
（2）实用新型专利申请复审费：100
（3）外观设计专利申请复审费：80

---

〔1〕 该标准于 1985 年 1 月 19 日由《中华人民共和国专利局公告（第四号）》发布，为配合专利法的实施，根据专利法实施细则第 82 条制定。1985 年 2 月 4 日，又根据专利法实施细则第 90 条制定了《个人申请专利费用减缓办法》（7 条），与专利法同日实施。一年后的 1986 年 2 月 5 日的专利局公告第 11 号，又对“权利要求附加费”、“说明书附加费”进行了补充规定。该标准于 1992 年 10 月 1 日失效。

（五）异议费
（1）发明专利申请异议费：30
（2）实用新型专利申请异议费：20
（3）外观设计专利申请异议费：20
（六）实用新型或者外观设计专利权有效期续展费：100
（七）著录事项变更手续费：10
（八）专利证书费
（1）发明专利证书费：100
（2）实用新型专利证书费：50
（3）外观设计专利证书费：50
（九）优先权证明费：20
（十）无效宣告请求费
（1）发明专利权无效宣告请求费：300
（2）实用新型专利权无效宣告请求费：200
（3）外观设计专利权无效宣告请求费：150
（十一）强制许可请求费
（1）发明专利实施的强制许可请求费：300
（2）实用新型专利实施的强制许可请求费：200
（十二）强制许可的专利使用费裁决请求费：100
（十三）年费
（1）发明专利年费：
第一年至第三年每年200
第四年至第六年每年300
第七年至第九年每年600
第十年至第十二年每年1200
第十三年至第十五年每年2400
（2）实用新型专利年费：
第一年至第三年每年100
第四年至第五年每年200
第六年至第八年每年300

（3）外观设计专利年费：

第一年至第三年每年 50

第四年至第五年每年 100

第六年至第八年每年 200

特此公告

最高人民法院关于开展专利审判工作的几个问题的通知(1985 年)[1]

（1985 年 2 月 16 日）

各省、自治区、直辖市高级人民法院，中国人民解放军军事法院，铁路运输高级法院，各省、自治区、直辖市人民政府所在地中级人民法院，各经济特区中级人民法院：

《中华人民共和国专利法》公布后，各高级人民法院和有关的中级人民法院组织审判人员认真学习了专利法，并为实施专利法进行了积极的准备。专利法即将自今年四月一日起施行，现将有关开展专利审判工作的几个问题通知如下：

（一）有关专利纠纷案件的审判工作

一、受案范围

根据专利法和专利法实施细则的规定，应当由人民法院经济审判庭审理专利案件有下列七类：

1、关于是否应当授予发明专利权的纠纷案件；

2、关于宣告授予的发明专利权无效或者维持发明专利权的纠纷案件；

3、关于实施强制许可的纠纷案件；

4、关于实施强制许可使用费的纠纷案件；

5、关于专利申请公布后、专利权授予前使用发明、实用新型、外观设计

〔1〕 该通知规定了我国专利司法保护的一些基本问题，如受案范围、案件管辖、诉讼程序等。两年后的 1987 年 6 月 20 日的《最高人民法院关于专利侵权纠纷案件地域管辖问题的通知》，对专利侵权纠纷案件的地域管辖问题进行了补充规定。此后，随着专利司法审判工作的发展，最高人民法院发布了多项涉及专利问题的司法解释

的费用的纠纷案件；

6、关于专利侵权的纠纷案件（包括假冒他人专利尚未构成犯罪的案件）；

7、关于转让专利申请权或者专利权的合同纠纷案件。

二、案件管辖

根据《中华人民共和国民事诉讼法（试行）》和专利法、专利法实施细则的有关规定以及当前的实际情况，对专利纠纷案件的管辖规定如下：

1、上列收案范围中1～4类案件，均由北京市中级人民法院作为第一审法院，北京市高级人民法院为第二审法院。

2、各省、自治区、直辖市和经济特区内的上列收案范围中5～7类案件，分别由各省、自治区、直辖市人民政府所在地的中级人民法院和各经济特区的中级人民法院作为第一审法院，各省、自治区、直辖市高级人民法院为第二审法院。

各省、自治区高级人民法院根据实际需要，经最高人民法院同意，可以指定本省、自治区内的开放城市或者设有专利管理机关的较大城市的中级人民法院作为审理其辖区内的上列收案范围中5～7类案件的第一审法院。

三、诉讼程序

人民法院审理各类专利纠纷案件，应当按照民事诉讼法（试行）和专利法规定的诉讼程序进行，但有两个问题需要加以明确：

1、关于是否应当授予发明专利权的纠纷案件、关于宣告授予的发明专利权无效或者维持发明专利权的纠纷案件，应当以专利复审委员会为被告；关于实施强制许可的纠纷案件，应当以国家专利局为被告；关于实施强制许可使用费的纠纷、侵犯专利权的纠纷、专利申请公布后专利权授予前使用发明、实用新型、外观设计的费用的纠纷不服国家专利局或者专利管理机关所做的裁决或者处理决定向人民法院起诉的案件，仍应以在国家专利局或者专利管理机关处理时的争议双方为诉讼当事人。

2、在专利侵权的诉讼过程中，遇有被告反诉专利权无效时，受理专利侵权诉讼的人民法院，应当告知被告按照专利法第四十八条和第四十九条的规定办理。在此期间，受理专利侵权诉讼的法院，可根据民事诉讼法（试行）

第一百一十八条第四项的规定中止诉讼，待专利权有效或无效的问题解决后，再恢复专利侵权诉讼。

四、尽快配备审判干部，发挥技术专家的作用

专利诉讼是科学技术与法律紧密结合的工作，专业技术性很强，涉外案件较多。承担专利审判任务的各高、中级人民法院要根据实际需要，选配适当数量的有一定审判经验的审判人员，特别要注意适当选配学过理工专业和懂得外语的人员参加专利审判工作，并且至少要能够组成一个合议庭。

人民法院在审理专利案件时，要与有关部门密切联系，充分发挥科研单位、生产部门的专家、学者的作用，可以聘请他们做临时的或者长期的技术顾问，也可以请他们担任技术鉴定人，还可以邀请他们担任陪审员，直接参与专利审判工作。

专利审判是一项新的工作，各有关高、中级人民法院要组织专利审判人员进一步认真学习专利法和其他有关的法律、法令，并注意通过审判实践，总结专利纠纷案件的审判经验。

（二）有关专利的犯罪案件的审判工作

一、对于以下三种构成犯罪的行为，应当根据专利法和《中华人民共和国刑法》的有关规定追究刑事责任：

1、假冒他人专利，情节严重的，对直接责任人员比照刑法第一百二十七条的规定，以假冒他人专利罪处罚；

2、违反专利法第二十条规定，擅自向外国申请专利，泄露国家重要机密，情节严重的，依照刑法第一百八十六条的规定，以泄露国家重要机密罪处罚；

3、专利局工作人员及有关国家工作人员徇私舞弊，情节严重构成犯罪的，比照刑法第一百八十八条的规定，以徇私枉法罪处罚。

二、根据《中华人民共和国刑事诉讼法》的有关规定，上述三种刑事案件，应由有管辖权的人民法院的刑事审判庭审判。

中国专利局关于实施专利许可合同的备案的通知(1986年)

（1986年3月28日）

各专利管理机关、涉外专利代理机构：

今年元月，我局发出国专发法字（86）第16号文件，广泛征求了各专利管理机关关于实施专利许可合同备案的意见。现将关于实施专利许可合同备案方式和要求等规定的通知如下：

一、实施专利许可合同的备案按照中华人民共和国专利局第十二号公告（附件Ⅰ）执行。

二、实施专利许可合同的备案工作自收到本通知之日起开始办理。

三、中国专利局和各种专利管理机关对实施专利许可合同的备案一律不收费用；并对合同承担保密义务。

四、各专利管理机关和涉外专利代理机构可翻印中国专利局统一制定的实施专利许可合同备案表（附件Ⅱ）并向使用表格者收工本费。

五、各专利管理机关和涉外专利代理机构应在每季度开始的头两周内将备案情况汇总一次连同备案表与合同副本一并报中国专利局法律事务部专利实施处。

最高人民法院
关于专利侵权纠纷案件地域管辖问题的通知(1987年)

（1987年6月29日）

全国地方各高级人民法院、中级人民法院，解放军军事法院、各大单位军事法院，各铁路运输中级人民法院，各海事法院：

我院法（经）发〔1985〕3号《关于开展专利审判工作的几个问题的通知》对专利纠纷案件的管辖做了规定，现对专利侵权纠纷案件的地域管辖问题补充规定如下：

一、未经专利权人许可，为了生产经营目的而制造、使用、销售发明或者实用新型专利产品以及制造、销售外观设计专利产品的，由该产品制造地的人民法院管辖；制造地不明时，由该产品的使用地或者销售地的人民法院受理。

二、未经专利权人许可，为了生产经营目的而使用专利方法的，由该专利方法使用者所在地的人民法院管辖。

三、未经专利权人授权而许可或者委托他人实施专利的，由许可方或委托方所在地的人民法院管辖；如果被许可方或受委托方实施了专利，从而双方构成共同侵权，则由被许可方或受委托方所在地的人民法院管辖。

四、专利权共有人未经其他共有人同意而许可他人实施专利的，由许可方所在地的人民法院管辖；如果被许可方实施了专利，从而双方构成共同侵权，则由被许可方所在地的人民法院管辖。

五、专利权共有人未经其他共有人同意而转让超过其应有份额的专利权的，由转让方所在地的人民法院管辖；如果受让方明知对方越权转让而仍然接受，从而双方构成共同侵权，则可由受让方所在地的人民法院管辖。

六、假冒他人专利尚未构成犯罪，但给专利权人或利害关系人造成损害的，由假冒行为地或损害结果发生地的人民法院管辖，如有困难，可由被告所在地的人民法院管辖。

按上列各项确定地域管辖时，仍应按照我院《关于开展专利审判工作的几个问题的通知》中关于案件指定管辖的规定办理。

最高人民法院
关于审理专利申请权纠纷案件若干问题的通知(1987年)

（1987年10月19日）

全国地方各级人民法院，各级军事法院，各铁路运输中级人民法院和基层法院，各海事法院：

自专利法实施以来，有关专利申请权的纠纷时有发生。为了正确地贯彻执行专利法及其实施细则，妥善解决专利申请权纠纷，保护专利申请权人的合法权益，现将有关问题通知如下：

一、当事人因专利申请权纠纷对其上级主管部门或者其所在地区专利管理机关的处理不服，向人民法院起诉的，人民法院应予受理。

二、专利申请权纠纷案件包括：

1. 关于是职务发明创造还是非职务发明创造的纠纷案件；

2. 关于谁是发明创造的发明人或者设计人的纠纷案件；

3. 关于协作（合作）完成或者接受委托完成的发明创造，谁有权申请专利的纠纷案件。

三、专利申请权纠纷案件的管辖，按我院1985年2月16日《关于开展专利审判工作的几个问题的通知》中有关案件管辖问题的第2项规定办理，即由各省、自治区、直辖市人民政府所在地的中级人民法院，各经济特区中级人民法院以及由各省、自治区高级人民法院根据实际需要，指定并报经我院同意的中级人民法院作为第一审法院。

四、人民法院对专利申请权纠纷做出的判决，发生法律效力后应及时抄送国家专利局。国家专利局或者专利复审委员会在对异议或者无效宣告请求进行审查或者复审的过程中，如果发现异议或者无效宣告请求是针对已为人民法院确认专利申请权提出的，而且异议人或者无效宣告请求人提出了新的证据和理由，则应中止专利审查或者复审程序，并将新的证据和理由送交有关人民法院。有关人民法院应认真审查处理，并将处理结果通知异议人或者无效宣告请求人和国家专利局或者专利复审委员会。

五、为防止发明创造失去新颖性，对于尚未公开的专利申请，人民法院审理专利申请权纠纷案件时，应当注意保密。

专利管理机关处理专利纠纷办法（1989 年）[1]

（中国专利局制定，1989 年 12 月 4 日生效）

第一章　总则

第一条　为了有效地调解和处理（以下简称调处）专利纠纷，保护发明人和专利权人及利害关系人的合法权益，根据《中华人民共和国专利法》、《中华人民共和国专利法实施细则》及有关的法律规定，特制定本办法。

第二条　国务院有关主管部门和各省、自治区、直辖市，计划单列市、开放城市和经济特区人民政府设立的专利管理机关是调处专利纠纷的职能部门。

第三条　专利管理机关调处专利纠纷，必须以事实为依据，以法律为准绳，在查明事实、分清责任的基础上着重调解，调解无效的，应及时做出相应的处理决定。

第四条　专利管理机关调处专利纠纷遵循一案不再理原则。

第二章　受理

第五条　专利管理机关调处下列专利纠纷：

一、专利侵权纠纷；

二、有关在发明专利申请公布后或实用新型、外观设计专利申请公告后，在专利权授予前实施发明创造的费用纠纷；

〔1〕 这是中国专利局在 1986 年 4 月 22 日的《专利管理机关调处专利纠纷暂行办法》（4 章 16 条）的基础上，根据实际需要制定的。这是我国专利法实施早期专利纠纷主要通过行政途径解决的主要制度缘由。

三、专利申请权纠纷和专利权属纠纷；

四、其他可以由专利管理机关调解或处理的专利纠纷。

第六条 侵权纠纷应当由侵权行为发生地的专利管理机关调处。第五条第二项的纠纷，由实施行为发生地的专利管理机关调处。

第七条 专利申请权纠纷和专利权属纠纷应由被请求人所在地的专利管理机关调处。

第八条 两个以上专利管理机关都享有管辖权的专利纠纷案件，由先接到调处请求的专利管理机关调处。

管辖权发生争议的，由争议双方协商解决。

第九条 请求调处专利侵权纠纷的时效为二年，自专利权人或者利害关系人得知或应当得知侵权行为之日起计算。

第十条 请求调处专利权属纠纷和第五条第二项规定的纠纷的期限为二年，自专利权授予之日起计算。

第十一条 请求调处专利申请权纠纷的期限为二年，自专利局公开或公告专利申请之日起计算。

第十二条 请求专利管理机关调处专利纠纷必须符合下列条件：

一、请求人必须是与专利纠纷有直接利害关系的单位或者个人；

二、有明确的被请求人，有具体要求和事实依据；

三、符合本办法的规定；

四、纠纷当事人任何一方均未向人民法院起诉。

第十三条 请求专利管理机关调处专利纠纷，应递交请求书正本一份，并按被请求人人数提供副本。

请求书应写明下列内容：

一、请求人的名称或姓名、地址，法定代表人或代理人的姓名、职务；

二、被请求人的名称或姓名、地址，法定代表人或代理人的姓名、职务；

三、请求调处的具体要求、事实依据和理由。

第十四条 专利管理机关收到请求书后，经审查认为符合受理条件的，应在7日内立案受理；不符合受理条件的，应在7日内通知请求人不予受理并说明理由。

第十五条 专利管理机关立案受理专利纠纷调处请求后，应在10日内将请求书副本发送被请求人。被请求人收到请求书副本后，应在一个月内提交答辩书和有关证据。

被请求人逾期不提交答辩书的，不影响专利管理机关做出调处决定。

第三章 调处

第十六条 专利管理机关应设立调处小组调处专利纠纷案件。

第十七条 调处专利纠纷案件的人员有下列情形之一的，应自行回避，当事人也有权要求他们回避：

一、是本纠纷当事人的近亲属；

二、与本纠纷有利害关系；

三、与本纠纷当事人有其他关系，可能影响本纠纷的公正处理。

第十八条 专利纠纷调处人员在调处纠纷时，应认真审阅当事人提交的请求书、答辩书和有关证据材料，需要时可以进行调查核实。

专利管理机关调查核实证据材料时，可以向有关单位或个人查阅与案件有关的档案、资料和原始凭证。有关单位或个人应当如实地提供材料，协助进行调查；需要时应出具证明。对于应当保密的证据，专利管理机关及有关单位和个人负有保密义务。

第十九条 需要委托其他专利管理机关协助调查取证时，应提出明确的项目要求。受委托的专利管理机关应认真办理，及时回复。

第二十条 专利管理机关调处专利纠纷时，应通知当事人按时到达调处地点，经两次正式通知无正当理由拒不到达的，或未经专利管理机关允许中途退出的，属于请求人的按其自动撤回请求处理；属于被请求人的按其缺席处理。

第二十一条 专利管理机关调处专利纠纷时，应在查明事实、分清是非的基础上，按照有关法律的规定进行调解，促使当事人各方相互谅解、达成协议。协议的内容不得违背国家法律，不得损害国家、集体或他人利益。

第二十二条 经专利管理机关调解达成协议的，应制作调解书。

调解书应写明下列事项：

一、请求人、被请求人的名称或姓名、地址，法定代表人或代理人的姓名、职务；

二、纠纷的主要事实和应承担的责任；

三、协议内容和调处费用的分担。

调解书经当事人签名或盖章、调处人员署名并加盖专利管理机关公章。调解书送达后，即具有法律效力。

第二十三条 调解不成的，专利管理机关应及时做出处理决定。处理决定书应写明：

一、纠纷双方当事人的名称或姓名、地址，法定代表人或代理人的姓名、职务；

二、请求调处的具体要求、事实根据和理由；

三、处理认定的事实和适用的法律；

四、处理结果及调处费用的承担；

五、不服处理决定向人民法院起诉的期限；

处理决定书由调处人员署名，加盖专利管理机关的印章。

第二十四条 请求人或被请求人对专利管理机关处理决定不服的，应在收到该处理决定之日起三个月内向人民法院起诉。期满不起诉的，该处理决定即发生法律效力；当事人不履行该处理决定的，有关单位或者个人可以请求人民法院予以执行。

需要进行著录事项变更的，有关单位或者个人可以凭生效的调解书或处理决定书及有关证明文件到专利局进行著录事项变更。

第二十五条 申请权纠纷涉及专利局的异议程序的，在处理决定或调解书生效之日起十天内，专利管理机关应将处理决定或调解书副本发送专利局有关部门备案。

第四章　附则

第二十六条 专利管理机关调处专利纠纷可以收取案件受理费和案件调处费。

收费标准由各专利管理机关参照人民法院受理同类案件的收费数额，酌情自行制定。

第二十七条 鉴定费、测试费、证人的误工补贴及车旅费，由当事人负担。

第二十八条 专利纠纷案件的受理费和调处费应由请求人预缴。

专利纠纷以调解方式结案的，费用由当事人协商分担；以处理方式结案的，费用应由责任方承担；当事人双方均有责任的按比例分担费用。

第二十九条 本办法由中国专利局负责解释。

第三十条 本办法自一九八九年十二月四日起生效。

企业专利工作办法(试行)(1990年)[1]

(1990年3月22日中国专利局、国家计委、国家体改委、国家科委、国务院生产委员会发布)

第一章 总则

第一条 为了加强企业专利工作、推动技术进步和经济发展,根据《中华人民共和国专利法》(以下简称专利法)、《中华人民共和国专利法实施细则》(以下简称实施细则)和原国家经委、国家科委、财政部、中国专利局《关于加强企业专利工作的规定》,及其他有关规定,制定本办法。

第二条 企业专利工作的基本任务是贯彻执行专利法及其实施细则,鼓励企业职工发明创造的积极性,为企业的生产发展、技术开发、经营管理服务。

保护企业及其职工的发明创造专利权,维护企业的合法权益。

第三条 开展企业专利工作是深化企业改革的一项重要内容,企业的专利申请量、获权量和实施效益情况,可作为评价、考核企业技术进步、经营管理水平和工作业绩的内容之一。各级科技、经济和专利管理机关应对企业专利工作进行指导、帮助和服务。

第四条 本办法适用于全国的全民所有制企业,其他企业可参照执行。

---

〔1〕 这是早期关于企业专利工作的规范性文件,此前的1986年12月16日国家经委、国家科委、财政部、中国专利局发布了《关于加强企业专利工作的规定》,从“保护专利权,建立健全企业专利管理工作”、“对企业专利工作的要求”、“加强企业专利工作的措施”三方面进行了规定。此后,1994年6月13日中国专利局、国家经贸委、国家科委颁布《企业专利工作办法》(国专发管字〔1994〕第117号),它们均被2000年2月16日国家知识产权局、国家经济贸易委员会发布的《企业专利工作管理办法(试行)》所废止。

第二章　企业专利工作的机构与任务

第五条　企业应有一名副厂长（副经理）或总工程师主管专利工作。

第六条　大型企业可指定有关的工作机构，配备专职或兼职管理人员，负责本企业的专利工作；其他企业可根据工作需要，明确负责这项工作的机构和专职或兼职管理人员。

第七条　企业专利工作机构的职责

一、制定开展专利工作的规划、计划和管理制度。

二、负责对职工进行专利法和专利知识的宣传教育工作。

三、办理本企业专利申请事宜，管理本企业拥有的专利。受企业法人委托办理有关专利纠纷、专利诉讼事务。

四、参与组织专利技术的实施和管理专利实施许可合同。

五、了解与本企业有关的国内外专利申请和市场动向，注意保护企业的专利权和防止侵犯他人专利权。

六、依法办理对职务发明专利的发明人或设计人的奖励与报酬。

七、参与管理技术和产品进出口中有关专利的工作。

八、管理与本企业有关的专利文献。

九、筹集和管理企业的专利基金。

十、支持企业职工的发明创造活动，为职工提供有关专利事务的咨询服务。

第三章　企业专利工作者

第八条　企业专利工作者应具备以下条件：

一、坚持四项基本原则，热爱专利事业，办事公道，具有良好的职业道德。

二、高等院校或中等专业学校理工科毕业（或具有同等学力），具有科技管理工作的经验和能力。

三、受过专利法及有关专利事务的培训，掌握专利代理、文献检索及处理专利事务的基本法律知识。

四、取得中国专利局或专利管理机关颁发的企业专利工作者证书。

第九条 企业专利工作者的任务

一、在本企业专利工作机构中（专职或兼职）执行任务，并对本企业专利工作机构或主管领导负责。

二、积极支持职工的发明创造活动，负责办理专利申请过程中的各种事宜。

三、宣传普及专利知识，积极开展专利许可贸易和专利技术的实施工作。

四、开展本企业的专利文献检索工作，注意收集、掌握、研究专利信息。

五、对申请专利的发明创造、除已公布（公告）的以外，负有保守秘密的责任。

第十条 企业专利工作者的权利

一、对本企业的重大技术改造和技术引进计划有提出建议的权利。

二、有参与确定给本企业职务发明创造专利的发明人或设计人奖金与报酬的权利。

三、在企业专利工作中做出显著成绩者，有获得奖励的权利，其成绩应作为技术职务聘任和晋升的主要依据之一。

四、有优先获得专利业务培养、学习机会的权利。

第四章 专利申请的管理

第十一条 企业在新产品、新技术的开发，新材料、新工艺的研究，技术改造，引进技术的消化、吸收等工作中做出的发明创造，凡应该申请专利的，应及时申请，取得法律保护。

第十二条 凡欲申请专利的发明创造，在提出专利申请前，企业有关人员对该发明创造负有保密责任。

第十三条 企业职务发明专利的申请程序

一、由项目负责人或发明人（设计人）向企业专利工作机构或专利工作者及时提出专利申请请求。

二、申报书应写明发明创造内容，说明申请专利或者作为技术秘密的理由，并附文献检索报告。

三、企业专利工作机构或专利工作者负责对申请专利的技术内容、条件进行研究评审，提出初步意见报企业主管专利工作的领导。

四、经主管领导批准后，可由企业专利工作机构办理专利申请手续，也可委托专利服务机构代理。

第十四条 企业职工非职务发明创造申请专利，应予以鼓励、支持，不得压制和侵犯其申请权和专利权，需单位出具证明的，须事先报告企业专利工作机构，经审查确认后，由企业主管领导批准签发非职务发明的证明。

专利代理条例(1991年)〔1〕

（1991年3月4日中华人民共和国国务院令第76号发布）

第一章　总则

第一条　为了保障专利代理机构以及委托人的合法权益，维护专利代理工作的正常秩序，制定本条例。

第二条　本条例所称专利代理是指专利代理机构以委托人的名义，在代理权限范围内，办理专利申请或者办理其他专利事务。

第二章　专利代理机构

第三条　本条例所称专利代理机构是指接受委托人的委托，在委托权限范围内，办理专利申请或者办理其他专利事务的服务机构。

专利代理机构包括：

---

〔1〕 这是我国第一份关于专利代理行政法规。此前，1985年4月19日，中国专利局发布了《关于专利代理机构备案的通知》；1985年9月12日中国专利局发布了经国务院1985年9月4日批准的《专利代理暂行规定》(16条)，初步建立了依托于专利管理部门等政府机构的专利代理体系。根据中国专利局1985年4月19日《关于专利代理机构备案的通知》，首批由各专利主管部门向中国专利局备案的专利代理机构共244家［参见：1986年5月6日“专利局公告（第14号)”]，到1988年初达四百多家。为规范专利代理秩序，国务院法制局1988年初计划制定《专利代理条例》以代替《专利代理暂行规定》。2003年6月6日，国家知识产权局令第30号公布据此条例制定的《专利代理管理办法》。

早期的专利代理机构，都属于具有正式编制的政府下属部门，1982年国家专利局《关于暂停批准企事业单位成立新的专利代理机构的通知》，在专利代理机构所需文件中提出需要“当地编委的编制批件”的要求。专利代理机构除了办理专利代理事项，还承担一些专利服务职能，如1985年9月10日专利局公告第九号发布的《中国专利文献服务网点》，大多即依托依据该规定成立的代理机构。

（一）办理涉外专利事务的专利代理机构；

（二）办理国内专利事务的专利代理机构；

（三）办理国内专利事务的律师事务所。

第四条 专利代理机构的成立，必须符合下列条件：

（一）有自己的名称、章程、固定办公场所；

（二）有必要的资金和工作设施；

（三）财务独立，能够独立承担民事责任；

（四）有三名以上具有专利代理人资格的专职人员和符合中国专利局规定的比例的具有专利代理人资格的兼职人员。

律师事务所开办专利代理业务的，必须有前款第四项规定的专职人员。

第五条 向专利管理机关申请成立专利代理机构，应当提交下列文件：

（一）成立专利代理机构的申请书，并写明专利代理机构的名称、办公场所、负责人姓名；

（二）专利代理机构章程；

（三）专利代理人姓名及其资格证书；

（四）专利代理机构资金和设施情况的书面证明。

第六条 申请成立办理国内专利事务的专利代理机构，或者律师事务所申请开办专利代理业务的，应当经过其主管机关同意后，报请省、自治区、直辖市专利管理机关审查；没有主管机关的，可以直接报请省、自治区、直辖市专利管理机关审查。审查同意的，由审查机关报中国专利局审批。

申请成立办理涉外专利事务的专利代理机构，应当依照《中华人民共和国专利法》的有关规定办理。办理涉外专利事务的专利代理机构，经中国专利局批准的，可以办理国内专利事务。

第七条 专利代理机构自批准之日起成立，依法开展专利代理业务，享有民事权利，承担民事责任。

第八条 专利代理机构承办下列事务：

（一）提供专利事务方面的咨询；

（二）代写专利申请文件，办理专利申请；请求实质审查或者复审的有关事务；

（三）提出异议，请求宣告专利权无效的有关事务；

（四）办理专利申请权、专利权的转让以及专利许可的有关事务；

（五）接受聘请，指派专利代理人担任专利顾问；

（六）办理其他有关事务。

第九条 专利代理机构接受委托，承办业务，应当有委托人具名的书面委托书，写明委托事项和委托权限。

专利代理机构可以根据需要，指派委托人指定的专利代理人承办代理业务。

专利代理机构接受委托，承办业务，可以按照国家有关规定收取费用。

第十条 专利代理机构接受委托后，不得就同一内容的专利事务接受有利害关系的其他委托人的委托。

第十一条 专利代理机构应当聘任有《专利代理人资格证书》的人员为专利代理人。对聘任的专利代理人应当办理聘任手续，由专利代理机构发给《专利代理人工作证》，并向中国专利局备案。

初次从事专利代理工作的人员，实习满一年后，专利代理机构方可发给《专利代理人工作证》。

专利代理机构对解除聘任关系的专利代理人，应当及时收回其《专利代理人工作证》，并报中国专利局备案。

第十二条 专利代理机构变更机构名称、地址和负责人的，应当报中国专利局予以变更登记。经批准登记后，变更方可生效。

专利代理机构停业，应当在妥善处理各种尚未办结的事项后，向原审查机关申报，并由该机关报中国专利局办理有关手续。

第十三条 已批准的专利代理机构，因情况变化不再符合本条例第 4 条规定的条件，并在一年内仍不能具备这些条件的，原审查的专利管理机关应当建议中国专利局撤销该专利代理机构。

第三章 专利代理人

第十四条 本条例所称专利代理人是指获得《专利代理人资格证书》，持有《专利代理人工作证》的人员。

第十五条 拥护中华人民共和国宪法，并具备下列条件的中国公民，可以申请专利代理人资格：

（一）十八周岁以上，具有完全的民事行为能力；

（二）高等院校理工科专业毕业（或者具有同等学力），并掌握一门外语；

（三）熟悉专利法和有关的法律知识；

（四）从事过两年以上的科学技术工作或者法律工作。

第十六条 申请专利代理人资格的人员，经本人申请，专利代理人考核委员会考核合格的，由中国专利局发给《专利代理人资格证书》。

专利代理人考核委员会由中国专利局、国务院有关部门以及专利代理人的组织的有关人员组成。

第十七条 专利代理人必须承办专利代理机构委派的专利代理工作，不得自行接受委托。

第十八条 专利代理人不得同时在两个以上专利代理机构从事专利代理业务。

专利代理人调离专利代理机构前，必须妥善处理尚未办理的专利代理案件。

第十九条 获得《专利代理人资格证书》，五年内未从事专利代理业务或者专利行政管理工作的，其《专利代理人资格证书》自动失效。

第二十条 专利代理人在从事专利代理业务期间和脱离专利代理业务后一年内，不得申请专利。

第二十一条 专利代理人依法从事专利代理业务，受国家法律的保护，不受任何单位和个人的干涉。

第二十二条 国家机关工作人员，不得到专利代理机构兼职，从事专利代理工作。

第二十三条 专利代理人对其在代理业务活动中了解的发明创造的内容，除专利申请已经公布或者公告的以外，负有保守秘密的责任。

第四章 罚则

第二十四条 专利代理机构有下列情形之一的，其上级主管部门或者省、自治区、直辖市专利管理机关，可以给予警告处罚；情节严重的，由中国专利局给予撤销机构处罚：

（一）申请审批时隐瞒真实情况，弄虚作假的；

（二）擅自改变主要登记事项的；

（三）未经审查批准，或者超越批准专利代理业务范围，擅自接受委托，承办专利代理业务的；

（四）从事其他非法业务活动的。

第二十五条 专利代理人有下列行为之一，情节轻微的，由其所在的专利代理机构给予批评教育。情节严重的，可以由其所在的专利代理机构解除聘任关系，并收回其《专利代理人工作证》；由省、自治区、直辖市专利管理机关给予警告或者由中国专利局给予吊销《专利代理人资格证书》处罚：

（一）不履行职责或者不称职以致损害委托人利益的；

（二）泄露或者剽窃委托人的发明创造内容的；

（三）超越代理权限，损害委托人利益的；

（四）私自接受委托，承办专利代理业务的，收取费用的；

前款行为，给委托人造成经济损失的，专利代理机构承担经济赔偿责任后，可以按一定比例向该专利代理人追偿。

第二十六条 被处罚的专利代理机构对中国专利局撤销其机构，被处罚的专利代理人对吊销其《专利代理人资格证书》的处罚决定不服的，可以向中国专利局申请复议，不服复议决定的，可以在收到复议决定书十五日内，向人民法院起诉。

第五章　附则

第二十七条 本条例由中国专利局负责解释。

第二十八条 本条例自 1991 年 4 月 1 日起施行。1985 年 9 月 4 日国务院批准，同年 9 月 12 日中国专利局发布的《专利代理暂行规定》同时废止。

关于《中华人民共和国专利法修正案（草案）》的说明(1992年)

（1992年6月23日第七届全国人民代表大会常务委员会第二十六次会议
国家专利局局长高卢麟）

我受国务院的委托，现就《中华人民共和国专利法修正案（草案）》作如下说明：

一、专利法修改的必要性

《中华人民共和国专利法》于1984年3月12日由第六届全国人民代表大会常务委员会第四次会议通过，1985年4月1日起施行。7年以来，专利法对鼓励发明创造，促进我国科技进步和经济发展以及对外科技交流和经贸往来，发挥了积极的、重要的作用。到今年4月底为止，中国专利局已累计受理专利申请23万余件（平均每年增长24%），其中国内申请近20万件，批准8万余件；国外申请3万余件，批准1万余件，来我国申请专利的国家和地区达66个。专利技术的实施取得了明显的经济效益和社会效益。仅据1991年获得中国专利金奖和优秀奖的86个项目的统计，就已新增产值75亿元，新增利税22.4亿元，创汇1.2亿美元。

同时，由于在制定专利法时缺乏实践经验，专利法在实施过程中也发现了一些缺陷和不完善之处，需要通过修改加以补充和完善。另一方面，由于专利制度在国际科技、经济合作和贸易往来中的地位日益重要，作用日益显著，专利法国际协调活动日益频繁。我国参加了世界知识产权组织于1991年6月就保护工业产权巴黎公约有关专利部分的补充条约召开了第一阶段的外交大会。当前，我国已在积极争取恢复在关贸总协定中的缔约国地位。并参加了关贸总协定乌拉圭回合《与贸易有关的知识产权协议》的谈判。1992年1月中美政府签署了《关于保护知识产权的谅解备忘录》。为了使我国的专利保护水平进一步向国际标准靠拢，并且履行我国已经对外承诺的义务，也需要对专利法的部分规定作相应的修改。因此，为了进一步发挥专利制度在促进我国科技进步和经济发展中的积极作用，更好地贯彻深化改革和扩大开放的方针，在总结经验的基础上对专利法进行适当修改是必要的。

专利法修改的准备工作从1988年开始，在调查研究的基础上，中国专利局曾于1989年10月、1991年9月和1992年4月三次将专利法修改草案上报国务院，在征求国务院有关部门的意见之后，又与国务院法制局反复研究和论证，并经国务院常务会议通过，形成了现在提请审议的专利法修正案（草案）。

二、专利法修改的主要内容

（一）扩大专利保护的范围

现行专利法第25条规定，我国对“药品和用化学方法获得的物质”以及“食品、饮料和调味品”不授予专利权，只是对这些产品的生产方法可以授予专利权。这次修改，扩大了专利的保护范围，对上述产品也可以授予专利权。

关于对化学物质的保护。目前，我国化学工业整体水平还比较低。为了振兴化学工业，推进化工技术进步，在吸收国外先进技术的基础上走创新的发展道路，鼓励化工科技人员发明创造的积极性，吸引外商投资和转让新技术，对化学物质给予专利保护是必要的。当然，对化学物质给予专利保护，当前也有不利的一面。但是，从长远和全局看，给化学物质以专利保护，利大于弊，有利于从根本上提高我国化学工业的水平。

关于对药品的保护，特别是对西药的保护，与对化学物质的保护情况大体相似。但是，对中药的保护，情况有所不同。我国有丰富的中药资源，有运用中药防治疾病的悠久历史，有系统的中药理论和经验。对药品给予专利保护，可以鼓励从中药资源中开发新药并取代部分西药，这对充分发挥我国的传统优势，尽快走上自主开发的道路，进一步增强中药在国际市场上的竞争能力，具有重要意义。此外，中西医结合是我国医疗保健制度的重要方针，对药品给予专利保护，有利于中西医更好地结合，提高我国制药工业和医疗技术的整体水平。

关于对食品、饮料和调味品的保护，问题比较少。一方面，我国有自己独特的饮食文化，不少中国食品、饮料和调味品在国际市场上具有竞争能力，需要专利保护。另一方面，新的食品、饮料和调味品专利产品只占人民生活必需品的很小部分，而且人们可以选择适合自己需要的非专利食品、饮料和调味品来代替专利产品。再有，在我国受理的专利申请中，与食品有关的申请数量并不多，大约只占化学方法专利申请总量的 1/10，而且 80% 是国内申请。此外，世界上大多数国家对食品是给予专利保护的，因此，对食品、饮料和调味品给予专利保护，不仅不会对我国人民生活产生不利影响，而且还会提高我国食品工业的技术水平。

（二）延长专利权的期限

现行专利法第 45 条规定，发明专利权的期限为 15 年；实用新型和外观设计专利权的期限为 5 年，届满可以申请续展 3 年。草案将上述规定修改为，发明专利权的期限为 20 年，实用新型专利权的期限为 8 年，外观设计专利权的期限为 10 年。

许多国家的经验表明，发明专利的平均寿命在 10 年左右。然而，有些技术领域的发明，例如药品、化学物质及生物技术等领域的发明，开发和研究的经费高，产品正式投放市场前，还要按照规定办理试验、登记、核准等手续，花费时间较长，由授予发明专利权到产品进入市场，专利权期限往往已经过去了好几年，甚至 10 年之久，发明专利权人没有足够的期限回收开发与研制所耗费的巨大投资。这就在相当程度上影响了这些技术领域发明创造的积极性，不利于这些技术领域科技水平的提高。因此，适当延长发明专利权的期限，不仅有利于调动科技人员发明创造的积极性，而且有利于这些领域的技术引进。

实用新型专利权的期限确定为 8 年，取消续展手续，将给实用新型专利权人带来方便。

外观设计专利权的期限处长至 10 年，可以鼓励外观设计专利申请，改变我国产品外观设计的落后状态，增强它们在国际市场上的竞争能力。

（三）增加对专利产品进口的保护

大多数国家的专利法都把进口专利产品作为专利权的一项内容。现行专利法对此未作规定，这对专利权的保护是不够充分的。因此，草案对现行专利法第 11 条补充规定，未经专利权人许可，不得为生产经营目的进口其专利产品。这就是说，未经专利权人的许可进口其专利产品的行为属于侵犯专利权的行为。如果不作这样的补充规定，进口的专利产品流入市场后，虽然从理论上讲专利权人可以通过对专利产品销售权的保护提起诉讼，但是分散零售，难于控制。增加对进口专利产品的保护，可以消除外国专利权人的疑虑。

（四）将对方法专利的保护延及依该方法直接获得的产品

对于方法专利，大多数国家的专利法都规定，未经专利权人许可，不得为生产经营目的使用其专利方法以及使用、销售或者进口依该专利方法直接获得的产品。现行专利法第 11 条仅规定对专利方法的使用提供保护是不充分的，因为专利方法是否已经被人使用，比较难于发现，也难于证明。另外，第三人可以在没有对专利方法给予保护的其他国家和地区使用专利方法，然后把依该方法生产的产品输入我国销售或者使用，专利权人虽然在我国享有方法专利保护，但因对该方法专利的保护不能延及依该方法直接获得的产品，也就有能请求对这类侵犯其专利权的行为采取措施。为了使方法专利得到充分有效的保护，草案对现行专利法第 11 条补充规定，未经专利权人许可，不得为生产经营目的使用、销售或者进口依该专利方法直接获得的产品。

（五）重新规定对专利实施强制许可的条件

现行专利法第 51 条和第 52 条规定，专利权人负有自己或者许可他人在我国制造其专利产品或者使用其专利方法的义务。自专利授权之日起满三年，如果专利权人无正当理由没有履行上述义务的，专利局就可以给予实施该专利的强制许可。为了与国际条约相协调，草案删去了现行专利法的上述规定，重新规定了对专利实施强制许可的法定条件。

（六）增设本国优先权

现行专利法第 29 条只规定了外国专利申请人先在外国提出申请后到我国提出申请的，享有优先权。这次修改为，在这种情况下，不论申请人是外国人还是中国人，都享有优先权。此外，草案还补充规定了本国优先权，即：申请人就同一发明或者实用新型在中国第一次提出专利申请之日起十二个月内，又向专利局提出申请的，可以享有优先权。这样规定，申请人就可以在优先权期间内进一步完善其发明或者实用新型，或者将发明与实用新型相互转换。目前，世界上一些国家的专利法也有本国优先权的规定或者类似的优惠规定。

（七）将授权前的异议程序改为授权后的行政撤销程序

现行专利法在专利授权以前设有异议程序，旨在给公众提供提出异议的机会，以帮助专利局纠正审查工作中的差错，防止对不符合法定要求的申请授予专利权。实践结果，公众提出异议的数量很小，而大多数已公告的专利申请却要推迟至少三个月才能授权，这段时间申请人的权利处于不确定状态，影响专利技术尽快转化为生产力。从专利法国际协调的趋势看，这种授权前的异议程序是被禁止的。因此，草案删去了授权前的异议程序，规定专利申请经审查没有发现驳回理由的，专利局应即授予专利权。同时，为了纠正可能出现的失误，草案又规定，自专利局授予专利权之日起六个月内，任何单位或者个人认为该专利权的授予不符合专利法规定的，都可以请求专利局撤销该专利权。

三、关于过渡条款

根据我国的实际情况和外国修订专利法的经验，过渡条款采用实体权利与程序分离的方案。就实体权利而言，在修正案施行以前提出的专利申请和根据该申请授予的专利权，一律适用专利法修改以前的规定。就程序而言，在修正案施行以前提出的专利申请，尚未按照专利法修改前规定的程序公告的，其专利权的批准、撤销和宣告无效的程序适用修正案的规定。这样规定，既便于专利局对专利申请文件和其他专利文件的管理，又兼顾了专利申请人、专利权人和公众的利益。

我的说明完了，请予审议。

中华人民共和国专利法(1992年)

（1984年3月12日第六届全国人民代表大会常务委员会第四次会议通过
根据1992年9月4日第七届全国人民代表大会常务委员会第二十七次会议
《关于修改〈中华人民共和国专利法〉的决定》修正）

第一章　总则

第一条　为了保护发明创造专利权，鼓励发明创造，有利于发明创造的推广应用，促进科学技术的发展，适应社会主义现代化建设的需要，特制定本法。

第二条　本法所称的发明创造是指发明、实用新型和外观设计。

第三条　中华人民共和国专利局受理和审查专利申请，对符合本法规定的发明创造授予专利权。

第四条　申请专利的发明创造涉及国家安全或者重大利益需要保密的，按照国家有关规定办理。

第五条　对违反国家法律、社会公德或者妨害公共利益的发明创造，不授予专利权。

第六条　执行本单位的任务或者主要是利用本单位的物质条件所完成的职务发明创造，申请专利的权利属于该单位；非职务发明创造，申请专利的权利属于发明人或者设计人。申请被批准后，全民所有制单位申请的，专利权归该单位持有；集体所有制单位或者个人申请的，专利权归该单位或者个人所有。

在中国境内的外资企业和中外合资经营企业的工作人员完成的职务发明创造，申请专利的权利属于该企业；非职务发明创造，申请专利的权利属于发明人或者设计人。申请被批准后，专利权归申请的企业或者个人所有。

专利权的所有人和持有人统称专利权人。

第七条 对发明人或者设计人的非职务发明创造专利申请，任何单位或者个人不得压制。

第八条 两个以上单位协作或者一个单位接受其他单位委托的研究、设计任务所完成的发明创造，除另有协议的以外，申请专利的权利属于完成或者共同完成的单位；申请被批准后，专利权归申请的单位所有或者持有。

第九条 两个以上的申请人分别就同样的发明创造申请专利的，专利权授予最先申请的人。

第十条 专利申请权和专利权可以转让。

全民所有制单位转让专利申请权或者专利权的，必须经上级主管机关批准。

中国单位或者个人向外国人转让专利申请权或者专利权的，必须经国务院有关主管部门批准。

转让专利申请权或者专利权的，当事人必须订立书面合同，经专利局登记和公告后生效。

第十一条 发明和实用新型专利权被授予后，除法律另有规定的以外，任何单位或者个人未经专利权人许可，不得为生产经营目的制造、使用、销售其专利产品，或者使用其专利方法以及使用、销售依照该专利方法直接获得的产品。

外观设计专利权被授予后，任何单位或者个人未经专利权人许可，不得为生产经营目的制造、销售其外观设计专利产品。

专利权被授予后，除法律另有规定的以外，专利权人有权阻止他人未经专利权人许可，为上两款所述用途进口其专利产品或者进口依照其专利方法直接获得的产品。

第十二条 任何单位或者个人实施他人专利的，除本法第十四条规定的以外，都必须与专利权人订立书面实施许可合同，向专利权人支付专利使用费。被许可人无权允许合同规定以外的任何单位或者个人实施该专利。

第十三条 发明专利申请公布后，申请人可以要求实施其发明的单位或者个人支付适当的费用。

第十四条 国务院有关主管部门和省、自治区、直辖市人民政府根据国家计划，有权决定本系统内或者所管辖的全民所有制单位持有的重要发明创造专利允许指定的单位实施，由实施单位按照国家规定向持有专利权的单位支付使用费。

中国集体所有制单位和个人的专利，对国家利益或者公共利益具有重大意义，需要推广应用的，由国务院有关主管部门报国务院批准后，参照上款规定办理。

第十五条 专利权人有权在其专利产品或者该产品的包装上标明专利标记和专利号。

第十六条 专利权的所有单位或者持有单位应当对职务发明创造的发明人或者设计人给予奖励；发明创造专利实施后，根据其推广应用的范围和取得的经济效益，对发明人或者设计人给予奖励。

第十七条 发明人或者设计人有在专利文件中写明自己是发明人或者设计人的权利。

第十八条 在中国没有经常居所或者营业所的外国人、外国企业或者外国其他组织在中国申请专利的，依照其所属国同中国签订的协议或者共同参加的国际条约，或者依照互惠原则，根据本法办理。

第十九条 在中国没有经常居所或者营业所的外国人、外国企业或者外国其他组织在中国申请专利和办理其他专利事务的，应当委托中华人民共和国国务院指定的专利代理机构办理。

中国单位或者个人在国内申请专利和办理其他专利事务的，可以委托专利代理机构办理。

第二十条 中国单位或者个人将其在国内完成的发明创造向外国申请专利的，应当首先向专利局申请专利，并经国务院有关主管部门同意后，委托国务院指定的专利代理机构办理。

第二十一条 在专利申请公布或者公告前，专利局工作人员及有关人员对其内容负有保密责任。

第二章 授予专利权的条件

第二十二条 授予专利权的发明和实用新型，应当具备新颖性、创造性和实用性。

新颖性，是指在申请日以前没有同样的发明或者实用新型在国内外出版物上公开发表过、在国内公开使用过或者以其他方式为公众所知，也没有同样的发明或者实用新型由他人向专利局提出过申请并且记载在申请日以后公布的专利申请文件中。

创造性，是指同申请日以前已有的技术相比，该发明有突出的实质性特点和显著的进步，该实用新型有实质性特点和进步。

实用性，是指该发明或者实用新型能够制造或者使用，并且能够产生积极效果。

第二十三条 授予专利权的外观设计，应当同申请日以前在国内外出版物上公开发表过或者国内公开使用过的外观设计不相同或者不相近似。

第二十四条 申请专利的发明创造在申请日以前六个月内，有下列情形之一的，不丧失新颖性：

一、在中国政府主办或者承认的国际展览会上首次展出的；

二、在规定的学术会议或者技术会议上首次发表的；

三、他人未经申请人同意而泄露其内容的。

第二十五条 对下列各项，不授予专利权：

一、科学发现；

二、智力活动的规则和方法；

三、疾病的诊断和治疗方法；

四、动物和植物品种；

五、用原子核变换方法获得的物质。

对上款第四项所列产品的生产方法，可以依照本法规定授予专利权。

第三章　专利的申请

第二十六条 申请发明或者实用新型专利的，应当提交请求书、说明书及其摘要和权利要求书等文件。

请求书应当写明发明或者实用新型的名称，发明人或者设计人的姓名，申请人姓名或者名称、地址，以及其他事项。

说明书应当对发明或者实用新型做出清楚、完整的说明，以所属技术领域的技术人员能够实现为准；必要的时候，应当有附图。摘要应当简要说明发明或者实用新型的技术要点。

权利要求书应当以说明书为依据，说明要求专利保护的范围。

第二十七条 申请外观设计专利的，应当提交请求书以及该外观设计的图片或者照片等文件，并且应当写明使用该外观设计的产品及其所属的类别。

第二十八条 专利局收到专利申请文件之日为申请日。如果申请文件是邮寄的，以寄出的邮戳日为申请日。

第二十九条 申请人自发明或者实用新型在外国第一次提出专利申请之日起十二个月内，或者自外观设计在外国第一次提出专利申请之日起六个月内，又在中国就相同主题提出专利申请的，依照该外国同中国签订的协议或者共同参加的国际条约，或者依照相互承认优先权的原则，可以享有优先权。

申请人自发明或者实用新型在中国第一次提出专利申请之日起十二个月内，又向专利局就相同主题提出专利申请的，可以享有优先权。

第三十条 申请人要求优先权的，应当在申请的时候提出书面声明，并且在三个月内提交第一次提出的专利申请文件的副本；未提出书面声明或者逾期未提交专利申请文件副本的，视为未要求优先权。

第三十一条 一件发明或者实用新型专利申请应当限于一项发明或者实用新型。属于一个总的发明构思的两项以上的发明或者实用新型，可以作为一件申请提出。

一件外观设计专利申请应当限于一种产品所使用的一项外观设计。用于同一类别并且成套出售或者使用的产品的两项以上的外观设计，可以作为一件申请提出。

第三十二条 申请人可以在被授予专利权之前随时撤回其专利申请。

第三十三条 申请人可以对其专利申请文件进行修改，但是，对发明和实用新型专利申请文件的修改不得超出原说明书和权利要求书记载的范围，对外观设计专利申请文件的修改不得超出原图片或者照片表示的范围。

第四章 专利申请的审查和批准

第三十四条 专利局收到发明专利申请后，经初步审查认为符合本法要求的，自申请日起满十八个月，即行公布。专利局可以根据申请人的请求早日公布其申请。

第三十五条 发明专利申请自申请日起三年内，专利局可以根据申请人随时提出的请求，对其申请进行实质审查；申请人无正当理由逾期不请求实质审查的，该申请即被视为撤回。

专利局认为必要的时候，可以自行对发明专利申请进行实质审查。

第三十六条 发明专利的申请人请求实质审查的时候，应当提交在申请日前与其发明有关的参考资料。

发明专利已经在外国提出过申请的，申请人请求实质审查的时候，应当提交该国为审查其申请进行检索的资料或者审查结果的资料；无正当理由不提交的，该申请即被视为撤回。

第三十七条 专利局对发明专利申请进行实质审查后，认为不符合本法规定的，应当通知申请人，要求其在指定的期限内陈述意见，或者对其申请进行修改；无正当理由逾期不答复的，该申请即被视为撤回。

第三十八条 发明专利申请经申请人陈述意见或者进行修改后，专利局仍然认为不符合本法规定的，应当予以驳回。

第三十九条 发明专利申请经实质审查没有发现驳回理由的，专利局应当做出授予发明专利权的决定，发给发明专利证书，并予以登记和公告。

第四十条 实用新型和外观设计专利申请经初步审查没有发现驳回理由的，专利局应当做出授予实用新型专利权或者外观设计专利权的决定，发给相应的专利证书，并予以登记和公告。

第四十一条 自专利局公告授予专利权之日起六个月内，任何单位或者个人认为该专利权的授予不符合本法有关规定的，都可以请求专利局撤销该专利权。

第四十二条 专利局对撤销专利权的请求进行审查，做出撤销或者维持专利权的决定，并通知请求人和专利权人。撤销专利权的决定，由专利局登记和公告。

第四十三条 专利局设立专利复审委员会。对专利局驳回申请的决定不服的，或者对专利局撤销或者维持专利权的决定不服的，可以自收到通知之日起三个月内，向专利复审委员会请求复审。专利复审委员会复审后，做出决定，并通知专利申请人、专利权人或者撤销专利权的请求人。

发明专利的申请人、发明专利权人或者撤销发明专利权的请求人对专利复审委员会的复审决定不服的，可以自收到通知之日起三个月内向人民法院起诉。

专利复审委员会对申请人、专利权人或者撤销专利权的请求人关于实用新型和外观设计的复审请求所做出的决定为终局决定。

第四十四条 被撤销的专利权视为自始即不存在。

第五章 专利权的期限、终止和无效

第四十五条 发明专利权的期限为二十年，实用新型专利权和外观设计专利权的期限为十年，均自申请日起计算。

第四十六条 专利权人应当自被授予专利权的当年开始缴纳年费。

第四十七条 有下列情形之一的，专利权在期限届满前终止：

一、没有按照规定缴纳年费的；

二、专利权人以书面声明放弃其专利权的。

专利权的终止，由专利局登记和公告。

第四十八条 自专利局公告授予专利权之日起满六个月后，任何单位或者个人认为该专利权的授予不符合本法有关规定的，都可以请求专利复审委员会宣告该专利权无效。

第四十九条 专利复审委员会对宣告专利权无效的请求进行审查，做出决定，并通知请求人和专利权人。宣告专利权无效的决定，由专利局登记和公告。

对专利复审委员会宣告发明专利权无效或者维持发明专利权的决定不服的，可以在收到通知之日起三个月内向人民法院起诉。

专利复审委员会对宣告实用新型和外观设计专利权无效的请求所做出的决定为终局决定。

第五十条 宣告无效的专利权视为自始即不存在。

宣告专利权无效的决定，对在宣告专利权无效前人民法院做出并已执行的专利侵权的判决、裁定，专利管理机关做出并已执行的专利侵权处理决定，以及已经履行的专利实施许可合同和专利权转让合同，不具有追溯力。但是因专利权人的恶意给他人造成的损失，应当给予赔偿。

如果依照上款规定，专利权人或者专利权转让人不向被许可实施专利人或者专利权受让人返还专利使用费或者专利权转让费，明显违反公平原则，专利权人或者专利权转让人应当向被许可实施专利人或者专利权受让人返还全部或者部分专利使用费或者专利权转让费。

本条第二款、第三款的规定适用于被撤销的专利权。

第六章　专利实施的强制许可

第五十一条　具备实施条件的单位以合理的条件请求发明或者实用新型专利权人许可实施其专利，而未能在合理长的时间内获得这种许可时，专利局根据该单位的申请，可以给予实施该发明专利或者实用新型专利的强制许可。

第五十二条　在国家出现紧急状态或者非常情况时，或者为了公共利益的目的，专利局可以给予实施发明专利或者实用新型专利的强制许可。

第五十三条　一项取得专利权的发明或者实用新型比前已经取得专利权的发明或者实用新型在技术上先进，其实施又有赖于前一发明或者实用新型的实施的，专利局根据后一专利权人的申请，可以给予实施前一发明或者实用新型的强制许可。

在依照上款规定给予实施强制许可的情形下，专利局根据前一专利权人的申请，也可以给予实施后一发明或者实用新型的强制许可。

第五十四条　依照本法规定申请实施强制许可的单位或者个人，应当提出未能以合理条件与专利权人签订实施许可合同的证明。

第五十五条　专利局做出的给予实施强制许可的决定，应当予以登记和公告。

第五十六条　取得实施强制许可的单位或者个人不享有独占的实施权，并且无权允许他人实施。

第五十七条　取得实施强制许可的单位或者个人应当付给专利权人合理的使用费，其数额由双方商定；双方不能达成协议的，由专利局裁决。

第五十八条　专利权人对专利局关于实施强制许可的决定或者关于实施强制许可的使用费的裁决不服的，可以在收到通知之日起三个月内向人民法院起诉。

第七章　专利权的保护

第五十九条　发明或者实用新型专利权的保护范围以其权利要求的内容为准，说明书及附图可以用于解释权利要求。

外观设计专利权的保护范围以表示在图片或者照片中的该外观设计专利产品为准。

第六十条 对未经专利权人许可，实施其专利的侵权行为，专利权人或者利害关系人可以请求专利管理机关进行处理，也可以直接向人民法院起诉。专利管理机关处理的时候，有权责令侵权人停止侵权行为，并赔偿损失；当事人不服的，可以在收到通知之日起三个月内向人民法院起诉；期满不起诉又不履行的，专利管理机关可以请求人民法院强制执行。

在发生侵权纠纷的时候，如果发明专利是一项新产品的制造方法，制造同样产品的单位或者个人应当提供其产品制造方法的证明。

第六十一条 侵犯专利权的诉讼时效为二年，自专利权人或者利害关系人得知或者应当得知侵权行为之日起计算。

第六十二条 有下列情形之一的，不视为侵犯专利权：

一、专利权人制造或者经专利权人许可制造的专利产品售出后，使用或者销售该产品的；

二、使用或者销售不知道是未经专利权人许可而制造并售出的专利产品的；

三、在专利申请日前已经制造相同产品、使用相同方法或者已经作好制造、使用的必要准备，并且仅在原有范围内继续制造、使用的；

四、临时通过中国领土、领水、领空的外国运输工具，依照其所属国同中国签订的协议或者共同参加的国际条约，或者依照互惠原则，为运输工具自身需要而在其装置和设备中使用有关专利的；

五、专为科学研究和实验而使用有关专利的。

第六十三条 假冒他人专利的，依照本法第六十条的规定处理；情节严重的，对直接责任人员比照刑法第一百二十七条的规定追究刑事责任。

将非专利产品冒充专利产品的或者将非专利方法冒充专利方法的，由专利管理机关责令停止冒充行为，公开更正，并处以罚款。

第六十四条 违反本法第二十条规定，擅自向外国申请专利，泄露国家重要机密的，由所在单位或者上级主管机关给予行政处分；情节严重的，依法追究刑事责任。

第六十五条 侵夺发明人或者设计人的非职务发明创造专利申请权和本法规定的其他权益的，由所在单位或者上级主管机关给予行政处分。

第六十六条 专利局工作人员及有关国家工作人员徇私舞弊的，由专利局或者有关主管机关给予行政处分；情节严重的，比照刑法第一百八十八条的规定追究刑事责任。

第八章 附则

第六十七条 向专利局申请专利和办理其他手续，应当按照规定缴纳费用。

第六十八条 本法实施细则由专利局制订，报国务院批准后施行。

第六十九条 本法自1985年4月1日起施行。

中华人民共和国专利法实施细则(1992年)

(一九九二年十二月十二日国务院批准修订,
一九九二年十二月二十一日中国专利局发布)

第一章　总则

第一条　根据《中华人民共和国专利法》(以下简称专利法),制定本细则。

第二条　专利法所称发明,是指对产品、方法或者其改进所提出的新的技术方案。

专利法所称实用新型,是指对产品的形状、构造或者其结合所提出的适于实用的新的技术方案。

专利法所称外观设计,是指对产品的形状、图案、色彩或者其结合所作出的富有美感并适于工业上应用的新设计。

第三条　专利法和本细则规定的各种手续,应当以书面形式办理。

第四条　依照专利法和本细则规定提交的各种文件应当使用中文。国家有统一规定的科技术语,应当采用规范词。外国人名、地名和科技术语没有统一中文译文的,应当注明原文。

依照专利法和本细则规定提交的各种证件和证明文件是外文的,专利局认为必要时,可以要求当事人在指定期限内附送中文译文;期满未附送的,视为未提交该证件和证明文件。

第五条　向专利局邮寄的各种文件,以寄出的邮戳日为递交日。信封上寄出的邮戳日不清晰的,除当事人能够提出证明外,以专利局收到日为递交日。

专利局的各种文件,可以通过邮寄、直接送交或者以公告的方式送达当事人。当事人委托专利代理机构的，文件送交专利代理机构；未委托专利代理机构的，文件送交请求书中第一署名人或者代表人。当事人拒绝接收文件的，该文件视为已经送达。

专利局邮寄的各种文件，自文件发出之日起满十五日，推定为当事人收到文件之日。

根据专利局规定应当直接送交的文件，以交付日为送达日。

文件送交地址不清，无法邮寄的，可以通过公告的方式送达当事人。自公告之日起满一个月，该文件视为已经送达。

第六条 专利法和本细则规定的各种期限的第一日不计算在期限内。期限以年或者月计算的，以其最后一月的相应日为期限届满日；该月无相应日的，以该月最后一日为期限届满日。

期限届满日是法定节假日的，以节假日后的第一个工作日为期限届满日。

第七条 当事人因不可抗拒的事由而耽误专利法或者本细则规定的期限或者专利局指定的期限，造成其权利丧失的，自障碍消除之日起二个月内，但是最迟自期限届满之日起二年内，可以向专利局说明理由并附具有关证明文件，请求恢复其权利。

当事人因正当理由而耽误专利法或者本细则规定的期限或者专利局指定的期限，造成其权利丧失的，可以自收到专利局的通知之日起二个月内向专利局说明理由，请求恢复其权利。

当事人请求延长专利局指定的期限的，应当在期限届满前，向专利局说明理由并办理有关手续。

本条第一款和第二款的规定不适用专利法第二十四条、第二十九条、第四十一条、第四十五条、第六十一条规定的期限。

本条第二款的规定不适用本细则第八十八条规定的期限。

第八条 国防系统各单位申请发明专利，涉及国防方面的国家秘密需要保密的，其专利申请由国务院国防科学技术主管部门设立的专利机构受理；专利局受理的涉及国防方面的国家秘密需要保密的发明专利申请，应当移交国务院国防科学技术主管部门设立的专利机构审查，由专利局根据该专利机构的审查意见做出决定。

除前款规定外，专利局受理发明专利申请后，应当将需要进行保密审查的申请转送国务院有关主管部门审查；有关主管部门应当自收到该申请之日起四个月内，将审查结果通知专利局；需要保密的，由专利局按照保密专利申请处理，并且通知申请人。

第九条 除专利法第二十八条和第四十五条的规定外，专利法所称申请日，有优先权的，指优先权日。

本细则所称申请日，是指向专利局提出专利申请之日。

第十条 专利法第六条所称执行本单位的任务所完成的职务发明创造是指：

（一）在本职工作中做出的发明创造；

（二）履行本单位交付的本职工作之外的任务所做出的发明创造；

（三）退职、退休或者调动工作后一年内做出的，与其在原单位承担的本职工作或者原单位分配的任务有关的发明创造。

专利法第六条所称本单位的物质条件，是指本单位的资金、设备、零部件、原材料或者不对外公开的技术资料等。

第十一条 专利法所称发明人或者设计人，是指对发明创造的实质性特点做出创造性贡献的人。在完成发明创造过程中，只负责组织工作的人、为物质条件的利用提供方便的人或者从事其他辅助工作的人，不应当被认为是发明人或者设计人。

第十二条 同样的发明创造只能被授予一项专利。

专利法第九条规定的两个以上的申请人在同一日分别就同样的发明创造申请专利的，应当在收到专利局的通知后自行协商确定申请人。

第十三条 专利权人与他人订立的专利实施许可合同，应当自合同生效之日起三个月内向专利局备案。

第十四条 专利法第十九条第一款和第二十条规定的专利代理机构由国务院授权专利局指定。

第十五条 对一项发明创造的专利申请权或者被授予的专利权发生争议时，当事人可以请求专利管理机关处理，也可以直接向人民法院提起诉讼。

当事人因专利申请权或者专利权发生纠纷，并已请求专利管理机关处理或者向人民法院提起诉讼的，可以请求专利局中止有关程序。

依照前款规定请求中止有关程序的，应当向专利局提交请求书，并附具专利管理机关或者人民法院的有关受理文件。

第二章 专利的申请

第十六条 申请专利的，应当向专利局提交申请文件一式两份。

申请人委托专利代理机构向专利局申请专利和办理其他专利事务的，应当同时提交委托书，写明委托权限。

第十七条 专利法第二十六条第二款所称请求书中的其他事项是指：

（一）申请人的国籍；

（二）申请人是企业或者其他组织的，其总部所在的国家；

（三）申请人委托专利代理机构的，应当注明的有关事项；

（四）要求优先权的，应当注明的有关事项；

（五）申请人或者专利代理机构的签字或者盖章；

（六）申请文件清单；

（七）附加文件清单；

（八）其他需要注明的有关事项。

申请人有两个以上而未委托专利代理机构的，应当指定一人为代表人。

第十八条 发明或者实用新型专利申请的说明书应当按照下列方式和顺序撰写：

（一）发明或者实用新型的名称，该名称应当与请求书中的名称一致；

（二）发明或者实用新型所属技术领域；

（三）就申请人所知，写明对发明或者实用新型的理解、检索、审查有用的背景技术，并且引证反映这些背景技术的文件；

（四）发明或者实用新型的目的；

（五）写明要求保护的发明或者实用新型的技术方案，使所属技术领域的技术人员能够理解，并且能够达到发明或者实用新型的目的；

（六）发明或者实用新型与背景技术相比所具有的有益的效果；

（七）有附图的，应当有图面说明；

（八）详细描述申请人认为实现发明或者实用新型的最好方式，在适当的情况下，应当举例说明；有附图的，应当对照附图。

发明或者实用新型专利申请人应当按照前款规定的方式和顺序撰写说明书，除非其发明或者实用新型的性质用其他方式或者顺序撰写能节约说明书的篇幅并使他人能更好地理解其发明或者实用新型。

发明或者实用新型说明书中不得使用“如权利要求……所述的……”一类的引用语，也不得使用商业性宣传用语。

第十九条 发明或者实用新型的几幅附图可以绘在一张图纸上，附图应当按照“图1，图2，……”顺序编号排列。

附图的大小及清晰度，应当保证在该图缩小到三分之二时，仍能清楚地分辨出图中的各个细节。

发明或者实用新型说明书文字部分中未提及的附图标记不得在附图中出现，附图中未出现的附图标记不得在说明书文字部分中提及。申请文件中表示同一组成部分的附图标记应当一致。

附图中除必需的词语外，不应当含有其他注释。

第二十条 权利要求书应当说明发明或者实用新型的技术特征，清楚并简要地表述请求保护的范围。

权利要求书有几项权利要求的，应当用阿拉伯数字顺序编号。

权利要求书中使用的科技术语应当与说明书中使用的科技术语一致，可以有化学式或者数学式，但是不得有插图。除绝对必要的外，不得使用“如说明书……部分所述”或者“如图……所示”的用语。

权利要求中的技术特征可以引用说明书附图中相应的标记，该标记应当放在相应的技术特征后面，并置于括号内，以利于理解权利要求。附图标记不得解释为对权利要求的限制。

第二十一条 权利要求书应当有独立权利要求，也可以有从属权利要求。

独立权利要求应当从整体上反映发明或者实用新型的技术方案，记载为达到发明或者实用新型目的的必要技术特征。

从属权利要求应当用要求保护的附加技术特征，对引用的权利要求作进一步的限定。

第二十二条 发明或者实用新型的独立权利要求应当包括前序部分和特征部分，按照下列规定撰写：

（一）前序部分：写明发明或者实用新型要求保护的主题名称和发明或者实用新型主题与现有技术共有的必要技术特征；

（二）特征部分：使用“其特征是……”或者类似的用语，写明发明或者实用新型区别于现有技术的技术特征。这些特征和前序部分写明的特征合在一起，限定发明或者实用新型要求保护的范围。

发明或者实用新型的性质不适合用前款方式表达的，独立权利要求可以用其他方式撰写。

一项发明或者实用新型应当只有一个独立权利要求，并写在同一发明或者实用新型的从属权利要求之前。

第二十三条 发明或者实用新型的从属权利要求应当包括引用部分和限定部分，按照下列规定撰写：

（一）引用部分：写明引用的权利要求的编号及其主题名称；

（二）限定部分：写明发明或者实用新型附加的技术特征。

引用一项或者两项以上权利要求的从属权利要求，只能引用在前的权利要求。引用两项以上权利要求的多项从属权利要求，不得作为另一项多项从属权利要求的基础。

第二十四条 摘要应当写明发明或者实用新型所属的技术领域、需要解决的技术问题、主要技术特征和用途。摘要可以包含最能说明发明的化学式。有附图的专利申请，应当由申请人指定并提供一幅最能说明该发明或者实用新型技术特征的附图。附图的大小及清晰度应当保证在该图缩

小到 4 厘米 ×6 厘米时，仍能清楚地分辨出图中的各个细节。摘要文字部分不得超过 200 个字。摘要中不得使用商业性宣传用语。

第二十五条 申请专利的发明涉及新的微生物、微生物学方法或者其产品，而且使用的微生物是公众不能得到的，除该申请应当符合专利法和本细则的有关规定外，申请人并应当办理下列手续：

（一）在申请日前或者最迟在申请日，将该微生物菌种提交专利局指定的微生物菌种保藏单位保藏，并在申请时或者最迟自申请日起三个月内提交保藏单位出具的保藏证明和存活证明；期满未提交证明的，该菌种被视为未提交保藏；

（二）在申请文件中，提供有关微生物特征的资料；

（三）涉及微生物菌种保藏的专利申请应当在请求书和说明书中写明该微生物的分类命名（注明拉丁文名称）、保藏该微生物菌种的单位名称、地址、保藏日期和保藏编号；申请时未写明的，应当自申请日起三个月内补正；期满未补正的，该菌种被视为未提交保藏。

第二十六条 有关微生物的发明专利申请公布后，任何单位或者个人需

要将专利申请所涉及的微生物作为实验目的使用的，应当向专利局提出请求，并写明下列事项：

（一）请求人的姓名或者名称和地址；

（二）不向其他任何人提供菌种的保证；

（三）在授予专利权之前，只作为实验目的使用的保证。

第二十七条 依照专利法第二十七条规定提交的外观设计的图片或者照片，不得小于3厘米×8厘米，也不得大于15厘米×22厘米。

同时请求保护色彩的外观设计专利申请，应当提交彩色和黑白的图片或者照片各一份。

申请人应当就每件外观设计产品所需要保护的内容提交有关视图或者照片，以清楚地显示请求保护的对象。

第二十八条 申请外观设计专利的，必要时应当写明对外观设计的简要说明。

外观设计的简要说明应当写明使用该外观设计的产品的主要创作部位、请求保护色彩、省略视图等情况。简要说明不得使用商业性宣传用语，也不能用来说明产品的性能和用途。

第二十九条 专利局认为必要时，可以要求外观设计专利申请人提交使用外观设计的产品样品或者模型。样品或者模型的体积不得超过30厘米×30厘米×30厘米，重量不得超过15公斤。易腐、易损或者危险品不得作为样品或者模型提交。

第三十条 专利法第二十二条第三款所称已有的技术，是指申请日前在国内外出版物上公开发表、在国内公开使用或者以其他方式为公众所知的技术，即现有技术。

第三十一条 专利法第二十四条第二项所称学术会议或者技术会议，是指国务院有关主管部门或者全国性学术团体组织召开的学术会议或者技术会议。

专利申请有专利法第二十四条第一项或者第二项所列情形的，申请人应当在提出专利申请时声明，并自申请日起二个月内，提交有关国际展览会或者学术会议、技术会议的组织单位出具的有关发明创造已经展出或者发表，以及展出或者发表日期的证明文件。

专利申请有专利法第二十四条第三项所列情形的，专利局认为必要时可以要求申请人提出证明文件。

第三十二条 申请人依照专利法第三十条的规定办理要求优先权手续的，应当在书面声明中写明第一次提出的专利申请（以下称在先申请）的申请日、申请号和受理该申请的国家；书面声明中未写明在先申请的申请日和受理该申请的国家的，视为未提出声明。

要求外国优先权的，申请人提交的在先申请文件副本应当经该国受理机关证明；要求本国优先权的，申请人提交的在先申请文件副本应当由专利局制作。

第三十三条 申请人在一件专利申请中，可以要求一项或者多项优先权；要求多项优先权的，该申请的优先权期限从最早的优先权日起算。

申请人要求本国优先权的，如果在先申请是发明专利申请，可以就相同主题提出发明或者实用新型专利申请；如果在先申请是实用新型专利申请，可以就相同主题提出实用新型或者发明专利申请。但是，提出后一申请时，在先申请有下列情形之一的，不得作为要求本国优先权的基础：

（一）已经要求过外国或者本国优先权的；

（二）已经被批准授予专利权的；

（三）属于按照规定提出的分案申请的。

申请人要求本国优先权时，其在先申请自后一申请提出之日起即被视为撤回。

第三十四条 在中国没有经常居所或者营业所的申请人，申请专利或者要求外国优先权的，专利局认为必要时，可以要求其提供下列文件：

（一）国籍证明；

（二）申请人是企业或者其他组织的，其营业所或者总部所在地的证明文件；

（三）外国人、外国企业、外国其他组织的所属国，承认中国公民和单位可以按照该国国民的同等条件，在该国享有专利权、优先权和其他与专利有关的权利的证明文件。

第三十五条 依照专利法第三十一条第一款规定，可以作为一件专利申请提出的属于一个总的发明构思的两项以上的发明或者实用新型，应当在技术上相互关联，包含一个或者多个相同或者相应的特定技术特征，其中特定技术特征是指每一项发明或者实用新型作为整体考虑，对现有技术做出贡献的技术特征。

符合前款规定的两项以上发明专利申请的权利要求，可以是下列各项之一：

（一）不能包括在一项权利要求内的两项以上产品或者方法的同类独立权利要求；

（二）产品和专用于制造该产品的方法的独立权利要求；

（三）产品和该产品的用途的独立权利要求；

（四）产品、专用于制造该产品的方法和该产品的用途的独立权利要求；

（五）产品、专用于制造该产品的方法和为实施该方法而专门设计的设备的独立权利要求；

（六）方法和为实施该方法而专门设计的设备的独立权利要求。

符合本条第一款规定的两项以上实用新型专利申请的权利要求，可以是不能包括在一项权利要求内的两项以上产品的独立权利要求。

第三十六条 专利法第三十一条第二款所称同一类别，是指产品属于分类表中同一个小类；成套出售或者使用，是指各产品的设计构思相同，并且习惯上是同时出售、同时使用。

依照专利法第三十一条第二款规定将两项以上外观设计作为一件申请提出的，应当将各件外观设计顺序编号标在每件使用外观设计产品的视图名称的前面。

第三十七条 申请人撤回专利申请的，应当向专利局提出声明，写明发明创造的名称、申请号和申请日。

撤回专利申请的声明是在专利局作好公布专利申请文件的印刷准备工作后提出的，申请文件仍予公布。

第三章　专利申请的审查和批准

第三十八条 在初步审查、实质审查、复审、撤销和无效宣告程序中进行审查和审理的人员有下列情形之一的，应当自行回避，当事人或者其他利害关系人可以要求其回避：

（一）是当事人或者其代理人的近亲属的；

（二）与专利申请或者专利权有利害关系的；

（三）与当事人或者其代理人有其他关系，可能影响公正审查和审理的。

专利复审委员会成员曾参与原申请的审查的，适用前款的规定。

审查和审理人员的回避，由专利局决定。

第三十九条 专利局收到发明或者实用新型专利申请的请求书、说明书（实用新型必须包括附图）和权利要求书，或者外观设计专利申请的请求书和外观设计的图片或者照片后，应当明确申请日、给予申请号，并且通知申请人。

第四十条 专利申请文件有下列情形之一的，专利局不予受理，并且通知申请人：

（一）发明或者实用新型专利申请缺少请求书、说明书（实用新型无附图）和权利要求书的，或者外观设计专利申请缺少请求书、图片或者照片的；

（二）未使用中文的；

（三）不符合本细则第九十四条第一款规定的；

（四）请求书中缺少申请人姓名或者名称及地址的；

（五）明显不符合专利法第十八条或者第十九条第一款的规定的；

（六）专利申请类别（发明、实用新型或者外观设计）不明确或者无法确定的。

第四十一条 说明书中写有对附图的说明但无附图或者缺少部分附图的，申请人应当在专利局指定的期限内补交附图或者声明取消对附图的说明。申请人补交附图的，以向专利局提交或者邮寄附图之日为申请日；取消对附图的说明的，保留原申请日。

第四十二条 一件专利申请包括两项以上发明、实用新型或者外观设计的，申请人可以在专利局发出授予专利权的通知前，向专利局提出分案申请。

专利局认为一件专利申请不符合专利法第三十一条和本细则第三十五条的规定的，应当通知申请人在指定期限内对其申请进行修改；申请人期满未答复的，该申请被视为撤回。

分案的申请不得改变原申请的类别。

第四十三条 依照本细则第四十二条规定提出的分案申请，可以保留原申请日，享有优先权的，可以保留优先权日，但是不得超出原申请公开的范围。

分案申请应当依照专利法及本细则的规定办理各种手续。

分案申请的请求书中应当写明原申请的申请号和申请日。提交分案申请时，申请人应当提交原申请文件副本；原申请享有优先权的，并应当提交原申请的优先权文件副本。

第四十四条 专利法第三十四条和第四十条所称初步审查，是指审查专利申请是否具备专利法第二十六条或者第二十七条规定的文件和其他必要的文件，这些文件是否符合规定的格式；并包括审查下列各项：

（一）发明专利申请是否明显属于专利法第五条、第二十五条的规定的，或者不符合专利法第十八条、第十九条第一款的规定的，或者明显不符合专利法第三十一条第一款、第三十三条或者本细则第二条第一款的规定的；

（二）实用新型专利申请是否明显属于专利法第五条、第二十五条的规定的，或者不符合专利法第十八条、第十九条第一款的规定的，或者明显不符合专利法第三十一条第一款、第三十三条、本细则第二条第二款、第十二条第一款、第十八条至第二十三条的规定的，或者依照专利法第

九条规定不能取得专利权的；

（三）外观设计专利申请是否明显属于专利法第五条规定的，或者不符合专利法第十八条、第十九条第一款的规定的，或者明显不符合专利法第三十一条第二款、第三十三条、本细则第二条第三款、第十二条第一款的规定的，或者依照专利法第九条规定不能取得专利权的。

专利局应当将审查意见通知申请人，要求其在指定期限内陈述意见或者补正；申请人期满未答复的，其申请被视为撤回。申请人陈述意见或者补正后，专利局仍然认为不符合前款所列各项规定的，应当予以驳回。

第四十五条 除专利申请文件外，申请人向专利局提交的与专利申请有关的其他文件，有下列情形之一的，被视为未提出：

（一）未使用规定的格式或者填写不符合规定的；

（二）未按照规定提交证明材料的。

专利局应当将视为未提出的审查意见通知申请人。

第四十六条 申请人请求早日公布其发明专利申请的，应当向专利局声明。专利局对该申请进行初步审查后，除予以驳回的外，应当立即将申请予以公布。

第四十七条 申请人依照专利法第二十七条规定写明使用外观设计的产品及其所属类别时，应当使用专利局公布的外观设计产品分类表。未写明使

用外观设计的产品所属类别或者所写的类别不确切的，专利局可以予以补充或者修改。

第四十八条 自发明专利申请公布之日起至公告授予专利权之日前，任何人均可以对不符合专利法规定的专利申请向专利局提出意见，并说明理由。

第四十九条 发明专利申请人因有正当理由无法提交专利法第三十六条规定的检索资料或者审查结果资料的，应当向专利局声明，并在得到该项资料后补交。

第五十条 专利局依照专利法第三十五条第二款规定对专利申请自行进行审查时，应当通知申请人。

第五十一条 发明专利申请人在提出实质审查请求或者在对专利局第一次实质审查意见作出答复时，可以对发明专利申请主动提出修改。

实用新型或者外观设计专利申请人自申请日起三个月内，可以对实用新型或者外观设计专利申请主动提出修改。

第五十二条 发明或者实用新型专利申请的说明书或者权利要求书的修改部分，除个别文字修改或者增删外，应当按照规定格式提交替换页。外观设计专利申请的图片或者照片的修改，应当按照规定提交替换页。

第五十三条 依照专利法和本细则规定，发明专利申请经实质审查应当予以驳回的情形是指：

（一）申请不符合本细则第二条第一款规定的；

（二）申请属于专利法第五条、第二十五条的规定的，或者不符合专利法第二十二条、本细则第十二条第一款的规定的，或者依照专利法第九条规定不能取得专利权的；

（三）申请不符合专利法第二十六条第三款、第四款或者第三十一条第一款的规定的；

（四）申请的修改或者分案的申请超出原说明书和权利要求书记载范围的。

第五十四条 专利局发出授予专利权的通知后，申请人应当自收到通知之日起二个月内办理登记手续。申请人按期办理登记手续的，专利局应当授予专利权，颁发专利证书，并予以公告。专利权自颁发专利证书之日起生效。

期满未办理登记手续的，视为放弃取得专利权的权利。

第五十五条 依照专利法第四十一条规定，对专利局公告授予的专利权，可以提出撤销的理由是指：

（一）授予专利权的发明和实用新型不符合专利法第二十二条规定的；

（二）授予专利权的外观设计不符合专利法第二十三条规定的。

第五十六条 依照专利法第四十一条规定请求专利局撤销专利权的，应当提交撤销专利权请求书和有关文件一式两份，说明请求撤销专利权所依据的事实和理由。

专利局对撤销专利权的请求做出决定前，撤销专利权请求人可以撤回其请求。

第五十七条 专利局收到撤销专利权请求书后，应当进行审查。对不符合规定的撤销专利权请求书，应当通知撤销专利权请求人在指定的期限内补正；期满未补正的，该撤销专利权的请求被视为未提出。

撤销专利权请求书中未写明撤销专利权所依据的事实和理由或者提出的理由不符合本细则第五十五条规定的，专利局不予受理。

专利局应当将受理的撤销专利权请求书的副本和有关文件的副本送交专利权人，要求其在指定的期限内陈述意见，专利权人可以修改专利文件，但是不得扩大原专利保护的范围；期满未答复的，不影响专利局审查。

第五十八条 专利复审委员会由专利局指定有经验的技术专家和法律专家组成，主任委员由专利局局长兼任。

第五十九条 依照专利法第四十三条第一款的规定向专利复审委员会请求复审的，应当提交复审请求书，说明理由并附具有关的证明文件。请求书和证明文件应当一式两份。

申请人或者专利权人请求复审时，可以修改被驳回的专利申请或者被撤销的专利文件，但是修改应当仅限于驳回申请的决定或者撤销专利权的决定所涉及的部分。

第六十条 复审请求书不符合规定格式的，复审请求人应当在专利复审委员会指定的期限内补正；期满未补正的，该复审请求被视为未提出。

第六十一条 专利复审委员会应当将受理的复审请求书转交专利局原审查部门进行审查。原审查部门根据复审请求人的请求，同意撤销原决定的，专利复审委员会应当据此做出复审决定，并通知复审请求人。

第六十二条 专利复审委员会进行复审后，认为复审请求不符合专利法规定的，应当通知复审请求人，要求其在指定期限内陈述意见；期满未答复的，该复审请求被视为撤回。

第六十三条 复审请求人在专利复审委员会做出决定前，可以撤回其复审请求。

第六十四条 专利局对专利申请文件中的发明创造名称、摘要或者请求书的明显错误可以予以修改，并通知申请人。

专利局对专利公报和发出的文件中出现的错误，一经发现，应当及时更正。

第四章 专利权的无效宣告

第六十五条 依照专利法第四十八条的规定，请求宣告专利权无效或者部分无效的，应当向专利复审委员会提交专利权无效宣告请求书和有关文件一式两份，说明所依据的事实和理由。

专利复审委员会对无效宣告的请求做出决定前，无效宣告请求人可以撤回其请求。

第六十六条 专利权无效宣告请求书不符合规定格式的，无效宣告请求人应当在专利复审委员会指定的期限内补正；期满未补正的，该无效宣告请求被视为未提出。

无效宣告请求的理由是指被授予专利权的发明创造不符合专利法第二十二条、第二十三条、第二十六条第三款、第四款、第三十三条或者本细则第二条、第十二条第一款的规定的，或者属于专利法第五条、第二十五条的规定的，或者依照专利法第九条规定不能取得专利权的。

专利权无效宣告请求书中未说明所依据的事实和理由或者所提出的理由不符合本条第二款规定的，或者在已提出的撤销专利权请求尚未做出决定前又请求无效宣告的，或者就撤销专利权请求、无效宣告请求已做出的决定，又以同一的事实和理由请求无效宣告的，专利复审委员会不予受理。

第六十七条 专利复审委员会应当将专利权无效宣告请求书的副本和有关文件的副本送交专利权人，要求其在指定的期限内陈述意见，专利权人可以修改专利文件，但是不得扩大原专利保护的范围；期满未答复的，不影响专利复审委员会审理。

第五章　专利实施的强制许可

第六十八条　自专利权被授予之日起满三年后，任何单位均可以依照专利法第五十一条的规定，请求专利局给予强制许可。

请求强制许可的，应当向专利局提交强制许可请求书，说明理由并附具有关证明文件各一式两份。

专利局应当将强制许可请求书的副本送交专利权人，专利权人应当在专利局指定的期限内陈述意见；期满未答复的，不影响专利局做出关于强制许可的决定。

在国家出现紧急状态或者非常情况时，或者为了公共目的的非商业性使用的情况下，专利局可以给予强制许可。

专利局做出的给予实施强制许可的决定，应当依据强制许可的理由规定实施的范围和时间，并限定强制许可实施主要为供应国内市场的需要。

专利局做出的给予实施强制许可的决定，应当尽快通知专利权人，并予以登记和公告。强制许可的理由消除或者不再发生时，专利局可以根据专利权人的请求，对这种情况进行审查，终止实施强制许可。

第六十九条　依照专利法第五十七条规定请求专利局裁决使用费数额的，当事人应当提出裁决请求书，并附具双方不能达成协议的证明文件。专利局应当自收到请求书之日起三个月内做出裁决，并通知当事人。

第六章　对职务发明创造的发明人或者设计人的奖励

第七十条　专利法第十六条所称奖励，包括发给发明人或者设计人的奖金和报酬。

第七十一条　专利权被授予后，专利权的持有单位应当对发明人或者设计人发给奖金。一项发明专利的奖金最低不少于 200 元；一项实用新型专利或者外观设计专利的奖金最低不少于 50 元。

由于发明人或者设计人的建议被其所属单位采纳而完成的发明创造，专利权被授予后，专利权的持有单位应当从优发给奖金。

发给发明人或者设计人的奖金，企业单位可以计入成本，事业单位可以从事业费中列支。

第七十二条 专利权的持有单位在专利权的有效期限内，实施发明创造专利后，每年应当从实施发明或者实用新型所得利润纳税后提取 0．5% －2%，或者从实施外观设计所得利润纳税后提取 0．05% －0．2%，作为报酬支付发明人或者设计人；或者参照上述比例，发给发明人或者设计人一次性报酬。

第七十三条 发明创造专利权的持有单位许可其他单位或者个人实施其专利的，应当从收取的使用费中纳税后提取 5% －10% 作为报酬支付发明人或者设计人。

第七十四条 本细则规定的报酬，一律从制造专利产品、使用专利方法所获得的利润和收取的使用费中列支，不计入单位的奖金总额，不计征奖金税。但是，发明人或者设计人的个人所得，应当依法纳税。

第七十五条 本章关于奖金和报酬的规定，集体所有制单位和其他企业可以参照执行。

第七章 专利管理机关

第七十六条 专利法和本细则所称专利管理机关，是指国务院有关主管部门或者地方人民政府设立的专利管理机关。

第七十七条 对于在发明专利申请公布后、专利权授予前使用发明而未支付适当费用的单位或者个人，在专利权授予后，专利权人可以请求专利管理机关处理，也可以直接向人民法院提起诉讼。专利管理机关处理时，有权决定该单位或者个人在指定的期限内支付适当的费用。当事人对专利管理机关的决定不服的，可以向人民法院提起诉讼。

发明人或者设计人与其所在单位对其发明创造是否属于职务发明创造以及对职务发明创造是否提出专利申请有争议的，或者专利权的所有单位或者持有单位对职务发明创造的发明人或者设计人没有依法发给奖金或者支付报酬的，发明人或者设计人可以请求上级主管部门或者单位所在地的专利管理机关处理。

请求专利管理机关处理专利纠纷的时效为两年，自专利权人或者利害关系人得知或者应当得知之日起计算。

第七十八条 依照专利法第六十三条第二款的规定，对将非专利产品冒充专利产品的或者将非专利方法冒充专利方法的，专利管理机关可以视情节，责令停止冒充行为，消除影响，并处以一千元至五万元或者非法所得额一至三倍的罚款。

第七十九条　属于跨部门或者跨地区的侵权纠纷，当事人请求专利管理机关处理的，由发生侵权行为地的专利管理机关或者侵权单位上级主管部门的专利管理机关处理。

第八章　专利登记和专利公报

第八十条　专利局设置专利登记簿，登记下列专利权有关事项：

（一）专利权的授予；

（二）专利权的转让和继承；

（三）专利权的撤销和无效宣告；

（四）专利权的终止；

（五）专利权的恢复；

（六）专利实施的强制许可；

（七）专利权人的姓名或者名称、国籍和地址的变更。

第八十一条　专利局定期出版专利公报，公布或者公告下列内容：

（一）专利申请中记载的著录事项；

（二）发明或者实用新型说明书的摘要，外观设计的图片或者照片及其简要说明；

（三）发明专利申请的实质审查请求和专利局对发明专利申请自行进行实质审查的决定；

（四）保密专利的解密；

（五）发明专利申请公布后的驳回、撤回和视为撤回；

（六）发明专利申请公布后的专利申请权转让和继承；

（七）专利权的授予；

（八）专利权的撤销和无效宣告；

（九）专利权的终止；

（十）专利权的转让和继承；

（十一）专利实施的强制许可的给予；

（十二）专利申请或者专利权的恢复；

（十三）专利权人的姓名或者名称、地址的变更；

（十四）对地址不明的申请人的通知；

（十五）其他有关事项。

发明或者实用新型的说明书及其附图、权利要求书另行全文出版。

第九章　费用

第八十二条　向专利局申请专利和办理其他手续时，应当缴纳下列费用：

（一）申请费、申请维持费；

（二）审查费、复审费；

（三）年费；

（四）著录事项变更费、优先权要求费、恢复权利请求费、撤销请求费、无效宣告请求费、强制许可请求费、强制许可使用费的裁决请求费，专利登记费以及规定的附加费。

前款所列各种费用的数额，由国务院有关主管部门会同专利局另行规定。

第八十三条　专利法和本细则规定的各种费用，可以直接向专利局缴纳，也可以通过邮局或者银行汇付，但是不得使用电汇。

通过邮局或者银行汇付的，应当写明申请号或者专利号、申请人或者专利权人的姓名或名称、费用名称及发明创造名称。

通过邮局或者银行汇付的，以汇出日为缴费日。但是，自汇出日至专利局收到日超过十五日的，除邮局、银行出具证明外，以专利局收到日为缴费日。

不符合本条第二款规定的，视为未办理缴费手续。

多缴、重缴、错缴专利费用的，当事人可以向专利局提出退款请求，但是该请求应当自缴费日起一年内提出。

第八十四条　申请人应当在收到受理通知书后，最迟自申请之日起二个月内缴纳申请费；期满未缴纳或者未缴足的，其申请被视为撤回。

申请人要求优先权的，应当在缴纳申请费的同时缴纳优先权要求费；期满未缴纳或者未缴足的，视为未要求优先权。

第八十五条　当事人请求实质审查、恢复权利、复审或者请求撤销专利权的，应当在专利法及本细则规定的相关期限内缴纳费用；期满未缴纳或者未缴足的，视为未提出请求。

第八十六条 发明专利申请人自申请日起满二年尚未被授予专利权的，自第三年度起每年缴纳申请维持费。第一次申请维持费应当在第三年度的第一个月内缴纳，以后的申请维持费应当在前一年度期满前一个月内预缴。

第八十七条 申请人办理登记手续时，应当缴纳专利登记费和授予专利权当年的年费。授予专利权当年已缴纳申请维持费的，不再缴纳当年的年费。期满未缴纳费用的，视为未办理登记手续。以后的年费应当在前一年度期满前一个月内预缴。

第八十八条 申请人或者专利权人未按时缴纳申请维持费或者授予专利权当年以后的年费，或者缴纳的数额不足的，专利局应当通知申请人自应当缴纳申请维持费或者年费期满之日起六个月内补缴，同时缴纳金额为申请维持费或者年费的25%滞纳金；期满未缴纳的，自应当缴纳申请

维持费或者年费期满日起，其申请被视为撤回或者专利权终止。

第八十九条 著录事项变更费、强制许可请求费、强制许可使用费的裁决请求费、无效宣告请求费应当自提出请求之日起一个月内，按照规定缴纳；期满未缴纳或者未缴足的，视为未提出请求。

第九十条 申请专利和办理其他手续，缴纳本细则第八十二条规定的各种费用有困难的，可以按照规定向专利局提出减缴或者缓缴的请求。减缴或者缓缴的办法由专利局另行规定。

第十章　附则

第九十一条 任何人经专利局同意后，均可以查阅或者复制已经公布或者公告的专利申请的案卷和专利登记簿。任何人均可以请求专利局出具专利登记簿副本。

已被视为撤回、驳回和主动撤回的专利申请的案卷，自该专利申请失效之日起满二年后不予保存。

已被撤销、放弃、无效宣告和终止的专利权的案卷自该专利权失效之日起满三年后不予保存。

第九十二条 向专利局提交申请文件或者办理各种手续，应当使用专利

局制定的统一格式，由申请人、专利权人、其他利害关系人或者其代表人签字或者盖章；委托专利代理机构的，由专利代理机构盖章。

请求变更发明人姓名、专利申请人和专利权人的姓名或者名称、国籍和地址、专利代理机构的名称和代理人姓名的，应当向专利局办理著录事项变更手续，并附具变更理由的证明材料。

第九十三条　向专利局邮寄有关申请或者专利权的文件，应当使用挂号信函，不得使用包裹。

除首次提交申请文件外，向专利局提交各种文件、办理各种手续时，应当标明申请号或者专利号、发明创造名称和申请人或者专利权人姓名或者名称。

一件信函中应当只包含同一申请的文件。

第九十四条　各类申请文件应当打字或者印刷，字迹呈黑色，整齐清晰，不得涂改。附图应当用制图工具和黑色墨水绘制，线条应当均匀清晰，不得涂改。

请求书、说明书、权利要求书、附图和摘要应当分别用阿拉伯数字顺序编号。

申请文件的文字部分应当横向书写。纸张只限单面使用。

第九十五条　本细则由专利局负责解释。

第九十六条　本细则自一九九三年一月一日起施行。

本细则施行前提出的专利申请和根据该申请授予的专利权，适用根据一九九二年九月四日第七届全国人民代表大会常务委员会第二十七次会议《关于修改〈中华人民共和国专利法〉的决定》修改前的专利法的规定和一九八五年一月十九日国务院批准、一九八五年一月十九日中国专利局

发布的《中华人民共和国专利法实施细则》的相应规定。但是，专利申请在本细则施行前尚未依照修改以前的专利法第三十九条、第四十条的规定公告的，该专利申请的批准和专利权的撤销、宣告无效的程序适用修改后的专利法第三十九条至第四十四条、第四十八条的规定和本细则的相应规定。

企业专利工作管理办法(试行) (2000 年)

(二〇〇〇年二月十六日，国家知识产权局，国家经济贸易委员会)

总 则

第一条 为规范企业专利工作，充分发挥专利制度在企业发展中的作用，促进企业技术创新和形成企业自主知识产权，推动企业加强对知识产权的管理、保护和利用，制定本办法。

第二条 企业专利工作的任务是充分依靠和运用专利制度，使专利机制成为促进企业技术创新的一个主要动力机制和保护机制，鼓励和调动企业职工的积极性，为企业技术创新以及生产、经营全过程服务。

第三条 国务院专利工作行政主管部门、宏观经济调控部门共同负责对企业专利工作进行宏观指导和协调。

企业的专利状况指标及专利管理水平作为评价考核企业经营管理水平和技术创新工作业绩的重要依据。

第四条 本办法适用于国有企业及国有控股企业（以下简称企业)，其他企业可参照执行。企业应根据本办法并结合自身状况建立和完善各项具体专利管理规章制度。

地方各级专利管理机关、宏观经济调控部门可以根据本办法及相关法规政策制定适合本地企业情况的具体实施措施办法。

第一章 企业专利工作人员及机构

第五条 有条件的企业应配备专职专利工作人员，建立专门机构。其他企业可根据工作需要，明确承担专利工作的机构和专职或者兼职人员。

企业专利工作机构的具体组织结构及管理模式，可根据本办法要求并结合企业自身情况灵活建制。企业主要负责人应主管和统筹企业专利工作。

第六条 企业缺乏条件配备专利工作者，可以从社会中介机构具有注册执业资格的专业人员任企业专利顾问，帮助企业开展专利工作。

企业专利顾问应严格按照执业要求履行职务，保守企业秘密。

第七条 企业要明确企业专利工作者、企业专利顾问的工作任务和职责，提供工作条件，保障他们应有的权利，支持他们参加专利以及其他机关业务的培训、交流等活动。

第八条 各级专利管理机关应对企业专利顾问及其执业活动予以业务指导。要适时组织企业专利工作者、企业专利顾问开展业务培训及业务交流等活动。

第二章 专利产权管理

第九条 企业要制定适应本企业情况的覆盖企业各相关环节的专利产权管理制度。企业专利产权管理的内容包括：

（一）专利技术开发；

（二）专利申请、维持、放弃的确定，职务与非职务发明的审查；

（三）专利评价、评估；

（四）专利资产运营，包括专利权转让、许可贸易、运用实施，专利作价投资，专利权质押等；

（五）企业技术活动中形成的与专利申请相关技术档案的管理及对技术人员业务活动的规范；

（六）对涉及专利技术开发权益的流动人员相关活动的规范；

（七）专利权保护，包括专利侵权监视、专利诉讼及专利权边境保护等；

（八）其他企业专利产权管理事项。

第十条 企业要建立职工发明创造、申请专利的申报与审查制度，制订具体申报、审查程序和办法。

大中型企业可在基层技术单位（项目组）及其他必要的企业基层单位指定兼职专利联络员，由专利联络员配合企业专利工作机构或企业专利顾问开展发明创造、申请专利的申报等工作。

第十一条 企业对做出的发明创造，应进行分析评价，凡应该申请专利的，及时申请国内外专利。

对符合申请专利的发明创造应先提出专利申请，取得专利申请日后，再进行科技评价、评估、评奖、产品展览与销售等会导致技术发明公开丧失新颖性的活动。

对于不适于申请专利的发明创造，一般应将其纳入企业技术秘密保护范围，从本企业专利战略及经营实际出发需要公开的除外。

第十二条 企业职务发明创造在申请专利前，有关人员应对该发明创造保密。企业职工调离、离退休，或者外来学习进修、临时工作人员在离开企业前，应将其从事、参与企业技术工作的技术资料交给企业，并承担保密义务。未经企业许可，不得擅自发表涉及应予保密内容的文章，不得将属于企业的发明创造申请个人专利。

第十三条 职工将其非职务发明创造申请专利，企业应予支持，不得压制和侵犯其专利申请权和专利权。需要企业出具证明的，由企业审查确认后，出具非职务发明证明。

职工就其做出的发明创造的职务与非职务性质与企业发生争议的，可提请当地专利管理机关处理，确认为非职务发明的，由专利管理机关为其出具处理决定。

第十四条 企业与其他单位签订有关技术开发的合同，或者签订其他在将来履行中可能产生发明创造的合同时，合同应明确发明创造的专利申请权和专利权的归属。

对于跨单位学习进修、合作、工作的人员及企业临时聘用人员，企业应当事先就该人员在学习、工作中做出的发明创造的专利申请权及专利权归属与接受或派出单位签订合同。未签订合同或者合同规定不明确的，其专利申请权和专利权的归属按照国家有关规定处理。

第十五条 需向国外申请专利的项目，企业应进行可行性论证。

企业建立中外合资、合作企业时，外方以技术、设备、产品作投资的，企业应就所涉及的专利和相关技术领域进行专利检索和论证。

企业与外方签订涉及专利或将来可能涉及专利问题的涉外合同，应对专利事宜或可能涉及的专利事宜作明确约定。

第十六条 企业对其专利或专利申请，应依法及时交纳年费或申请维持费，维持其有效。对拟在法定期限届满前放弃或终止的专利和专利申请，要予以论证确认并建立管理档案。

第十七条 企业应依法维护其专利权益。发生被侵权，或者与他方产生专利侵权纠纷或其他专利纠纷的，及时采取措施，必要时请求专利管理机关处理，或向人民法院起诉。

企业职工有权保护本企业的专利权不受侵犯。发现侵犯本企业专利权行为，应及时向企业报告，并帮助做好调查取证工作。

企业专利权益涉及海关保护的，要按照知识产权海关保护条例要求，及时向海关总署申请办理专利权海关保护备案。

企业应避免侵犯他人专利权。

第十八条 企业要定期对专利权及专利申请状况进行统计分析与评估，估算企业专利资产，并将其纳入企业财会核算管理体系，作为企业经营决策的依据。

企业联营、兼并及对外合资、合作，开展重大技术贸易，涉及专利的企业应依照国家有关规定进行专利资产评估。企业开展上述专利资产评估应委托符合执业要求的中介机构完成。

第三章 专利信息利用

第十九条 企业要建立适合本企业的专利信息利用机制。

大中型企业应逐步建立企业专利信息数据库，有条件的企业要建立企业专利信息计算机管理系统。缺乏条件建立专利信息数据库的企业可依托社会专利信息中介机构与专利信息网络利用专利信息。

企业专利工作者、专利顾问要及时收集、研究与企业有关的专利信息，为企业技术创新、经营管理等相关企业活动提出对策。

第二十条 地方专利管理机关、宏观经济调控部门应采取措施促进专利信息的传播、开发和利用。要鼓励和支持本地区专利信息网络建设，逐步建立本地区中国专利信息网网站。鼓励和支持社会专利服务中介机构开展专利信息服务。

第二十一条 企业在产品、技术研究开发立项之前，应进行专利文献检索，在研究开发过程中及完成后，要进行必要的跟踪检索。企业研究开发项目进行鉴定验收时应有专利检索报告。

企业技术创新项目申请列入政府经济科技计划或者政府参与投资的，项目审批部门应当要求项目承担企业提供专利检索报告作为审批立项的依据之一。项目取得阶段性成果或完成后，承担企业向项目审批部门申报时，申报材料应提供项目所涉及技术领域的新的专利检索报告，及项目中产生的发明创造是否申请专利的说明。

第二十二条 企业开展对外贸易有下列情形之一的，应进行项目专利检索：

（一）技术、成套设备和关键设备的进出口；

（二）未在国内销售过的原材料和产品的进口；

（三）未在其他国家和地区销售过的原材料和产品的出口。

第二十三条 对企业重大的新技术、新产品研究开发项目，或者企业具有重大市场前景需要申请外国专利的技术创新成果，企业要进行项目专利战略研究，提出专利战略分析报告。

第四章　考核评价与扶持措施

第二十四条 企业专利状况指标作为评价企业技术创新工作与专利工作的主要考核指标，包括：

（一）企业专利权、专利申请权拥有量指标，包括自主开发和引进的专利权、专利申请权；

（二）专利开发率指标，包括年度专利权、专利申请权数与同期研究开发投资额比，年度专利权、专利申请权数与企业技术人员数比等；

（三）专利收益指标，包括自主开发利用和引进专利的收益；

（四）企业专利管理状况，包括专利管理综合水平，专利产权管理状况，专利信息利用状况，制定与实施专利战略状况，专利收益分配与奖励状况等。

企业应将企业专利状况指标及专利管理要求纳入企业有关负责人任期考核目标。

第二十五条 国务院专利工作行政主管部门、宏观经济调控部门共同制定企业专利工作达标和优秀两级评价标准，对企业进行评价。由企业自愿申报，省级以上专利管理机关、宏观经济调控部门组织评价。

对专利工作优秀并符合有关要求的企业，纳入有关扶持企业计划或其他政策支持范围。

第二十六条 对于政府财政支持的科技计划项目所取得的新技术成果，除合同规定应向社会推广或保密外，项目承担企业可以申请专利，并可以有偿转让或自行实施，所得收益属于承担企业。

第二十七条 各级专利管理机关、宏观经济调控部门应优先将拥有自主专利权并符合有关条件的高新技术项目推荐纳入国家有关经济和科技计划。优先向社会推荐有自主专利权的高新技术产品。对拥有自主专利权且形成一定产业规模具有市场前景的新产品和新技术，采取倾斜支持政策。

地方可以根据本地情况制定鼓励支持专利技术实施和产业化的具体措施。鼓励和支持地方建立专利基金，鼓励企业建立企业的专利基金。

第二十八条 鼓励和支持企业依托高等院校、科研院所等社会技术力量开展以专利为目标的技术创新活动。支持高等院校、科研院所及技术持有人以专利权入股，与企业合作建立新的经营实体。鼓励企业从高等院校或科研院所引进专利进行技术创新。

第二十九条 地方专利管理机关应鼓励发展面向企业服务的社会专利中介服务机构，引导帮助本地区成立企业专利工作者协会、专利顾问协会等有关企业专利工作的社会团体组织，并予以业务指导。

第五章　利益分配与奖励

第三十条 企业要根据专利法及实施细则和国家相关政策规定要求，建立企业内部合理的专利利益分配与奖励制度。对企业专利发明人或设计人做出的专利及其实施效益定期评价，兑现应分配利益与奖励。

专利利益分配与奖励应与专利发明人、设计人的贡献和专利实施效益对应。专利利益分配与奖励形式可以用股权分配，一次性支付应分配金额，或者按实施效益的一定比例提成等符合国家政策的形式。

第三十一条 企业开展专利利益分配与奖励，对专利及其实施效益评价时，可以组织专门委员会依国家规定的评价要求评价。

第三十二条 职务专利发明人、设计人对企业关于其职务专利及实施效益的评价与利益分配、奖励持严重异议的，可以向企业所在地专利管理机关申诉和请求处理。申诉事实成立的，专利管理机关可以督促企业重新进行评价及分配、奖励，或者直接依法做出处理。企业对专利管理机关的处理决定应予履行。

第三十三条 在依托产学研合作的企业技术创新活动中，对高等院校、科研院所的专利完成人及专利实施的主要完成人，企业应支付与其实际贡献相当的报酬，可以用股权收益分配等符合国家政策的形式支付报酬。

企业可以在研究开发前订立的合同中约定研究开发完成后取得专利权及专利实施后，给予专利完成人的分配比例。

第三十四条 企业应将专利发明与设计成绩作为考核技术人员工作的重要依据。

企业在聘任技术人员职务和给予相关奖励时，应将其申请专利和获专利权情况，作为考核的主要依据之一。

企业技术人员所作出职务专利产生突出效益的，可作为有突出贡献的专业人员，在评定技术职务时破格晋升。

第三十五条 企业开展技术创新项目的鉴定验收与奖励时，应将项目申请专利及获专利权情况作为重要考评依据。

第三十六条 各级专利管理机关、宏观经济调控部门要适时表彰专利技术创新成绩显著的企业、优秀项目和先进个人，在企业专利工作中做出突出贡献的企业专利工作机构、专利工作者、专利顾问以及其他专利工作人员。

在企业专利工作做出显著成绩获得表彰、奖励的人员，其成绩作为职务聘任和晋升的主要依据之一。

第六章　责任与处罚

第三十七条 企业可以依据本办法制定本企业具体的责任追究制度。对违反本办法规定，造成国有企业专利资产和其他财产损失的，给予责任人员行政处分。

第三十八条 未及时申请专利或忽视损失的，企业有关负责人及直接责任者应按国家政策法规和企业规定承担责任。

职工将职务发明创造以非职务发明创造申请专利的，企业应依法采取措施，追究其法律责任。

第三十九条 企业专利顾问玩忽职守、履行职责不当或者泄露秘密，造成企业损失的，依据有关法律、法规和政策规定，承担相应责任。专利管理机关可根据有关规定视专利顾问过错情节做出相应处罚。

附 则

第四十条 本办法由国家知识产权局与国家经济贸易委员会解释。

第四十一条 本办法自发布之日起施行。原中国专利局、国家经贸委、国家科委1994年颁布的《企业专利工作办法》（国专发管字〔1994〕第117号）同时废止。

关于《中华人民共和国专利法修正案（草案）》的说明（2000年）[1]

（2000年4月25日在第九届全国人民代表大会常务委员会第十五次会议
国家知识产权局局长姜颖）

委员长、各位副委员长、秘书长、各位委员：

我受国务院的委托，现就《中华人民共和国专利法修正案（草案）》作如下说明：

《中华人民共和国专利法》（以下简称现行专利法）自1985年4月1日实施以来，对鼓励发明创造，引进外国先进技术，促进我国科技进步和经济发展，发挥了重要作用。1992年9月4日，七届全国人大常委会对现行专利法部分条款作了修改，主要是扩大了专利保护范围，延长了专利保护期限，提高了我国对专利的保护水平。随着体制改革不断深化、对外开放逐步扩大，又出现了一些新情况、新问题，主要是：①现行专利法的有些规定与国有企业改革和政府机构改革的精神不大适应；②现实情况要求进一步完善专利保护制度；③专利审批和专利纠纷处理周期过长，影响专利申请人和专利权人及时获得保护；④我国已经加入《专利合作条约》，在处理专利国际申请问题上需要与条约有关规定相衔接。为了进一步发挥专利制度在技术创新和经济发展中的积极作用，对现行专利法进一步做适当修改是必要的。

国务院法制办、国家知识产权局在认真调查研究、总结现行专利法实施

---

〔1〕 这次专利法的修订，很大程度上是为了实现TRIPS协议关于专利保护规则的本国化。有关部门在这次修法过程中为了体现既符合国际规则又与中国国情吻合进行了多次讨论。全国人大在审议专利法的过程中又进行了反复调整。参见全国人大法律委员会副主任委员胡光宝2000年7月3日在九届人大常务委员会第十六次会议上的“全国人大法律委员会关于《中华人民共和国专利法修正案（草案）》修改情况的汇报”，2000年8月21日九届人大常务委员会第十七次会议上的“全国人大法律委员会关于《中华人民共和国专利法修正案（草案）》审议结果的报告”，以及全国人大法律委员会主任委员王维澄2000年8月25日在第九届全国人民代表大会常务委员会第十七次会议上的“全国人大法律委员会关于修改《中华人民共和国专利法》的决定（草案）修改意见的报告”。

以来实践经验的基础上，从我国的基本国情出发，借鉴有关国际条约，起草了《中华人民共和国专利法修正案（草案）》（以下简称草案）。草案已经国务院第 27 次常务会议通过。

现就草案中几个主要问题说明如下：

一、修改与国有企业改革、行政管理体制改革精神不相适应的有关规定

现行专利法第 6 条规定："执行本单位的任务或者主要是利用本单位的物质条件所完成的职务发明创造，申请专利的权利属于该单位；非职务发明创造，申请专利的权利属于发明人或者设计人。申请被批准后，全民所有制单位申请的，专利权归该单位持有；集体所有制单位或者个人申请的，专利权归该单位或者个人所有。""在中国境内的外资企业和中外合资经营企业的工作人员完成的职务发明创造，申请专利的权利属于该企业；非职务发明创造，申请专利的权利属于发明人或者设计人。申请被批准后，专利权归申请的企业或者个人所有。""专利权的所有人和持有人统称专利权人。"上述规定中关于国有单位专利权归属的表述与国有企业改革的精神已经不相适应。根据党的十四届三中全会《关于建立社会主义市场经济体制若干问题的决定》和党的十五届四中全会《关于国有企业改革和发展若干重大问题的决定》，国有企业实行出资者所有权与企业法人财产权相分离；国有企业以其全部法人财产，依法自主经营，自负盈亏，照章纳税，对出资者承担资产增值、保值的责任，对外独立承担民事责任。因此，没有必要再按不同的所有制，规定国有单位对其专利权只是"持有人"（容易引起它没有处置权的歧义），其他单位对其专利权才是"所有人"，而只需要明确谁是"专利权人"就可以了。按照这样的考虑，草案将现行专利法第 6 条修改为："执行本单位的任务或者主要是利用本单位的物质条件所完成的职务发明创造，专利申请权属于该单位；申请被批准后，该单位为专利权人。非职务发明创造，专利申请权属于发明人或者设计人；申请被批准后，该发明人或者设计人为专利权人。"

现行专利法第 10 条第二款、第四款规定："全民所有制单位转让专利申请权或者专利权的，必须经上级主管机关批准。""转让专利申请权或者专利权的，当事人必须订立书面合同，经专利局登记和公告后生效。"按照社会主义市场经济的要求和转变政府职能的原则，政府主管部门不必也不宜干预属

于国有企业自主权范围内的转让专利申请权或者专利权的行为。因此，草案删去了现行专利法第10条第二款；将第四款改为第三款，修改为："转让专利申请权或者专利权的，当事人必须订立书面合同。转让专利申请权，当事人应当向专利申请受理审查机构登记；转让专利权，当事人应当向国务院专利行政部门登记，由国务院专利行政部门予以公告。专利申请权或者专利权的转让行为自登记之日起生效。"

现行专利法第14条规定："国务院有关主管部门和省、自治区、直辖市人民政府根据国家计划，有权决定本系统内或者所管辖的全民所有制单位持有的重要发明创造专利允许指定的单位实施，由实施单位按照国家规定向持有专利权的单位支付使用费。""中国集体所有制单位和个人的专利，对国家利益或者公共利益具有重大意义，需要推广应用的，由国务院有关主管部门报国务院批准后，参照上款规定办理。"这一条是现行专利法中体现中国特色社会主义性质最为明显的规定，十分重要。草案在不改变这一条的实质的前提下，按照行政管理体制、计划体制改革的精神，修改为："中国单位或者个人的发明专利，对国家利益或者公共利益具有重大意义的，国务院有关主管部门和省、自治区、直辖市人民政府报经国务院批准，可以决定在批准的范围内推广应用，允许指定的单位或者个人实施，由实施单位或者个人按照国家规定向专利权人支付使用费。"

二、进一步完善专利保护制度

（一）增加规定不经专利权人许可，他人不得"许诺销售"其专利产品的内容

"许诺销售"（offering for sale）是以做广告、在商店货架或者展销会陈列等方式做出销售商品的许诺。《与贸易有关的知识产权协议》（TRIPS协议）明确规定，专利权包括未经专利权人许可，他人不得"许诺销售"其专利产品的内容。因此，草案在现行专利法第11条关于专利权内涵的规定中增加了"许诺销售"的内容。

（二）将专利侵权纠纷可以由专利管理机关处理明确为可以由省级人民政府管理专利工作的部门调解处理

现行专利法第60条第一款规定："对未经专利权人许可，实施其专利的

侵权行为，专利权人或者利害关系人可以请求专利管理机关进行处理，也可以直接向人民法院起诉。专利管理机关处理的时候，有权责令侵权人停止侵权行为，并赔偿损失；当事人不服的，可以在收到通知之日起三个月内向人民法院起诉；期满不起诉又不履行的，专利管理机关可以请求人民法院强制执行。”根据民法的一般原则，专利侵权纠纷作为民事纠纷，原则上应当通过司法程序解决。但是，由于专利侵权纠纷涉及比较复杂的技术问题，专利管理机关又比较熟悉，从方便当事人考虑，省级人民政府管理专利工作的部门根据当事人的请求，对专利侵权纠纷进行调解处理是可以的；如果当事人对调解处理不服，可以向人民法院起诉。因此，草案根据多年来的实践经验，将现行专利法第60条第一款修改为：“未经专利权人许可，实施其专利，即侵犯其专利权，引起纠纷的，由当事人协商解决；不愿协商或者协商不成的，专利权人或者利害关系人可以向人民法院起诉，也可以请求省、自治区、直辖市人民政府管理专利工作的部门调解处理。省、自治区、直辖市人民政府管理专利工作的部门调解处理时，认定侵权行为成立的，可以责令侵权人立即停止侵权行为，并就赔偿额调解处理；当事人不服的，可以自收到调解处理书之日起15日内依照民事诉讼法向人民法院起诉；侵权人不起诉又不履行的，专利权人或者利害关系人可以申请人民法院强制执行。”

（三）增加规定发明专利申请公布后、专利权被授予前使用该发明未支付适当使用费引起争议的诉讼时效

现行专利法第61条规定了专利权被授予后专利侵权纠纷的诉讼时效，没有规定发明专利申请公布后、专利权被授予前使用该发明未支付适当使用费引起争议的诉讼时效。为了更好地保护专利权，草案规定：“发明专利申请公布以后、专利权授予前使用该发明未支付适当使用费的，专利权人要求支付使用费的诉讼时效为2年，自专利权授予之日起计算。”

（四）增加规定实用新型专利权人在主张权利时，法院或者省级人民政府管理专利工作的部门可以要求权利人出具由专利申请受理审查机构做出的检索报告

按照现行专利法的规定，专利申请受理审查机构对实用新型专利申请不进行实质审查。为了维护公众利益，防止不法分子恶意申请实用新型专利，妨碍他人正常的生产、经营活动，草案借鉴一些国家的有效做法，规定：专利侵权纠纷涉及实用新型专利的，权利人主张权利时，“人民法院或者省、自

治区、直辖市人民政府管理专利工作的部门可以要求专利权人出具由专利申请受理审查机构做出的检索报告。”

（五）增加规定确定专利侵权赔偿额的计算方法

民法通则和现行专利法没有关于确定专利侵权赔偿额的规定。司法实践中，一些案件虽能认定为侵权，但难以确定赔偿额。为了切实保护专利权人的合法权益，草案规定：“对侵犯专利权的行为，人民法院应权利人或者利害关系人的请求，按照权利人在被侵权期间因被侵权所受到的损失或者侵权人在侵权期间因侵权所获得的利益确定赔偿额。”

（六）增加规定对假冒他人专利尚不构成犯罪行为的行政处罚

刑法第216条规定：“假冒他人专利，情节严重的，处3年以下有期徒刑或者拘役，并处或者单处罚金。”假冒他人专利的行为，情况千差万别，并不一定都构成犯罪，但又不能因此而不受任何处罚。因此，草案与刑法上述规定相衔接，规定：“假冒他人专利的，由省、自治区、直辖市人民政府管理专利工作的部门责令改正并予公告，没收违法所得，可以并处违法所得2倍以下的罚款，没有违法所得的，可以处2万元以下的罚款；情节严重，构成犯罪的，移送司法机关依法追究刑事责任。”

三、简化、完善有关程序

（一）在发明专利已经在外国提出申请的情况下，将申请人应当提供该国有关审查资料改为专利申请受理审查机构可以要求其提供该国有关审查资料

现行专利法第36条第二款规定：“发明专利已经在外国提出过申请的，申请人请求实质审查的时候，应当提交该国为审查其申请进行检索的资料或者审查结果的资料。”当年这样规定，主要是因为当时我国专利申请受理审查机构检索资料欠缺，需要借助国外的审查资料。经过十几年的积累，我国专利申请受理审查机构已经有了比较丰富的检索资料，不需要一律要求申请人提交该国的审查资料；只是在个别情况下，专利申请受理审查机构才有必要要求申请人提交该国的审查资料。因此，草案将现行专利法第36条第二款修改为：“发明专利已经在外国提出过申请的，专利申请受理审查机构可以要求申请人在指定的期限内提交该国为审查其申请进行检索的资料或者审查结果的资料；无正当理由逾期不提交的，该申请即被视为撤回。”

（二）取消撤销程序

现行专利法第41条规定："自专利局公告授予专利权之日起六个月内，任何单位或者个人认为该专利权的授予不符合本法有关规定的，都可以请求专利局撤销该专利权。"现行专利法第42条规定："专利局对撤销专利权的请求进行审查，做出撤销或者维持专利权的决定，并通知请求人和专利权人。撤销专利权的决定，由专利局登记和公告。"现行专利法第44条规定："被撤销的专利权视为自始即不存在。"现行专利法第48条规定："自专利局公告授予专利权之日起满六个月后，任何单位或者个人认为该专利权的授予不符合本法有关规定的，都可以请求专利复审委员会宣告该专利权无效。"现行专利法规定的撤销程序与无效程序都是为了纠正专利行政部门的不当授权而设置的。实践证明，撤销程序的作用完全可以通过无效程序来实现。因此，为了进一步简化程序，避免因程序重复导致专利权长期处于不稳定状态，草案取消了撤销程序，只保留无效程序，将现行专利法第41条、第42条、第44条以及第50条第四款关于撤销程序的规定删去，并将现行专利法第48条修改为："自国务院专利行政部门公告授予专利权之日起，任何单位或者个人认为该专利权的授予不符合本法有关规定的，可以请求专利复审委员会宣告该专利权无效。"

（三）增加规定请求宣告发明专利权无效程序的对方当事人作为第三人参加诉讼

在发明专利权无效诉讼中，请求宣告发明专利权无效程序的对方当事人与诉讼有利害关系。为了保护对方当事人的正当利益，草案增加规定："人民法院应当通知无效宣告请求程序的对方当事人作为第三人参加诉讼。"

四、就处理专利国际申请问题与《专利合作条约》相衔接

我国已于1994年加入《专利合作条约》，中国专利局是《专利合作条约》的受理局、国际检索单位和国际初步审查单位，应申请人的申请，可能成为专利合作条约所称的指定局或者选定局，因而，我国需要就处理专利国际申请问题与条约有关规定相衔接。因此，草案增加规定："中国单位或者个人可以根据《专利合作条约》提出专利国际申请。""国务院专利行政部门作为《专利合作条约》所称的指定局或者选定局，其处理专利国际申请的程序由国

务院规定。”

五、根据政府机构改革精神，完善专利行政执法体制

现行专利法第3条规定：“中华人民共和国专利局受理和审查专利申请，对符合本法规定的发明创造授予专利权。”1998年国务院机构改革中，原中国专利局更名为国家知识产权局，成为国务院主管专利工作和统筹协调涉外知识产权事宜的直属机构；原中国专利局对专利申请的受理、审批、复审工作和专利权的无效宣告业务，委托国家知识产权局下属事业单位承担。据此，草案将现行专利法第3条分为两款，修改为：“国务院专利行政部门负责管理全国的专利工作。”“国务院专利行政部门所属的专利申请受理审查机构受理和审查专利申请。”相应地，将现行专利法涉及专利授权和其他专利行政管理事项条文中的“专利局”，全部改为“国务院专利行政部门”；其他涉及受理和审查专利申请条文中的“专利局”全部改为“专利申请受理审查机构”。此外，从目前地方政府机构设置的实际情况和专利管理工作需要出发，草案还规定：“省、自治区、直辖市人民政府管理专利工作的部门负责本行政区域内的专利管理工作。”

《中华人民共和国专利法修正案（草案）》和以上说明是否妥当，请审议。

中华人民共和国专利法(2000 年)

（1984 年 3 月 12 日第六届全国人民代表大会常务委员会第四次会议通过
根据 1992 年 9 月 4 日第七届全国人民代表大会常务委员会第二十七次会议
《关于修改〈中华人民共和国专利法〉的决定》第一次修正根据
2000 年 8 月 25 日第九届全国人民代表大会常务委员会第十七次会议
《关于修改〈中华人民共和国专利法〉的决定》第二次修正)

目录

第一章　总则
第二章　授予专利权的条件
第三章　专利的申请
第四章　专利申请的审查和批准
第五章　专利权的期限、终止和无效
第六章　专利实施的强制许可
第七章　专利权的保护
第八章　附则

第一章　总则

第一条　为了保护发明创造专利权，鼓励发明创造，有利于发明创造的推广应用，促进科学技术进步和创新，适应社会主义现代化建设的需要，特制定本法。

第二条　本法所称的发明创造是指发明、实用新型和外观设计。

第三条　国务院专利行政部门负责管理全国的专利工作；统一受理和审查专利申请，依法授予专利权。

省、自治区、直辖市人民政府管理专利工作的部门负责本行政区域内的专利管理工作。

第四条　申请专利的发明创造涉及国家安全或者重大利益需要保密的，按照国家有关规定办理。

第五条　对违反国家法律、社会公德或者妨害公共利益的发明创造，不授予专利权。

第六条　执行本单位的任务或者主要是利用本单位的物质技术条件所完成的发明创造为职务发明创造。职务发明创造申请专利的权利属于该单位；申请被批准后，该单位为专利权人。

非职务发明创造，申请专利的权利属于发明人或者设计人；申请被批准后，该发明人或者设计人为专利权人。

利用本单位的物质技术条件所完成的发明创造，单位与发明人或者设计人订有合同，对申请专利的权利和专利权的归属做出约定的，从其约定。

第七条　对发明人或者设计人的非职务发明创造专利申请，任何单位或者个人不得压制。

第八条　两个以上单位或者个人合作完成的发明创造、一个单位或者个人接受其他单位或者个人委托所完成的发明创造，除另有协议的以外，申请专利的权利属于完成或者共同完成的单位或者个人；申请被批准后，申请的单位或者个人为专利权人。

第九条　两个以上的申请人分别就同样的发明创造申请专利的，专利权授予最先申请的人。

第十条　专利申请权和专利权可以转让。

中国单位或者个人向外国人转让专利申请权或者专利权的，必须经国务院有关主管部门批准。

转让专利申请权或者专利权的，当事人应当订立书面合同，并向国务院专利行政部门登记，由国务院专利行政部门予以公告。专利申请权或者专利权的转让自登记之日起生效。

第十一条　发明和实用新型专利权被授予后，除本法另有规定的以外，任何单位或者个人未经专利权人许可，都不得实施其专利，即不得为生产经营目的制造、使用、许诺销售、销售、进口其专利产品，或者使用其专利方法以及使用、许诺销售、销售、进口依照该专利方法直接获得的产品。

外观设计专利权被授予后，任何单位或者个人未经专利权人许可，都不得实施其专利，即不得为生产经营目的制造、销售、进口其外观设计专利产品。

第十二条 任何单位或者个人实施他人专利的，应当与专利权人订立书面实施许可合同，向专利权人支付专利使用费。被许可人无权允许合同规定以外的任何单位或者个人实施该专利。

第十三条 发明专利申请公布后，申请人可以要求实施其发明的单位或者个人支付适当的费用。

第十四条 国有企业事业单位的发明专利，对国家利益或者公共利益具有重大意义的，国务院有关主管部门和省、自治区、直辖市人民政府报经国务院批准，可以决定在批准的范围内推广应用，允许指定的单位实施，由实施单位按照国家规定向专利权人支付使用费。

中国集体所有制单位和个人的发明专利，对国家利益或者公共利益具有重大意义，需要推广应用的，参照前款规定办理。

第十五条 专利权人有权在其专利产品或者该产品的包装上标明专利标记和专利号。

第十六条 被授予专利权的单位应当对职务发明创造的发明人或者设计人给予奖励；发明创造专利实施后，根据其推广应用的范围和取得的经济效益，对发明人或者设计人给予合理的报酬。

第十七条 发明人或者设计人有在专利文件中写明自己是发明人或者设计人的权利。

第十八条 在中国没有经常居所或者营业所的外国人、外国企业或者外国其他组织在中国申请专利的，依照其所属国同中国签订的协议或者共同参加的国际条约，或者依照互惠原则，根据本法办理。

第十九条 在中国没有经常居所或者营业所的外国人、外国企业或者外国其他组织在中国申请专利和办理其他专利事务的，应当委托国务院专利行政部门指定的专利代理机构办理。

中国单位或者个人在国内申请专利和办理其他专利事务的，可以委托专利代理机构办理。

专利代理机构应当遵守法律、行政法规，按照被代理人的委托办理专利申请或者其他专利事务；对被代理人发明创造的内容，除专利申请已经公布或者公告的以外，负有保密责任。专利代理机构的具体管理办法由国务院规定。

第二十条 中国单位或者个人将其在国内完成的发明创造向外国申请专利的，应当先向国务院专利行政部门申请专利，委托其指定的专利代理机构办理，并遵守本法第四条的规定。

中国单位或者个人可以根据中华人民共和国参加的有关国际条约提出专利国际申请。申请人提出专利国际申请的，应当遵守前款规定。

国务院专利行政部门依照中华人民共和国参加的有关国际条约、本法和国务院有关规定处理专利国际申请。

第二十一条 国务院专利行政部门及其专利复审委员会应当按照客观、公正、准确、及时的要求，依法处理有关专利的申请和请求。

在专利申请公布或者公告前，国务院专利行政部门的工作人员及有关人员对其内容负有保密责任。

第二章 授予专利权的条件

第二十二条 授予专利权的发明和实用新型，应当具备新颖性、创造性和实用性。

新颖性，是指在申请日以前没有同样的发明或者实用新型在国内外出版物上公开发表过、在国内公开使用过或者以其他方式为公众所知，也没有同样的发明或者实用新型由他人向国务院专利行政部门提出过申请并且记载在申请日以后公布的专利申请文件中。

创造性，是指同申请日以前已有的技术相比，该发明有突出的实质性特点和显著的进步，该实用新型有实质性特点和进步。

实用性，是指该发明或者实用新型能够制造或者使用，并且能够产生积极效果。

第二十三条 授予专利权的外观设计，应当同申请日以前在国内外出版物上公开发表过或者国内公开使用过的外观设计不相同和不相近似，并不得与他人在先取得的合法权利相冲突。

第二十四条 申请专利的发明创造在申请日以前六个月内，有下列情形之一的，不丧失新颖性：

（一）在中国政府主办或者承认的国际展览会上首次展出的；

（二）在规定的学术会议或者技术会议上首次发表的；

（三）他人未经申请人同意而泄露其内容的。

第二十五条 对下列各项，不授予专利权：

（一）科学发现；

（二）智力活动的规则和方法；

（三）疾病的诊断和治疗方法；

（四）动物和植物品种；

（五）用原子核变换方法获得的物质。

对前款第（四）项所列产品的生产方法，可以依照本法规定授予专利权。

第三章 专利的申请

第二十六条 申请发明或者实用新型专利的，应当提交请求书、说明书及其摘要和权利要求书等文件。

请求书应当写明发明或者实用新型的名称，发明人或者设计人的姓名，申请人姓名或者名称、地址，以及其他事项。

说明书应当对发明或者实用新型做出清楚、完整的说明，以所属技术领域的技术人员能够实现为准；必要的时候，应当有附图。摘要应当简要说明发明或者实用新型的技术要点。

权利要求书应当以说明书为依据，说明要求专利保护的范围。

第二十七条 申请外观设计专利的，应当提交请求书以及该外观设计的图片或者照片等文件，并且应当写明使用该外观设计的产品及其所属的类别。

第二十八条 国务院专利行政部门收到专利申请文件之日为申请日。如果申请文件是邮寄的，以寄出的邮戳日为申请日。

第二十九条 申请人自发明或者实用新型在外国第一次提出专利申请之日起十二个月内，或者自外观设计在外国第一次提出专利申请之日起六个月内，又在中国就相同主题提出专利申请的，依照该外国同中国签订的协议或者共同参加的国际条约，或者依照相互承认优先权的原则，可以享有优先权。

申请人自发明或者实用新型在中国第一次提出专利申请之日起十二个月内，又向国务院专利行政部门就相同主题提出专利申请的，可以享有优先权。

第三十条 申请人要求优先权的，应当在申请的时候提出书面声明，并且在三个月内提交第一次提出的专利申请文件的副本；未提出书面声明或者逾期未提交专利申请文件副本的，视为未要求优先权。

第三十一条 一件发明或者实用新型专利申请应当限于一项发明或者实用新型。属于一个总的发明构思的两项以上的发明或者实用新型，可以作为一件申请提出。

一件外观设计专利申请应当限于一种产品所使用的一项外观设计。用于同一类别并且成套出售或者使用的产品的两项以上的外观设计，可以作为一件申请提出。

第三十二条 申请人可以在被授予专利权之前随时撤回其专利申请。

第三十三条 申请人可以对其专利申请文件进行修改，但是，对发明和实用新型专利申请文件的修改不得超出原说明书和权利要求书记载的范围，对外观设计专利申请文件的修改不得超出原图片或者照片表示的范围。

第四章 专利申请的审查和批准

第三十四条 国务院专利行政部门收到发明专利申请后，经初步审查认为符合本法要求的，自申请日起满十八个月，即行公布。国务院专利行政部门可以根据申请人的请求早日公布其申请。

第三十五条 发明专利申请自申请日起三年内，国务院专利行政部门可以根据申请人随时提出的请求，对其申请进行实质审查；申请人无正当理由逾期不请求实质审查的，该申请即被视为撤回。

国务院专利行政部门认为必要的时候，可以自行对发明专利申请进行实质审查。

第三十六条 发明专利的申请人请求实质审查的时候，应当提交在申请日前与其发明有关的参考资料。

发明专利已经在外国提出过申请的，国务院专利行政部门可以要求申请人在指定期限内提交该国为审查其申请进行检索的资料或者审查结果的资料；无正当理由逾期不提交的，该申请即被视为撤回。

第三十七条 国务院专利行政部门对发明专利申请进行实质审查后，认为不符合本法规定的，应当通知申请人，要求其在指定的期限内陈述意见，或者对其申请进行修改；无正当理由逾期不答复的，该申请即被视为撤回。

第三十八条 发明专利申请经申请人陈述意见或者进行修改后，国务院专利行政部门仍然认为不符合本法规定的，应当予以驳回。

第三十九条 发明专利申请经实质审查没有发现驳回理由的，由国务院专利行政部门做出授予发明专利权的决定，发给发明专利证书，同时予以登记和公告。发明专利权自公告之日起生效。

第四十条 实用新型和外观设计专利申请经初步审查没有发现驳回理由的，由国务院专利行政部门做出授予实用新型专利权或者外观设计专利权的决定，发给相应的专利证书，同时予以登记和公告。实用新型专利权和外观设计专利权自公告之日起生效。

第四十一条 国务院专利行政部门设立专利复审委员会。专利申请人对国务院专利行政部门驳回申请的决定不服的，可以自收到通知之日起三个月内，向专利复审委员会请求复审。专利复审委员会复审后，做出决定，并通知专利申请人。

专利申请人对专利复审委员会的复审决定不服的，可以自收到通知之日起三个月内向人民法院起诉。

第五章 专利权的期限、终止和无效

第四十二条 发明专利权的期限为二十年，实用新型专利权和外观设计专利权的期限为十年，均自申请日起计算。

第四十三条 专利权人应当自被授予专利权的当年开始缴纳年费。

第四十四条 有下列情形之一的，专利权在期限届满前终止：

（一）没有按照规定缴纳年费的；（二）专利权人以书面声明放弃其专利权的。

专利权在期限届满前终止的，由国务院专利行政部门登记和公告。

第四十五条 自国务院专利行政部门公告授予专利权之日起，任何单位或者个人认为该专利权的授予不符合本法有关规定的，可以请求专利复审委员会宣告该专利权无效。

第四十六条 专利复审委员会对宣告专利权无效的请求应当及时审查和做出决定，并通知请求人和专利权人。宣告专利权无效的决定，由国务院专利行政部门登记和公告。

对专利复审委员会宣告专利权无效或者维持专利权的决定不服的，可以自收到通知之日起三个月内向人民法院起诉。人民法院应当通知无效宣告请求程序的对方当事人作为第三人参加诉讼。

第四十七条 宣告无效的专利权视为自始即不存在。

宣告专利权无效的决定，对在宣告专利权无效前人民法院做出并已执行的专利侵权的判决、裁定，已经履行或者强制执行的专利侵权纠纷处理决定，以及已经履行的专利实施许可合同和专利权转让合同，不具有追溯力。但是因专利权人的恶意给他人造成的损失，应当给予赔偿。

如果依照前款规定，专利权人或者专利权转让人不向被许可实施专利人或者专利权受让人返还专利使用费或者专利权转让费，明显违反公平原则，专利权人或者专利权转让人应当向被许可实施专利人或者专利权受让人返还全部或者部分专利使用费或者专利权转让费。

第六章 专利实施的强制许可

第四十八条 具备实施条件的单位以合理的条件请求发明或者实用新型专利权人许可实施其专利，而未能在合理长的时间内获得这种许可时，国务院专利行政部门根据该单位的申请，可以给予实施该发明专利或者实用新型专利的强制许可。

第四十九条 在国家出现紧急状态或者非常情况时，或者为了公共利益的目的，国务院专利行政部门可以给予实施发明专利或者实用新型专利的强制许可。

第五十条 一项取得专利权的发明或者实用新型比前已经取得专利权的发明或者实用新型具有显著经济意义的重大技术进步，其实施又有赖于前一发明或者实用新型的实施的，国务院专利行政部门根据后一专利权人的申请，可以给予实施前一发明或者实用新型的强制许可。

在依照前款规定给予实施强制许可的情形下，国务院专利行政部门根据前一专利权人的申请，也可以给予实施后一发明或者实用新型的强制许可。

第五十一条 依照本法规定申请实施强制许可的单位或者个人，应当提出未能以合理条件与专利权人签订实施许可合同的证明。

第五十二条 国务院专利行政部门做出的给予实施强制许可的决定，应当及时通知专利权人，并予以登记和公告。

给予实施强制许可的决定，应当根据强制许可的理由规定实施的范围和时间。强制许可的理由消除并不再发生时，国务院专利行政部门应当根据专利权人的请求，经审查后做出终止实施强制许可的决定。

第五十三条 取得实施强制许可的单位或者个人不享有独占的实施权，并且无权允许他人实施。

第五十四条 取得实施强制许可的单位或者个人应当付给专利权人合理的使用费，其数额由双方协商；双方不能达成协议的，由国务院专利行政部门裁决。

第五十五条 专利权人对国务院专利行政部门关于实施强制许可的决定不服的，专利权人和取得实施强制许可的单位或者个人对国务院专利行政部门关于实施强制许可的使用费的裁决不服的，可以自收到通知之日起三个月内向人民法院起诉。

第七章 专利权的保护

第五十六条 发明或者实用新型专利权的保护范围以其权利要求的内容为准，说明书及附图可以用于解释权利要求。

外观设计专利权的保护范围以表示在图片或者照片中的该外观设计专利产品为准。

第五十七条 未经专利权人许可，实施其专利，即侵犯其专利权，引起纠纷的，由当事人协商解决；不愿协商或者协商不成的，专利权人或者利害关系人可以向人民法院起诉，也可以请求管理专利工作的部门处理。管理专利工作的部门处理时，认定侵权行为成立的，可以责令侵权人立即停止侵权行为，当事人不服的，可以自收到处理通知之日起十五日内依照《中华人民共和国行政诉讼法》向人民法院起诉；侵权人期满不起诉又不停止侵权行为的，管理专利工作的部门可以申请人民法院强制执行。进行处理的管理专利工作的部门应当事人的请求，可以就侵犯专利权的赔偿数额进行调解；调解不成的，当事人可以依照《中华人民共和国民事诉讼法》向人民法院起诉。

专利侵权纠纷涉及新产品制造方法的发明专利的，制造同样产品的单位或者个人应当提供其产品制造方法不同于专利方法的证明；涉及实用新型专利的，人民法院或者管理专利工作的部门可以要求专利权人出具由国务院专利行政部门做出的检索报告。

第五十八条 假冒他人专利的，除依法承担民事责任外，由管理专利工作的部门责令改正并予公告，没收违法所得，可以并处违法所得三倍以下的罚款，没有违法所得的，可以处五万元以下的罚款；构成犯罪的，依法追究刑事责任。

第五十九条 以非专利产品冒充专利产品、以非专利方法冒充专利方法的，由管理专利工作的部门责令改正并予公告，可以处五万元以下的罚款。

第六十条 侵犯专利权的赔偿数额，按照权利人因被侵权所受到的损失或者侵权人因侵权所获得的利益确定；被侵权人的损失或者侵权人获得的利益难以确定的，参照该专利许可使用费的倍数合理确定。

第六十一条 专利权人或者利害关系人有证据证明他人正在实施或者即将实施侵犯其专利权的行为，如不及时制止将会使其合法权益受到难以弥补的损害的，可以在起诉前向人民法院申请采取责令停止有关行为和财产保全的措施。

人民法院处理前款申请，适用《中华人民共和国民事诉讼法》第九十三条至第九十六条和第九十九条的规定。

第六十二条 侵犯专利权的诉讼时效为二年，自专利权人或者利害关系人得知或者应当得知侵权行为之日起计算。

发明专利申请公布后至专利权授予前使用该发明未支付适当使用费的，专利权人要求支付使用费的诉讼时效为二年，自专利权人得知或者应当得知他人使用其发明之日起计算，但是，专利权人于专利权授予之日前即已得知或者应当得知的，自专利权授予之日起计算。

第六十三条 有下列情形之一的，不视为侵犯专利权：

（一）专利权人制造、进口或者经专利权人许可而制造、进口的专利产品或者依照专利方法直接获得的产品售出后，使用、许诺销售或者销售该产品的；

（二）在专利申请日前已经制造相同产品、使用相同方法或者已经作好制造、使用的必要准备，并且仅在原有范围内继续制造、使用的；

（三）临时通过中国领陆、领水、领空的外国运输工具，依照其所属国同中国签订的协议或者共同参加的国际条约，或者依照互惠原则，为运输工具自身需要而在其装置和设备中使用有关专利的；

（四）专为科学研究和实验而使用有关专利的。

为生产经营目的使用或者销售不知道是未经专利权人许可而制造并售出的专利产品或者依照专利方法直接获得的产品，能证明其产品合法来源的，不承担赔偿责任。

第六十四条 违反本法第二十条规定向外国申请专利，泄露国家秘密的，由所在单位或者上级主管机关给予行政处分；构成犯罪的，依法追究刑事责任。

第六十五条 侵夺发明人或者设计人的非职务发明创造专利申请权和本法规定的其他权益的，由所在单位或者上级主管机关给予行政处分。

第六十六条 管理专利工作的部门不得参与向社会推荐专利产品等经营活动。

管理专利工作的部门违反前款规定的，由其上级机关或者监察机关责令改正，消除影响，有违法收入的予以没收；情节严重的，对直接负责的主管人员和其他直接责任人员依法给予行政处分。

第六十七条 从事专利管理工作的国家机关工作人员以及其他有关国家机关工作人员玩忽职守、滥用职权、徇私舞弊，构成犯罪的，依法追究刑事责任；尚不构成犯罪的，依法给予行政处分。

第八章　附则

第六十八条 向国务院专利行政部门申请专利和办理其他手续，应当按照规定缴纳费用。

第六十九条 本法自 1985 年 4 月 1 日起施行。

中华人民共和国专利法实施细则(2001年)

（2001年6月15日国务院第306号令发布，自2001年7月1日起施行）

第一章 总则

第一条 根据《中华人民共和国专利法》（以下简称专利法），制定本细则。

第二条 专利法所称发明，是指对产品、方法或者其改进所提出的新的技术方案。

专利法所称实用新型，是指对产品的形状、构造或者其结合所提出的适于实用的新的技术方案。

专利法所称外观设计，是指对产品的形状、图案或者其结合以及色彩与形状、图案的结合所作出的富有美感并适于工业应用的新设计。

第三条 专利法和本细则规定的各种手续，应当以书面形式或者国务院专利行政部门规定的其他形式办理。

第四条 依照专利法和本细则规定提交的各种文件应当使用中文；国家有统一规定的科技术语的，应当采用规范词；外国人名、地名和科技术语没有统一中文译文的，应当注明原文。

依照专利法和本细则规定提交的各种证件和证明文件是外文的，国务院专利行政部门认为必要时，可以要求当事人在指定期限内附送中文译文；期满未附送的，视为未提交该证件和证明文件。

第五条 向国务院专利行政部门邮寄的各种文件，以寄出的邮戳日为递交日；邮戳日不清晰的，除当事人能够提出证明外，以国务院专利行政部门收到日为递交日。

国务院专利行政部门的各种文件，可以通过邮寄、直接送交或者其他方式送达当事人。当事人委托专利代理机构的，文件送交专利代理机构；未委托专利代理机构的，文件送交请求书中指明的联系人。

国务院专利行政部门邮寄的各种文件，自文件发出之日起满 15 日，推定为当事人收到文件之日。

根据国务院专利行政部门规定应当直接送交的文件，以交付日为送达日。

文件送交地址不清，无法邮寄的，可以通过公告的方式送达当事人。自公告之日起满 1 个月，该文件视为已经送达。

第六条 专利法和本细则规定的各种期限的第一日不计算在期限内。期限以年或者月计算的，以其最后一月的相应日为期限届满日；该月无相应日的，以该月最后一日为期限届满日；期限届满日是法定节假日的，以节假日后的第一个工作日为期限届满日。

第七条 当事人因不可抗拒的事由而延误专利法或者本细则规定的期限或者国务院专利行政部门指定的期限，导致其权利丧失的，自障碍消除之日起 2 个月内，最迟自期限届满之日起 2 年内，可以向国务院专利行政部门说明理由并附具有关证明文件，请求恢复权利。

当事人因正当理由而延误专利法或者本细则规定的期限或者国务院专利行政部门指定的期限，导致其权利丧失的，可以自收到国务院专利行政部门的通知之日起 2 个月内向国务院专利行政部门说明理由，请求恢复权利。

当事人请求延长国务院专利行政部门指定的期限的，应当在期限届满前，向国务院专利行政部门说明理由并办理有关手续。

本条第一款和第二款的规定不适用专利法第二十四条、第二十九条、第四十二条、第六十二条规定的期限。

第八条 发明专利申请涉及国防方面的国家秘密需要保密的，由国防专利机构受理；国务院专利行政部门受理的涉及国防方面的国家秘密需要保密的发明专利申请，应当移交国防专利机构审查，由国务院专利行政部门根据国防专利机构的审查意见做出决定。

除前款规定的外，国务院专利行政部门受理发明专利申请后，应当将需要进行保密审查的申请转送国务院有关主管部门审查；有关主管部门应当自收到该申请之日起 4 个月内，将审查结果通知国务院专利行政部门；需要保密的，由国务院专利行政部门按照保密专利申请处理，并通知申请人。

第九条　专利法第五条所称违反国家法律的发明创造，不包括仅其实施为国家法律所禁止的发明创造。

第十条　除专利法第二十八条和第四十二条规定的情形外，专利法所称申请日，有优先权的，指优先权日。

本细则所称申请日，除另有规定的外，是指专利法第二十八条规定的申请日。

第十一条　专利法第六条所称执行本单位的任务所完成的职务发明创造，是指：

（一）在本职工作中做出的发明创造；

（二）履行本单位交付的本职工作之外的任务所作出的发明创造；

（三）退职、退休或者调动工作后1年内做出的，与其在原单位承担的本职工作或者原单位分配的任务有关的发明创造。

专利法第六条所称本单位，包括临时工作单位；专利法第六条所称本单位的物质技术条件，是指本单位的资金、设备、零部件、原材料或者不对外公开的技术资料等。

第十二条　专利法所称发明人或者设计人，是指对发明创造的实质性特点做出创造性贡献的人。在完成发明创造过程中，只负责组织工作的人、为物质技术条件的利用提供方便的人或者从事其他辅助工作的人，不是发明人或者设计人。

第十三条　同样的发明创造只能被授予一项专利。

依照专利法第九条的规定，两个以上的申请人在同一日分别就同样的发明创造申请专利的，应当在收到国务院专利行政部门的通知后自行协商确定申请人。

第十四条　中国单位或者个人向外国人转让专利申请权或者专利权的，由国务院对外经济贸易主管部门会同国务院科学技术行政部门批准。

第十五条　除依照专利法第十条规定转让专利权外，专利权因其他事由发生转移的，当事人应当凭有关证明文件或者法律文书向国务院专利行政部门办理专利权人变更手续。

专利权人与他人订立的专利实施许可合同，应当自合同生效之日起3个月内向国务院专利行政部门备案。

第二章　专利的申请

第十六条　以书面形式申请专利的，应当向国务院专利行政部门提交申请文件一式两份。

以国务院专利行政部门规定的其他形式申请专利的，应当符合规定的要求。

申请人委托专利代理机构向国务院专利行政部门申请专利和办理其他专利事务的，应当同时提交委托书，写明委托权限。

申请人有 2 人以上且未委托专利代理机构的，除请求书中另有声明的外，以请求书中指明的第一申请人为代表人。

第十七条　专利法第二十六条第二款所称请求书中的其他事项，是指：

（一）申请人的国籍；

（二）申请人是企业或者其他组织的，其总部所在地的国家；

（三）申请人委托专利代理机构的，应当注明的有关事项；申请人未委托专利代理机构的，其联系人的姓名、地址、邮政编码及联系电话；

（四）要求优先权的，应当注明的有关事项；

（五）申请人或者专利代理机构的签字或者盖章；

（六）申请文件清单；

（七）附加文件清单；

（八）其他需要注明的有关事项。

第十八条　发明或者实用新型专利申请的说明书应当写明发明或者实用新型的名称，该名称应当与请求书中的名称一致。说明书应当包括下列内容：

（一）技术领域：写明要求保护的技术方案所属的技术领域；

（二）背景技术：写明对发明或者实用新型的理解、检索、审查有用的背景技术；有可能的，并引证反映这些背景技术的文件；

（三）发明内容：写明发明或者实用新型所要解决的技术问题以及解决其技术问题采用的技术方案，并对照现有技术写明发明或者实用新型的有益效果；

（四）附图说明：说明书有附图的，对各幅附图作简略说明；

（五）具体实施方式：详细写明申请人认为实现发明或者实用新型的优选

方式；必要时，举例说明；有附图的，对照附图。

发明或者实用新型专利申请人应当按照前款规定的方式和顺序撰写说明书，并在说明书每一部分前面写明标题，除非其发明或者实用新型的性质用其他方式或者顺序撰写能节约说明书的篇幅并使他人能够准确理解其发明或者实用新型。

发明或者实用新型说明书应当用词规范、语句清楚，并不得使用“如权利要求……所述的……”一类的引用语，也不得使用商业性宣传用语。

发明专利申请包含一个或者多个核苷酸或者氨基酸序列的，说明书应当包括符合国务院专利行政部门规定的序列表。申请人应当将该序列表作为说明书的一个单独部分提交，并按照国务院专利行政部门的规定提交该序列表的计算机可读形式的副本。

第十九条 发明或者实用新型的几幅附图可以绘在一张图纸上，并按照“图1，图2，……”顺序编号排列。

附图的大小及清晰度，应当保证在该图缩小到三分之二时仍能清晰地分辨出图中的各个细节。

发明或者实用新型说明书文字部分中未提及的附图标记不得在附图中出现，附图中未出现的附图标记不得在说明书文字部分中提及。申请文件中表示同一组成部分的附图标记应当一致。

附图中除必需的词语外，不应当含有其他注释。

第二十条 权利要求书应当说明发明或者实用新型的技术特征，清楚、简要地表述请求保护的范围。

权利要求书有几项权利要求的，应当用阿拉伯数字顺序编号。

权利要求书中使用的科技术语应当与说明书中使用的科技术语一致，可以有化学式或者数学式，但是不得有插图。除绝对必要的外，不得使用“如说明书……部分所述”或者“如图……所示”的用语。

权利要求中的技术特征可以引用说明书附图中相应的标记，该标记应当放在相应的技术特征后并置于括号内，便于理解权利要求。附图标记不得解释为对权利要求的限制。

第二十一条 权利要求书应当有独立权利要求，也可以有从属权利要求。

独立权利要求应当从整体上反映发明或者实用新型的技术方案，记载解决技术问题的必要技术特征。

从属权利要求应当用附加的技术特征，对引用的权利要求作进一步限定。

第二十二条 发明或者实用新型的独立权利要求应当包括前序部分和特征部分，按照下列规定撰写：

（一）前序部分：写明要求保护的发明或者实用新型技术方案的主题名称和发明或者实用新型主题与最接近的现有技术共有的必要技术特征；

（二）特征部分：使用“其特征是……”或者类似的用语，写明发明或者实用新型区别于最接近的现有技术的技术特征。这些特征和前序部分写明的特征合在一起，限定发明或者实用新型要求保护的范围。

发明或者实用新型的性质不适于用前款方式表达的，独立权利要求可以用其他方式撰写。

一项发明或者实用新型应当只有一个独立权利要求，并写在同一发明或者实用新型的从属权利要求之前。

第二十三条 发明或者实用新型的从属权利要求应当包括引用部分和限定部分，按照下列规定撰写：

（一）引用部分：写明引用的权利要求的编号及其主题名称；

（二）限定部分：写明发明或者实用新型附加的技术特征。

从属权利要求只能引用在前的权利要求。引用两项以上权利要求的多项从属权利要求，只能以择一方式引用在前的权利要求，并不得作为另一项多项从属权利要求的基础。

第二十四条 说明书摘要应当写明发明或者实用新型专利申请所公开内容的概要，即写明发明或者实用新型的名称和所属技术领域，并清楚地反映所要解决的技术问题、解决该问题的技术方案的要点以及主要用途。

说明书摘要可以包含最能说明发明的化学式；有附图的专利申请，还应当提供一幅最能说明该发明或者实用新型技术特征的附图。附图的大小及清晰度应当保证在该图缩小到4厘米×6厘米时，仍能清晰地分辨出图中的各个细节。摘要文字部分不得超过300个字。摘要中不得使用商业性宣传用语。

第二十五条 申请专利的发明涉及新的生物材料，该生物材料公众不能得到，并且对该生物材料的说明不足以使所属领域的技术人员实施其发明的，除应当符合专利法和本细则的有关规定外，申请人还应当办理下列手续：

（一）在申请日前或者最迟在申请日（有优先权的，指优先权日），将该生物材料的样品提交国务院专利行政部门认可的保藏单位保藏，并在申请时或者最迟自申请日起4个月内提交保藏单位出具的保藏证明和存活证明；期满未提交证明的，该样品视为未提交保藏；

（二）在申请文件中，提供有关该生物材料特征的资料；

（三）涉及生物材料样品保藏的专利申请应当在请求书和说明书中写明该生物材料的分类命名（注明拉丁文名称）、保藏该生物材料样品的单位名称、地址、保藏日期和保藏编号；申请时未写明的，应当自申请日起4个月内补正；期满未补正的，视为未提交保藏。

第二十六条 发明专利申请人依照本细则第二十五条的规定保藏生物材料样品的，在发明专利申请公布后，任何单位或者个人需要将该专利申请所涉及的生物材料作为实验目的使用的，应当向国务院专利行政部门提出请求，并写明下列事项：

（一）请求人的姓名或者名称和地址；

（二）不向其他任何人提供该生物材料的保证；

（三）在授予专利权前，只作为实验目的使用的保证。

第二十七条 依照专利法第二十七条规定提交的外观设计的图片或者照片，不得小于3厘米×8厘米，并不得大于15厘米×22厘米。

同时请求保护色彩的外观设计专利申请，应当提交彩色图片或者照片一式两份。

申请人应当就每件外观设计产品所需要保护的内容提交有关视图或者照片，清楚地显示请求保护的对象。

第二十八条 申请外观设计专利的，必要时应当写明对外观设计的简要说明。

外观设计的简要说明应当写明使用该外观设计的产品的设计要点、请求保护色彩、省略视图等情况。简要说明不得使用商业性宣传用语，也不能用来说明产品的性能。

第二十九条 国务院专利行政部门认为必要时，可以要求外观设计专利申请人提交使用外观设计的产品样品或者模型。样品或者模型的体积不得超过30厘米×30厘米×30厘米，重量不得超过15公斤。易腐、易损或者危险品不得作为样品或者模型提交。

第三十条 专利法第二十二条第三款所称已有的技术，是指申请日（有优先权的，指优先权日）前在国内外出版物上公开发表、在国内公开使用或者以其他方式为公众所知的技术，即现有技术。

第三十一条 专利法第二十四条第（二）项所称学术会议或者技术会议，是指国务院有关主管部门或者全国性学术团体组织召开的学术会议或者技术会议。

申请专利的发明创造有专利法第二十四条第（一）项或者第（二）项所列情形的，申请人应当在提出专利申请时声明，并自申请日起 2 个月内，提交有关国际展览会或者学术会议、技术会议的组织单位出具的有关发明创造已经展出或者发表，以及展出或者发表日期的证明文件。

申请专利的发明创造有专利法第二十四条第（三）项所列情形的，国务院专利行政部门认为必要时，可以要求申请人在指定期限内提交证明文件。

申请人未依照本条第二款的规定提出声明和提交证明文件的，或者未依照本条第三款的规定在指定期限内提交证明文件的，其申请不适用专利法第二十四条的规定。

第三十二条 申请人依照专利法第三十条的规定办理要求优先权手续的，应当在书面声明中写明第一次提出专利申请（以下称在先申请）的申请日、申请号和受理该申请的国家；书面声明中未写明在先申请的申请日和受理该申请的国家的，视为未提出声明。

要求外国优先权的，申请人提交的在先申请文件副本应当经原受理机关证明；提交的证明材料中，在先申请人的姓名或者名称与在后申请的申请人姓名或者名称不一致的，应当提交优先权转让证明材料；要求本国优先权的，申请人提交的在先申请文件副本应当由国务院专利行政部门制作。

第三十三条 申请人在一件专利申请中，可以要求一项或者多项优先权；要求多项优先权的，该申请的优先权期限从最早的优先权日起计算。

申请人要求本国优先权，在先申请是发明专利申请的，可以就相同主题提出发明或者实用新型专利申请；在先申请是实用新型专利申请的，可以就相同主题提出实用新型或者发明专利申请。但是，提出后一申请时，在先申请的主题有下列情形之一的，不得作为要求本国优先权的基础：

（一）已经要求外国优先权或者本国优先权的；

（二）已经被授予专利权的；

（三）属于按照规定提出的分案申请的。

申请人要求本国优先权的，其在先申请自后一申请提出之日起即视为撤回。

第三十四条 在中国没有经常居所或者营业所的申请人，申请专利或者要求外国优先权的，国务院专利行政部门认为必要时，可以要求其提供下列文件：

（一）国籍证明；

（二）申请人是企业或者其他组织的，其营业所或者总部所在地的证明文件；

（三）申请人的所属国，承认中国单位和个人可以按照该国国民的同等条件，在该国享有专利权、优先权和其他与专利有关的权利的证明文件。

第三十五条 依照专利法第三十一条第一款规定，可以作为一件专利申请提出的属于一个总的发明构思的两项以上的发明或者实用新型，应当在技术上相互关联，包含一个或者多个相同或者相应的特定技术特征，其中特定技术特征是指每一项发明或者实用新型作为整体，对现有技术做出贡献的技术特征。

第三十六条 专利法第三十一条第二款所称同一类别，是指产品属于分类表中同一小类；成套出售或者使用，是指各产品的设计构思相同，并且习惯上是同时出售、同时使用。

依照专利法第三十一条第二款规定将两项以上外观设计作为一件申请提出的，应当将各项外观设计顺序编号标在每件使用外观设计产品的视图名称之前。

第三十七条 申请人撤回专利申请的，应当向国务院专利行政部门提出声明，写明发明创造的名称、申请号和申请日。

撤回专利申请的声明在国务院专利行政部门作好公布专利申请文件的印刷准备工作后提出的，申请文件仍予公布；但是，撤回专利申请的声明应当在以后出版的专利公报上予以公告。

第三章　专利申请的审查和批准

第三十八条 在初步审查、实质审查、复审和无效宣告程序中，实施审查和审理的人员有下列情形之一的，应当自行回避，当事人或者其他利害关系人可以要求其回避：

（一）是当事人或者其代理人的近亲属的；

（二）与专利申请或者专利权有利害关系的；

（三）与当事人或者其代理人有其他关系，可能影响公正审查和审理的；

（四）专利复审委员会成员曾参与原申请的审查的。

第三十九条 国务院专利行政部门收到发明或者实用新型专利申请的请求书、说明书（实用新型必须包括附图）和权利要求书，或者外观设计专利申请的请求书和外观设计的图片或者照片后，应当明确申请日、给予申请号，并通知申请人。

第四十条 专利申请文件有下列情形之一的，国务院专利行政部门不予受理，并通知申请人：

（一）发明或者实用新型专利申请缺少请求书、说明书（实用新型无附图）和权利要求书的，或者外观设计专利申请缺少请求书、图片或者照片的；

（二）未使用中文的；

（三）不符合本细则第一百二十条第一款规定的；

（四）请求书中缺少申请人姓名或者名称及地址的；

（五）明显不符合专利法第十八条或者第十九条第一款的规定的；

（六）专利申请类别（发明、实用新型或者外观设计）不明确或者难以确定的。

第四十一条 说明书中写有对附图的说明但无附图或者缺少部分附图的，申请人应当在国务院专利行政部门指定的期限内补交附图或者声明取消对附图的说明。申请人补交附图的，以向国务院专利行政部门提交或者邮寄附图之日为申请日；取消对附图的说明的，保留原申请日。

第四十二条 一件专利申请包括两项以上发明、实用新型或者外观设计的，申请人可以在本细则第五十四条第一款规定的期限届满前，向国务院专利行政部门提出分案申请；但是，专利申请已经被驳回、撤回或者视为撤回的，不能提出分案申请。

国务院专利行政部门认为一件专利申请不符合专利法第三十一条和本细则第三十五条或者第三十六条的规定的，应当通知申请人在指定期限内对其申请进行修改；申请人期满未答复的，该申请视为撤回。

分案的申请不得改变原申请的类别。

第四十三条 依照本细则第四十二条规定提出的分案申请，可以保留原申请日，享有优先权的，可以保留优先权日，但是不得超出原申请公开的范围。

分案申请应当依照专利法及本细则的规定办理有关手续。

分案申请的请求书中应当写明原申请的申请号和申请日。提交分案申请时，申请人应当提交原申请文件副本；原申请享有优先权的，并应当提交原申请的优先权文件副本。

第四十四条 专利法第三十四条和第四十条所称初步审查，是指审查专利申请是否具备专利法第二十六条或者第二十七条规定的文件和其他必要的文件，这些文件是否符合规定的格式，并审查下列各项：

（一）发明专利申请是否明显属于专利法第五条、第二十五条的规定，或者不符合专利法第十八条、第十九条第一款的规定，或者明显不符合专利法第三十一条第一款、第三十三条、本细则第二条第一款、第十八条、第二十条的规定；

（二）实用新型专利申请是否明显属于专利法第五条、第二十五条的规定，或者不符合专利法第十八条、第十九条第一款的规定，或者明显不符合专利法第二十六条第三款、第四款、第三十一条第一款、第三十三条、本细则第二条第二款、第十三条第一款、第十八条至第二十三条、第四十三条第一款的规定，或者依照专利法第九条规定不能取得专利权；

（三）外观设计专利申请是否明显属于专利法第五条的规定，或者不符合专利法第十八条、第十九条第一款的规定，或者明显不符合专利法第三十一条第二款、第三十三条、本细则第二条第三款、第十三条第一款、第四十三条第一款的规定，或者依照专利法第九条规定不能取得专利权。

国务院专利行政部门应当将审查意见通知申请人，要求其在指定期限内陈述意见或者补正；申请人期满未答复的，其申请视为撤回。申请人陈述意见或者补正后，国务院专利行政部门仍然认为不符合前款所列各项规定的，应当予以驳回。

第四十五条 除专利申请文件外，申请人向国务院专利行政部门提交的与专利申请有关的其他文件，有下列情形之一的，视为未提交：

（一）未使用规定的格式或者填写不符合规定的；

（二）未按照规定提交证明材料的。

国务院专利行政部门应当将视为未提交的审查意见通知申请人。

第四十六条 申请人请求早日公布其发明专利申请的，应当向国务院专利行政部门声明。国务院专利行政部门对该申请进行初步审查后，除予以驳回的外，应当立即将申请予以公布。

第四十七条 申请人依照专利法第二十七条的规定写明使用外观设计的产品及其所属类别时，应当使用国务院专利行政部门公布的外观设计产品分类表。未写明使用外观设计的产品所属类别或者所写的类别不确切的，国务院专利行政部门可以予以补充或者修改。

第四十八条 自发明专利申请公布之日起至公告授予专利权之日前，任何人均可以对不符合专利法规定的专利申请向国务院专利行政部门提出意见，并说明理由。

第四十九条 发明专利申请人因有正当理由无法提交专利法第三十六条规定的检索资料或者审查结果资料的，应当向国务院专利行政部门声明，并在得到有关资料后补交。

第五十条 国务院专利行政部门依照专利法第三十五条第二款的规定对专利申请自行进行审查时，应当通知申请人。

第五十一条 发明专利申请人在提出实质审查请求时以及在收到国务院专利行政部门发出的发明专利申请进入实质审查阶段通知书之日起的 3 个月内，可以对发明专利申请主动提出修改。

实用新型或者外观设计专利申请人自申请日起 2 个月内，可以对实用新型或者外观设计专利申请主动提出修改。

申请人在收到国务院专利行政部门发出的审查意见通知书后对专利申请文件进行修改的，应当按照通知书的要求进行修改。

国务院专利行政部门可以自行修改专利申请文件中文字和符号的明显错误。国务院专利行政部门自行修改的，应当通知申请人。

第五十二条 发明或者实用新型专利申请的说明书或者权利要求书的修改部分，除个别文字修改或者增删外，应当按照规定格式提交替换页。外观设计专利申请的图片或者照片的修改，应当按照规定提交替换页。

第五十三条 依照专利法第三十八条的规定，发明专利申请经实质审查应当予以驳回的情形是指：

（一）申请不符合本细则第二条第一款规定的；

（二）申请属于专利法第五条、第二十五条的规定，或者不符合专利法第二十二条、本细则第十三条第一款、第二十条第一款、第二十一条第二款的规定，或者依照专利法第九条规定不能取得专利权的；

（三）申请不符合专利法第二十六条第三款、第四款或者第三十一条第一款的规定的；

（四）申请的修改不符合专利法第三十三条规定，或者分案的申请不符合本细则第四十三条第一款规定的。

第五十四条 国务院专利行政部门发出授予专利权的通知后，申请人应当自收到通知之日起2个月内办理登记手续。申请人按期办理登记手续的，国务院专利行政部门应当授予专利权，颁发专利证书，并予以公告。

期满未办理登记手续的，视为放弃取得专利权的权利。

第五十五条 授予实用新型专利权的决定公告后，实用新型专利权人可以请求国务院专利行政部门做出实用新型专利检索报告。

请求做出实用新型专利检索报告的，应当提交请求书，并指明实用新型专利的专利号。每项请求应当限于一项实用新型专利。

国务院专利行政部门收到做出实用新型专利检索报告的请求后，应当进行审查。请求不符合规定要求的，应当通知请求人在指定期限内补正。

第五十六条 经审查，实用新型专利检索报告请求书符合规定的，国务院专利行政部门应当及时做出实用新型专利检索报告。

经检索，国务院专利行政部门认为所涉及的实用新型专利不符合专利法第二十二条关于新颖性或者创造性的规定的，应当引证对比文件，说明理由，并附具所引证对比文件的复印件。

第五十七条 国务院专利行政部门对专利公告、专利文件中出现的错误，一经发现，应当及时更正，并对所作更正予以公告。

第四章 专利申请的复审与专利权的无效宣告

第五十八条 专利复审委员会由国务院专利行政部门指定的技术专家和法律专家组成，主任委员由国务院专利行政部门负责人兼任。

第五十九条 依照专利法第四十一条的规定向专利复审委员会请求复审的，应当提交复审请求书，说明理由，必要时还应当附具有关证据。

复审请求书不符合规定格式的，复审请求人应当在专利复审委员会指定的期限内补正；期满未补正的，该复审请求视为未提出。

第六十条 请求人在提出复审请求或者在对专利复审委员会的复审通知书作出答复时，可以修改专利申请文件；但是，修改应当仅限于消除驳回决定或者复审通知书指出的缺陷。

修改的专利申请文件应当提交一式两份。

第六十一条 专利复审委员会应当将受理的复审请求书转交国务院专利行政部门原审查部门进行审查。原审查部门根据复审请求人的请求，同意撤销原决定的，专利复审委员会应当据此做出复审决定，并通知复审请求人。

第六十二条 专利复审委员会进行复审后，认为复审请求不符合专利法和本细则有关规定的，应当通知复审请求人，要求其在指定期限内陈述意见。期满未答复的，该复审请求视为撤回；经陈述意见或者进行修改后，专利复审委员会认为仍不符合专利法和本细则有关规定的，应当做出维持原驳回决定的复审决定。

专利复审委员会进行复审后，认为原驳回决定不符合专利法和本细则有关规定的，或者认为经过修改的专利申请文件消除了原驳回决定指出的缺陷的，应当撤销原驳回决定，由原审查部门继续进行审查程序。

第六十三条 复审请求人在专利复审委员会做出决定前，可以撤回其复审请求。

复审请求人在专利复审委员会做出决定前撤回其复审请求的，复审程序终止。

第六十四条 依照专利法第四十五条的规定，请求宣告专利权无效或者部分无效的，应当向专利复审委员会提交专利权无效宣告请求书和必要的证据一式两份。无效宣告请求书应当结合提交的所有证据，具体说明无效宣告请求的理由，并指明每项理由所依据的证据。

前款所称无效宣告请求的理由，是指被授予专利的发明创造不符合专利法第二十二条、第二十三条、第二十六条第三款、第四款、第三十三条或者本细则第二条、第十三条第一款、第二十条第一款、第二十一条第二款的规定，或者属于专利法第五条、第二十五条的规定，或者依照专利法第九条规定不能取得专利权。

第六十五条 专利权无效宣告请求书不符合本细则第六十四条规定的，专利复审委员会不予受理。

在专利复审委员会就无效宣告请求做出决定之后，又以同样的理由和证据请求无效宣告的，专利复审委员会不予受理。

以授予专利权的外观设计与他人在先取得的合法权利相冲突为理由请求宣告外观设计专利权无效，但是未提交生效的能够证明权利冲突的处理决定或者判决的，专利复审委员会不予受理。

专利权无效宣告请求书不符合规定格式的，无效宣告请求人应当在专利复审委员会指定的期限内补正；期满未补正的，该无效宣告请求视为未提出。

第六十六条 在专利复审委员会受理无效宣告请求后，请求人可以在提出无效宣告请求之日起 1 个月内增加理由或者补充证据。逾期增加理由或者补充证据的，专利复审委员会可以不予考虑。

第六十七条 专利复审委员会应当将专利权无效宣告请求书和有关文件的副本送交专利权人，要求其在指定的期限内陈述意见。

专利权人和无效宣告请求人应当在指定期限内答复专利复审委员会发出的转送文件通知书或者无效宣告请求审查通知书；期满未答复的，不影响专利复审委员会审理。

第六十八条 在无效宣告请求的审查过程中，发明或者实用新型专利的专利权人可以修改其权利要求书，但是不得扩大原专利的保护范围。

发明或者实用新型专利的专利权人不得修改专利说明书和附图，外观设计专利的专利权人不得修改图片、照片和简要说明。

第六十九条 专利复审委员会根据当事人的请求或者案情需要，可以决定对无效宣告请求进行口头审理。

专利复审委员会决定对无效宣告请求进行口头审理的，应当向当事人发出口头审理通知书，告知举行口头审理的日期和地点。当事人应当在通知书指定的期限内作出答复。

无效宣告请求人对专利复审委员会发出的口头审理通知书在指定的期限内未作答复，并且不参加口头审理的，其无效宣告请求视为撤回；专利权人不参加口头审理的，可以缺席审理。

第七十条 在无效宣告请求审查程序中，专利复审委员会指定的期限不得延长。

第七十一条 专利复审委员会对无效宣告的请求做出决定前，无效宣告请求人可以撤回其请求。

无效宣告请求人在专利复审委员会做出决定之前撤回其请求的，无效宣告请求审查程序终止。

第五章　专利实施的强制许可

第七十二条　自专利权被授予之日起满 3 年后，任何单位均可以依照专利法第四十八条的规定，请求国务院专利行政部门给予强制许可。

请求强制许可的，应当向国务院专利行政部门提交强制许可请求书，说明理由并附具有关证明文件各一式两份。

国务院专利行政部门应当将强制许可请求书的副本送交专利权人，专利权人应当在国务院专利行政部门指定的期限内陈述意见；期满未答复的，不影响国务院专利行政部门做出关于强制许可的决定。

国务院专利行政部门做出的给予实施强制许可的决定，应当限定强制许可实施主要是为供应国内市场的需要；强制许可涉及的发明创造是半导体技术的，强制许可实施仅限于公共的非商业性使用，或者经司法程序或者行政程序确定为反竞争行为而给予救济的使用。

第七十三条　依照专利法第五十四条的规定，请求国务院专利行政部门裁决使用费数额的，当事人应当提出裁决请求书，并附具双方不能达成协议的证明文件。国务院专利行政部门应当自收到请求书之日起 3 个月内做出裁决，并通知当事人。

第六章　对职务发明创造的发明人或者设计人的奖励和报酬

第七十四条　被授予专利权的国有企业事业单位应当自专利权公告之日起 3 个月内发给发明人或者设计人奖金。一项发明专利的奖金最低不少于 2000 元；一项实用新型专利或者外观设计专利的奖金最低不少于 500 元。

由于发明人或者设计人的建议被其所属单位采纳而完成的发明创造，被授予专利权的国有企业事业单位应当从优发给奖金。

发给发明人或者设计人的奖金，企业可以计入成本，事业单位可以从事业费中列支。

第七十五条　被授予专利权的国有企业事业单位在专利权有效期限内，实施发明创造专利后，每年应当从实施该项发明或者实用新型专利所得利润纳税后提取不低于2%或者从实施该项外观设计专利所得利润纳税后提取不低于0.2%，作为报酬支付发明人或者设计人；或者参照上述比例，发给发明人或者设计人一次性报酬。

第七十六条 被授予专利权的国有企业事业单位许可其他单位或者个人实施其专利的，应当从许可实施该项专利收取的使用费纳税后提取不低于10%作为报酬支付发明人或者设计人。

第七十七条 本章关于奖金和报酬的规定，中国其他单位可以参照执行。

第七章 专利权的保护

第七十八条 专利法和本细则所称管理专利工作的部门，是指由省、自治区、直辖市人民政府以及专利管理工作量大又有实际处理能力的设区的市人民政府设立的管理专利工作的部门。

第七十九条 除专利法第五十七条规定的外，管理专利工作的部门应当事人请求，还可以对下列专利纠纷进行调解：

（一）专利申请权和专利权归属纠纷；

（二）发明人、设计人资格纠纷；

（三）职务发明的发明人、设计人的奖励和报酬纠纷；

（四）在发明专利申请公布后专利权授予前使用发明而未支付适当费用的纠纷。

对于前款第（四）项所列的纠纷，专利权人请求管理专利工作的部门调解，应当在专利权被授予之后提出。

第八十条 国务院专利行政部门应当对管理专利工作的部门处理和调解专利纠纷进行业务指导。

第八十一条 当事人请求处理或者调解专利纠纷的，由被请求人所在地或者侵权行为地的管理专利工作的部门管辖。

两个以上管理专利工作的部门都有管辖权的专利纠纷，当事人可以向其中一个管理专利工作的部门提出请求；当事人向两个以上有管辖权的管理专利工作的部门提出请求的，由最先受理的管理专利工作的部门管辖。

管理专利工作的部门对管辖权发生争议的，由其共同的上级人民政府管理专利工作的部门指定管辖；无共同上级人民政府管理专利工作的部门的，由国务院专利行政部门指定管辖。

第八十二条 在处理专利侵权纠纷过程中，被请求人提出无效宣告请求并被专利复审委员会受理的，可以请求管理专利工作的部门中止处理。

管理专利工作的部门认为被请求人提出的中止理由明显不能成立的，可以不中止处理。

第八十三条 专利权人依照专利法第十五条的规定，在其专利产品或者该产品的包装上标明专利标记的，应当按照国务院专利行政部门规定的方式予以标明。

第八十四条 下列行为属于假冒他人专利的行为：

（一）未经许可，在其制造或者销售的产品、产品的包装上标注他人的专利号；

（二）未经许可，在广告或者其他宣传材料中使用他人的专利号，使人将所涉及的技术误认为是他人的专利技术；

（三）未经许可，在合同中使用他人的专利号，使人将合同涉及的技术误认为是他人的专利技术；

（四）伪造或者变造他人的专利证书、专利文件或者专利申请文件。

第八十五条 下列行为属于以非专利产品冒充专利产品、以非专利方法冒充专利方法的行为：

（一）制造或者销售标有专利标记的非专利产品；

（二）专利权被宣告无效后，继续在制造或者销售的产品上标注专利标记；

（三）在广告或者其他宣传材料中将非专利技术称为专利技术；

（四）在合同中将非专利技术称为专利技术；

（五）伪造或者变造专利证书、专利文件或者专利申请文件。

第八十六条 当事人因专利申请权或者专利权的归属发生纠纷，已请求管理专利工作的部门处理或者向人民法院起诉的，可以请求国务院专利行政部门中止有关程序。

依照前款规定请求中止有关程序的，应当向国务院专利行政部门提交请求书，并附具管理专利工作的部门或者人民法院的有关受理文件副本。

在管理专利工作的部门做出的处理决定或者人民法院做出的判决生效后，当事人应当向国务院专利行政部门办理恢复有关程序的手续。自请求中止之日起1年内，有关专利申请权或者专利权归属的纠纷未能结案，需要继续中止有关程序的，请求人应当在该期限内请求延长中止。期满未请求延长的，国务院专利行政部门自行恢复有关程序。

第八十七条 人民法院在审理民事案件中裁定对专利权采取保全措施的，国务院专利行政部门在协助执行时中止被保全的专利权的有关程序。保全期限届满，人民法院没有裁定继续采取保全措施的，国务院专利行政部门自行恢复有关程序。

第八章 专利登记和专利公报

第八十八条 国务院专利行政部门设置专利登记簿，登记下列与专利申请和专利权有关的事项：

（一）专利权的授予；

（二）专利申请权、专利权的转移；

（三）专利权的质押、保全及其解除；

（四）专利实施许可合同的备案；

（五）专利权的无效宣告；

（六）专利权的终止；

（七）专利权的恢复；

（八）专利实施的强制许可；

（九）专利权人的姓名或者名称、国籍和地址的变更。

第八十九条 国务院专利行政部门定期出版专利公报，公布或者公告下列内容：

（一）专利申请中记载的著录事项；

（二）发明或者实用新型说明书的摘要，外观设计的图片或者照片及其简要说明；

（三）发明专利申请的实质审查请求和国务院专利行政部门对发明专利申请自行进行实质审查的决定；

（四）保密专利的解密；

（五）发明专利申请公布后的驳回、撤回和视为撤回；

（六）专利权的授予；

（七）专利权的无效宣告；

（八）专利权的终止；

（九）专利申请权、专利权的转移；

（十）专利实施许可合同的备案；

（十一）专利权的质押、保全及其解除；

（十二）专利实施的强制许可的给予；

（十三）专利申请或者专利权的恢复；

（十四）专利权人的姓名或者名称、地址的变更；

（十五）对地址不明的当事人的通知；

（十六）国务院专利行政部门做出的更正；

（十七）其他有关事项。

发明或者实用新型的说明书及其附图、权利要求书由国务院专利行政部门另行全文出版。

第九章　费用

第九十条　向国务院专利行政部门申请专利和办理其他手续时，应当缴纳下列费用：

（一）申请费、申请附加费、公布印刷费；

（二）发明专利申请实质审查费、复审费；

（三）专利登记费、公告印刷费、申请维持费、年费；

（四）著录事项变更费、优先权要求费、恢复权利请求费、延长期限请求费、实用新型专利检索报告费；

（五）无效宣告请求费、中止程序请求费、强制许可请求费、强制许可使用费的裁决请求费。

前款所列各种费用的缴纳标准，由国务院价格管理部门会同国务院专利行政部门规定。

第九十一条　专利法和本细则规定的各种费用，可以直接向国务院专利行政部门缴纳，也可以通过邮局或者银行汇付，或者以国务院专利行政部门规定的其他方式缴纳。

通过邮局或者银行汇付的，应当在送交国务院专利行政部门的汇单上写明正确的申请号或者专利号以及缴纳的费用名称。不符合本款规定的，视为未办理缴费手续。

直接向国务院专利行政部门缴纳费用的，以缴纳当日为缴费日。以邮局汇付方式缴纳费用的，以邮局汇出的邮戳日为缴费日。以银行汇付方式缴纳费用的，以银行实际汇出日为缴费日；但是，自汇出日至国务院专利行政部门收到日超过15日的，除邮局或者银行出具证明外，以国务院专利行政部门收到日为缴费日。

多缴、重缴、错缴专利费用的，当事人可以自缴费日起1年内，向国务院专利行政部门提出退款请求。

第九十二条 申请人应当在收到受理通知书后，最迟自申请之日起2个月内缴纳申请费、公布印刷费和必要的附加费；期满未缴纳或者未缴足的，其申请视为撤回。

申请人要求优先权的，应当在缴纳申请费的同时缴纳优先权要求费；期满未缴纳或者未缴足的，视为未要求优先权。

第九十三条 当事人请求实质审查、恢复权利或者复审的，应当在专利法及本细则规定的相关期限内缴纳费用；期满未缴纳或者未缴足的，视为未提出请求。

第九十四条 发明专利申请人自申请日起满2年尚未被授予专利权的，自第三年度起应当缴纳申请维持费。

第九十五条 申请人办理登记手续时，应当缴纳专利登记费、公告印刷费和授予专利权当年的年费。发明专利申请人应当一并缴纳各个年度的申请维持费，授予专利权的当年不包括在内。期满未缴纳费用的，视为未办理登记手续。以后的年费应当在前一年度期满前1个月内预缴。

第九十六条 专利权人未按时缴纳授予专利权当年以后的年费或者缴纳的数额不足的，国务院专利行政部门应当通知专利权人自应当缴纳年费期满之日起6个月内补缴，同时缴纳滞纳金；滞纳金的金额按照每超过规定的缴费时间1个月，加收当年全额年费的5%计算；期满未缴纳的，专利权自应当缴纳年费期满之日起终止。

第九十七条 著录事项变更费、实用新型专利检索报告费、中止程序请求费、强制许可请求费、强制许可使用费的裁决请求费、无效宣告请求费应当自提出请求之日起1个月内，按照规定缴纳；延长期限请求费应当在相应期限届满之日前缴纳；期满未缴纳或者未缴足的，视为未提出请求。

第九十八条 申请人或者专利权人缴纳本细则规定的各种费用有困难的，可以按照规定向国务院专利行政部门提出减缴或者缓缴的请求。减缴或者缓缴的办法由国务院专利行政部门商国务院财政部门、国务院价格管理部门规定。

第十章 关于国际申请的特别规定

第九十九条 国务院专利行政部门根据专利法第二十条规定，受理按照专利合作条约提出的专利国际申请。

按照专利合作条约提出并指定中国的专利国际申请（以下简称国际申请）进入中国国家阶段的条件和程序适用本章的规定；本章没有规定的，适用专利法及本细则其他各章的有关规定。

第一百条 按照专利合作条约已确定国际申请日并指定中国的国际申请，视为向国务院专利行政部门提出的专利申请，该国际申请日视为专利法第二十八条所称的申请日。

在国际阶段，国际申请或者国际申请中对中国的指定撤回或者视为撤回的，该国际申请在中国的效力终止。

第一百零一条 国际申请的申请人应当在专利合作条约第二条所称的优先权日（本章简称“优先权日”）起 20 个月内，向国务院专利行政部门办理国际申请进入中国国家阶段的下列手续；国际申请在优先权日起 19 个月内选定中国并且该选定继续有效的，国际申请的申请人应当在优先权日起 30 个月内，向国务院专利行政部门办理国际申请进入中国国家阶段的下列手续：

（一）提交其国际申请进入中国国家阶段的书面声明。声明中应当写明国际申请号，并以中文写明要求获得的专利权类型、发明创造的名称、申请人姓名或者名称、申请人的地址和发明人的姓名，上述内容应当与国际局的记录一致；

（二）缴纳本细则第九十条第一款规定的申请费、申请附加费和公布印刷费；

（三）国际申请以中文以外的文字提出的，应当提交原始国际申请的说明书、权利要求书、附图中的文字和摘要的中文译文；国际申请以中文提出的，应当提交国际公布文件中的摘要副本；

（四）国际申请有附图的，应当提交附图副本。国际申请以中文提出的，应当提交国际公布文件中的摘要附图副本。

申请人在前款规定的期限内未办理进入中国国家阶段手续的，在缴纳宽限费后，可以在自优先权日起22个月或者32个月的相应期限届满前办理。

第一百零二条 申请人在本细则第一百零一条第二款规定的期限内未办理进入中国国家阶段手续，或者在该期限届满时有下列情形之一的，其国际申请在中国的效力终止：

（一）进入中国国家阶段声明中未写明国际申请号的；

（二）未缴纳本细则第九十条第一款规定的申请费、公布印刷费和本细则第一百零一条第二款规定的宽限费的；

（三）国际申请以中文以外的文字提出而未提交原始国际申请的说明书和权利要求书的中文译文的。

国际申请在中国的效力已经终止的，不适用本细则第七条第二款的规定。

第一百零三条 申请人办理进入中国国家阶段手续时有下列情形之一的，国务院专利行政部门应当通知申请人在指定期限内补正：

（一）未提交摘要的中文译文或者摘要副本的；

（二）未提交附图副本或者摘要附图副本的；

（三）未在进入中国国家阶段声明中以中文写明发明创造的名称、申请人姓名或者名称、申请人的地址和发明人的姓名的；

（四）进入中国国家阶段声明的内容或者格式不符合规定的。

期限届满申请人未补正的，其申请视为撤回。

第一百零四条 国际申请在国际阶段作过修改，申请人要求以经修改的申请文件为基础进行审查的，申请人应当在国务院专利行政部门作好国家公布的准备工作前提交修改的中文译文。在该期间内未提交中文译文的，对申请人在国际阶段提出的修改，国务院专利行政部门不予考虑。

第一百零五条 申请人办理进入中国国家阶段手续时，还应当满足下列要求：

（一）国际申请中未指明发明人的，在进入中国国家阶段声明中指明发明人姓名；

（二）国际阶段向国际局已办理申请人变更手续的，应当提供变更后的申请人享有申请权的证明材料；

（三）申请人与作为优先权基础的在先申请的申请人不是同一人，或者提出在先申请后更改姓名的，必要时，应当提供申请人享有优先权的证明材料；

（四）国际申请涉及的发明创造有专利法第二十四条第（一）项或者第（二）项所列情形之一，在提出国际申请时作过声明的，应当在进入中国国家阶段声明中予以说明，并自办理进入中国国家阶段手续之日起 2 个月内提交本细则第三十一条第二款规定的有关证明文件。

申请人未满足前款第（一）项、第（二）项和第（三）项要求的，国务院专利行政部门应当通知申请人在指定期限内补正。期满未补正第（一）项或者第（二）项内容的，该申请视为撤回；期满未补正第（三）项内容的，该优先权要求视为未提出。

申请人未满足本条第一款第（四）项要求的，其申请不适用专利法第二十四条的规定。

第一百零六条 申请人按照专利合作条约的规定，对生物材料样品的保藏已做出说明的，视为已经满足了本细则第二十五条第（三）项的要求。申请人应当在进入中国国家阶段声明中指明记载生物材料样品保藏事项的文件以及在该文件中的具体记载位置。

申请人在原始提交的国际申请的说明书中已记载生物材料样品保藏事项，但是没有在进入中国国家阶段声明中指明的，应当在办理进入中国国家阶段手续之日起 4 个月内补正。期满未补正的，该生物材料视为未提交保藏。

申请人在办理进入中国国家阶段手续之日起 4 个月内向国务院专利行政部门提交生物材料样品保藏证明和存活证明的，视为在本细则第二十五条第（一）项规定的期限内提交。

第一百零七条 申请人在国际阶段已要求一项或者多项优先权，在进入中国国家阶段时该优先权要求继续有效的，视为已经依照专利法第三十条的规定提出了书面声明。

申请人在国际阶段提出的优先权书面声明有书写错误或者未写明在先申请的申请号的，可以在办理进入中国国家阶段手续时提出改正请求或者写明在先申请的申请号。申请人提出改正请求的，应当缴纳改正优先权要求请求费。

申请人在国际阶段已依照专利合作条约的规定，提交过在先申请文件副本的，办理进入中国国家阶段手续时不需要向国务院专利行政部门提交在先申请文件副本。申请人在国际阶段未提交在先申请文件副本的，国务院专利行政部门认为必要时，可以通知申请人在指定期限内补交。申请人期满未补交的，其优先权要求视为未提出。

优先权要求在国际阶段视为未提出并经国际局公布该信息，申请人有正当理由的，可以在办理进入中国国家阶段手续时请求国务院专利行政部门恢复其优先权要求。

第一百零八条 在优先权日起20个月期满前要求国务院专利行政部门提前处理和审查国际申请的，申请人除应当办理进入中国国家阶段手续外，还应当依照专利合作条约第二十三条第二款规定提出请求。国际局尚未向国务院专利行政部门传送国际申请的，申请人应当提交经确认的国际申请副本。

第一百零九条 要求获得实用新型专利权的国际申请，申请人可以在办理进入中国国家阶段手续之日起1个月内，向国务院专利行政部门提出修改说明书、附图和权利要求书。

要求获得发明专利权的国际申请，适用本细则第五十一条第一款的规定。

第一百一十条 申请人发现提交的说明书、权利要求书或者附图中的文字的中文译文存在错误的，可以在下列规定期限内依照原始国际申请文本提出改正：

（一）在国务院专利行政部门作好国家公布的准备工作之前；

（二）在收到国务院专利行政部门发出的发明专利申请进入实质审查阶段通知书之日起3个月内。

申请人改正译文错误的，应当提出书面请求，提交译文的改正页，并缴纳规定的译文改正费。

申请人按照国务院专利行政部门的通知书的要求改正译文的，应当在指定期限内办理本条第二款规定的手续；期满未办理规定手续的，该申请视为撤回。

第一百一十一条 对要求获得发明专利权的国际申请，国务院专利行政部门经初步审查认为符合专利法和本细则有关规定的，应当在专利公报上予以公布；国际申请以中文以外的文字提出的，应当公布申请文件的中文译文。

要求获得发明专利权的国际申请，由国际局以中文进行国际公布的，自国际公布日起适用专利法第十三条的规定；由国际局以中文以外的文字进行国际公布的，自国务院专利行政部门公布之日起适用专利法第十三条的规定。

对国际申请，专利法第二十一条和第二十二条中所称的公布是指本条第一款所规定的公布。

第一百一十二条 国际申请包含两项以上发明或者实用新型的，申请人在办理进入中国国家阶段手续后，依照本细则第四十二条第一款的规定，可以提出分案申请。

在国际阶段，国际检索单位或者国际初步审查单位认为国际申请不符合专利合作条约规定的单一性要求时，申请人未按照规定缴纳附加费，导致国际申请某些部分未经国际检索或者未经国际初步审查，在进入中国国家阶段时，申请人要求将所述部分作为审查基础，国务院专利行政部门认为国际检索单位或者国际初步审查单位对发明单一性的判断正确的，应当通知申请人在指定期限内缴纳单一性恢复费。期满未缴纳或者未足额缴纳的，国际申请中未经检索或者未经国际初步审查的部分视为撤回。

第一百一十三条 申请人依照本细则第一百零一条的规定提交文件和缴纳费用的，以国务院专利行政部门收到文件之日为提交日、收到费用之日为缴纳日。

提交的文件邮递延误的，申请人自发现延误之日起 1 个月内证明该文件已经在本细则第一百零一条规定的期限届满之日前 5 日交付邮寄的，该文件视为在期限届满之日收到。但是，申请人提供证明的时间不得迟于本细则第一百零一条规定的期限届满后 6 个月。

申请人依照本细则第一百零一条的规定向国务院专利行政部门提交文件，可以使用传真方式。申请人使用传真方式的，以国务院专利行政部门收到传真件之日为提交日。申请人应当自发送传真之日起 14 日内向国务院专利行政部门提交传真件的原件。期满未提交原件的，视为未提交该文件。

第一百一十四条 国际申请要求优先权的，申请人应当在办理进入中国国家阶段手续时缴纳优先权要求费；未缴纳或者未足额缴纳的，国务院专利行政部门应当通知申请人在指定的期限内缴纳；期满仍未缴纳或者未足额缴纳的，视为未要求该优先权。

第一百一十五条 国际申请在国际阶段被有关国际单位拒绝给予国际申请日或者宣布视为撤回的，申请人在收到通知之日起 2 个月内，可以请求国际局将国际申请档案中任何文件的副本转交国务院专利行政部门，并在该期限内向国务院专利行政部门办理本细则第一百零一条规定的手续，国务院专利行政部门应当在接到国际局传送的文件后，对国际单位做出的决定是否正确进行复查。

第一百一十六条　基于国际申请授予的专利权，由于译文错误，致使依照专利法第五十六条规定确定的保护范围超出国际申请的原文所表达的范围的，以依据原文限制后的保护范围为准；致使保护范围小于国际申请的原文所表达的范围的，以授权时的保护范围为准。

第十一章　附则

第一百一十七条　经国务院专利行政部门同意，任何人均可以查阅或者复制已经公布或者公告的专利申请的案卷和专利登记簿，并可以请求国务院专利行政部门出具专利登记簿副本。

已视为撤回、驳回和主动撤回的专利申请的案卷，自该专利申请失效之日起满 2 年后不予保存。

已放弃、宣告全部无效和终止的专利权的案卷，自该专利权失效之日起满 3 年后不予保存。

第一百一十八条　向国务院专利行政部门提交申请文件或者办理各种手续，应当使用国务院专利行政部门制定的统一格式，由申请人、专利权人、其他利害关系人或者其代表人签字或者盖章；委托专利代理机构的，由专利代理机构盖章。

请求变更发明人姓名、专利申请人和专利权人的姓名或者名称、国籍和地址、专利代理机构的名称、地址和代理人姓名的，应当向国务院专利行政部门办理著录事项变更手续，并附具变更理由的证明材料。

第一百一十九条　向国务院专利行政部门邮寄有关申请或者专利权的文件，应当使用挂号信函，不得使用包裹。

除首次提交申请文件外，向国务院专利行政部门提交各种文件、办理各种手续时，应当标明申请号或者专利号、发明创造名称和申请人或者专利权人姓名或者名称。

一件信函中应当只包含同一申请的文件。

第一百二十条　各类申请文件应当打字或者印刷，字迹呈黑色，整齐清晰，并不得涂改。附图应当用制图工具和黑色墨水绘制，线条应当均匀清晰，并不得涂改。

请求书、说明书、权利要求书、附图和摘要应当分别用阿拉伯数字顺序编号。

申请文件的文字部分应当横向书写。纸张限于单面使用。

第一百二十一条 国务院专利行政部门根据专利法和本细则制定专利审查指南。

第一百二十二条 本细则自2001年7月1日起施行。1992年12月12日国务院批准修订、1992年12月21日中国专利局发布的《中华人民共和国专利法实施细则》同时废止。

最高人民法院关于对诉前停止侵犯专利权行为适用法律问题的若干规定（2001年）

（2001年6月5日由最高人民法院审判委员会第1179次会议通过，2001年6月7日公布，自2001年7月1日起施行。法释［2001］20号）

为切实保护专利权人和其他利害关系人的合法权益，根据《中华人民共和国民法通则》、《中华人民共和国专利法》（以下简称专利法）、《中华人民共和国民事诉讼法》（以下简称民事诉讼法）的有关规定，现就有关诉前停止侵犯专利权行为适用法律若干问题规定如下：

第一条 根据专利法第六十一条的规定，专利权人或者利害关系人可以向人民法院提出诉前责令被申请人停止侵犯专利权行为的申请。

提出申请的利害关系人，包括专利实施许可合同的被许可人、专利财产权利的合法继承人等。专利实施许可合同被许可人中，独占实施许可合同的被许可人可以单独向人民法院提出申请；排他实施许可合同的被许可人在专利权人不申请的情况下，可以提出申请。

第二条 诉前责令停止侵犯专利权行为的申请，应当向有专利侵权案件管辖权的人民法院提出。

第三条 专利权人或者利害关系人向人民法院提出申请，应当递交书面申请状；申请状应当载明当事人及其基本情况、申请的具体内容、范围和理由等事项。申请的理由包括有关行为如不及时制止会使申请人合法权益受到难以弥补的损害的具体说明。

第四条 申请人提出申请时，应当提交下列证据：

（一）专利权人应当提交证明其专利权真实有效的文件，包括专利证书、权利要求书、说明书、专利年费交纳凭证。提出的申请涉及实用新型专利的，申请人应当提交国务院专利行政部门出具的检索报告。

（二）利害关系人应当提供有关专利实施许可合同及其在国务院专利行政部门备案的证明材料，未经备案的应当提交专利权人的证明，或者证明其享有权利的其他证据。

排他实施许可合同的被许可人单独提出申请的，应当提交专利权人放弃申请的证明材料。

专利财产权利的继承人应当提交已经继承或者正在继承的证据材料。

（三）提交证明被申请人正在实施或者即将实施侵犯其专利权的行为的证据，包括被控侵权产品以及专利技术与被控侵权产品技术特征对比材料等。

第五条 人民法院做出诉前停止侵犯专利权行为的裁定事项，应当限于专利权人或者利害关系人申请的范围。

第六条 申请人提出申请时应当提供担保，申请人不提供担保的，驳回申请。

当事人提供保证、抵押等形式的担保合理、有效的，人民法院应当准予。

人民法院确定担保范围时，应当考虑责令停止有关行为所涉及产品的销售收入，以及合理的仓储、保管等费用；被申请人停止有关行为可能造成的损失，以及人员工资等合理费用支出；其他因素。

第七条 在执行停止有关行为裁定过程中，被申请人可能因采取该项措施造成更大损失的，人民法院可以责令申请人追加相应的担保。申请人不追加担保的，解除有关停止措施。

第八条 停止侵犯专利权行为裁定所采取的措施，不因被申请人提出反担保而解除。

第九条 人民法院接受专利权人或者利害关系人提出责令停止侵犯专利权行为的申请后，经审查符合本规定第4条的，应当在四十八小时内做出书面裁定；裁定责令被申请人停止侵犯专利权行为的，应当立即开始执行。

人民法院在前述期限内，需要对有关事实进行核对的，可以传唤单方或双方当事人进行询问，然后再及时做出裁定。

人民法院做出诉前责令被申请人停止有关行为的裁定，应当及时通知被申请人，至迟不得超过五日。

第十条 当事人对裁定不服的，可以在收到裁定之日起十日内申请复议一次。复议期间不停止裁定的执行。

第十一条 人民法院对当事人提出的复议申请应当从以下方面进行审查：

（一）被申请人正在实施或即将实施的行为是否构成侵犯专利权；

（二）不采取有关措施，是否会给申请人合法权益造成难以弥补的损害；

（三）申请人提供担保的情况；

（四）责令被申请人停止有关行为是否损害社会公共利益。

第十二条 专利权人或者利害关系人在人民法院采取停止有关行为的措施后十五日内不起诉的，人民法院解除裁定采取的措施。

第十三条 申请人不起诉或者申请错误造成被申请人损失，被申请人可以向有管辖权的人民法院起诉请求申请人赔偿，也可以在专利权人或者利害关系人提起的专利权侵权诉讼中提出损害赔偿的请求，人民法院可以一并处理。

第十四条 停止侵犯专利权行为裁定的效力，一般应维持到终审法律文书生效时止。人民法院也可以根据案情，确定具体期限；期限届满时，根据当事人的请求仍可做出继续停止有关行为的裁定。

第十五条 被申请人违反人民法院责令停止有关行为裁定的，依照民事诉讼法第一百零二条规定处理。

第十六条 人民法院执行诉前停止侵犯专利权行为的措施时，可以根据当事人的申请，参照民事诉讼法第七十四条的规定，同时进行证据保全。

人民法院可以根据当事人的申请，依照民事诉讼法第九十二条、第九十三条的规定进行财产保全。

第十七条 专利权人或者利害关系人向人民法院提起专利侵权诉讼时，同时提出先行停止侵犯专利权行为请求的，人民法院可以先行做出裁定。

第十八条 诉前停止侵犯专利权行为的案件，申请人应当按照《人民法院诉讼收费办法》及其补充规定交纳费用。

最高人民法院关于
审理专利纠纷案件适用法律问题的若干规定(2001年)

（2001年6月19日最高人民法院审批委员会第1180次会议通过，2001年6月22日公布，自2001年7月1日起施行。释［2001］21号）

为了正确审理专利纠纷案件，根据《中华人民共和国民法通则》（以下简称民法通则)、《中华人民共和国专利法》（以下简称专利法)、《中华人民共和国民事诉讼法》和《中华人民共和国行政诉讼法》等法律的规定，作如下规定：

第一条 人民法院受理下列专利纠纷案件：

1、专利申请权纠纷案件；

2、专利权权属纠纷案件；

3、专利权、专利申请权转让合同纠纷案件；

4、侵犯专利权纠纷案件；

5、假冒他人专利纠纷案件；

6、发明专利申请公布后、专利权授予前使用费纠纷案件；

7、职务发明创造发明人、设计人奖励、报酬纠纷案件；

8、诉前申请停止侵权、财产保全案件；

9、发明人、设计人资格纠纷案件；

10、不服专利复审委员会维持驳回申请复审决定案件；

11、不服专利复审委员会专利权无效宣告请求决定案件；

12、不服国务院专利行政部门实施强制许可决定案件；

13、不服国务院专利行政部门实施强制许可使用费裁决案件；

14、不服国务院专利行政部门行政复议决定案件；

15、不服管理专利工作的部门行政决定案件；

16、其他专利纠纷案件。

第二条 专利纠纷第一审案件，由各省、自治区、直辖市人民政府所在地的中级人民法院和最高人民法院指定的中级人民法院管辖。

第三条 当事人对专利复审委员会于2001年7月1日以后做出的关于实用新型、外观设计专利权撤销请求复审决定不服向人民法院起诉的，人民法院不予受理。

第四条 当事人对专利复审委员会于2001年7月1日以后做出的关于维持驳回实用新型、外观设计专利申请的复审决定，或者关于实用新型、外观设计专利权无效宣告请求的决定不服向人民法院起诉的，人民法院应当受理。

第五条 因侵犯专利权行为提起的诉讼，由侵权行为地或者被告住所地人民法院管辖。

侵权行为地包括：被控侵犯发明、实用新型专利权的产品的制造、使用、许诺销售、销售、进口等行为的实施地；专利方法使用行为的实施地，依照该专利方法直接获得的产品的使用、许诺销售、销售、进口等行为的实施地；外观设计专利产品的制造、销售、进口等行为的实施地；假冒他人专利的行为实施地。上述侵权行为的侵权结果发生地。

第六条 原告仅对侵权产品制造者提起诉讼，未起诉销售者，侵权产品制造地与销售地不一致的，制造地人民法院有管辖权；以制造者与销售者为共同被告起诉的，销售地人民法院有管辖权。

销售者是制造者分支机构，原告在销售地起诉侵权产品制造者制造、销售行为的，销售地人民法院有管辖权。

第七条 原告根据1993年1月1日以前提出的专利申请和根据该申请授予的方法发明专利权提起的侵权诉讼，参照本规定第5条、第6条的规定确定管辖。

人民法院在上述案件实体审理中依法适用方法发明专利权不延及产品的规定。

第八条 提起侵犯实用新型专利权诉讼的原告，应当在起诉时出具由国务院专利行政部门做出的检索报告。

侵犯实用新型、外观设计专利权纠纷案件的被告请求中止诉讼的，应当在答辩期内对原告的专利权提出宣告无效的请求。

第九条 人民法院受理的侵犯实用新型、外观设计专利权纠纷案件，被告在答辩期间内请求宣告该项专利权无效的，人民法院应当中止诉讼，但具备下列情形之一的，可以不中止诉讼：

（一）原告出具的检索报告未发现导致实用新型专利丧失新颖性、创造性的技术文献的；

（二）被告提供的证据足以证明其使用的技术已经公知的；

（三）被告请求宣告该项专利权无效所提供的证据或者依据的理由明显不充分的；

（四）人民法院认为不应当中止诉讼的其他情形。

第十条 人民法院受理的侵犯实用新型、外观设计专利权纠纷案件，被告在答辩期间届满后请求宣告该项专利权无效的，人民法院不应当中止诉讼，但经审查认为有必要中止诉讼的除外。

第十一条 人民法院受理的侵犯发明专利权纠纷案件或者经专利复审委员会审查维持专利权的侵犯实用新型、外观设计专利权纠纷案件，被告在答辩期间内请求宣告该项专利权无效的，人民法院可以不中止诉讼。

第十二条 人民法院决定中止诉讼，专利权人或者利害关系人请求责令被告停止有关行为或者采取其他制止侵权损害继续扩大的措施，并提供了担保，人民法院经审查符合有关法律规定的，可以在裁定中止诉讼的同时一并做出有关裁定。

第十三条 人民法院对专利权进行财产保全，应当向国务院专利行政部门发出协助执行通知书，载明要求协助执行的事项，以及对专利权保全的期限，并附人民法院做出的裁定书。

对专利权保全的期限一次不得超过六个月，自国务院专利行政部门收到协助执行通知书之日起计算。如果仍然需要对该专利权继续采取保全措施的，人民法院应当在保全期限届满前向国务院专利行政部门另行送达继续保全的协助执行通知书。保全期限届满前未送达的，视为自动解除对该专利权的财产保全。

人民法院对出质的专利权可以采取财产保全措施，质权人的优先受偿权不受保全措施的影响；专利权人与被许可人已经签订的独占实施许可合同，不影响人民法院对该专利权进行财产保全。

人民法院对已经进行保全的专利权，不得重复进行保全。

第十四条 2001年7月1日以前利用本单位的物质技术条件所完成的发明创造，单位与发明人或者设计人订有合同，对申请专利的权利和专利权的归属做出约定的，从其约定。

第十五条 人民法院受理的侵犯专利权纠纷案件，涉及权利冲突的，应当保护在先依法享有权利的当事人的合法权益。

第十六条 专利法第二十三条所称的在先取得的合法权利包括：商标权、著作权、企业名称权、肖像权、知名商品特有包装或者装潢使用权等。

第十七条 专利法第五十六条第一款所称的“发明或者实用新型专利权的保护范围以其权利要求的内容为准，说明书及附图可以用于解释权利要求”，是指专利权的保护范围应当以权利要求书中明确记载的必要技术特征所确定的范围为准，也包括与该必要技术特征相等同的特征所确定的范围。

等同特征是指与所记载的技术特征以基本相同的手段，实现基本相同的功能，达到基本相同的效果，并且本领域的普通技术人员无须经过创造性劳动就能够联想到的特征。

第十八条 侵犯专利权行为发生在2001年7月1日以前的，适用修改前专利法的规定追究民事责任；发生在2001年7月1日以后的，适用修改后专利法的规定追究民事责任。

第十九条 假冒他人专利的，人民法院可以依照专利法第五十八条的规定追究其民事责任。管理专利工作的部门未给予行政处罚的，人民法院可以依照民法通则第一百三十四条第三款的规定给予民事制裁，适用民事罚款数额可以参照专利法第五十八条的规定确定。

第二十条 人民法院依照专利法第五十七条第一款的规定追究侵权人的赔偿责任时，可以根据权利人的请求，按照权利人因被侵权所受到的损失或者侵权人因侵权所获得的利益确定赔偿数额。

权利人因被侵权所受到的损失可以根据专利权人的专利产品因侵权所造成销售量减少的总数乘以每件专利产品的合理利润所得之积计算。权利人销售量减少的总数难以确定的，侵权产品在市场上销售的总数乘以每件专利产品的合理利润所得之积可以视为权利人因被侵权所受到的损失。

侵权人因侵权所获得的利益可以根据该侵权产品在市场上销售的总数乘以每件侵权产品的合理利润所得之积计算。侵权人因侵权所获得的利益一般按照侵权人的营业利润计算，对于完全以侵权为业的侵权人，可以按照销售利润计算。

第二十一条 被侵权人的损失或者侵权人获得的利益难以确定，有专利许可使用费可以参照的，人民法院可以根据专利权的类别、侵权人侵权的性质和情节、专利许可使用费的数额、该专利许可的性质、范围、时间等因素，参照该专利许可使用费的 1 至 3 倍合理确定赔偿数额；没有专利许可使用费可以参照或者专利许可使用费明显不合理的，人民法院可以根据专利权的类别、侵权人侵权的性质和情节等因素，一般在人民币 5000 元以上 30 万元以下确定赔偿数额，最多不得超过人民币 50 万元。

第二十二条 人民法院根据权利人的请求以及具体案情，可以将权利人因调查、制止侵权所支付的合理费用计算在赔偿数额范围之内。

第二十三条 侵犯专利权的诉讼时效为二年，自专利权人或者利害关系人知道或者应当知道侵权行为之日起计算。权利人超过二年起诉的，如果侵权行为在起诉时仍在继续，在该项专利权有效期内，人民法院应当判决被告停止侵权行为，侵权损害赔偿数额应当自权利人向人民法院起诉之日起向前推算二年计算。

第二十四条 专利法第十一条、第六十三条所称的许诺销售，是指以做广告、在商店橱窗中陈列或者在展销会上展出等方式做出销售商品的意思表示。

第二十五条 人民法院受理的侵犯专利权纠纷案件，已经过管理专利工作的部门做出侵权或者不侵权认定的，人民法院仍应当就当事人的诉讼请求进行全面审查。

第二十六条 以前的有关司法解释与本规定不一致的，以本规定为准。

专利实施强制许可实施办法(2003年)

(2003年6月13日国家知识产权局令第31号公布，2003年7月15日起实行)

第一章 总则

第一条 为规范实施发明专利或者实用新型专利的强制许可（以下简称强制许可）的给予、费用裁决和终止程序，根据《中华人民共和国专利法》(以下简称专利法)、《中华人民共和国专利法实施细则》（以下简称专利法实施细则）以及有关法律法规，制定本办法。

第二条 国家知识产权局负责受理和审查强制许可、强制许可使用费裁决和终止强制许可的请求并做出决定。

第三条 请求给予强制许可、请求裁决强制许可使用费和请求终止强制许可，应当使用中文以书面形式办理。

依照本办法提交的证件、证明文件是外文的，当事人应当同时提交中文译文。未按规定提交中文译文的，视为未提交该证件、证明文件。

第四条 具备实施条件的单位以合理的条件请求发明或者实用新型专利权人许可实施其专利，而未能在合理长的时间内获得这种许可的，可以根据专利法第四十八条的规定请求给予实施发明专利或者实用新型专利的强制许可。

一项取得专利权的发明或者实用新型比前已经取得专利权的发明或者实用新型具有显著经济意义的重大技术进步，其实施又有赖于前一发明或者实用新型的实施的，该专利权人可以根据专利法第五十条的规定请求给予实施前一专利的强制许可，前一专利权人也可以请求给予实施后一专利的强制许可。

在国家出现紧急状态或者非常情况时，或者为了公共利益的目的，国务院有关主管部门有权根据专利法第四十九条的规定请求给予实施发明专利或者实用新型专利的强制许可。

第五条 请求人委托专利代理机构提出强制许可请求的，应当提交委托书，写明委托权限。

请求人有两个以上且未委托专利代理机构的，除请求书中另有声明外，以请求书中指明的第一请求人为代表人。

第二章 强制许可请求的审查和决定

第六条 请求给予强制许可的，应当向国家知识产权局提交强制许可请求书，写明下列各项：

（一）请求人的姓名或者名称、地址；

（二）请求人的国籍或者其总部所在的国家；

（三）被请求强制许可的发明专利或实用新型专利的名称、专利号、申请日及授权公告日；

（四）被请求强制许可的发明专利或实用新型专利的专利权人姓名或者名称；

（五）请求给予强制许可的理由和事实；

（六）请求人委托专利代理机构的，应当注明的有关事项；请求人未委托专利代理机构的，其联系人的姓名、地址、邮政编码及联系电话；

（七）请求人的签字或者盖章；委托代理机构的，还应当有该专利代理机构的盖章；

（八）附加文件清单；

（九）其他需要注明的事项。

请求书及其附加文件应当一式两份。

第七条 强制许可请求涉及多项发明专利或者实用新型专利的，如果涉及两个或者两个以上的专利权人，应当按不同专利权人分别提交请求书。

第八条 强制许可请求有下列情形之一的，国家知识产权局不予受理，并通知请求人：

（一）被请求强制许可的发明专利或者实用新型专利的专利号不明确或者

难以确定；

（二）请求文件未使用中文；

（三）明显不具备请求强制许可的理由。

第九条 请求文件不符合本办法第六条、第七条规定的，请求人应当在收到通知之日起15日内进行补正。期满未补正的，该请求视为未提出。

请求人应当自提出强制许可请求之日起1个月内缴纳强制许可请求费；逾期未缴纳或者未缴足的，该请求视为未提出。

第十条 对符合专利法、专利法实施细则及本办法规定的强制许可请求，国家知识产权局应当将请求书副本送交专利权人。专利权人应当在指定期限内陈述意见。期满未答复的，不影响国家知识产权局做出决定。

第十一条 国家知识产权局应当对请求人陈述的理由和提交的有关证明文件进行审查。需要实地核查的，国家知识产权局应当指派两名以上工作人员实地核查。

请求人陈述的理由和提交的有关证明文件不充分或不真实的，国家知识产权局在做出驳回强制许可请求的决定前应当通知请求人，给予其陈述意见的机会。

第十二条 请求人或者专利权人要求听证的，由国家知识产权局组织听证。

国家知识产权局应当在举行听证7日前通知请求人、专利权人和其他利害关系人。

除涉及国家秘密、商业秘密或者个人隐私外，听证公开进行。

国家知识产权局举行听证时，请求人、专利权人和其他利害关系人可以进行申辩和质证。

举行听证时应当制作听证笔录，交听证参加人员确认无误后签字或者盖章。

根据专利法第四十九条规定请求给予强制许可的，本条规定的听证程序不予适用。

第十三条 有下列情形之一的，国家知识产权局应当做出驳回强制许可请求的决定，并通知请求人：

（一）请求人不具备本办法第四条规定的主体资格；

（二）请求给予强制许可的理由不符合专利法第四十八条、第四十九条和

第五十条的规定；

（三）强制许可请求涉及的发明创造是半导体技术的，其理由不符合专利法实施细则第七十二条的规定。

请求人对驳回强制许可请求的决定不服的，可以自收到通知之日起 3 个月内向人民法院起诉。

第十四条 请求人可以随时撤回其强制许可请求。请求人在国家知识产权局做决定前撤回其请求的，强制许可请求的审查程序终止。

在国家知识产权局做出决定前，请求人与专利权人订立了专利实施许可合同的，应当及时通知国家知识产权局，并撤回其强制许可请求。

第十五条 强制许可请求经审查没有发现驳回理由的，国家知识产权局应当做出给予强制许可的决定，写明下列各项：

（一）取得实施强制许可的个人或者单位的姓名或者名称、地址；

（二）被强制许可的发明专利或实用新型专利的名称、专利号、申请日及授权公告日；

（三）给予强制许可的范围、规模和期限；

（四）决定的理由、事实和法律依据；

（五）国家知识产权局的印章及负责人签字；

（六）决定的日期；

（七）其他有关事项。

给予强制许可的决定应当及时通知请求人和专利权人。

第十六条 专利权人对给予强制许可的决定不服的，可以自收到通知之日起 3 个月内向人民法院起诉。

第十七条 已生效的给予强制许可的决定应当在专利登记簿上登记并在国家知识产权局专利公报、政府网站和中国知识产权报上予以公告。

第三章 强制许可使用费裁决请求的审查和裁决

第十八条 请求国家知识产权局裁决强制许可使用费的，应当符合下列条件：

（一）给予强制许可的决定已公告；

（二）请求人是专利权人或者取得实施强制许可的单位或者个人；

（三）双方经协商不能达成协议。

第十九条 请求裁决强制许可使用费的，应当提交强制许可使用费裁决请求书，写明下列各项：

（一）请求人的姓名或者名称、地址；

（二）请求人的国籍或者请求人总部所在的国家；

（三）给予强制许可的决定的文号；

（四）被请求人的姓名或者名称、地址；

（五）请求裁决强制许可使用费的理由；

（六）请求人委托专利代理机构的，应当注明的有关事项；请求人未委托专利代理机构的，其联系人的姓名、地址、邮政编码及联系电话；

（七）请求人的签字或者盖章；委托代理机构的，还应当有该专利代理机构的盖章；

（八）附加文件清单；

（九）其他需要注明的事项。

请求人应当提交请求书及其附加文件一式两份。

第二十条 强制许可使用费裁决请求有下列情形之一的，国家知识产权局不予受理，并通知请求人：

（一）所涉及的给予强制许可的决定不明确或者尚未公告；

（二）请求文件未使用中文；

（三）明显不具备请求裁决强制许可使用费的理由。

第二十一条 请求文件不符合本办法第十九条规定的，请求人应当在收到通知之日起15日内进行补正。期满未补正的，该请求视为未提出。

请求人应当自提出请求之日起1个月内缴纳强制许可使用费的裁决请求费；逾期未缴纳或者未缴足的，该请求视为未提出。

第二十二条 对符合专利法、专利法实施细则及本办法规定的强制许可使用费裁决请求，国家知识产权局应当将请求书副本送交对方当事人，对方当事人应当在指定期限内陈述意见。期满未答复的，不影响国家知识产权局做出决定。

强制许可使用费裁决过程中，当事人双方可以提交书面意见。国家知识产权局可以根据案情需要听取当事人双方的口头意见。

第二十三条 请求人可以随时撤回其裁决请求。请求人在国家知识产权局做出决定前撤回其裁决请求的，裁决程序终止。

第二十四条 国家知识产权局应当自收到请求书之日起 3 个月内做出强制许可使用费的裁决决定。

第二十五条 强制许可使用费裁决决定应当写明下列各项：

（一）取得实施强制许可的个人或者单位的姓名或者名称、地址；

（二）被强制许可的发明专利或实用新型专利的名称、专利号、申请日及授权公告日；

（三）裁决的内容及其理由；

（四）国家知识产权局的印章及负责人签字；

（五）决定的日期；

（六）其他有关事项。

强制许可使用费裁决决定应当及时通知双方当事人。

第二十六条 专利权人和取得实施强制许可的单位或者个人对强制许可使用费的裁决决定不服的，可以自收到通知之日起 3 个月内向人民法院起诉。

第四章 终止强制许可请求的审查和决定

第二十七条 给予强制许可的决定规定的强制许可期限届满时，强制许可自动终止。

强制许可自动终止的，国家知识产权局应当在专利登记簿上登记并在国家知识产权局专利公报、政府网站和中国知识产权报上予以公告。

第二十八条 给予强制许可的决定规定的强制许可期限届满前，强制许可的理由消除并不再发生的，专利权人可以请求国家知识产权局做出终止强制许可的决定。

请求终止强制许可的，应当提交终止强制许可请求书，写明下列各项：

（一）专利权人的姓名或者名称、地址；

（二）专利权人的国籍或者其总部所在的国家；

（三）被请求终止的给予强制许可的决定的文号；

（四）请求终止强制许可的理由和事实；

（五）专利权人委托专利代理机构的，应当注明的有关事项；专利权人未委托专利代理机构的，其联系人的姓名、地址、邮政编码及联系电话；

（六）专利权人的签字或者盖章；委托代理机构的，还应当有该专利代理机构的盖章；

（七）附加文件清单；

（八）其他需要注明的事项。

专利权人应当提交请求书及其附加文件一式两份。

第二十九条 终止强制许可请求有下列情形之一的，国家知识产权局不予受理，并通知请求人：

（一）请求人不是被强制许可的发明专利或者实用新型专利的权利人的；

（二）未写明请求终止的给予强制许可的决定的文号；

（三）请求文件未使用中文；

（四）明显不具备终止强制许可的理由。

第三十条 终止强制许可请求文件不符合本办法第二十八条规定的，请求人应当在收到通知之日起 15 日内进行补正。期满未补正的，该请求视为未提出。

第三十一条 对符合本办法规定的终止强制许可请求，国家知识产权局应当将请求书副本送交取得实施强制许可的单位或者个人。取得实施强制许可的单位或者个人应当在指定期限内陈述意见。期满未答复的，不影响国家知识产权局做出决定。

第三十二条 国家知识产权局应当对专利权人陈述的理由和提交的有关证明文件进行审查。需要实地核查的，国家知识产权局应当指派两名以上工作人员实地核查。

专利权人陈述的理由和提交的有关证明文件不充分或不真实的，国家知识产权局在做出决定前应当通知专利权人，给予其陈述意见的机会。

第三十三条 经审查认为请求终止强制许可的理由不成立的，国家知识产权局应当做出驳回终止强制许可请求的决定。

专利权人对驳回终止强制许可请求的决定不服的，可以自收到通知之日起 3 个月内向人民法院起诉。

第三十四条 专利权人可以随时撤回其终止强制许可请求。专利权人在国家知识产权局做出决定前撤回其请求的，相关程序终止。

第三十五条 终止强制许可的请求经审查没有发现驳回理由的，国家知识产权局应当做出终止强制许可的决定，写明下列各项：

（一）专利权人的姓名或者名称、地址；

（二）取得实施强制许可的个人或者单位的姓名或者名称、地址；

（三）发明专利或实用新型专利的名称、专利号、申请日及授权公告日；

（四）给予强制许可的决定的文号；

（五）决定的事实和法律依据；

（六）国家知识产权局的印章及负责人签字；

（七）决定的日期；

（八）其他有关事项。

终止强制许可请求的决定应当及时通知专利权人和取得实施强制许可的单位或者个人。

第三十六条 取得实施强制许可的单位或者个人对终止强制许可的决定不服的，可以自收到通知之日起 3 个月内向人民法院起诉。

第三十七条 已生效的终止强制许可的决定应当在专利登记簿上登记并在国家知识产权局专利公报、政府网站和中国知识产权报上予以公告。

第五章 附则

第三十八条 本办法由国家知识产权局负责解释。

第三十九条 本办法自 2003 年 7 月 15 日起施行。

国防专利条例(2004年)[1]

[2004年9月17日国务院、中央军事委员会令（第418号）
公布2004年11月1日起施行]

第一章 总则

第一条 为了保护有关国防的发明专利权，确保国家秘密，便利发明创造的推广应用，促进国防科学技术的发展，适应国防现代化建设的需要，根据《中华人民共和国专利法》，制定本条例。

第二条 国防专利是指涉及国防利益以及对国防建设具有潜在作用需要保密的发明专利。

第三条 国家国防专利机构（以下简称国防专利机构）负责受理和审查国防专利申请。经国防专利机构审查认为符合本条例规定的，由国务院专利行政部门授予国防专利权。

国务院国防科学技术工业主管部门和中国人民解放军总装备部（以下简称总装备部）分别负责地方系统和军队系统的国防专利管理工作。

第四条 涉及国防利益或者对国防建设具有潜在作用被确定为绝密级国家秘密的发明不得申请国防专利。

国防专利申请以及国防专利的保密工作，在解密前依照《中华人民共和国保守国家秘密法》和国家有关规定进行管理。

第五条 国防专利权的保护期限为20年，自申请日起计算。

第六条 国防专利在保护期内，因情况变化需要变更密级、解密或者国防专利权终止后需要延长保密期限的，国防专利机构可以做出变更密级、解

---

〔1〕 它是我国现行有效的《国防专利条例》，此前1990年7月30日国务院、中央军事委员会批准的《国防专利条例》同时废止。

密或者延长保密期限的决定；但是对在申请国防专利前已被确定为国家秘密的，应当征得原确定密级和保密期限的机关、单位或者其上级机关的同意。

被授予国防专利权的单位或者个人（以下统称国防专利权人）可以向国防专利机构提出变更密级、解密或者延长保密期限的书面申请；属于国有企业事业单位或者军队单位的，应当附送原确定密级和保密期限的机关、单位或者其上级机关的意见。

国防专利机构应当将变更密级、解密或者延长保密期限的决定，在该机构出版的《国防专利内部通报》上刊登，并通知国防专利权人，同时将解密的国防专利报送国务院专利行政部门转为普通专利。国务院专利行政部门应当及时将解密的国防专利向社会公告。

第七条 国防专利申请权和国防专利权经批准可以向国内的中国单位和个人转让。

转让国防专利申请权或者国防专利权，应当确保国家秘密不被泄露，保证国防和军队建设不受影响，并向国防专利机构提出书面申请，由国防专利机构进行初步审查后依照本条例第3条第二款规定的职责分工，及时报送国务院国防科学技术工业主管部门、总装备部审批。

国务院国防科学技术工业主管部门、总装备部应当自国防专利机构受理申请之日起30日内做出批准或者不批准的决定；做出不批准决定的，应当书面通知申请人并说明理由。

经批准转让国防专利申请权或者国防专利权的，当事人应当订立书面合同，并向国防专利机构登记，由国防专利机构在《国防专利内部通报》上刊登。国防专利申请权或者国防专利权的转让自登记之日起生效。

第八条 禁止向国外的单位和个人以及在国内的外国人和外国机构转让国防专利申请权和国防专利权。

第九条 需要委托专利代理机构申请国防专利和办理其他国防专利事务的，应当委托国防专利机构指定的专利代理机构办理。专利代理机构及其工作人员对在办理国防专利申请和其他国防专利事务过程中知悉的国家秘密，负有保密义务。

第二章 国防专利的申请、审查和授权

第十条 申请国防专利的，应当向国防专利机构提交请求书、说明书及

其摘要和权利要求书等文件。

国防专利申请人应当按照国防专利机构规定的要求和统一格式撰写申请文件，并亲自送交或者经过机要通信以及其他保密方式传交国防专利机构，不得按普通函件邮寄。

国防专利机构收到国防专利申请文件之日为申请日；申请文件通过机要通信邮寄的，以寄出的邮戳日为申请日。

第十一条 国防专利机构定期派人到国务院专利行政部门查看普通专利申请，发现其中有涉及国防利益或者对国防建设具有潜在作用需要保密的，经国务院专利行政部门同意后转为国防专利申请，并通知申请人。

普通专利申请转为国防专利申请后，国防专利机构依照本条例的有关规定对该国防专利申请进行审查。

第十二条 授予国防专利权的发明，应当具备新颖性、创造性和实用性。

新颖性，是指在申请日之前没有同样的发明在国外出版物上公开发表过、在国内出版物上发表过、在国内使用过或者以其他方式为公众所知，也没有同样的发明由他人提出过申请并在申请日以后获得国防专利权。

创造性，是指同申请日之前已有的技术相比，该发明有突出的实质性特点和显著的进步。

实用性，是指该发明能够制造或者使用，并且能够产生积极效果。

第十三条 申请国防专利的发明在申请日之前6个月内，有下列情形之一的，不丧失新颖性：

（一）在国务院有关主管部门、中国人民解放军有关主管部门举办的内部展览会上首次展出的；

（二）在国务院有关主管部门、中国人民解放军有关主管部门召开的内部学术会议或者技术会议上首次发表的；

（三）他人未经国防专利申请人同意而泄露其内容的。

有前款所列情形的，国防专利申请人应当在申请时声明，并自申请日起2个月内提供有关证明文件。

第十四条 国防专利机构对国防专利申请进行审查后，认为不符合本条例规定的，应当通知国防专利申请人在指定的期限内陈述意见或者对其国防专利申请进行修改、补正；无正当理由逾期不答复的，该国防专利申请即被视为撤回。

国防专利申请人在自申请日起6个月内或者在对第一次审查意见通知书进行答复时，可以对其国防专利申请主动提出修改。

申请人对其国防专利申请文件进行修改不得超出原说明书和权利要求书记载的范围。

第十五条 国防专利申请人陈述意见或者对国防专利申请进行修改、补正后，国防专利机构认为仍然不符合本条例规定的，应当予以驳回。

第十六条 国防专利机构设立国防专利复审委员会，负责国防专利的复审和无效宣告工作。

国防专利复审委员会由技术专家和法律专家组成，其主任委员由国防专利机构负责人兼任。

第十七条 国防专利申请人对国防专利机构驳回申请的决定不服的，可以自收到通知之日起3个月内，向国防专利复审委员会请求复审。国防专利复审委员会复审并做出决定后，通知国防专利申请人。

第十八条 国防专利申请经审查认为没有驳回理由或者驳回后经过复审认为不应当驳回的，由国务院专利行政部门做出授予国防专利权的决定，并委托国防专利机构颁发国防专利证书，同时在国务院专利行政部门出版的专利公报上公告该国防专利的申请日、授权日和专利号。国防专利机构应当将该国防专利的有关事项予以登记，并在《国防专利内部通报》上刊登。

第十九条 任何单位或者个人认为国防专利权的授予不符合本条例规定的，可以向国防专利复审委员会提出宣告该国防专利权无效的请求。

第二十条 国防专利复审委员会对宣告国防专利权无效的请求进行审查并做出决定后，通知请求人和国防专利权人。宣告国防专利权无效的决定，国防专利机构应当予以登记并在《国防专利内部通报》上刊登，国务院专利行政部门应当在专利公报上公布。

第三章　国防专利的实施

第二十一条 国防专利机构应当自授予国防专利权之日起3个月内，将该国防专利有关文件副本送交国务院有关主管部门或者中国人民解放军有关主管部门。收到文件副本的部门，应当在4个月内就该国防专利的实施提出书面意见，并通知国防专利机构。

第二十二条 国务院有关主管部门、中国人民解放军有关主管部门，可以允许其指定的单位实施本系统或者本部门内的国防专利；需要指定实施本系统或者本部门以外的国防专利的，应当向国防专利机构提出书面申请，由国防专利机构依照本条例第 3 条第二款规定的职责分工报国务院国防科学技术工业主管部门、总装备部批准后实施。

国防专利机构对国防专利的指定实施予以登记，并在《国防专利内部通报》上刊登。

第二十三条 实施他人国防专利的单位应当与国防专利权人订立书面实施合同，依照本条例第 25 条的规定向国防专利权人支付费用，并报国防专利机构备案。实施单位不得允许合同规定以外的单位实施该国防专利。

第二十四条 国防专利权人许可国外的单位或者个人实施其国防专利的，应当确保国家秘密不被泄露，保证国防和军队建设不受影响，并向国防专利机构提出书面申请，由国防专利机构进行初步审查后依照本条例第 3 条第二款规定的职责分工，及时报送国务院国防科学技术工业主管部门、总装备部审批。

国务院国防科学技术工业主管部门、总装备部应当自国防专利机构受理申请之日起 30 日内做出批准或者不批准的决定；做出不批准决定的，应当书面通知申请人并说明理由。

第二十五条 实施他人国防专利的，应当向国防专利权人支付国防专利使用费。实施使用国家直接投入的国防科研经费或者其他国防经费进行科研活动所产生的国防专利，符合产生该国防专利的经费使用目的的，可以只支付必要的国防专利实施费；但是，科研合同另有约定或者科研任务书另有规定的除外。

前款所称国防专利实施费，是指国防专利实施中发生的为提供技术资料、培训人员以及进一步开发技术等所需的费用。

第二十六条 国防专利指定实施的实施费或者使用费的数额，由国防专利权人与实施单位协商确定；不能达成协议的，由国防专利机构裁决。

第二十七条 国家对国防专利权人给予补偿。国防专利机构在颁发国防专利证书后，向国防专利权人支付国防专利补偿费，具体数额由国防专利机构确定。属于职务发明的，国防专利权人应当将不少于 50% 的补偿费发给发明人。

第四章　国防专利的管理和保护

第二十八条　国防专利机构出版的《国防专利内部通报》属于国家秘密文件，其知悉范围由国防专利机构确定。

《国防专利内部通报》刊登下列内容：

（一）国防专利申请中记载的著录事项；

（二）国防专利的权利要求书；

（三）发明说明书的摘要；

（四）国防专利权的授予；

（五）国防专利权的终止；

（六）国防专利权的无效宣告；

（七）国防专利申请权、国防专利权的转移；

（八）国防专利的指定实施；

（九）国防专利实施许可合同的备案；

（十）国防专利的变更密级、解密；

（十一）国防专利保密期限的延长；

（十二）国防专利权人的姓名或者名称、地址的变更；

（十三）其他有关事项。

第二十九条　国防专利权被授予后，有下列情形之一的，经国防专利机构同意，可以查阅国防专利说明书：

（一）提出宣告国防专利权无效请求的；

（二）需要实施国防专利的；

（三）发生国防专利纠纷的；

（四）因国防科研需要的。

查阅者对其在查阅过程中知悉的国家秘密负有保密义务。

第三十条　国务院有关主管部门、中国人民解放军有关主管部门和各省、自治区、直辖市的国防科学技术工业管理部门应当指定一个机构管理国防专利工作，并通知国防专利机构。该管理国防专利工作的机构在业务上受国防专利机构指导。

承担国防科研、生产任务以及参与军事订货的军队单位、国务院履行出资人职责的企业和国务院直属事业单位，应当指定相应的机构管理本单位的国防专利工作。

第三十一条　国防专利机构应当事人请求，可以对下列国防专利纠纷进行调解：

（一）国防专利申请权和国防专利权归属纠纷；

（二）国防专利发明人资格纠纷；

（三）职务发明的发明人的奖励和报酬纠纷；

（四）国防专利使用费和实施费纠纷。

第三十二条　除《中华人民共和国专利法》和本条例另有规定的以外，未经国防专利权人许可实施其国防专利，即侵犯其国防专利权，引起纠纷的，由当事人协商解决；不愿协商或者协商不成的，国防专利权人或者利害关系人可以向人民法院起诉，也可以请求国防专利机构处理。

第三十三条　违反本条例规定，泄露国家秘密的，依照《中华人民共和国保守国家秘密法》和国家有关规定处理。

第五章　附则

第三十四条　向国防专利机构申请国防专利和办理其他手续，应当按照规定缴纳费用。

第三十五条　《中华人民共和国专利法》和《中华人民共和国专利法实施细则》的有关规定适用于国防专利，但本条例有专门规定的依照本条例的规定执行。

第三十六条　本条例自 2004 年 11 月 1 日起施行。1990 年 7 月 30 日国务院、中央军事委员会批准的《国防专利条例》同时废止。

关于《中华人民共和国专利法修正案（草案）》的说明(2008年)[1]

（2008年8月25日在第十一届全国人民代表大会常务委员会第四次会议
国家知识产权局局长田力普）

全国人民代表大会常务委员会：

我受国务院委托，现对《中华人民共和国专利法修正案（草案）》作说明。

《中华人民共和国专利法》（以下称现行专利法）于1985年4月1日起施行，1992年9月4日和2000年8月25日曾进行过两次修订。现行专利法实施以来，对鼓励和保护发明创造，促进科技进步和创新，推动我国经济社会发展，发挥了重要作用。随着国内、国际形势的发展，需要进一步完善我国专利法律制度：一是党的十七大报告提出了提高自主创新能力、建设创新型国家的目标，国务院制定了《国家知识产权战略纲要》。为此，需要通过修改、完善专利法，进一步加强对专利权的保护，激励自主创新，促进专利技术的实施，推动专利技术向现实生产力转化，缩短转化周期。二是世界贸易组织多哈部长级会议通过了《关于〈与贸易有关的知识产权协定〉与公共健康的宣言》（以下简称《宣言》），世界贸易组织总理事会通过了落实《宣言》的《修改〈与贸易有关的知识产权协定〉议定书》（以下简称《议定书》）。《宣言》和《议定书》允许世贸组织成员突破《与贸易有关的知识产权协定》的限制，在规定条件下给予实施药品专利的强制许可。据此，需要对现行专利法做必要修改。《生物多样性公约》对利用专利制度保护遗传资源做了规定，我国作为遗传资源大国，需要通过修改现行专利法，行使该公约赋予的权利。

---

〔1〕这是我国入世后对专利法进行的修订，与前几次专利立法相比，更多地体现了我国专利事业的需要。该草案报送全国人大后，在全国人大的审议过程中，又进行了少数条款的修改。

知识产权局在认真总结现行专利法实施经验的基础上，起草了《中华人民共和国专利法（修订草案送审稿）》（以下称送审稿），于2006年12月27日报请国务院审批。收到此件后，法制办两次征求了72个中央部门和单位、35个地方人民政府、14个地方法院、20多个企事业单位、50多位专家学者的意见，还收到了有关外国政府机构、企业协会和国际组织的意见；到广东等地对企业专利工作情况、地方政府专利行政执法情况和地方法院专利审判工作情况进行了调研；多次召开专家论证会，两次召开国际研讨会，就利用专利制度促进创新型国家建设、专利法修订与国际公约的一致性等重大问题进行研讨；会同知识产权局与全国人大教科文卫委员会、全国人大常委会法工委、高法等反复沟通、协调，在此基础上，对送审稿进行了反复研究、修改，形成了《中华人民共和国专利法修正案（草案）》（以下称草案）。2008年6月27日，法制办、知识产权局向全国人大教科文卫委员会做了汇报，之后根据委员的意见对草案做了进一步修改。草案已经2008年7月30日国务院第19次常务会议讨论通过。现就草案的主要内容说明如下：

一、根据激励自主创新、提高自主创新能力的要求，对现行专利法所做的修改

为了实现建设创新型国家的目标，2007年国务院提请全国人大常委会审议修订的科学技术进步法，已经从加大科技投入、整合科技资源、激发科研机构与科技人员的积极性、促进企业技术进步等方面，规定了一系列制度、措施。草案主要从利用专利制度激励自主创新的角度，对现行专利法做了以下修改：

（一）在立法宗旨中增加了“提高自主创新能力”、“建设创新型国家”的内容。将现行专利法的立法宗旨修改为：为了保护专利权，鼓励发明创造，推动发明创造的管理、应用，提高自主创新能力，促进科学技术进步和经济社会发展，建设创新型国家，制定本法。

（二）提高专利授权标准。现行专利法关于专利授权条件采用的是“相对新颖性标准”，即规定申请发明、实用新型专利权的发明创造没有在国内外公开发表过，也没有在国内公开使用过或者以其他方式为公众所知；申请外观设计专利权的设计没有在国内外公开发表过，也没有在国内公开使用过。根

据该规定，一些没有公开发表过的技术，虽然在国外已经被公开使用或者已经有相应的产品出售，只要在我国国内还没有人公开使用或者没有相应的产品出售，就可以在我国授予专利，从而导致我国专利质量不高。这既不利于激励自主创新，也妨碍了国外已有技术在我国的应用。为此，草案采用了“绝对新颖性标准”：规定授予专利权的发明创造在国内外都没有为公众所知。为进一步提高外观设计专利的质量，草案规定：对平面印刷品的主要起标识作用的设计不授予专利权。

（三）删除了向外国申请专利须先申请中国专利的规定。现行专利法规定，在我国国内完成的发明创造向外国申请专利，须先申请中国专利。为鼓励向外国申请专利，提高我国国际竞争力，草案规定，任何单位或者个人可以将其在中国完成的发明创造向外国申请专利，这样就取消了必须先申请中国专利的限制；同时，考虑到一些专利申请可能涉及我国国家安全，需要进行保密审查，草案规定：在中国完成的发明创造向外国申请专利的，应当事先经国务院专利行政部门进行保密审查。

（四）赋予外观设计专利权人许诺销售权。许诺销售是以做广告、在商店货架或者展销会会场陈列等方式做出的销售商品的许诺。现行专利法在外观设计专利权中没有规定许诺销售权。考虑到外观设计是我国的优势领域，提高外观设计专利权保护水平对我国有利，草案在外观设计专利中增加了许诺销售的权利。这样修改后，外观设计专利权人可以制止他人未经其许可，以做广告、在商店货架或者展销会会场陈列等方式许诺销售该专利产品。

（五）明确侵犯专利权的赔偿应当包括权利人维权的成本，加大对违法行为的处罚力度，并增加了法定赔偿的规定。从专利保护工作的实践来看，如果专利权人维权的成本得不到赔偿，就不能弥补权利人因侵权所受到的损失。为更有效地保护专利权人的合理利益，草案增加规定：侵犯专利权的赔偿应当包括权利人为制止侵权行为所支付的合理开支。同时，为打击专利违法行为，将假冒他人专利的罚款数额从违法所得的 3 倍提高到 4 倍；没有违法所得的，将罚款数额从 5 万元提高到 20 万元，并将冒充专利行为的罚款数额从 5 万元提高到 20 万元。此外，为提高司法保护的效率，草案还规定：在诉讼活动中，权利人的损失、侵权人获得的利益和专利许可使用费均难以确定的，人民法院可以根据专利权的类型、侵权行为的性质和情节等因素，确定给予 1 万元以上 100 万元以下的赔偿。

（六）增加诉前证据保全的规定。为防止侵权人在专利权人起诉之前转移、毁灭证据，草案增加规定：为制止专利侵权行为，在证据可能灭失或者以后难以取得的情况下，权利人可以在起诉前向人民法院申请证据保全。

二、根据促进技术推广应用的需要，对现行专利法所做的修改

（一）规定专利权共有人可以单独实施或者以普通许可方式许可他人实施该共有专利。为既保障共有人对共有专利的合法权利，又促进共有专利的实施，草案规定：专利申请权或者专利权由两个以上单位或者个人共有，共有人对权利的行使有约定的，从其约定。没有约定的，共有人可以单独实施或者以普通许可方式许可他人实施该专利；许可他人实施该专利的，收取的使用费应当在共有人之间分配。除前款规定的情形外，行使共有的专利申请权或者专利权应当取得全体共有人的同意。所谓普通许可，就是在被许可人实施专利技术的同时，共有人也可以实施或者许可他人实施该专利技术。

（二）规定实施的技术如果属于现有技术，不构成侵犯专利权。根据现行专利法的规定，在专利侵权案件中，被告认为专利权无效，必须向专利复审委员会提出无效宣告请求；在专利复审委员会宣告专利权无效后，法院才可以判决被告不构成侵犯专利权。为防止恶意利用已公知的现有技术申请专利，阻碍现有技术实施，帮助现有技术实施人及时从专利侵权纠纷中摆脱出来，草案增加规定：在专利侵权纠纷中，被控告侵权人有证据证明自己实施的技术属于现有技术的，不构成侵犯专利权。据此，被控告侵权人无需向专利复审委员会提出无效宣告请求，法院可直接判定被控告侵权人不侵权。

（三）增加规定不视为侵权的情形。借鉴美国、加拿大、澳大利亚等国的做法，草案在不视为侵权的情形中增加一项：为提供行政审批所需要的信息，拟制造药品或者医疗器械的单位或者个人制造专利药品或者专利医疗器械的。

三、根据国际条约的规定特别是我国加入世界贸易组织后国际条约的新规定，对现行专利法所做的修改

一是《修改〈与贸易有关的知识产权协定〉议定书》规定，为了公共健康目的，可以给予制造并出口专利药品到特定国家或者地区的强制许可。所谓强制许可，是指国家行政机关在法定条件下做出的，允许具备条件的单

位、个人实施他人发明或者实用新型专利的许可。根据《议定书》的规定，草案增加规定：为公共健康目的，对在中国取得专利权的药品，国务院专利行政部门可以给予制造并将其出口到下列国家或者地区的强制许可：

其一，最不发达国家；

其二，不具备该药品的制造能力或者制造能力不足，并依照中华人民共和国参加的世界贸易组织有关条约已经履行了相关手续的成员。此外，《与贸易有关的知识产权协定》规定，对专利权人排除、限制竞争的行为，可以通过实施强制许可，保障申请人的合理利益。据此，草案还增加规定：对经司法、行政程序确定为排除、限制竞争的行为，国务院专利行政部门可以给予申请人强制许可。

二是《生物多样性公约》规定，遗传资源的利用应当遵循国家主权、知情同意、惠益分享的原则，并明确规定，专利制度应有助于实现保护遗传资源的目标。目前，印度、巴西等遗传资源丰富的发展中国家和瑞士、挪威、丹麦等发达国家，已经通过专利法律制度保护遗传资源。我国是遗传资源大国，为防止非法窃取我国遗传资源进行技术开发并申请专利，草案增加规定：依赖遗传资源完成的发明创造，申请人应当在专利申请文件中申明该遗传资源的直接来源和原始来源；无法申明原始来源的，应当说明理由。并明确：遗传资源的获取或者利用违反有关法律、行政法规的规定的，不授予专利权。

此外，草案还对现行专利法的部分条文做了文字修改。

《中华人民共和国专利法修正案（草案）》和以上说明是否妥当，请审议。

中华人民共和国专利法(2008年)[1]

（根据2008年12月27日第十一届全国人民代表大会常务委员会第六次会议《关于修改〈中华人民共和国专利法〉的决定》第三次修正）

第一章 总则

第一条 为了保护专利权人的合法权益，鼓励发明创造，推动发明创造的应用，提高创新能力，促进科学技术进步和经济社会发展，制定本法。

第二条 本法所称的发明创造是指发明、实用新型和外观设计。

发明，是指对产品、方法或者其改进所提出的新的技术方案。

实用新型，是指对产品的形状、构造或者其结合所提出的适于实用的新的技术方案。

外观设计，是指对产品的形状、图案或者其结合以及色彩与形状、图案的结合所作出的富有美感并适于工业应用的新设计。

第三条 国务院专利行政部门负责管理全国的专利工作；统一受理和审查专利申请，依法授予专利权。

省、自治区、直辖市人民政府管理专利工作的部门负责本行政区域内的专利管理工作。

第四条 申请专利的发明创造涉及国家安全或者重大利益需要保密的，按照国家有关规定办理。

第五条 对违反法律、社会公德或者妨害公共利益的发明创造，不授予专利权。

对违反法律、行政法规的规定获取或者利用遗传资源，并依赖该遗传资

[1] 这是我国现行的专利法。

源完成的发明创造，不授予专利权。

第六条 执行本单位的任务或者主要是利用本单位的物质技术条件所完成的发明创造为职务发明创造。职务发明创造申请专利的权利属于该单位；申请被批准后，该单位为专利权人。

非职务发明创造，申请专利的权利属于发明人或者设计人；申请被批准后，该发明人或者设计人为专利权人。

利用本单位的物质技术条件所完成的发明创造，单位与发明人或者设计人订有合同，对申请专利的权利和专利权的归属做出约定的，从其约定。

第七条 对发明人或者设计人的非职务发明创造专利申请，任何单位或者个人不得压制。

第八条 两个以上单位或者个人合作完成的发明创造、一个单位或者个人接受其他单位或者个人委托所完成的发明创造，除另有协议的以外，申请专利的权利属于完成或者共同完成的单位或者个人；申请被批准后，申请的单位或者个人为专利权人。

第九条 同样的发明创造只能授予一项专利权。但是，同一申请人同日对同样的发明创造既申请实用新型专利又申请发明专利，先获得的实用新型专利权尚未终止，且申请人声明放弃该实用新型专利权的，可以授予发明专利权。

两个以上的申请人分别就同样的发明创造申请专利的，专利权授予最先申请的人。

第十条 专利申请权和专利权可以转让。

中国单位或者个人向外国人、外国企业或者外国其他组织转让专利申请权或者专利权的，应当依照有关法律、行政法规的规定办理手续。

转让专利申请权或者专利权的，当事人应当订立书面合同，并向国务院专利行政部门登记，由国务院专利行政部门予以公告。专利申请权或者专利权的转让自登记之日起生效。

第十一条 发明和实用新型专利权被授予后，除本法另有规定的以外，任何单位或者个人未经专利权人许可，都不得实施其专利，即不得为生产经营目的制造、使用、许诺销售、销售、进口其专利产品，或者使用其专利方法以及使用、许诺销售、销售、进口依照该专利方法直接获得的产品。

外观设计专利权被授予后，任何单位或者个人未经专利权人许可，都不得实施其专利，即不得为生产经营目的制造、许诺销售、销售、进口其外观设计专利产品。

第十二条 任何单位或者个人实施他人专利的，应当与专利权人订立实施许可合同，向专利权人支付专利使用费。被许可人无权允许合同规定以外的任何单位或者个人实施该专利。

第十三条 发明专利申请公布后，申请人可以要求实施其发明的单位或者个人支付适当的费用。

第十四条 国有企业事业单位的发明专利，对国家利益或者公共利益具有重大意义的，国务院有关主管部门和省、自治区、直辖市人民政府报经国务院批准，可以决定在批准的范围内推广应用，允许指定的单位实施，由实施单位按照国家规定向专利权人支付使用费。

第十五条 专利申请权或者专利权的共有人对权利的行使有约定的，从其约定。没有约定的，共有人可以单独实施或者以普通许可方式许可他人实施该专利；许可他人实施该专利的，收取的使用费应当在共有人之间分配。

除前款规定的情形外，行使共有的专利申请权或者专利权应当取得全体共有人的同意。

第十六条 被授予专利权的单位应当对职务发明创造的发明人或者设计人给予奖励；发明创造专利实施后，根据其推广应用的范围和取得的经济效益，对发明人或者设计人给予合理的报酬。

第十七条 发明人或者设计人有权在专利文件中写明自己是发明人或者设计人。

专利权人有权在其专利产品或者该产品的包装上标明专利标识。

第十八条 在中国没有经常居所或者营业所的外国人、外国企业或者外国其他组织在中国申请专利的，依照其所属国同中国签订的协议或者共同参加的国际条约，或者依照互惠原则，根据本法办理。

第十九条 在中国没有经常居所或者营业所的外国人、外国企业或者外国其他组织在中国申请专利和办理其他专利事务的，应当委托依法设立的专利代理机构办理。

中国单位或者个人在国内申请专利和办理其他专利事务的，可以委托依法设立的专利代理机构办理。

专利代理机构应当遵守法律、行政法规，按照被代理人的委托办理专利申请或者其他专利事务；对被代理人发明创造的内容，除专利申请已经公布或者公告的以外，负有保密责任。专利代理机构的具体管理办法由国务院规定。

第二十条　任何单位或者个人将在中国完成的发明或者实用新型向外国申请专利的，应当事先报经国务院专利行政部门进行保密审查。保密审查的程序、期限等按照国务院的规定执行。

中国单位或者个人可以根据中华人民共和国参加的有关国际条约提出专利国际申请。申请人提出专利国际申请的，应当遵守前款规定。

国务院专利行政部门依照中华人民共和国参加的有关国际条约、本法和国务院有关规定处理专利国际申请。

对违反本条第一款规定向外国申请专利的发明或者实用新型，在中国申请专利的，不授予专利权。

第二十一条　国务院专利行政部门及其专利复审委员会应当按照客观、公正、准确、及时的要求，依法处理有关专利的申请和请求。

国务院专利行政部门应当完整、准确、及时发布专利信息，定期出版专利公报。

在专利申请公布或者公告前，国务院专利行政部门的工作人员及有关人员对其内容负有保密责任。

第二章　授予专利权的条件

第二十二条　授予专利权的发明和实用新型，应当具备新颖性、创造性和实用性。

新颖性，是指该发明或者实用新型不属于现有技术；也没有任何单位或者个人就同样的发明或者实用新型在申请日以前向国务院专利行政部门提出过申请，并记载在申请日以后公布的专利申请文件或者公告的专利文件中。

创造性，是指与现有技术相比，该发明具有突出的实质性特点和显著的进步，该实用新型具有实质性特点和进步。

实用性，是指该发明或者实用新型能够制造或者使用，并且能够产生积极效果。

本法所称现有技术，是指申请日以前在国内外为公众所知的技术。

第二十三条 授予专利权的外观设计，应当不属于现有设计；也没有任何单位或者个人就同样的外观设计在申请日以前向国务院专利行政部门提出过申请，并记载在申请日以后公告的专利文件中。

授予专利权的外观设计与现有设计或者现有设计特征的组合相比，应当具有明显区别。

授予专利权的外观设计不得与他人在申请日以前已经取得的合法权利相冲突。

本法所称现有设计，是指申请日以前在国内外为公众所知的设计。

第二十四条 申请专利的发明创造在申请日以前六个月内，有下列情形之一的，不丧失新颖性：

（一）在中国政府主办或者承认的国际展览会上首次展出的；

（二）在规定的学术会议或者技术会议上首次发表的；

（三）他人未经申请人同意而泄露其内容的。

第二十五条 对下列各项，不授予专利权：

（一）科学发现；

（二）智力活动的规则和方法；

（三）疾病的诊断和治疗方法；

（四）动物和植物品种；

（五）用原子核变换方法获得的物质；

（六）对平面印刷品的图案、色彩或者二者的结合做出的主要起标识作用的设计。

对前款第（四）项所列产品的生产方法，可以依照本法规定授予专利权。

第三章　专利的申请

第二十六条 申请发明或者实用新型专利的，应当提交请求书、说明书及其摘要和权利要求书等文件。

请求书应当写明发明或者实用新型的名称，发明人的姓名，申请人姓名或者名称、地址，以及其他事项。

说明书应当对发明或者实用新型做出清楚、完整的说明，以所属技术领域的技术人员能够实现为准；必要的时候，应当有附图。摘要应当简要说明发明或者实用新型的技术要点。

权利要求书应当以说明书为依据，清楚、简要地限定要求专利保护的范围。

依赖遗传资源完成的发明创造，申请人应当在专利申请文件中说明该遗传资源的直接来源和原始来源；申请人无法说明原始来源的，应当陈述理由。

第二十七条 申请外观设计专利的，应当提交请求书、该外观设计的图片或者照片以及对该外观设计的简要说明等文件。

申请人提交的有关图片或者照片应当清楚地显示要求专利保护的产品的外观设计。

第二十八条 国务院专利行政部门收到专利申请文件之日为申请日。如果申请文件是邮寄的，以寄出的邮戳日为申请日。

第二十九条 申请人自发明或者实用新型在外国第一次提出专利申请之日起十二个月内，或者自外观设计在外国第一次提出专利申请之日起六个月内，又在中国就相同主题提出专利申请的，依照该外国同中国签订的协议或者共同参加的国际条约，或者依照相互承认优先权的原则，可以享有优先权。

申请人自发明或者实用新型在中国第一次提出专利申请之日起十二个月内，又向国务院专利行政部门就相同主题提出专利申请的，可以享有优先权。

第三十条 申请人要求优先权的，应当在申请的时候提出书面声明，并且在三个月内提交第一次提出的专利申请文件的副本；未提出书面声明或者逾期未提交专利申请文件副本的，视为未要求优先权。

第三十一条 一件发明或者实用新型专利申请应当限于一项发明或者实用新型。属于一个总的发明构思的两项以上的发明或者实用新型，可以作为一件申请提出。

一件外观设计专利申请应当限于一项外观设计。同一产品两项以上的相似外观设计，或者用于同一类别并且成套出售或者使用的产品的两项以上外观设计，可以作为一件申请提出。

第三十二条 申请人可以在被授予专利权之前随时撤回其专利申请。

第三十三条 申请人可以对其专利申请文件进行修改，但是，对发明和实用新型专利申请文件的修改不得超出原说明书和权利要求书记载的范围，对外观设计专利申请文件的修改不得超出原图片或者照片表示的范围。

第四章　专利申请的审查和批准

第三十四条　国务院专利行政部门收到发明专利申请后，经初步审查认为符合本法要求的，自申请日起满十八个月，即行公布。国务院专利行政部门可以根据申请人的请求早日公布其申请。

第三十五条　发明专利申请自申请日起三年内，国务院专利行政部门可以根据申请人随时提出的请求，对其申请进行实质审查；申请人无正当理由逾期不请求实质审查的，该申请即被视为撤回。

国务院专利行政部门认为必要的时候，可以自行对发明专利申请进行实质审查。

第三十六条　发明专利的申请人请求实质审查的时候，应当提交在申请日前与其发明有关的参考资料。

发明专利已经在外国提出过申请的，国务院专利行政部门可以要求申请人在指定期限内提交该国为审查其申请进行检索的资料或者审查结果的资料；无正当理由逾期不提交的，该申请即被视为撤回。

第三十七条　国务院专利行政部门对发明专利申请进行实质审查后，认为不符合本法规定的，应当通知申请人，要求其在指定的期限内陈述意见，或者对其申请进行修改；无正当理由逾期不答复的，该申请即被视为撤回。

第三十八条　发明专利申请经申请人陈述意见或者进行修改后，国务院专利行政部门仍然认为不符合本法规定的，应当予以驳回。

第三十九条　发明专利申请经实质审查没有发现驳回理由的，由国务院专利行政部门作出授予发明专利权的决定，发给发明专利证书，同时予以登记和公告。发明专利权自公告之日起生效。

第四十条　实用新型和外观设计专利申请经初步审查没有发现驳回理由的，由国务院专利行政部门做出授予实用新型专利权或者外观设计专利权的决定，发给相应的专利证书，同时予以登记和公告。实用新型专利权和外观设计专利权自公告之日起生效。

第四十一条　国务院专利行政部门设立专利复审委员会。专利申请人对国务院专利行政部门驳回申请的决定不服的，可以自收到通知之日起三个月内，向专利复审委员会请求复审。专利复审委员会复审后，做出决定，并通知专利申请人。

专利申请人对专利复审委员会的复审决定不服的，可以自收到通知之日起三个月内向人民法院起诉。

第五章　专利权的期限、终止和无效

第四十二条　发明专利权的期限为二十年，实用新型专利权和外观设计专利权的期限为十年，均自申请日起计算。

第四十三条　专利权人应当自被授予专利权的当年开始缴纳年费。

第四十四条　有下列情形之一的，专利权在期限届满前终止：

（一）没有按照规定缴纳年费的；

（二）专利权人以书面声明放弃其专利权的。

专利权在期限届满前终止的，由国务院专利行政部门登记和公告。

第四十五条　自国务院专利行政部门公告授予专利权之日起，任何单位或者个人认为该专利权的授予不符合本法有关规定的，可以请求专利复审委员会宣告该专利权无效。

第四十六条　专利复审委员会对宣告专利权无效的请求应当及时审查和做出决定，并通知请求人和专利权人。宣告专利权无效的决定，由国务院专利行政部门登记和公告。

对专利复审委员会宣告专利权无效或者维持专利权的决定不服的，可以自收到通知之日起三个月内向人民法院起诉。人民法院应当通知无效宣告请求程序的对方当事人作为第三人参加诉讼。

第四十七条　宣告无效的专利权视为自始即不存在。

宣告专利权无效的决定，对在宣告专利权无效前人民法院做出并已执行的专利侵权的判决、调解书，已经履行或者强制执行的专利侵权纠纷处理决定，以及已经履行的专利实施许可合同和专利权转让合同，不具有追溯力。但是因专利权人的恶意给他人造成的损失，应当给予赔偿。

依照前款规定不返还专利侵权赔偿金、专利使用费、专利权转让费，明显违反公平原则的，应当全部或者部分返还。

第六章　专利实施的强制许可

第四十八条　有下列情形之一的，国务院专利行政部门根据具备实施条件的单位或者个人的申请，可以给予实施发明专利或者实用新型专利的强制许可：

（一）专利权人自专利权被授予之日起满三年，且自提出专利申请之日起满四年，无正当理由未实施或者未充分实施其专利的；

（二）专利权人行使专利权的行为被依法认定为垄断行为，为消除或者减少该行为对竞争产生的不利影响的。

第四十九条 在国家出现紧急状态或者非常情况时，或者为了公共利益的目的，国务院专利行政部门可以给予实施发明专利或者实用新型专利的强制许可。

第五十条 为了公共健康目的，对取得专利权的药品，国务院专利行政部门可以给予制造并将其出口到符合中华人民共和国参加的有关国际条约规定的国家或者地区的强制许可。

第五十一条 一项取得专利权的发明或者实用新型比前已经取得专利权的发明或者实用新型具有显著经济意义的重大技术进步，其实施又有赖于前一发明或者实用新型的实施的，国务院专利行政部门根据后一专利权人的申请，可以给予实施前一发明或者实用新型的强制许可。

在依照前款规定给予实施强制许可的情形下，国务院专利行政部门根据前一专利权人的申请，也可以给予实施后一发明或者实用新型的强制许可。

第五十二条 强制许可涉及的发明创造为半导体技术的，其实施限于公共利益的目的和本法第48条第（二）项规定的情形。

第五十三条 除依照本法第48条第（二）项、第50条规定给予的强制许可外，强制许可的实施应当主要为了供应国内市场。

第五十四条 依照本法第48条第（一）项、第51条规定申请强制许可的单位或者个人应当提供证据，证明其以合理的条件请求专利权人许可其实施专利，但未能在合理的时间内获得许可。

第五十五条 国务院专利行政部门做出的给予实施强制许可的决定，应当及时通知专利权人，并予以登记和公告。

给予实施强制许可的决定，应当根据强制许可的理由规定实施的范围和时间。强制许可的理由消除并不再发生时，国务院专利行政部门应当根据专利权人的请求，经审查后做出终止实施强制许可的决定。

第五十六条 取得实施强制许可的单位或者个人不享有独占的实施权，

并且无权允许他人实施。

第五十七条 取得实施强制许可的单位或者个人应当付给专利权人合理的使用费，或者依照中华人民共和国参加的有关国际条约的规定处理使用费问题。付给使用费的，其数额由双方协商；双方不能达成协议的，由国务院专利行政部门裁决。

第五十八条 专利权人对国务院专利行政部门关于实施强制许可的决定不服的，专利权人和取得实施强制许可的单位或者个人对国务院专利行政部门关于实施强制许可的使用费的裁决不服的，可以自收到通知之日起三个月内向人民法院起诉。

第七章 专利权的保护

第五十九条 发明或者实用新型专利权的保护范围以其权利要求的内容为准，说明书及附图可以用于解释权利要求的内容。

外观设计专利权的保护范围以表示在图片或者照片中的该产品的外观设计为准，简要说明可以用于解释图片或者照片所表示的该产品的外观设计。

第六十条 未经专利权人许可，实施其专利，即侵犯其专利权，引起纠纷的，由当事人协商解决；不愿协商或者协商不成的，专利权人或者利害关系人可以向人民法院起诉，也可以请求管理专利工作的部门处理。管理专利工作的部门处理时，认定侵权行为成立的，可以责令侵权人立即停止侵权行为，当事人不服的，可以自收到处理通知之日起十五日内依照《中华人民共和国行政诉讼法》向人民法院起诉；侵权人期满不起诉又不停止侵权行为的，管理专利工作的部门可以申请人民法院强制执行。进行处理的管理专利工作的部门应当事人的请求，可以就侵犯专利权的赔偿数额进行调解；调解不成的，当事人可以依照《中华人民共和国民事诉讼法》向人民法院起诉。

第六十一条 专利侵权纠纷涉及新产品制造方法的发明专利的，制造同样产品的单位或者个人应当提供其产品制造方法不同于专利方法的证明。

专利侵权纠纷涉及实用新型专利或者外观设计专利的，人民法院或者管理专利工作的部门可以要求专利权人或者利害关系人出具由国务院专利行政部门对相关实用新型或者外观设计进行检索、分析和评价后做出的专利权评价报告，作为审理、处理专利侵权纠纷的证据。

第六十二条 在专利侵权纠纷中，被控侵权人有证据证明其实施的技术或者设计属于现有技术或者现有设计的，不构成侵犯专利权。

第六十三条 假冒专利的，除依法承担民事责任外，由管理专利工作的部门责令改正并予公告，没收违法所得，可以并处违法所得四倍以下的罚款；没有违法所得的，可以处二十万元以下的罚款；构成犯罪的，依法追究刑事责任。

第六十四条 管理专利工作的部门根据已经取得的证据，对涉嫌假冒专利行为进行查处时，可以询问有关当事人，调查与涉嫌违法行为有关的情况；对当事人涉嫌违法行为的场所实施现场检查；查阅、复制与涉嫌违法行为有关的合同、发票、账簿以及其他有关资料；检查与涉嫌违法行为有关的产品，对有证据证明是假冒专利的产品，可以查封或者扣押。

管理专利工作的部门依法行使前款规定的职权时，当事人应当予以协助、配合，不得拒绝、阻挠。

第六十五条 侵犯专利权的赔偿数额按照权利人因被侵权所受到的实际损失确定；实际损失难以确定的，可以按照侵权人因侵权所获得的利益确定。权利人的损失或者侵权人获得的利益难以确定的，参照该专利许可使用费的倍数合理确定。赔偿数额还应当包括权利人为制止侵权行为所支付的合理开支。

权利人的损失、侵权人获得的利益和专利许可使用费均难以确定的，人民法院可以根据专利权的类型、侵权行为的性质和情节等因素，确定给予一万元以上一百万元以下的赔偿。

第六十六条 专利权人或者利害关系人有证据证明他人正在实施或者即将实施侵犯专利权的行为，如不及时制止将会使其合法权益受到难以弥补的损害的，可以在起诉前向人民法院申请采取责令停止有关行为的措施。

申请人提出申请时，应当提供担保；不提供担保的，驳回申请。

人民法院应当自接受申请之时起四十八小时内做出裁定；有特殊情况需要延长的，可以延长四十八小时。裁定责令停止有关行为的，应当立即执行。当事人对裁定不服的，可以申请复议一次；复议期间不停止裁定的执行。

申请人自人民法院采取责令停止有关行为的措施之日起十五日内不起诉的，人民法院应当解除该措施。

申请有错误的，申请人应当赔偿被申请人因停止有关行为所遭受的损失。

第六十七条 为了制止专利侵权行为，在证据可能灭失或者以后难以取得的情况下，专利权人或者利害关系人可以在起诉前向人民法院申请保全证据。

人民法院采取保全措施，可以责令申请人提供担保；申请人不提供担保的，驳回申请。

人民法院应当自接受申请之时起四十八小时内做出裁定；裁定采取保全措施的，应当立即执行。

申请人自人民法院采取保全措施之日起十五日内不起诉的，人民法院应当解除该措施。

第六十八条 侵犯专利权的诉讼时效为二年，自专利权人或者利害关系人得知或者应当得知侵权行为之日起计算。

发明专利申请公布后至专利权授予前使用该发明未支付适当使用费的，专利权人要求支付使用费的诉讼时效为二年，自专利权人得知或者应当得知他人使用其发明之日起计算，但是，专利权人于专利权授予之日前即已得知或者应当得知的，自专利权授予之日起计算。

第六十九条 有下列情形之一的，不视为侵犯专利权：

（一）专利产品或者依照专利方法直接获得的产品，由专利权人或者经其许可的单位、个人售出后，使用、许诺销售、销售、进口该产品的；

（二）在专利申请日前已经制造相同产品、使用相同方法或者已经作好制造、使用的必要准备，并且仅在原有范围内继续制造、使用的；

（三）临时通过中国领陆、领水、领空的外国运输工具，依照其所属国同中国签订的协议或者共同参加的国际条约，或者依照互惠原则，为运输工具自身需要而在其装置和设备中使用有关专利的；

（四）专为科学研究和实验而使用有关专利的；

（五）为提供行政审批所需要的信息，制造、使用、进口专利药品或者专利医疗器械的，以及专门为其制造、进口专利药品或者专利医疗器械的。

第七十条 为生产经营目的使用、许诺销售或者销售不知道是未经专利权人许可而制造并售出的专利侵权产品，能证明该产品合法来源的，不承担赔偿责任。

第七十一条 违反本法第20条规定向外国申请专利，泄露国家秘密的，由所在单位或者上级主管机关给予行政处分；构成犯罪的，依法追究刑事责任。

第七十二条 侵夺发明人或者设计人的非职务发明创造专利申请权和本法规定的其他权益的，由所在单位或者上级主管机关给予行政处分。

第七十三条 管理专利工作的部门不得参与向社会推荐专利产品等经营活动。

管理专利工作的部门违反前款规定的，由其上级机关或者监察机关责令改正，消除影响，有违法收入的予以没收；情节严重的，对直接负责的主管人员和其他直接责任人员依法给予行政处分。

第七十四条 从事专利管理工作的国家机关工作人员以及其他有关国家机关工作人员玩忽职守、滥用职权、徇私舞弊，构成犯罪的，依法追究刑事责任；尚不构成犯罪的，依法给予行政处分。

第八章 附则

第七十五条 向国务院专利行政部门申请专利和办理其他手续，应当按照规定缴纳费用。

第七十六条 本法自1985年4月1日起施行。

中华人民共和国专利法实施细则(2010 年)[1]

（根据 2010 年 1 月 9 日《国务院关于修改〈中华人民共和国专利法实施细则〉的决定》第二次修订）

第一章　总则

第一条　根据《中华人民共和国专利法》（以下简称专利法），制定本细则。

第二条　专利法和本细则规定的各种手续，应当以书面形式或者国务院专利行政部门规定的其他形式办理。

第三条　依照专利法和本细则规定提交的各种文件应当使用中文；国家有统一规定的科技术语的，应当采用规范词；外国人名、地名和科技术语没有统一中文译文的，应当注明原文。

依照专利法和本细则规定提交的各种证件和证明文件是外文的，国务院专利行政部门认为必要时，可以要求当事人在指定期限内附送中文译文；期满未附送的，视为未提交该证件和证明文件。

第四条　向国务院专利行政部门邮寄的各种文件，以寄出的邮戳日为递交日；邮戳日不清晰的，除当事人能够提出证明外，以国务院专利行政部门收到日为递交日。

国务院专利行政部门的各种文件，可以通过邮寄、直接送交或者其他方式送达当事人。当事人委托专利代理机构的，文件送交专利代理机构；未委托专利代理机构的，文件送交请求书中指明的联系人。

国务院专利行政部门邮寄的各种文件，自文件发出之日起满 15 日，推定

〔1〕　这是我国的现行专利法实施细则，共 11 章 123 条。与其配套的《专利审查指南》等业务规范，也进行了相应调整。

为当事人收到文件之日。

根据国务院专利行政部门规定应当直接送交的文件，以交付日为送达日。

文件送交地址不清，无法邮寄的，可以通过公告的方式送达当事人。自公告之日起满1个月，该文件视为已经送达。

第五条 专利法和本细则规定的各种期限的第一日不计算在期限内。期限以年或者月计算的，以其最后一月的相应日为期限届满日；该月无相应日的，以该月最后一日为期限届满日；期限届满日是法定休假日的，以休假日后的第一个工作日为期限届满日。

第六条 当事人因不可抗拒的事由而延误专利法或者本细则规定的期限或者国务院专利行政部门指定的期限，导致其权利丧失的，自障碍消除之日起2个月内，最迟自期限届满之日起2年内，可以向国务院专利行政部门请求恢复权利。

除前款规定的情形外，当事人因其他正当理由延误专利法或者本细则规定的期限或者国务院专利行政部门指定的期限，导致其权利丧失的，可以自收到国务院专利行政部门的通知之日起2个月内向国务院专利行政部门请求恢复权利。

当事人依照本条第一款或者第二款的规定请求恢复权利的，应当提交恢复权利请求书，说明理由，必要时附具有关证明文件，并办理权利丧失前应当办理的相应手续；依照本条第二款的规定请求恢复权利的，还应当缴纳恢复权利请求费。

当事人请求延长国务院专利行政部门指定的期限的，应当在期限届满前，向国务院专利行政部门说明理由并办理有关手续。

本条第一款和第二款的规定不适用专利法第24条、第29条、第42条、第68条规定的期限。

第七条 专利申请涉及国防利益需要保密的，由国防专利机构受理并进行审查；国务院专利行政部门受理的专利申请涉及国防利益需要保密的，应当及时移交国防专利机构进行审查。经国防专利机构审查没有发现驳回理由的，由国务院专利行政部门做出授予国防专利权的决定。

国务院专利行政部门认为其受理的发明或者实用新型专利申请涉及国防利益以外的国家安全或者重大利益需要保密的，应当及时做出按照保密专利申请处理的决定，并通知申请人。保密专利申请的审查、复审以及保密专利权无效宣告的特殊程序，由国务院专利行政部门规定。

第八条 专利法第20条所称在中国完成的发明或者实用新型，是指技术方案的实质性内容在中国境内完成的发明或者实用新型。

任何单位或者个人将在中国完成的发明或者实用新型向外国申请专利的，应当按照下列方式之一请求国务院专利行政部门进行保密审查：

（一）直接向外国申请专利或者向有关国外机构提交专利国际申请的，应当事先向国务院专利行政部门提出请求，并详细说明其技术方案；

（二）向国务院专利行政部门申请专利后拟向外国申请专利或者向有关国外机构提交专利国际申请的，应当在向外国申请专利或者向有关国外机构提交专利国际申请前向国务院专利行政部门提出请求。

向国务院专利行政部门提交专利国际申请的，视为同时提出了保密审查请求。

第九条 国务院专利行政部门收到依照本细则第8条规定递交的请求后，经过审查认为该发明或者实用新型可能涉及国家安全或者重大利益需要保密的，应当及时向申请人发出保密审查通知；申请人未在其请求递交日起4个月内收到保密审查通知的，可以就该发明或者实用新型向外国申请专利或者向有关国外机构提交专利国际申请。

国务院专利行政部门依照前款规定通知进行保密审查的，应当及时做出是否需要保密的决定，并通知申请人。申请人未在其请求递交日起6个月内收到需要保密的决定的，可以就该发明或者实用新型向外国申请专利或者向有关国外机构提交专利国际申请。

第十条 专利法第5条所称违反法律的发明创造，不包括仅其实施为法律所禁止的发明创造。

第十一条 除专利法第28条和第42条规定的情形外，专利法所称申请日，有优先权的，指优先权日。

本细则所称申请日，除另有规定的外，是指专利法第28条规定的申请日。

第十二条 专利法第6条所称执行本单位的任务所完成的职务发明创造，是指：

（一）在本职工作中做出的发明创造；

（二）履行本单位交付的本职工作之外的任务所做出的发明创造；

（三）退休、调离原单位后或者劳动、人事关系终止后1年内做出的，与其在原单位承担的本职工作或者原单位分配的任务有关的发明创造。

专利法第6条所称本单位，包括临时工作单位；专利法第6条所称本单位的物质技术条件，是指本单位的资金、设备、零部件、原材料或者不对外公开的技术资料等。

第十三条 专利法所称发明人或者设计人，是指对发明创造的实质性特点做出创造性贡献的人。在完成发明创造过程中，只负责组织工作的人、为物质技术条件的利用提供方便的人或者从事其他辅助工作的人，不是发明人或者设计人。

第十四条 除依照专利法第10条规定转让专利权外，专利权因其他事由发生转移的，当事人应当凭有关证明文件或者法律文书向国务院专利行政部门办理专利权转移手续。

专利权人与他人订立的专利实施许可合同，应当自合同生效之日起3个月内向国务院专利行政部门备案。

以专利权出质的，由出质人和质权人共同向国务院专利行政部门办理出质登记。

第二章 专利的申请

第十五条 以书面形式申请专利的，应当向国务院专利行政部门提交申请文件一式两份。

以国务院专利行政部门规定的其他形式申请专利的，应当符合规定的要求。

申请人委托专利代理机构向国务院专利行政部门申请专利和办理其他专利事务的，应当同时提交委托书，写明委托权限。

申请人有2人以上且未委托专利代理机构的，除请求书中另有声明的外，以请求书中指明的第一申请人为代表人。

第十六条 发明、实用新型或者外观设计专利申请的请求书应当写明下列事项：

（一）发明、实用新型或者外观设计的名称；

（二）申请人是中国单位或者个人的，其名称或者姓名、地址、邮政编码、组织机构代码或者居民身份证件号码；申请人是外国人、外国企业或者外国其他组织的，其姓名或者名称、国籍或者注册的国家或者地区；

（三）发明人或者设计人的姓名；

（四）申请人委托专利代理机构的，受托机构的名称、机构代码以及该机构指定的专利代理人的姓名、执业证号码、联系电话；

（五）要求优先权的，申请人第一次提出专利申请（以下简称在先申请）的申请日、申请号以及原受理机构的名称；

（六）申请人或者专利代理机构的签字或者盖章；

（七）申请文件清单；

（八）附加文件清单；

（九）其他需要写明的有关事项。

第十七条 发明或者实用新型专利申请的说明书应当写明发明或者实用新型的名称，该名称应当与请求书中的名称一致。说明书应当包括下列内容：

（一）技术领域：写明要求保护的技术方案所属的技术领域；

（二）背景技术：写明对发明或者实用新型的理解、检索、审查有用的背景技术；有可能的，并引证反映这些背景技术的文件；

（三）发明内容：写明发明或者实用新型所要解决的技术问题以及解决其技术问题采用的技术方案，并对照现有技术写明发明或者实用新型的有益效果；

（四）附图说明：说明书有附图的，对各幅附图作简略说明；

（五）具体实施方式：详细写明申请人认为实现发明或者实用新型的优选方式；必要时，举例说明；有附图的，对照附图。

发明或者实用新型专利申请人应当按照前款规定的方式和顺序撰写说明书，并在说明书每一部分前面写明标题，除非其发明或者实用新型的性质用其他方式或者顺序撰写能节约说明书的篇幅并使他人能够准确理解其发明或者实用新型。

发明或者实用新型说明书应当用词规范、语句清楚，并不得使用“如权利要求……所述的……”一类的引用语，也不得使用商业性宣传用语。

发明专利申请包含一个或者多个核苷酸或者氨基酸序列的，说明书应当包括符合国务院专利行政部门规定的序列表。申请人应当将该序列表作为说明书的一个单独部分提交，并按照国务院专利行政部门的规定提交该序列表的计算机可读形式的副本。

实用新型专利申请说明书应当有表示要求保护的产品的形状、构造或者其结合的附图。

第十八条 发明或者实用新型的几幅附图应当按照“图1，图2，……”顺序编号排列。

发明或者实用新型说明书文字部分中未提及的附图标记不得在附图中出现，附图中未出现的附图标记不得在说明书文字部分中提及。申请文件中表示同一组成部分的附图标记应当一致。

附图中除必需的词语外，不应当含有其他注释。

第十九条 权利要求书应当记载发明或者实用新型的技术特征。

权利要求书有几项权利要求的，应当用阿拉伯数字顺序编号。

权利要求书中使用的科技术语应当与说明书中使用的科技术语一致，可以有化学式或者数学式，但是不得有插图。除绝对必要的外，不得使用“如说明书……部分所述”或者“如图……所示”的用语。

权利要求中的技术特征可以引用说明书附图中相应的标记，该标记应当放在相应的技术特征后并置于括号内，便于理解权利要求。附图标记不得解释为对权利要求的限制。

第二十条 权利要求书应当有独立权利要求，也可以有从属权利要求。

独立权利要求应当从整体上反映发明或者实用新型的技术方案，记载解决技术问题的必要技术特征。

从属权利要求应当用附加的技术特征，对引用的权利要求作进一步限定。

第二十一条 发明或者实用新型的独立权利要求应当包括前序部分和特征部分，按照下列规定撰写：

（一）前序部分：写明要求保护的发明或者实用新型技术方案的主题名称和发明或者实用新型主题与最接近的现有技术共有的必要技术特征；

（二）特征部分：使用“其特征是……”或者类似的用语，写明发明或者实用新型区别于最接近的现有技术的技术特征。这些特征和前序部分写明的特征合在一起，限定发明或者实用新型要求保护的范围。

发明或者实用新型的性质不适于用前款方式表达的，独立权利要求可以用其他方式撰写。

一项发明或者实用新型应当只有一个独立权利要求，并写在同一发明或者实用新型的从属权利要求之前。

第二十二条 发明或者实用新型的从属权利要求应当包括引用部分和限定部分，按照下列规定撰写：

（一）引用部分：写明引用的权利要求的编号及其主题名称；

（二）限定部分：写明发明或者实用新型附加的技术特征。

从属权利要求只能引用在前的权利要求。引用两项以上权利要求的多项从属权利要求，只能以择一方式引用在前的权利要求，并不得作为另一项多项从属权利要求的基础。

第二十三条 说明书摘要应当写明发明或者实用新型专利申请所公开内容的概要，即写明发明或者实用新型的名称和所属技术领域，并清楚地反映所要解决的技术问题、解决该问题的技术方案的要点以及主要用途。

说明书摘要可以包含最能说明发明的化学式；有附图的专利申请，还应当提供一幅最能说明该发明或者实用新型技术特征的附图。附图的大小及清晰度应当保证在该图缩小到4厘米×6厘米时，仍能清晰地分辨出图中的各个细节。摘要文字部分不得超过300个字。摘要中不得使用商业性宣传用语。

第二十四条 申请专利的发明涉及新的生物材料，该生物材料公众不能得到，并且对该生物材料的说明不足以使所属领域的技术人员实施其发明的，除应当符合专利法和本细则的有关规定外，申请人还应当办理下列手续：

（一）在申请日前或者最迟在申请日（有优先权的，指优先权日），将该生物材料的样品提交国务院专利行政部门认可的保藏单位保藏，并在申请时或者最迟自申请日起4个月内提交保藏单位出具的保藏证明和存活证明；期满未提交证明的，该样品视为未提交保藏；

（二）在申请文件中，提供有关该生物材料特征的资料；

（三）涉及生物材料样品保藏的专利申请应当在请求书和说明书中写明该生物材料的分类命名（注明拉丁文名称）、保藏该生物材料样品的单位名称、地址、保藏日期和保藏编号；申请时未写明的，应当自申请日起4个月内补正；期满未补正的，视为未提交保藏。

第二十五条 发明专利申请人依照本细则第24条的规定保藏生物材料样品的，在发明专利申请公布后，任何单位或者个人需要将该专利申请所涉及的生物材料作为实验目的使用的，应当向国务院专利行政部门提出请求，并写明下列事项：

（一）请求人的姓名或者名称和地址；

（二）不向其他任何人提供该生物材料的保证；

（三）在授予专利权前，只作为实验目的使用的保证。

第二十六条 专利法所称遗传资源，是指取自人体、动物、植物或者微生物等含有遗传功能单位并具有实际或者潜在价值的材料；专利法所称依赖遗传资源完成的发明创造，是指利用了遗传资源的遗传功能完成的发明创造。

就依赖遗传资源完成的发明创造申请专利的，申请人应当在请求书中予以说明，并填写国务院专利行政部门制定的表格。

第二十七条 申请人请求保护色彩的，应当提交彩色图片或者照片。

申请人应当就每件外观设计产品所需要保护的内容提交有关图片或者照片。

第二十八条 外观设计的简要说明应当写明外观设计产品的名称、用途，外观设计的设计要点，并指定一幅最能表明设计要点的图片或者照片。省略视图或者请求保护色彩的，应当在简要说明中写明。

对同一产品的多项相似外观设计提出一件外观设计专利申请的，应当在简要说明中指定其中一项作为基本设计。

简要说明不得使用商业性宣传用语，也不能用来说明产品的性能。

第二十九条 国务院专利行政部门认为必要时，可以要求外观设计专利申请人提交使用外观设计的产品样品或者模型。样品或者模型的体积不得超过30厘米×30厘米×30厘米，重量不得超过15公斤。易腐、易损或者危险品不得作为样品或者模型提交。

第三十条 专利法第24条第（一）项所称中国政府承认的国际展览会，是指国际展览会公约规定的在国际展览局注册或者由其认可的国际展览会。

专利法第24条第（二）项所称学术会议或者技术会议，是指国务院有关主管部门或者全国性学术团体组织召开的学术会议或者技术会议。

申请专利的发明创造有专利法第24条第（一）项或者第（二）项所列情形的，申请人应当在提出专利申请时声明，并自申请日起2个月内提交有关国际展览会或者学术会议、技术会议的组织单位出具的有关发明创造已经展出或者发表，以及展出或者发表日期的证明文件。

申请专利的发明创造有专利法第24条第（三）项所列情形的，国务院专利行政部门认为必要时，可以要求申请人在指定期限内提交证明文件。

申请人未依照本条第三款的规定提出声明和提交证明文件的，或者未依照本条第四款的规定在指定期限内提交证明文件的，其申请不适用专利法第24条的规定。

第三十一条 申请人依照专利法第30条的规定要求外国优先权的，申请人提交的在先申请文件副本应当经原受理机构证明。依照国务院专利行政部门与该受理机构签订的协议，国务院专利行政部门通过电子交换等途径获得在先申请文件副本的，视为申请人提交了经该受理机构证明的在先申请文件副本。要求本国优先权，申请人在请求书中写明在先申请的申请日和申请号的，视为提交了在先申请文件副本。

要求优先权，但请求书中漏写或者错写在先申请的申请日、申请号和原受理机构名称中的一项或者两项内容的，国务院专利行政部门应当通知申请人在指定期限内补正；期满未补正的，视为未要求优先权。

要求优先权的申请人的姓名或者名称与在先申请文件副本中记载的申请人姓名或者名称不一致的，应当提交优先权转让证明材料，未提交该证明材料的，视为未要求优先权。

外观设计专利申请的申请人要求外国优先权，其在先申请未包括对外观设计的简要说明，申请人按照本细则第28条规定提交的简要说明未超出在先申请文件的图片或者照片表示的范围的，不影响其享有优先权。

第三十二条 申请人在一件专利申请中，可以要求一项或者多项优先权；要求多项优先权的，该申请的优先权期限从最早的优先权日起计算。

申请人要求本国优先权，在先申请是发明专利申请的，可以就相同主题提出发明或者实用新型专利申请；在先申请是实用新型专利申请的，可以就相同主题提出实用新型或者发明专利申请。但是，提出后一申请时，在先申请的主题有下列情形之一的，不得作为要求本国优先权的基础：

（一）已经要求外国优先权或者本国优先权的；

（二）已经被授予专利权的；

（三）属于按照规定提出的分案申请的。

申请人要求本国优先权的，其在先申请自后一申请提出之日起即视为撤回。

第三十三条 在中国没有经常居所或者营业所的申请人，申请专利或者要求外国优先权的，国务院专利行政部门认为必要时，可以要求其提供下列文件：

（一）申请人是个人的，其国籍证明；

（二）申请人是企业或者其他组织的，其注册的国家或者地区的证明文件；

（三）申请人的所属国，承认中国单位和个人可以按照该国国民的同等条件，在该国享有专利权、优先权和其他与专利有关的权利的证明文件。

第三十四条 依照专利法第31条第一款规定，可以作为一件专利申请提出的属于一个总的发明构思的两项以上的发明或者实用新型，应当在技术上相互关联，包含一个或者多个相同或者相应的特定技术特征，其中特定技术特征是指每一项发明或者实用新型作为整体，对现有技术做出贡献的技术特征。

第三十五条 依照专利法第31条第二款规定，将同一产品的多项相似外观设计作为一件申请提出的，对该产品的其他设计应当与简要说明中指定的基本设计相似。一件外观设计专利申请中的相似外观设计不得超过10项。

专利法第31条第二款所称同一类别并且成套出售或者使用的产品的两项以上外观设计，是指各产品属于分类表中同一大类，习惯上同时出售或者同时使用，而且各产品的外观设计具有相同的设计构思。

将两项以上外观设计作为一件申请提出的，应当将各项外观设计的顺序编号标注在每件外观设计产品各幅图片或者照片的名称之前。

第三十六条 申请人撤回专利申请的，应当向国务院专利行政部门提出声明，写明发明创造的名称、申请号和申请日。

撤回专利申请的声明在国务院专利行政部门作好公布专利申请文件的印刷准备工作后提出的，申请文件仍予公布；但是，撤回专利申请的声明应当在以后出版的专利公报上予以公告。

第三章　专利申请的审查和批准

第三十七条 在初步审查、实质审查、复审和无效宣告程序中，实施审查和审理的人员有下列情形之一的，应当自行回避，当事人或者其他利害关系人可以要求其回避：

（一）是当事人或者其代理人的近亲属的；

（二）与专利申请或者专利权有利害关系的；

（三）与当事人或者其代理人有其他关系，可能影响公正审查和审理的；

（四）专利复审委员会成员曾参与原申请的审查的。

第三十八条 国务院专利行政部门收到发明或者实用新型专利申请的请求书、说明书（实用新型必须包括附图）和权利要求书，或者外观设计专利申请的请求书、外观设计的图片或者照片和简要说明后，应当明确申请日、给予申请号，并通知申请人。

第三十九条 专利申请文件有下列情形之一的，国务院专利行政部门不予受理，并通知申请人：

（一）发明或者实用新型专利申请缺少请求书、说明书（实用新型无附图）或者权利要求书的，或者外观设计专利申请缺少请求书、图片或者照片、简要说明的；

（二）未使用中文的；

（三）不符合本细则第一百二十一条第一款规定的；

（四）请求书中缺少申请人姓名或者名称，或者缺少地址的；

（五）明显不符合专利法第18条或者第19条第一款的规定的；

（六）专利申请类别（发明、实用新型或者外观设计）不明确或者难以确定的。

第四十条 说明书中写有对附图的说明但无附图或者缺少部分附图的，申请人应当在国务院专利行政部门指定的期限内补交附图或者声明取消对附图的说明。申请人补交附图的，以向国务院专利行政部门提交或者邮寄附图之日为申请日；取消对附图的说明的，保留原申请日。

第四十一条 两个以上的申请人同日（指申请日；有优先权的，指优先权日）分别就同样的发明创造申请专利的，应当在收到国务院专利行政部门的通知后自行协商确定申请人。

同一申请人在同日（指申请日）对同样的发明创造既申请实用新型专利又申请发明专利的，应当在申请时分别说明对同样的发明创造已申请了另一专利；未作说明的，依照专利法第9条第一款关于同样的发明创造只能授予一项专利权的规定处理。

国务院专利行政部门公告授予实用新型专利权，应当公告申请人已依照本条第二款的规定同时申请了发明专利的说明。

发明专利申请经审查没有发现驳回理由，国务院专利行政部门应当通知申请人在规定期限内声明放弃实用新型专利权。申请人声明放弃的，国务院专利行政部门应当做出授予发明专利权的决定，并在公告授予发明专利权时一并公告申请人放弃实用新型专利权声明。申请人不同意放弃的，国务院专利行政部门应当驳回该发明专利申请；申请人期满未答复的，视为撤回该发明专利申请。

实用新型专利权自公告授予发明专利权之日起终止。

第四十二条 一件专利申请包括两项以上发明、实用新型或者外观设计的，申请人可以在本细则第54条第一款规定的期限届满前，向国务院专利行政部门提出分案申请；但是，专利申请已经被驳回、撤回或者视为撤回的，不能提出分案申请。

国务院专利行政部门认为一件专利申请不符合专利法第31条和本细则第34条或者第35条的规定的，应当通知申请人在指定期限内对其申请进行修改；申请人期满未答复的，该申请视为撤回。

分案的申请不得改变原申请的类别。

第四十三条 依照本细则第42条规定提出的分案申请，可以保留原申请日，享有优先权的，可以保留优先权日，但是不得超出原申请记载的范围。

分案申请应当依照专利法及本细则的规定办理有关手续。

分案申请的请求书中应当写明原申请的申请号和申请日。提交分案申请时，申请人应当提交原申请文件副本；原申请享有优先权的，并应当提交原申请的优先权文件副本。

第四十四条 专利法第34条和第40条所称初步审查，是指审查专利申请是否具备专利法第26条或者第27条规定的文件和其他必要的文件，这些文件是否符合规定的格式，并审查下列各项：

（一）发明专利申请是否明显属于专利法第5条、第25条规定的情形，是否不符合专利法第18条、第19条第一款、第20条第一款或者本细则第16条、第26条第二款的规定，是否明显不符合专利法第2条第二款、第26条第五款、第31条第一款、第32条或者本细则第17条至第21条的规定；

（二）实用新型专利申请是否明显属于专利法第5条、第25条规定的情形，是否不符合专利法第18条、第19条第一款、第20条第一款或者本细则第16条至第19条、第21条至第23条的规定，是否明显不符合专利法第2条第三款、第22条第二款、第四款、第26条第三款、第四款、第31条第一款、第33条或者本细则第20条、第43条第一款的规定，是否依照专利法第9条规定不能取得专利权；

（三）外观设计专利申请是否明显属于专利法第5条、第25条第一款第（六）项规定的情形，是否不符合专利法第18条、第19条第一款或者本细则第16条、第27条、第28条的规定，是否明显不符合专利法第2条第四款、第23条第一款、第27条第二款、第31条第二款、第33条或者本细则第43条第一款的规定，是否依照专利法第9条规定不能取得专利权；

（四）申请文件是否符合本细则第2条、第3条第一款的规定。

国务院专利行政部门应当将审查意见通知申请人，要求其在指定期限内陈述意见或者补正；申请人期满未答复的，其申请视为撤回。申请人陈述意见或者补正后，国务院专利行政部门仍然认为不符合前款所列各项规定的，应当予以驳回。

第四十五条 除专利申请文件外，申请人向国务院专利行政部门提交的与专利申请有关的其他文件有下列情形之一的，视为未提交：

（一）未使用规定的格式或者填写不符合规定的；

（二）未按照规定提交证明材料的。

国务院专利行政部门应当将视为未提交的审查意见通知申请人。

第四十六条 申请人请求早日公布其发明专利申请的，应当向国务院专利行政部门声明。国务院专利行政部门对该申请进行初步审查后，除予以驳回的外，应当立即将申请予以公布。

第四十七条 申请人写明使用外观设计的产品及其所属类别的，应当使用国务院专利行政部门公布的外观设计产品分类表。未写明使用外观设计的产品所属类别或者所写的类别不确切的，国务院专利行政部门可以予以补充或者修改。

第四十八条 自发明专利申请公布之日起至公告授予专利权之日止，任何人均可以对不符合专利法规定的专利申请向国务院专利行政部门提出意见，并说明理由。

第四十九条 发明专利申请人因有正当理由无法提交专利法第36条规定的检索资料或者审查结果资料的，应当向国务院专利行政部门声明，并在得到有关资料后补交。

第五十条 国务院专利行政部门依照专利法第35条第二款的规定对专利申请自行进行审查时，应当通知申请人。

第五十一条 发明专利申请人在提出实质审查请求时以及在收到国务院专利行政部门发出的发明专利申请进入实质审查阶段通知书之日起的3个月内，可以对发明专利申请主动提出修改。

实用新型或者外观设计专利申请人自申请日起2个月内，可以对实用新型或者外观设计专利申请主动提出修改。

申请人在收到国务院专利行政部门发出的审查意见通知书后对专利申请文件进行修改的，应当针对通知书指出的缺陷进行修改。

国务院专利行政部门可以自行修改专利申请文件中文字和符号的明显错误。国务院专利行政部门自行修改的，应当通知申请人。

第五十二条 发明或者实用新型专利申请的说明书或者权利要求书的修改部分，除个别文字修改或者增删外，应当按照规定格式提交替换页。外观设计专利申请的图片或者照片的修改，应当按照规定提交替换页。

第五十三条 依照专利法第38条的规定，发明专利申请经实质审查应当予以驳回的情形是指：

（一）申请属于专利法第5条、第25条规定的情形，或者依照专利法第9条规定不能取得专利权的；

（二）申请不符合专利法第2条第二款、第20条第一款、第22条、第26条第三款、第四款、第五款、第31条第一款或者本细则第20条第二款规定的；

（三）申请的修改不符合专利法第33条规定，或者分案的申请不符合本细则第43条第一款的规定的。

第五十四条 国务院专利行政部门发出授予专利权的通知后，申请人应当自收到通知之日起2个月内办理登记手续。申请人按期办理登记手续的，国务院专利行政部门应当授予专利权，颁发专利证书，并予以公告。

期满未办理登记手续的，视为放弃取得专利权的权利。

第五十五条 保密专利申请经审查没有发现驳回理由的，国务院专利行政部门应当做出授予保密专利权的决定，颁发保密专利证书，登记保密专利权的有关事项。

第五十六条 授予实用新型或者外观设计专利权的决定公告后，专利法

第 60 条规定的专利权人或者利害关系人可以请求国务院专利行政部门做出专利权评价报告。

请求做出专利权评价报告的，应当提交专利权评价报告请求书，写明专利号。每项请求应当限于一项专利权。

专利权评价报告请求书不符合规定的，国务院专利行政部门应当通知请求人在指定期限内补正；请求人期满未补正的，视为未提出请求。

第五十七条　国务院专利行政部门应当自收到专利权评价报告请求书后 2 个月内做出专利权评价报告。对同一项实用新型或者外观设计专利权，有多个请求人请求做出专利权评价报告的，国务院专利行政部门仅做出一份专利权评价报告。任何单位或者个人可以查阅或者复制该专利权评价报告。

第五十八条　国务院专利行政部门对专利公告、专利单行本中出现的错误，一经发现，应当及时更正，并对所作更正予以公告。

第四章　专利申请的复审与专利权的无效宣告

第五十九条　专利复审委员会由国务院专利行政部门指定的技术专家和法律专家组成，主任委员由国务院专利行政部门负责人兼任。

第六十条　依照专利法第 41 条的规定向专利复审委员会请求复审的，应当提交复审请求书，说明理由，必要时还应当附具有关证据。

复审请求不符合专利法第 19 条第一款或者第 41 条第一款规定的，专利复审委员会不予受理，书面通知复审请求人并说明理由。

复审请求书不符合规定格式的，复审请求人应当在专利复审委员会指定的期限内补正；期满未补正的，该复审请求视为未提出。

第六十一条　请求人在提出复审请求或者在对专利复审委员会的复审通知书作出答复时，可以修改专利申请文件；但是，修改应当仅限于消除驳回决定或者复审通知书指出的缺陷。

修改的专利申请文件应当提交一式两份。

第六十二条　专利复审委员会应当将受理的复审请求书转交国务院专利行政部门原审查部门进行审查。原审查部门根据复审请求人的请求，同意撤销原决定的，专利复审委员会应当据此做出复审决定，并通知复审请求人。

第六十三条　专利复审委员会进行复审后，认为复审请求不符合专利法和本细则有关规定的，应当通知复审请求人，要求其在指定期限内陈述意见。期满未答复的，该复审请求视为撤回；经陈述意见或者进行修改后，专利复审委员会认为仍不符合专利法和本细则有关规定的，应当做出维持原驳回决定的复审决定。

专利复审委员会进行复审后，认为原驳回决定不符合专利法和本细则有关规定的，或者认为经过修改的专利申请文件消除了原驳回决定指出的缺陷的，应当撤销原驳回决定，由原审查部门继续进行审查程序。

第六十四条 复审请求人在专利复审委员会做出决定前，可以撤回其复审请求。

复审请求人在专利复审委员会做出决定前撤回其复审请求的，复审程序终止。

第六十五条 依照专利法第45条的规定，请求宣告专利权无效或者部分无效的，应当向专利复审委员会提交专利权无效宣告请求书和必要的证据一式两份。无效宣告请求书应当结合提交的所有证据，具体说明无效宣告请求的理由，并指明每项理由所依据的证据。

前款所称无效宣告请求的理由，是指被授予专利的发明创造不符合专利法第2条、第20条第一款、第22条、第23条、第26条第三款、第四款、第27条第二款、第33条或者本细则第30条第二款、第43条第一款的规定，或者属于专利法第5条、第25条的规定，或者依照专利法第9条规定不能取得专利权。

第六十六条 专利权无效宣告请求不符合专利法第19条第一款或者本细则第65条规定的，专利复审委员会不予受理。

在专利复审委员会就无效宣告请求做出决定之后，又以同样的理由和证据请求无效宣告的，专利复审委员会不予受理。

以不符合专利法第23条第三款的规定为理由请求宣告外观设计专利权无效，但是未提交证明权利冲突的证据的，专利复审委员会不予受理。

专利权无效宣告请求书不符合规定格式的，无效宣告请求人应当在专利复审委员会指定的期限内补正；期满未补正的，该无效宣告请求视为未提出。

第六十七条 在专利复审委员会受理无效宣告请求后，请求人可以在提出无效宣告请求之日起1个月内增加理由或者补充证据。逾期增加理由或者补充证据的，专利复审委员会可以不予考虑。

第六十八条 专利复审委员会应当将专利权无效宣告请求书和有关文件的副本送交专利权人，要求其在指定的期限内陈述意见。

专利权人和无效宣告请求人应当在指定期限内答复专利复审委员会发出的转送文件通知书或者无效宣告请求审查通知书；期满未答复的，不影响专利复审委员会审理。

第六十九条 在无效宣告请求的审查过程中，发明或者实用新型专利的专利权人可以修改其权利要求书，但是不得扩大原专利的保护范围。

发明或者实用新型专利的专利权人不得修改专利说明书和附图，外观设计专利的专利权人不得修改图片、照片和简要说明。

第七十条 专利复审委员会根据当事人的请求或者案情需要，可以决定对无效宣告请求进行口头审理。

专利复审委员会决定对无效宣告请求进行口头审理的，应当向当事人发出口头审理通知书，告知举行口头审理的日期和地点。当事人应当在通知书指定的期限内作出答复。

无效宣告请求人对专利复审委员会发出的口头审理通知书在指定的期限内未作答复，并且不参加口头审理的，其无效宣告请求视为撤回；专利权人不参加口头审理的，可以缺席审理。

第七十一条 在无效宣告请求审查程序中，专利复审委员会指定的期限不得延长。

第七十二条 专利复审委员会对无效宣告的请求做出决定前，无效宣告请求人可以撤回其请求。

专利复审委员会做出决定之前，无效宣告请求人撤回其请求或者其无效宣告请求被视为撤回的，无效宣告请求审查程序终止。但是，专利复审委员会认为根据已进行的审查工作能够做出宣告专利权无效或者部分无效的决定的，不终止审查程序。

第五章 专利实施的强制许可

第七十三条 专利法第48条第（一）项所称未充分实施其专利，是指专利权人及其被许可人实施其专利的方式或者规模不能满足国内对专利产品或者专利方法的需求。

专利法第50条所称取得专利权的药品，是指解决公共健康问题所需的医药领域中的任何专利产品或者依照专利方法直接获得的产品，包括取得专利权的制造该产品所需的活性成分以及使用该产品所需的诊断用品。

第七十四条 请求给予强制许可的，应当向国务院专利行政部门提交强制许可请求书，说明理由并附具有关证明文件。

国务院专利行政部门应当将强制许可请求书的副本送交专利权人，专利权人应当在国务院专利行政部门指定的期限内陈述意见；期满未答复的，不影响国务院专利行政部门做出决定。

国务院专利行政部门在做出驳回强制许可请求的决定或者给予强制许可的决定前，应当通知请求人和专利权人拟做出的决定及其理由。

国务院专利行政部门依照专利法第50条的规定做出给予强制许可的决定，应当同时符合中国缔结或者参加的有关国际条约关于为了解决公共健康问题而给予强制许可的规定，但中国做出保留的除外。

第七十五条 依照专利法第57条的规定，请求国务院专利行政部门裁决使用费数额的，当事人应当提出裁决请求书，并附具双方不能达成协议的证明文件。国务院专利行政部门应当自收到请求书之日起3个月内做出裁决，并通知当事人。

第六章 对职务发明创造的发明人或者设计人的奖励和报酬

第七十六条 被授予专利权的单位可以与发明人、设计人约定或者在其依法制定的规章制度中规定专利法第16条规定的奖励、报酬的方式和数额。

企业、事业单位给予发明人或者设计人的奖励、报酬，按照国家有关财务、会计制度的规定进行处理。

第七十七条 被授予专利权的单位未与发明人、设计人约定也未在其依法制定的规章制度中规定专利法第16条规定的奖励的方式和数额的，应当自专利权公告之日起3个月内发给发明人或者设计人奖金。一项发明专利的奖金最低不少于3000元；一项实用新型专利或者外观设计专利的奖金最低不少于1000元。

由于发明人或者设计人的建议被其所属单位采纳而完成的发明创造，被授予专利权的单位应当从优发给奖金。

第七十八条 被授予专利权的单位未与发明人、设计人约定也未在其依法制定的规章制度中规定专利法第 16 条规定的报酬的方式和数额的，在专利权有效期限内，实施发明创造专利后，每年应当从实施该项发明或者实用新型专利的营业利润中提取不低于 2%或者从实施该项外观设计专利的营业利润中提取不低于 0．2%，作为报酬给予发明人或者设计人，或者参照上述比例，给予发明人或者设计人一次性报酬；被授予专利权的单位许可其他单位或者个人实施其专利的，应当从收取的使用费中提取不低于 10%，作为报酬给予发明人或者设计人。

第七章 专利权的保护

第七十九条 专利法和本细则所称管理专利工作的部门，是指由省、自治区、直辖市人民政府以及专利管理工作量大又有实际处理能力的设区的市人民政府设立的管理专利工作的部门。

第八十条 国务院专利行政部门应当对管理专利工作的部门处理专利侵权纠纷、查处假冒专利行为、调解专利纠纷进行业务指导。

第八十一条 当事人请求处理专利侵权纠纷或者调解专利纠纷的，由被请求人所在地或者侵权行为地的管理专利工作的部门管辖。

两个以上管理专利工作的部门都有管辖权的专利纠纷，当事人可以向其中一个管理专利工作的部门提出请求；当事人向两个以上有管辖权的管理专利工作的部门提出请求的，由最先受理的管理专利工作的部门管辖。

管理专利工作的部门对管辖权发生争议的，由其共同的上级人民政府管理专利工作的部门指定管辖；无共同上级人民政府管理专利工作的部门的，由国务院专利行政部门指定管辖。

第八十二条 在处理专利侵权纠纷过程中，被请求人提出无效宣告请求并被专利复审委员会受理的，可以请求管理专利工作的部门中止处理。

管理专利工作的部门认为被请求人提出的中止理由明显不能成立的，可以不中止处理。

第八十三条 专利权人依照专利法第 17 条的规定，在其专利产品或者该产品的包装上标明专利标识的，应当按照国务院专利行政部门规定的方式予以标明。

专利标识不符合前款规定的，由管理专利工作的部门责令改正。

第八十四条 下列行为属于专利法第63条规定的假冒专利的行为：

（一）在未被授予专利权的产品或者其包装上标注专利标识，专利权被宣告无效后或者终止后继续在产品或者其包装上标注专利标识，或者未经许可在产品或者产品包装上标注他人的专利号；

（二）销售第（一）项所述产品；

（三）在产品说明书等材料中将未被授予专利权的技术或者设计称为专利技术或者专利设计，将专利申请称为专利，或者未经许可使用他人的专利号，使公众将所涉及的技术或者设计误认为是专利技术或者专利设计；

（四）伪造或者变造专利证书、专利文件或者专利申请文件；

（五）其他使公众混淆，将未被授予专利权的技术或者设计误认为是专利技术或者专利设计的行为。

专利权终止前依法在专利产品、依照专利方法直接获得的产品或者其包装上标注专利标识，在专利权终止后许诺销售、销售该产品的，不属于假冒专利行为。

销售不知道是假冒专利的产品，并且能够证明该产品合法来源的，由管理专利工作的部门责令停止销售，但免除罚款的处罚。

第八十五条 除专利法第60条规定的外，管理专利工作的部门应当事人请求，可以对下列专利纠纷进行调解：

（一）专利申请权和专利权归属纠纷；

（二）发明人、设计人资格纠纷；

（三）职务发明创造的发明人、设计人的奖励和报酬纠纷；

（四）在发明专利申请公布后专利权授予前使用发明而未支付适当费用的纠纷；

（五）其他专利纠纷。

对于前款第（四）项所列的纠纷，当事人请求管理专利工作的部门调解的，应当在专利权被授予之后提出。

第八十六条 当事人因专利申请权或者专利权的归属发生纠纷，已请求管理专利工作的部门调解或者向人民法院起诉的，可以请求国务院专利行政部门中止有关程序。

依照前款规定请求中止有关程序的，应当向国务院专利行政部门提交请求书，并附具管理专利工作的部门或者人民法院的写明申请号或者专利号的有关受理文件副本。

管理专利工作的部门做出的调解书或者人民法院做出的判决生效后，当事人应当向国务院专利行政部门办理恢复有关程序的手续。自请求中止之日起1年内，有关专利申请权或者专利权归属的纠纷未能结案，需要继续中止有关程序的，请求人应当在该期限内请求延长中止。期满未请求延长的，国务院专利行政部门自行恢复有关程序。

第八十七条 人民法院在审理民事案件中裁定对专利申请权或者专利权采取保全措施的，国务院专利行政部门应当在收到写明申请号或者专利号的裁定书和协助执行通知书之日中止被保全的专利申请权或者专利权的有关程序。保全期限届满，人民法院没有裁定继续采取保全措施的，国务院专利行政部门自行恢复有关程序。

第八十八条 国务院专利行政部门根据本细则第86条和第87条规定中止有关程序，是指暂停专利申请的初步审查、实质审查、复审程序，授予专利权程序和专利权无效宣告程序；暂停办理放弃、变更、转移专利权或者专利申请权手续，专利权质押手续以及专利权期限届满前的终止手续等。

第八章　专利登记和专利公报

第八十九条 国务院专利行政部门设置专利登记簿，登记下列与专利申请和专利权有关的事项：

（一）专利权的授予；

（二）专利申请权、专利权的转移；

（三）专利权的质押、保全及其解除；

（四）专利实施许可合同的备案；

（五）专利权的无效宣告；

（六）专利权的终止；

（七）专利权的恢复；

（八）专利实施的强制许可；

（九）专利权人的姓名或者名称、国籍和地址的变更。

第九十条 国务院专利行政部门定期出版专利公报，公布或者公告下列内容：

（一）发明专利申请的著录事项和说明书摘要；

（二）发明专利申请的实质审查请求和国务院专利行政部门对发明专利申请自行进行实质审查的决定；

（三）发明专利申请公布后的驳回、撤回、视为撤回、视为放弃、恢复和转移；

（四）专利权的授予以及专利权的著录事项；

（五）发明或者实用新型专利的说明书摘要，外观设计专利的一幅图片或者照片；

（六）国防专利、保密专利的解密；

（七）专利权的无效宣告；

（八）专利权的终止、恢复；

（九）专利权的转移；

（十）专利实施许可合同的备案；

（十一）专利权的质押、保全及其解除；

（十二）专利实施的强制许可的给予；

（十三）专利权人的姓名或者名称、地址的变更；

（十四）文件的公告送达；

（十五）国务院专利行政部门做出的更正；

（十六）其他有关事项。

第九十一条 国务院专利行政部门应当提供专利公报、发明专利申请单行本以及发明专利、实用新型专利、外观设计专利单行本，供公众免费查阅。

第九十二条 国务院专利行政部门负责按照互惠原则与其他国家、地区的专利机关或者区域性专利组织交换专利文献。

第九章 费用

第九十三条 向国务院专利行政部门申请专利和办理其他手续时，应当缴纳下列费用：

（一）申请费、申请附加费、公布印刷费、优先权要求费；

（二）发明专利申请实质审查费、复审费；

（三）专利登记费、公告印刷费、年费；

（四）恢复权利请求费、延长期限请求费；

（五）著录事项变更费、专利权评价报告请求费、无效宣告请求费。

前款所列各种费用的缴纳标准，由国务院价格管理部门、财政部门会同国务院专利行政部门规定。

第九十四条 专利法和本细则规定的各种费用，可以直接向国务院专利行政部门缴纳，也可以通过邮局或者银行汇付，或者以国务院专利行政部门规定的其他方式缴纳。

通过邮局或者银行汇付的，应当在送交国务院专利行政部门的汇单上写明正确的申请号或者专利号以及缴纳的费用名称。不符合本款规定的，视为未办理缴费手续。

直接向国务院专利行政部门缴纳费用的，以缴纳当日为缴费日；以邮局汇付方式缴纳费用的，以邮局汇出的邮戳日为缴费日；以银行汇付方式缴纳费用的，以银行实际汇出日为缴费日。

多缴、重缴、错缴专利费用的，当事人可以自缴费日起3年内，向国务院专利行政部门提出退款请求，国务院专利行政部门应当予以退还。

第九十五条 申请人应当自申请日起2个月内或者在收到受理通知书之日起15日内缴纳申请费、公布印刷费和必要的申请附加费；期满未缴纳或者未缴足的，其申请视为撤回。

申请人要求优先权的，应当在缴纳申请费的同时缴纳优先权要求费；期满未缴纳或者未缴足的，视为未要求优先权。

第九十六条 当事人请求实质审查或者复审的，应当在专利法及本细则规定的相关期限内缴纳费用；期满未缴纳或者未缴足的，视为未提出请求。

第九十七条 申请人办理登记手续时，应当缴纳专利登记费、公告印刷费和授予专利权当年的年费；期满未缴纳或者未缴足的，视为未办理登记手续。

第九十八条 授予专利权当年以后的年费应当在上一年度期满前缴纳。专利权人未缴纳或者未缴足的，国务院专利行政部门应当通知专利权人自应当缴纳年费期满之日起6个月内补缴，同时缴纳滞纳金；滞纳金的金额按照每超过规定的缴费时间1个月，加收当年全额年费的5%计算；期满未缴纳的，专利权自应当缴纳年费期满之日起终止。

第九十九条 恢复权利请求费应当在本细则规定的相关期限内缴纳；期满未缴纳或者未缴足的，视为未提出请求。

延长期限请求费应当在相应期限届满之日前缴纳；期满未缴纳或者未缴足的，视为未提出请求。

著录事项变更费、专利权评价报告请求费、无效宣告请求费应当自提出请求之日起 1 个月内缴纳；期满未缴纳或者未缴足的，视为未提出请求。

第一百条 申请人或者专利权人缴纳本细则规定的各种费用有困难的，可以按照规定向国务院专利行政部门提出减缴或者缓缴的请求。减缴或者缓缴的办法由国务院财政部门会同国务院价格管理部门、国务院专利行政部门规定。

第十章 关于国际申请的特别规定

第一百零一条 国务院专利行政部门根据专利法第 20 条规定，受理按照专利合作条约提出的专利国际申请。

按照专利合作条约提出并指定中国的专利国际申请（以下简称国际申请）进入国务院专利行政部门处理阶段（以下称进入中国国家阶段）的条件和程序适用本章的规定；本章没有规定的，适用专利法及本细则其他各章的有关规定。

第一百零二条 按照专利合作条约已确定国际申请日并指定中国的国际申请，视为向国务院专利行政部门提出的专利申请，该国际申请日视为专利法第 28 条所称的申请日。

第一百零三条 国际申请的申请人应当在专利合作条约第 2 条所称的优先权日（本章简称优先权日）起 30 个月内，向国务院专利行政部门办理进入中国国家阶段的手续；申请人未在该期限内办理该手续的，在缴纳宽限费后，可以在自优先权日起 32 个月内办理进入中国国家阶段的手续。

第一百零四条 申请人依照本细则第 103 条的规定办理进入中国国家阶段的手续的，应当符合下列要求：

（一）以中文提交进入中国国家阶段的书面声明，写明国际申请号和要求获得的专利权类型；

（二）缴纳本细则第 93 条第一款规定的申请费、公布印刷费，必要时缴纳本细则第103条规定的宽限费；

（三）国际申请以外文提出的，提交原始国际申请的说明书和权利要求书的中文译文；

（四）在进入中国国家阶段的书面声明中写明发明创造的名称，申请人姓名或者名称、地址和发明人的姓名，上述内容应当与世界知识产权组织国际局（以下简称国际局）的记录一致；国际申请中未写明发明人的，在上述声明中写明发明人的姓名；

（五）国际申请以外文提出的，提交摘要的中文译文，有附图和摘要附图的，提交附图副本和摘要附图副本，附图中有文字的，将其替换为对应的中文文字；国际申请以中文提出的，提交国际公布文件中的摘要和摘要附图副本；

（六）在国际阶段向国际局已办理申请人变更手续的，提供变更后的申请人享有申请权的证明材料；

（七）必要时缴纳本细则第93条第一款规定的申请附加费。

符合本条第一款第（一）项至第（三）项要求的，国务院专利行政部门应当给予申请号，明确国际申请进入中国国家阶段的日期（以下简称进入日），并通知申请人其国际申请已进入中国国家阶段。

国际申请已进入中国国家阶段，但不符合本条第一款第（四）项至第（七）项要求的，国务院专利行政部门应当通知申请人在指定期限内补正；期满未补正的，其申请视为撤回。

第一百零五条 国际申请有下列情形之一的，其在中国的效力终止：

（一）在国际阶段，国际申请被撤回或者被视为撤回，或者国际申请对中国的指定被撤回的；

（二）申请人未在优先权日起32个月内按照本细则第103条规定办理进入中国国家阶段手续的；

（三）申请人办理进入中国国家阶段的手续，但自优先权日起32个月期限届满仍不符合本细则第104条第（一）项至第（三）项要求的。

依照前款第（一）项的规定，国际申请在中国的效力终止的，不适用本细则第6条的规定；依照前款第（二）项、第（三）项的规定，国际申请在中国的效力终止的，不适用本细则第6条第二款的规定。

第一百零六条 国际申请在国际阶段作过修改，申请人要求以经修改的申请文件为基础进行审查的，应当自进入日起2个月内提交修改部分的中文译文。在该期间内未提交中文译文的，对申请人在国际阶段提出的修改，国务院专利行政部门不予考虑。

第一百零七条 国际申请涉及的发明创造有专利法第24条第（一）项或者第（二）项所列情形之一，在提出国际申请时作过声明的，申请人应当在进入中国国家阶段的书面声明中予以说明，并自进入日起2个月内提交本细则第30条第三款规定的有关证明文件；未予说明或者期满未提交证明文件的，其申请不适用专利法第24条的规定。

第一百零八条 申请人按照专利合作条约的规定，对生物材料样品的保藏已做出说明的，视为已经满足了本细则第24条第（三）项的要求。申请人应当在进入中国国家阶段声明中指明记载生物材料样品保藏事项的文件以及在该文件中的具体记载位置。

申请人在原始提交的国际申请的说明书中已记载生物材料样品保藏事项，但是没有在进入中国国家阶段声明中指明的，应当自进入日起4个月内补正。期满未补正的，该生物材料视为未提交保藏。

申请人自进入日起4个月内向国务院专利行政部门提交生物材料样品保藏证明和存活证明的，视为在本细则第24条第（一）项规定的期限内提交。

第一百零九条 国际申请涉及的发明创造依赖遗传资源完成的，申请人应当在国际申请进入中国国家阶段的书面声明中予以说明，并填写国务院专利行政部门制定的表格。

第一百一十条 申请人在国际阶段已要求一项或者多项优先权，在进入中国国家阶段时该优先权要求继续有效的，视为已经依照专利法第30条的规定提出了书面声明。

申请人应当自进入日起2个月内缴纳优先权要求费；期满未缴纳或者未缴足的，视为未要求该优先权。

申请人在国际阶段已依照专利合作条约的规定，提交过在先申请文件副本的，办理进入中国国家阶段手续时不需要向国务院专利行政部门提交在先申请文件副本。申请人在国际阶段未提交在先申请文件副本的，国务院专利行政部门认为必要时，可以通知申请人在指定期限内补交；申请人期满未补交的，其优先权要求视为未提出。

第一百一十一条 在优先权日起30个月期满前要求国务院专利行政部门

提前处理和审查国际申请的，申请人除应当办理进入中国国家阶段手续外，还应当依照专利合作条约第 23 条第二款规定提出请求。国际局尚未向国务院专利行政部门传送国际申请的，申请人应当提交经确认的国际申请副本。

第一百一十二条 要求获得实用新型专利权的国际申请，申请人可以自进入日起 2 个月内对专利申请文件主动提出修改。

要求获得发明专利权的国际申请，适用本细则第 51 条第一款的规定。

第一百一十三条 申请人发现提交的说明书、权利要求书或者附图中的文字的中文译文存在错误的，可以在下列规定期限内依照原始国际申请文本提出改正：

（一）在国务院专利行政部门作好公布发明专利申请或者公告实用新型专利权的准备工作之前；

（二）在收到国务院专利行政部门发出的发明专利申请进入实质审查阶段通知书之日起 3 个月内。

申请人改正译文错误的，应当提出书面请求并缴纳规定的译文改正费。

申请人按照国务院专利行政部门的通知书的要求改正译文的，应当在指定期限内办理本条第二款规定的手续；期满未办理规定手续的，该申请视为撤回。

第一百一十四条 对要求获得发明专利权的国际申请，国务院专利行政部门经初步审查认为符合专利法和本细则有关规定的，应当在专利公报上予以公布；国际申请以中文以外的文字提出的，应当公布申请文件的中文译文。

要求获得发明专利权的国际申请，由国际局以中文进行国际公布的，自国际公布日起适用专利法第 13 条的规定；由国际局以中文以外的文字进行国际公布的，自国务院专利行政部门公布之日起适用专利法第 13 条的规定。

对国际申请，专利法第 21 条和第 22 条中所称的公布是指本条第一款所规定的公布。

第一百一十五条 国际申请包含两项以上发明或者实用新型的，申请人可以自进入日起，依照本细则第 42 条第一款的规定提出分案申请。

在国际阶段，国际检索单位或者国际初步审查单位认为国际申请不符合专利合作条约规定的单一性要求时，申请人未按照规定缴纳附加费，导致国际申请某些部分未经国际检索或者未经国际初步审查，在进入中国国家阶段时，申请人要求将所述部分作为审查基础，国务院专利行政部门认为国际检索单位或者国际初步审查单位对发明单一性的判断正确的，应当通知申请人在指定期限内缴纳单一性恢复费。期满未缴纳或者未足额缴纳的，国际申请中未经检索或者未经国际初步审查的部分视为撤回。

第一百一十六条 国际申请在国际阶段被有关国际单位拒绝给予国际申请日或者宣布视为撤回的，申请人在收到通知之日起2个月内，可以请求国际局将国际申请档案中任何文件的副本转交国务院专利行政部门，并在该期限内向国务院专利行政部门办理本细则第103条规定的手续，国务院专利行政部门应当在接到国际局传送的文件后，对国际单位做出的决定是否正确进行复查。

第一百一十七条 基于国际申请授予的专利权，由于译文错误，致使依照专利法第59条规定确定的保护范围超出国际申请的原文所表达的范围的，以依据原文限制后的保护范围为准；致使保护范围小于国际申请的原文所表达的范围的，以授权时的保护范围为准。

第十一章　附则

第一百一十八条 经国务院专利行政部门同意，任何人均可以查阅或者复制已经公布或者公告的专利申请的案卷和专利登记簿，并可以请求国务院专利行政部门出具专利登记簿副本。

已视为撤回、驳回和主动撤回的专利申请的案卷，自该专利申请失效之日起满2年后不予保存。

已放弃、宣告全部无效和终止的专利权的案卷，自该专利权失效之日起满3年后不予保存。

第一百一十九条 向国务院专利行政部门提交申请文件或者办理各种手续，应当由申请人、专利权人、其他利害关系人或者其代表人签字或者盖章；委托专利代理机构的，由专利代理机构盖章。

请求变更发明人姓名、专利申请人和专利权人的姓名或者名称、国籍和地址、专利代理机构的名称、地址和代理人姓名的，应当向国务院专利行政部门办理著录事项变更手续，并附具变更理由的证明材料。

第一百二十条 向国务院专利行政部门邮寄有关申请或者专利权的文件，应当使用挂号信函，不得使用包裹。

除首次提交专利申请文件外，向国务院专利行政部门提交各种文件、办理各种手续的，应当标明申请号或者专利号、发明创造名称和申请人或者专利权人姓名或者名称。

一件信函中应当只包含同一申请的文件。

第一百二十一条　各类申请文件应当打字或者印刷，字迹呈黑色，整齐清晰，并不得涂改。附图应当用制图工具和黑色墨水绘制，线条应当均匀清晰，并不得涂改。

请求书、说明书、权利要求书、附图和摘要应当分别用阿拉伯数字顺序编号。

申请文件的文字部分应当横向书写。纸张限于单面使用。

第一百二十二条　国务院专利行政部门根据专利法和本细则制定专利审查指南。

第一百二十三条　本细则自2001年7月1日起施行。1992年12月12日国务院批准修订、1992年12月21日中国专利局发布的《中华人民共和国专利法实施细则》同时废止。

最高人民法院关于专利、商标等授权确权类知识产权行政案件审理分工的规定(2009年)

（2009年6月22日最高人民法院审判委员会第1469次会议讨论通过）

为贯彻落实《国家知识产权战略纲要》，完善知识产权审判体制，确保司法标准的统一，现就专利、商标等授权确权类知识产权行政案件的审理分工作如下规定：

第一条 下列一、二审案件由北京市有关中级人民法院、北京市高级人民法院和最高人民法院知识产权审判庭审理：

（一）不服国务院专利行政部门专利复审委员会做出的专利复审决定和无效决定的案件；

（二）不服国务院专利行政部门做出的实施专利强制许可决定和实施专利强制许可的使用费裁决的案件；

（三）不服国务院工商行政管理部门商标评审委员会做出的商标复审决定和裁定的案件；

（四）不服国务院知识产权行政部门做出的集成电路布图设计复审决定和撤销决定的案件；

（五）不服国务院知识产权行政部门做出的使用集成电路布图设计非自愿许可决定的案件和使用集成电路布图设计非自愿许可的报酬裁决的案件；

（六）不服国务院农业、林业行政部门植物新品种复审委员会做出的植物新品种复审决定、无效决定和更名决定的案件；

（七）不服国务院农业、林业行政部门做出的实施植物新品种强制许可决定和实施植物新品种强制许可的使用费裁决的案件。

第二条 当事人对于人民法院就第1条所列案件做出的生效判决或者裁定不服，向上级人民法院申请再审的案件，由上级人民法院知识产权审判庭负责再审审查和审理。

第三条 由最高人民法院、北京市高级人民法院和北京市有关中级人民法院知识产权审判庭审理的上述案件，立案时统一使用“知行”字编号。

第四条 本规定自2009 年7 月1 日起施行，最高人民法院于2002 年5 月21 日做出的《关于专利法、商标法修改后专利、商标相关案件分工问题的批复》（法〔2002〕117 号）同时废止。

最高人民法院
关于审理侵犯专利权纠纷案件应用法律若干问题的解释（2009年）

（2009年12月21日由最高人民法院审判委员会第1480次会议通过，2009年12月28日公布，自2010年1月1日起施行，法释〔2009〕21号）

为正确审理侵犯专利权纠纷案件，根据《中华人民共和国专利法》、《中华人民共和国民事诉讼法》等有关法律规定，结合审判实际，制定本解释。

第一条 人民法院应当根据权利人主张的权利要求，依据专利法第五十九条第一款的规定确定专利权的保护范围。权利人在一审法庭辩论终结前变更其主张的权利要求的，人民法院应当准许。

权利人主张以从属权利要求确定专利权保护范围的，人民法院应当以该从属权利要求记载的附加技术特征及其引用的权利要求记载的技术特征，确定专利权的保护范围。

第二条 人民法院应当根据权利要求的记载，结合本领域普通技术人员阅读说明书及附图后对权利要求的理解，确定专利法第五十九条第一款规定的权利要求的内容。

第三条 人民法院对于权利要求，可以运用说明书及附图、权利要求书中的相关权利要求、专利审查档案进行解释。说明书对权利要求用语有特别界定的，从其特别界定。

以上述方法仍不能明确权利要求含义的，可以结合工具书、教科书等公知文献以及本领域普通技术人员的通常理解进行解释。

第四条 对于权利要求中以功能或者效果表述的技术特征，人民法院应当结合说明书和附图描述的该功能或者效果的具体实施方式及其等同的实施方式，确定该技术特征的内容。

第五条 对于仅在说明书或者附图中描述而在权利要求中未记载的技术方案，权利人在侵犯专利权纠纷案件中将其纳入专利权保护范围的，人民法院不予支持。

第六条 专利申请人、专利权人在专利授权或者无效宣告程序中，通过对权利要求、说明书的修改或者意见陈述而放弃的技术方案，权利人在侵犯专利权纠纷案件中又将其纳入专利权保护范围的，人民法院不予支持。

第七条 人民法院判定被诉侵权技术方案是否落入专利权的保护范围，应当审查权利人主张的权利要求所记载的全部技术特征。

被诉侵权技术方案包含与权利要求记载的全部技术特征相同或者等同的技术特征的，人民法院应当认定其落入专利权的保护范围；被诉侵权技术方案的技术特征与权利要求记载的全部技术特征相比，缺少权利要求记载的一个以上的技术特征，或者有一个以上技术特征不相同也不等同的，人民法院应当认定其没有落入专利权的保护范围。

第八条 在与外观设计专利产品相同或者相近种类产品上，采用与授权外观设计相同或者近似的外观设计的，人民法院应当认定被诉侵权设计落入专利法第五十九条第二款规定的外观设计专利权的保护范围。

第九条 人民法院应当根据外观设计产品的用途，认定产品种类是否相同或者相近。确定产品的用途，可以参考外观设计的简要说明、国际外观设计分类表、产品的功能以及产品销售、实际使用的情况等因素。

第十条 人民法院应当以外观设计专利产品的一般消费者的知识水平和认知能力，判断外观设计是否相同或者近似。

第十一条 人民法院认定外观设计是否相同或者近似时，应当根据授权外观设计、被诉侵权设计的设计特征，以外观设计的整体视觉效果进行综合判断；对于主要由技术功能决定的设计特征以及对整体视觉效果不产生影响的产品的材料、内部结构等特征，应当不予考虑。

下列情形，通常对外观设计的整体视觉效果更具有影响：

（一）产品正常使用时容易被直接观察到的部位相对于其他部位；

（二）授权外观设计区别于现有设计的设计特征相对于授权外观设计的其他设计特征。

被诉侵权设计与授权外观设计在整体视觉效果上无差异的，人民法院应当认定两者相同；在整体视觉效果上无实质性差异的，应当认定两者近似。

第十二条 将侵犯发明或者实用新型专利权的产品作为零部件，制造另一产品的，人民法院应当认定属于专利法第十一条规定的使用行为；销售该另一产品的，人民法院应当认定属于专利法第十一条规定的销售行为。

将侵犯外观设计专利权的产品作为零部件，制造另一产品并销售的，人民法院应当认定属于专利法第十一条规定的销售行为，但侵犯外观设计专利权的产品在该另一产品中仅具有技术功能的除外。

对于前两款规定的情形，被诉侵权人之间存在分工合作的，人民法院应当认定为共同侵权。

第十三条 对于使用专利方法获得的原始产品，人民法院应当认定为专利法第十一条规定的依照专利方法直接获得的产品。

对于将上述原始产品进一步加工、处理而获得后续产品的行为，人民法院应当认定属于专利法第十一条规定的使用依照该专利方法直接获得的产品。

第十四条 被诉落入专利权保护范围的全部技术特征，与一项现有技术方案中的相应技术特征相同或者无实质性差异的，人民法院应当认定被诉侵权人实施的技术属于专利法第六十二条规定的现有技术。

被诉侵权设计与一个现有设计相同或者无实质性差异的，人民法院应当认定被诉侵权人实施的设计属于专利法第六十二条规定的现有设计。

第十五条 被诉侵权人以非法获得的技术或者设计主张先用权抗辩的，人民法院不予支持。

有下列情形之一的，人民法院应当认定属于专利法第六十九条第（二）项规定的已经作好制造、使用的必要准备：

（一）已经完成实施发明创造所必需的主要技术图纸或者工艺文件；

（二）已经制造或者购买实施发明创造所必需的主要设备或者原材料。

专利法第六十九条第（二）项规定的原有范围，包括专利申请日前已有的生产规模以及利用已有的生产设备或者根据已有的生产准备可以达到的生产规模。

先用权人在专利申请日后将其已经实施或作好实施必要准备的技术或设计转让或者许可他人实施，被诉侵权人主张该实施行为属于在原有范围内继续实施的，人民法院不予支持，但该技术或设计与原有企业一并转让或者承继的除外。

第十六条 人民法院依据专利法第六十五条第一款的规定确定侵权人因侵权所获得的利益，应当限于侵权人因侵犯专利权行为所获得的利益；因其他权利所产生的利益，应当合理扣除。

侵犯发明、实用新型专利权的产品系另一产品的零部件的，人民法院应当根据该零部件本身的价值及其在实现成品利润中的作用等因素合理确定赔偿数额。

侵犯外观设计专利权的产品为包装物的，人民法院应当按照包装物本身的价值及其在实现被包装产品利润中的作用等因素合理确定赔偿数额。

第十七条 产品或者制造产品的技术方案在专利申请日以前为国内外公众所知的，人民法院应当认定该产品不属于专利法第六十一条第一款规定的新产品。

第十八条 权利人向他人发出侵犯专利权的警告，被警告人或者利害关系人经书面催告权利人行使诉权，自权利人收到该书面催告之日起一个月内或者自书面催告发出之日起二个月内，权利人不撤回警告也不提起诉讼，被警告人或者利害关系人向人民法院提起请求确认其行为不侵犯专利权的诉讼的，人民法院应当受理。

第十九条 被诉侵犯专利权行为发生在 2009 年 10 月 1 日以前的，人民法院适用修改前的专利法；发生在 2009 年 10 月 1 日以后的，人民法院适用修改后的专利法。

被诉侵犯专利权行为发生在 2009 年 10 月 1 日以前且持续到 2009 年 10 月 1 日以后，依据修改前和修改后的专利法的规定侵权人均应承担赔偿责任的，人民法院适用修改后的专利法确定赔偿数额。

第二十条 本院以前发布的有关司法解释与本解释不一致的，以本解释为准。

专利实施强制许可办法(2012 年)[1]

（2012 年 3 月 15 日国家知识产权局令第 64 号发布，
2012 年 5 月 1 日起施行）

第一章 总则

第一条 为了规范实施发明专利或者实用新型专利的强制许可（以下简称强制许可）的给予、费用裁决和终止程序，根据《中华人民共和国专利法》（以下简称专利法）、《中华人民共和国专利法实施细则》及有关法律法规，制定本办法。

第二条 国家知识产权局负责受理和审查强制许可请求、强制许可使用费裁决请求和终止强制许可请求并做出决定。

第三条 请求给予强制许可、请求裁决强制许可使用费和请求终止强制许可，应当使用中文以书面形式办理。

依照本办法提交的各种证件、证明文件是外文的，国家知识产权局认为必要时，可以要求当事人在指定期限内附送中文译文；期满未附送的，视为未提交该证件、证明文件。

第四条 在中国没有经常居所或者营业所的外国人、外国企业或者外国其他组织办理强制许可事务的，应当委托依法设立的专利代理机构办理。

当事人委托专利代理机构办理强制许可事务的，应当提交委托书，写明委托权限。一方当事人有两个以上且未委托专利代理机构的，除另有声明外，

[1] 这是我国专利行政主管部门发布的最新的关于专利强制许可规范，此前2003 年6 月13 日国家知识产权局令第31 号发布了《专利实施强制许可办法》，2005 年11 月29 日国家知识产权局令第37 号发布了《涉及公共健康问题的专利实施强制许可办法》。根据该办法，前二个专利强制许可办法废止。

以提交的书面文件中指明的第一当事人为该方代表人。

第二章　强制许可请求的提出与受理

第五条　专利权人自专利权被授予之日起满3年，且自提出专利申请之日起满4年，无正当理由未实施或者未充分实施其专利的，具备实施条件的单位或者个人可以根据专利法第四十八条第一项的规定，请求给予强制许可。

专利权人行使专利权的行为被依法认定为垄断行为的，为消除或者减少该行为对竞争产生的不利影响，具备实施条件的单位或者个人可以根据专利法第四十八条第二项的规定，请求给予强制许可。

第六条　在国家出现紧急状态或者非常情况时，或者为了公共利益的目的，国务院有关主管部门可以根据专利法第四十九条的规定，建议国家知识产权局给予其指定的具备实施条件的单位强制许可。

第七条　为了公共健康目的，具备实施条件的单位可以根据专利法第五十条的规定，请求给予制造取得专利权的药品并将其出口到下列国家或者地区的强制许可：

（一）最不发达国家或者地区；

（二）依照有关国际条约通知世界贸易组织表明希望作为进口方的该组织的发达成员或者发展中成员。

第八条　一项取得专利权的发明或者实用新型比前已经取得专利权的发明或者实用新型具有显著经济意义的重大技术进步，其实施又有赖于前一发明或者实用新型的实施的，该专利权人可以根据专利法第五十一条的规定请求给予实施前一专利的强制许可。国家知识产权局给予实施前一专利的强制许可的，前一专利权人也可以请求给予实施后一专利的强制许可。

第九条　请求给予强制许可的，应当提交强制许可请求书，写明下列各项：

（一）请求人的姓名或者名称、地址、邮政编码、联系人及电话；

（二）请求人的国籍或者注册的国家或者地区；

（三）请求给予强制许可的发明专利或者实用新型专利的名称、专利号、申请日、授权公告日，以及专利权人的姓名或者名称；

（四）请求给予强制许可的理由和事实、期限；

（五）请求人委托专利代理机构的，受托机构的名称、机构代码以及该机构指定的代理人的姓名、执业证号码、联系电话；

（六）请求人的签字或者盖章；委托专利代理机构的，还应当有该机构的盖章；

（七）附加文件清单；

（八）其他需要注明的事项。

请求书及其附加文件应当一式两份。

第十条 强制许可请求涉及两个或者两个以上的专利权人的，请求人应当按专利权人的数量提交请求书及其附加文件副本。

第十一条 根据专利法第四十八条第一项或者第五十一条的规定请求给予强制许可的，请求人应当提供证据，证明其以合理的条件请求专利权人许可其实施专利，但未能在合理的时间内获得许可。

根据专利法第四十八条第二项的规定请求给予强制许可的，请求人应当提交已经生效的司法机关或者反垄断执法机构依法将专利权人行使专利权的行为认定为垄断行为的判决或者决定。

第十二条 国务院有关主管部门根据专利法第四十九条建议给予强制许可的，应当指明下列各项：

（一）国家出现紧急状态或者非常情况，或者为了公共利益目的需要给予强制许可；

（二）建议给予强制许可的发明专利或者实用新型专利的名称、专利号、申请日、授权公告日，以及专利权人的姓名或者名称；

（三）建议给予强制许可的期限；

（四）指定的具备实施条件的单位名称、地址、邮政编码、联系人及电话；

（五）其他需要注明的事项。

第十三条 根据专利法第五十条的规定请求给予强制许可的，请求人应当提供进口方及其所需药品和给予强制许可的有关信息。

第十四条 强制许可请求有下列情形之一的，不予受理并通知请求人：

（一）请求给予强制许可的发明专利或者实用新型专利的专利号不明确或者难以确定；

（二）请求文件未使用中文；

（三）明显不具备请求强制许可的理由；

（四）请求给予强制许可的专利权已经终止或者被宣告无效。

第十五条 请求文件不符合本办法第四条、第九条、第十条规定的，请求人应当自收到通知之日起 15 日内进行补正。期满未补正的，该请求视为未提出。

第十六条 国家知识产权局受理强制许可请求的，应当及时将请求书副本送交专利权人。除另有指定的外，专利权人应当自收到通知之日起 15 日内陈述意见；期满未答复的，不影响国家知识产权局做出决定。

第三章 强制许可请求的审查和决定

第十七条 国家知识产权局应当对请求人陈述的理由、提供的信息和提交的有关证明文件以及专利权人陈述的意见进行审查；需要实地核查的，应当指派两名以上工作人员实地核查。

第十八条 请求人或者专利权人要求听证的，由国家知识产权局组织听证。

国家知识产权局应当在举行听证 7 日前通知请求人、专利权人和其他利害关系人。

除涉及国家秘密、商业秘密或者个人隐私外，听证公开进行。

举行听证时，请求人、专利权人和其他利害关系人可以进行申辩和质证。

举行听证时应当制作听证笔录，交听证参加人员确认无误后签字或者盖章。

根据专利法第四十九条或者第五十条的规定建议或者请求给予强制许可的，不适用听证程序。

第十九条 请求人在国家知识产权局做出决定前撤回其请求的，强制许可请求的审查程序终止。

在国家知识产权局做出决定前，请求人与专利权人订立了专利实施许可合同的，应当及时通知国家知识产权局，并撤回其强制许可请求。

第二十条 经审查认为强制许可请求有下列情形之一的，国家知识产权局应当做出驳回强制许可请求的决定：

（一）请求人不符合本办法第四条、第五条、第七条或者第八条的规定；

（二）请求给予强制许可的理由不符合专利法第四十八条、第五十条或者

第五十一条的规定；

（三）强制许可请求涉及的发明创造是半导体技术的，其理由不符合专利法第五十二条的规定；

（四）强制许可请求不符合本办法第十一条或者第十三条的规定；

（五）请求人陈述的理由、提供的信息或者提交的有关证明文件不充分或者不真实。

国家知识产权局在做出驳回强制许可请求的决定前，应当通知请求人拟做出的决定及其理由。除另有指定的外，请求人可以自收到通知之日起15日内陈述意见。

第二十一条 经审查认为请求给予强制许可的理由成立的，国家知识产权局应当做出给予强制许可的决定。在做出给予强制许可的决定前，应当通知请求人和专利权人拟做出的决定及其理由。除另有指定的外，双方当事人可以自收到通知之日起15日内陈述意见。

国家知识产权局根据专利法第四十九条做出给予强制许可的决定前，应当通知专利权人拟做出的决定及其理由。

第二十二条 给予强制许可的决定应当写明下列各项：

（一）取得强制许可的单位或者个人的名称或者姓名、地址；

（二）被给予强制许可的发明专利或者实用新型专利的名称、专利号、申请日及授权公告日；

（三）给予强制许可的范围和期限；

（四）决定的理由、事实和法律依据；

（五）国家知识产权局的印章及负责人签字；

（六）决定的日期；

（七）其他有关事项。

给予强制许可的决定应当自做出之日起5日内通知请求人和专利权人。

第二十三条 国家知识产权局根据专利法第五十条做出给予强制许可的决定的，还应当在该决定中明确下列要求：

（一）依据强制许可制造的药品数量不得超过进口方所需的数量，并且必须全部出口到该进口方；

（二）依据强制许可制造的药品应当采用特定的标签或者标记明确注明该药品是依据强制许可而制造的；在可行并且不会对药品价格产生显著影响的情况下，

应当对药品本身采用特殊的颜色或者形状，或者对药品采用特殊的包装；

（三）药品装运前，取得强制许可的单位应当在其网站或者世界贸易组织的有关网站上发布运往进口方的药品数量以及本条第二项所述的药品识别特征等信息。

第二十四条 国家知识产权局根据专利法第五十条做出给予强制许可的决定的，由国务院有关主管部门将下列信息通报世界贸易组织：

（一）取得强制许可的单位的名称和地址；

（二）出口药品的名称和数量；

（三）进口方；

（四）强制许可的期限；

（五）本办法第二十三条第三项所述网址。

第四章 强制许可使用费

强制许可使用费裁决请求的审查和裁决

第二十五条 请求裁决强制许可使用费的，应当提交强制许可使用费裁决请求书，写明下列各项：

（一）请求人的姓名或者名称、地址；

（二）请求人的国籍或者注册的国家或者地区；

（三）给予强制许可的决定的文号；

（四）被请求人的姓名或者名称、地址；

（五）请求裁决强制许可使用费的理由；

（六）请求人委托专利代理机构的，受托机构的名称、机构代码以及该机构指定的代理人的姓名、执业证号码、联系电话；

（七）请求人的签字或者盖章；委托专利代理机构的，还应当有该机构的盖章；

（八）附加文件清单；

（九）其他需要注明的事项。

请求书及其附加文件应当一式两份。

第二十六条 强制许可使用费裁决请求有下列情形之一的，不予受理并通知请求人：

（一）给予强制许可的决定尚未做出；

（二）请求人不是专利权人或者取得强制许可的单位或者个人；

（三）双方尚未进行协商或者经协商已经达成协议。

第二十七条 国家知识产权局受理强制许可使用费裁决请求的，应当及时将请求书副本送交对方当事人。除另有指定的外，对方当事人应当自收到通知之日起 15 日内陈述意见；期满未答复的，不影响国家知识产权局做出决定。

强制许可使用费裁决过程中，双方当事人可以提交书面意见。国家知识产权局可以根据案情需要听取双方当事人的口头意见。

第二十八条 请求人在国家知识产权局做出决定前撤回其裁决请求的，裁决程序终止。

第二十九条 国家知识产权局应当自收到请求书之日起 3 个月内做出强制许可使用费的裁决决定。

第三十条 强制许可使用费裁决决定应当写明下列各项：

（一）取得强制许可的单位或者个人的名称或者姓名、地址；

（二）被给予强制许可的发明专利或者实用新型专利的名称、专利号、申请日及授权公告日；

（三）裁决的内容及其理由；

（四）国家知识产权局的印章及负责人签字；

（五）决定的日期；

（六）其他有关事项。

强制许可使用费裁决决定应当自做出之日起 5 日内通知双方当事人。

第五章 终止强制许可请求的审查和决定

第三十一条 有下列情形之一的，强制许可自动终止：

（一）给予强制许可的决定规定的强制许可期限届满；

（二）被给予强制许可的发明专利或者实用新型专利终止或者被宣告无效。

第三十二条 给予强制许可的决定中规定的强制许可期限届满前，强制许可的理由消除并不再发生的，专利权人可以请求国家知识产权局做出终止强制许可的决定。

请求终止强制许可的，应当提交终止强制许可请求书，写明下列各项：

（一）专利权人的姓名或者名称、地址；

（二）专利权人的国籍或者注册的国家或者地区；

（三）请求终止的给予强制许可决定的文号；

（四）请求终止强制许可的理由和事实；

（五）专利权人委托专利代理机构的，受托机构的名称、机构代码以及该机构指定的代理人的姓名、执业证号码、联系电话；

（六）专利权人的签字或者盖章；委托专利代理机构的，还应当有该机构的盖章；

（七）附加文件清单；

（八）其他需要注明的事项。

请求书及其附加文件应当一式两份。

第三十三条 终止强制许可的请求有下列情形之一的，不予受理并通知请求人：

（一）请求人不是被给予强制许可的发明专利或者实用新型专利的专利权人；

（二）未写明请求终止的给予强制许可决定的文号；

（三）请求文件未使用中文；

（四）明显不具备终止强制许可的理由。

第三十四条 请求文件不符合本办法第三十二条规定的，请求人应当自收到通知之日起15日内进行补正。期满未补正的，该请求视为未提出。

第三十五条 国家知识产权局受理终止强制许可请求的，应当及时将请求书副本送交取得强制许可的单位或者个人。除另有指定的外，取得强制许可的单位或者个人应当自收到通知之日起15日内陈述意见；期满未答复的，不影响国家知识产权局做出决定。

第三十六条 国家知识产权局应当对专利权人陈述的理由和提交的有关证明文件以及取得强制许可的单位或者个人陈述的意见进行审查；需要实地核查的，应当指派两名以上工作人员实地核查。

第三十七条 专利权人在国家知识产权局做出决定前撤回其请求的，相关程序终止。

第三十八条 经审查认为请求终止强制许可的理由不成立的，国家知识产权局应当做出驳回终止强制许可请求的决定。在做出驳回终止强制许可请求的决定前，应当通知专利权人拟做出的决定及其理由。除另有指定的外，专利权人可以自收到通知之日起15日内陈述意见。

第三十九条 经审查认为请求终止强制许可的理由成立的，国家知识产权局应当做出终止强制许可的决定。在做出终止强制许可的决定前，应当通知取得强制许可的单位或者个人拟做出的决定及其理由。除另有指定的外，取得强制许可的单位或者个人可以自收到通知之日起15日内陈述意见。

终止强制许可的决定应当写明下列各项：

（一）专利权人的姓名或者名称、地址；

（二）取得强制许可的单位或者个人的名称或者姓名、地址；

（三）被给予强制许可的发明专利或者实用新型专利的名称、专利号、申请日及授权公告日；

（四）给予强制许可的决定的文号；

（五）决定的事实和法律依据；

（六）国家知识产权局的印章及负责人签字；

（七）决定的日期；

（八）其他有关事项。

终止强制许可的决定应当自做出之日起5日内通知专利权人和取得强制许可的单位或者个人。

第六章 附则

第四十条 已经生效的给予强制许可的决定和终止强制许可的决定，以及强制许可自动终止的，应当在专利登记簿上登记并在专利公报上公告。

第四十一条 当事人对国家知识产权局关于强制许可的决定不服的，可以依法申请行政复议或者提起行政诉讼。

第四十二条 本办法由国家知识产权局负责解释。

第四十三条 本办法自2012年5月1日起施行。2003年6月13日国家知识产权局令第三十一号发布的《专利实施强制许可办法》和2005年11月29日国家知识产权局令第三十七号发布的《涉及公共健康问题的专利实施强制许可办法》同时废止。

中 国 专 利 法 大 事 记

清末

1859 年 5 月，太平天国领袖洪仁玕在《资政新篇》中最早提出建立专利制度的设想。主张“倘有能造如外邦火轮车，一日夜能行七八千里者，准自专其利，限满准他人仿做”；“有能造精奇利器者，准其自售，他人仿造，罪而罚之”；“器小者赏五年，大者赏十年，益民多者年数加多，无益之物有责无赏。限满他人仿做。”

1882 年 8 月，清光绪帝批准郑观应等人的织布工艺以为期十年的专利。这是我国存案在册的第一件专利。不过，上海机器织布局属于官督商办的企业，其专利权实为官督商办企业专营权，非现代意义上的专利权。

此后，1889 年，商人钟锡良在广州开设造纸厂，获准专利 10 年。1895 年，张謇创办通州大生纱厂，获准专利 10 年；张弼士在烟台开办葡萄酿酒厂，获准专利 15 年。1896 年，王承淮改革旧机器制造洋布，获准专利 10 年。

1898 年 6 月 11 日，康有为上书光绪帝《请励工艺奖创新折》，建议对“创新器者，酌其效用之大小，小者许以专卖，限若干年，大者加以爵禄”。

1898 年 7 月 12 日，清政府颁布《振兴工艺给奖章程》。章程共 12 款，其中前 3 款规定了三种准许专利的情形及专利期限，第 11 款规定了负责专利奖励工作的部门和申请专利奖励的程序，第 12 款规定了对假冒专利者的处罚。这是我国第一部由政府颁布的有关专利的立法文件，不过，诞生于戊戌变法的该章程并未实施。

1903 年 9 月，清政府设立商部，下设 4 司，其中保惠司，“专司商部局、所、学堂、招商一切褒奖事宜，赏给专利文凭，译书译报，聘请洋工程师及本部司员升调补缺各项褒奖事宜”。这是我国第一个负责管理专利事务的中央政府机构。

1903 年 10 月 8 日，清政府与美国签订《中美通商行船续订条约》，该条约是美国宣布对华“门户开放”政策后中美间签订的第一个条约。其第 11 条规定专利保护问题。经过谈判，双方约定：保护专利问题须俟中国政府设立专利衙门、颁布保护专利“专律”后进行，而且不具体规定实行期限。

1904 年 3 月 15 日，商部咨复外务部美使函询商标、版权、专利筹办情形文件。文件称，商部正在拟定关于专利、商标保护的章程、专律，请外务部待章程、专律颁行后再照会各国公使，并先行照复美使。

1904 年 11 月 11 日，清政府和葡萄牙签订《中葡通商条约》。条约规定，清政府对符合条件的葡萄牙公民的发明创造授予专利权并给予保护。

1905 年 10 月 19 日，商部向各省发布《咨各省呈请专利办法略》，指出我国核准的专利与西方国家的专利性质不同，且各省没有统一的核准办法，因此商部将授予专利的权力收回，待专利章程实施后再行核准专利。

1906 年，清政府将工部并入商部，改称农工商部，下设农务、工务、商务、庶务四司，专利相关事项由商务司负责。同时，各省普遍建立商务局或农工商局。

1906 年 10 月 15 日，清政府农工商部制定《奖给商勋章程》。为激励发明创造，章程规定为进行发明创造和仿造西式物品畅销内地的技术人员授勋，并要求各省官员和各商会推荐候选人。

1907 年，清政府给予湖北水泥厂在湖北境内 15 年的专利权。

北洋政府

1911 年，南京临时政府设实业部，下辖的工政司负责管理专利事务，确立起国民政府工商实业部门负责专利事务的格局。

1912 年 8 月，北京政府设立工商部，下辖的工务司负责与工业相关的一切事项；1913 年，农林部并入工商部，下辖的工商司负责管理专利、商标事务；1927 年 7 月，北洋政府工商部分立为实业部与农工部，由实业部负责管理专利事务。

1912 年 12 月 5 日，北洋政府工商部颁布《奖励工艺品暂行章程》。这是近代中国实行的第一部专利法规。章程共 13 条，它引入先申请原则，确立专利审查和说明书制度，引入权利转让、强制实施和违法责任，并赋予专利权人实施专利的义务。北洋政府根据该章程颁布了专卖 5 年的专利 97 项，褒奖 144 项。

1923 年 3 月 31 日，工商部修订《奖励工艺品暂行章程》，并更名为《暂行工艺品奖励章程》，同时颁布了《暂行工艺品奖励章程施行细则》。这是我国第一部专利法规施行细则。新的章程将奖励范围扩大至制造方法与改良或应用外国成法制造物品，将专卖改为专利，并禁止外国人在我国申请专利。

1923 年 5 月 24 日，民族企业家吴蕴初获得北洋政府工商部颁发的“味精制品合格依章程奖励褒状”。此后，他就其味精技术获得多项外国专利。包括：1926 年 4 月 15 日，英国专利署通过中国驻英大使馆，向吴蕴初颁发专利号为 269 576 的专利证书，专利权期限为 16 年；1926 年 10 月 26 日，获得美国第 1 602 958 号专利证书，专利权期限为 17 年；1927 年 4 月 14 日，获得法国第 632 800 号专利证书，专利权期限为 15 年。

1925 年 10 月 19 日，北洋政府与奥地利政府在维也纳签订《中奥通商条约》。条约第 15 条规定，两国相互保护对方公民、公司的发明、商标。

1927 年 6 月，北洋政府工商部发布《外国人专利品暂行挂号办法》；9 月 5 日，公布《修正外国人专利品暂行挂号办法》，规定外国人应向实业部呈请暂行挂号。

南京政府

1927 年，南京国民政府（南京政府）设工商部，下辖的工业司负责管理专利事务。

1928 年 6 月 18 日，南京政府工商部颁布《奖励工业品暂行条例》。条例延长了专利权的期限，增加了奖励对象，要求呈请奖励者呈送说明书、宣誓书，并且对专利权的保护做出了更明确的说明。1928 年 7 月 6 日，颁布了《奖励工业品暂行条例施行细则》。

1929 年 7 月，南京政府颁布《特种工业奖励法》。共 7 条，规定了“特种工业”的范围、奖励方式和国籍的限制等事项。1930 年 2 月，工商部颁布《特种工业奖励法审查暂行标准》。

1930 年 3 月，南京政府工商部部长孔祥熙向国民党三届三中全会提出《请决定对中国工商业之国际关系采用保护政策，以贯彻总理遗教实行平等互惠案》，认为本国工商落后及与外国极不平等。他举“发明特许权”为例，认为“如不设法扶植保护，漫以平等互惠相夸，任其自然，将见愈益低下，永无实现平等互惠之可能”。

1930 年 4 月 28 日，南京政府立法院以《特种工业奖励法》与 1928 年颁布的《奖励工业品暂行条例》内容重复，宣布废止《奖励工业品暂行条例》。

1930年，日本副领事加藤日吉野在《日日新闻》上发表《论中国之特许权》，阐述了中国有关特许条例的进程，认为这些条例都不保护外国人的专利权。

1930年12月，工商部与农矿部合并为实业部，实业部下辖的奖励工业技术审查委员会，专门负责审查专利。

1930~1934年，获奖“特种工业”企业共3批24家公司，包括商务印书馆股份有限公司、天原电化股份有限公司、东亚毛呢纺织股份有限公司等。

1931年7月1日，南京国民政府实业部发布《小工业及手工艺奖励规则》，对符合条件的小工业及手工艺技术人员给予奖励，以鼓励技术改良。

1932年9月30日，南京国民政府实业部颁布《奖励工业技术暂行条例》。条例将专利权期限规定为10年与5年两种，将饮食品和医用药品排除出奖励范围，进一步规范了改进原发明和共同发明的规定，增加了专利权取消、再审查程序和对侵害专利权者的制裁。11月5日，实业部颁布《奖励工业技术暂行条例施行细则》。

1932年11月30日，南京政府实业部发布《奖励工业技术审查委员会规则》。这是我国近代第一部有关专利审查机关的组织规定。规则共14条，规定奖励工业技术审查委员会由13~17名人员构成，由实业部部长指派有工业学识的部员兼任；并规定了委员会会议的组织形式以及呈请工业技术奖励案件的具体审查方式。

1934年4月20日，南京国民政府公布《工业奖励法》，奖励技术改良和专利实施。同年，行政院公布《工业奖励审查标准》。

1935年，实业部将拟定专利法并筹设专利局“以适应国际环境”，列入年度行政计划。

1935~1936年，依照《工业奖励法》而获得给予专制权、减免税收、减低国营交通事业运输费等奖励的企业共73家，包括五洲大药房、大中华橡胶厂、华生电器厂等。

1938年1月，南京国民政府改实业部为经济部，经济部下辖的工业司负责管理专利事务。

1939年4月6日，南京国民政府经济部颁布修订的《奖励工业技术暂行条例》。该次修订包括，将专利分为发明、新型和新式样三种类型，删除了部分政府管理条款。9 月 11 日，经济部颁布修订后的《奖励工业技术暂行条例施行细则》。

1940 年 11 月 20 日，南京国民政府经济部颁布《奖励工业技术补充办法》，规定了奖励发明者的补充措施。

1940 年 11 月 29 日，南京政府经济部公布《经济部工业专利办法筹议委员会章程》，规定了工业专利办法筹议委员会的职责、编制等。

1944 年 3 月 13 日，南京政府行政院颁布《政府机关场厂人员发明或创造专利权处理及奖励办法》，主要规定了政府机关场厂人员的发明创造权属问题。这可能是我国近现代颁布最早的与职务发明相关的法规。

1944 年 5 月 29 日，国民政府主席蒋介石和立法院院长孙科联名颁布《中华民国专利法》。这是我国近现代第一部专利法。该法共 133 条，分为发明专利、实用新型专利、新式样专利、附则共 4 章。它明确了授予专利的范围，完善了专利的类型和授予条件；确立了专利的先申请原则和单一性原则；完善了专利权的范围，规范了专利权人的义务；完善了专利审查及异议程序；规定了强制许可制度；首次提及专利代理人，许可外国人在中国申请专利。

1946 年 10 月，南京国民政府经济部训令商标局兼办专利案件。

1947 年 9 月 24 日，行政院颁布《商标局专利审查委员会组织规程》，规定了专利审查委员会的组织机构、编制、开会规则等事项。

1947 年 11 月 8 日，南京国民政府颁布《中华民国专利法实施细则》，自 1949 年 1 月 1 日起施行。细则共 51 条，其中特别增加了专利代理及代理人的详细规定，规定了外国人呈请专利的程序性问题，规定了专利权的让与与实施。

1949 年 1 月 1 日，《中华民国专利法》及其实施细则生效。因为国民政府退入台湾，该法实际自 1950 年起实行于台湾，而没有在中国大陆实施。

解放区政府

抗日战争期间，中国共产党领导的多个地方政府在施政纲领中提出了奖励发明创造的政策，如 1941 年《晋冀鲁豫边区政府施政纲领》、1944 年《山东省战时施政纲领》。同时，多个地方颁布了奖励发明创造的政策文件，如

1941 年《晋察冀边区奖励生产技术条例》、《晋冀鲁豫边区奖励生产技术办法》、《晋西北奖励生产技术条例暂行条例》、《晋冀鲁豫边区优待专门技术干部办法》、《晋察冀边区优待专门技术干部办法》、1942 年《晋察冀边区奖励生产技术发明暂行条例》、《晋西北优待专门技术干部办法》。

1948 年 12 月，华北人民政府颁发了《华北区奖励科学发明及技术改进暂行条例》，并发布《华北区奖励科学发明及技术改进暂行条例执行办法》，以鼓励发明创造。

新中国早期

1950 年 8 月 11 日，政务院第 45 次会议批准《保障发明权与专利权暂行条例》，条例共 22 条，规定了针对发明创造的发明权与专利权双轨保护制度。10 月 9 日，政务院财政经济委员会根据条例第 12 条规定，发布《保障发明权与专利权暂行条例施行细则》（32 条）。

1950 年 8 月 11 日，政务院第 45 次会议发布《中央人民政府政务院关于奖励有关生产的发明、技术改进及合理化建议的决定》。10 月 9 日，政务院财政经济委员会颁布《发明审查委员会规程》（20 条）。

1953 年 7 月 1 日，中央工商行政管理局根据《保障发明权与专利权暂行条例》，授予福建籍化学家侯德榜发明的“侯氏制碱法”发明权 5 年。

1954 年 5 月 6 日政务院通过《有关生产的发明、技术改进及合理化建议的奖励暂行条例》（五章 33 条）。同年 8 月 28 日，中华全国工会发布该条例“若干问题的说明”（6 项）；1955 年 2 月 18 日，新成立的国务院发布对执行该条例“若干问题的解释”（13 项）。至此，发明奖励办法更加具体，专利制度被搁置。

1955 年 8 月 31 日，国务院发布《中国科学院科学奖金暂行条例》。这是新中国对自然科学研究工作给予奖励的第一个条例。1957 年 5 月，中国科学院举行 1956 年度科学奖金（自然科学部分）授奖仪式。华罗庚的典型域上的多元复变数函数论、吴文俊的示性类及示嵌类的研究、钱学森的工程控制论获一等奖。后来由于“左”的干扰，科学奖励工作停顿，1982 年恢复，由国家科委主持，改称“国家自然科学奖”。

1956 年 3 月 14 日，国务院成立科学规划委员会。委员会负责制订了《1956～1967 年科技发展规划》。这是新中国的第一个科技规划，由《1956～1967 年科学技术发展规划纲要》和 4 个附件组成。

1958 年 9 月，“中华全国自然科学专门学会联合会”（全国科联）和“中华全国科学技术普及协会”（全国科普）合并，举行第一次代表大会，正式成立了中国科学技术协会。

1961 年 4 月 22 日，国务院通过《新产品新工艺技术鉴定暂行办法》14 条，自发布之日起试行。

1962 年 10 月 4 日国家计委、国家科委、国家经委、财政部了发布《新产品试制暂行管理办法》（7 部分 35 条）。

1963 年 8 月 5 日，国防科委下发《关于进行发明奖励工作的通知》，要求军队迅速清理档案，审查、鉴定和呈报，对 1958 年以来的发明统一授奖。

1963 年 11 月 3 日，国务院发布《发明奖励条例》和《技术改进奖励条例》，以鼓励发明创造和技术改进，同时废止 1954 年《有关生产的发明、技术改进及合理化建议的奖励暂行条例》和 1950 年《保障发明权与专利权暂行条例》。专利制度正是被废止。

《技术改进奖励条例》于 1978 年 11 月 25 日被重新印发，之后被国务院 1982 年 3 月 16 日发布的《合理化建议和技术改进奖励条例》废止；《发明奖励条例》被国务院 1978 年 12 月 28 日重新发布的《发明奖励条例》废止。

1963 年 12 月，经中共中央、国务院批准，国家科委发布《1963～1972 年十年科学技术规划》。规划包括纲要、重点项目规划、事业发展规划、农业工业资源调查医药卫生等方面的专业规划、技术科学规划、基础科学规划 6 个部分，共 77 卷。为实现十年规划的目标和任务，还制定了 12 条具体措施，以及实施十年规划的管理办法。

1964 年 5 月 29 日，根据《发明奖励条例》，成立国家科委发明评选委员会，由武衡、钱学森等 15 人组成，武衡被聘为主任。

1964 年，国防科委一局设立发明奖励处，负责组织国防专用发明奖项目的申报、审查和核对工作。

1973 年 11 月，经国务院总理周恩来批准，时任中国国际贸易促进委员会（贸促会）法律事务部部长任建新率代表团（民间身份）作为观察员去日内瓦参加世界知识产权组织（WIPO）大会。这是新中国成立以来，中国政府首次派代表参加知识产权国际会议。

1977 年 1 月和 3 月，对外贸易部副部长柴树藩两次召集外交部、中国科学院和贸促会等单位开会，研究我国该不该参加世界知识产权组织。会上多数专家认为参加该组织利多弊少，并对参加该组织达成共识。

1978 年

3 月，全国科学大会在北京举行，审议通过《1978～1985 年全国科学技术发展规划纲要（草案）》。10 月，中共中央正式转发该规划纲要。

7 月，中共中央在批准外交部、外贸部和外经部的一个报告中指出："我国应建立专利制度"。

8 月，邓小平在一批汇报科研成果的人民来信上批示："如果成果可靠，应迅速推广，并在国际上取得专利权"。

10 月，我国政府派代表团出席在日内瓦召开的讨论《国际技术转让行动守则》会议。会议期间，WIPO 总干事鲍格胥与我国代表团中的国家科委成果局负责人关文魁会谈。鲍格胥介绍了参加 WIPO 的条件、成员的义务和权利、参加后的好处，以及双方可能进行合作的内容，加入《保护工业产权巴黎公约》（巴黎公约）、商标国际注册马德里协定联盟和不承认台湾是 WIPO 成员等。

12 月 8 日，时任国家科委常务副主任武衡以日本作为专利考察的第一站。随访日本的成员大部分来自科委系统，包括后来任专利局副局长的宋永林，另有北京大学法律教授芮沐和王正发。日本方面给予热情接待，日本专利局、发明协会、专利情报中心、专利代理人协会、专利协会以及国际保护工业产权协会（AIPPI）日本分会等单位都介绍了相关情况，代表团考察了索尼、日立、夏普、东芝等许多大公司的专利部门。这些访问使代表团对日本专利制度的各个方面有了全面的了解。

12 月 28 日，国务院重新发布《中华人民共和国发明奖励条例》。该条例内容经过多次修改后，1999 年 5 月 23 日被国务院发布的《国家科学技术奖励条例》废止。

这一年，国务院责成国家科委负责筹建专利制度的各项准备工作。次年，国家科委开始举办专利干部培训班，为建立专利制度做准备。

这一年，北京师范大学教师李金铠发明把汉字变成数码输入电子计算机的“汉字笔形编码法”，并在英国完成了专利权的申请手续。该编码法将汉字的笔划分成八类，用八个阿拉伯数码代表，计算机不需要添置任何专用设备就可以将汉字编码输入。

1979 年

2 月，WIPO 召开国际商标注册条约会议，邀请中国派观察员参加。经国务院批准，时任贸促会法律事务部副部长柳谷书参会，这是中国第二次作为观察员参加 WIPO 会议。WIPO 总干事鲍格胥表示希望中国尽快建立工业产权制度并参加 WIPO 和巴黎公约。

3 月 19 日，中国专利法起草小组成立。小组最初成员包括：郭寿康（中国人民大学）、段瑞林（北京大学）、夏淑华（中国社科院法学研究所）和胡明正（贸促会）（1998 年病逝）四位法律专家和国家科委系统的宋永林、赵元果。之后，国家科委又借调汤宗舜（西安外语学院）和朱晋卿（科技情报所）。组成了由武衡直接领导、宋永林任组长、包括 8 位成员的专利法起草小组。

4 月 5 日，应国家科委邀请来中国访问的日本特许厅代表团团长、特许厅长官熊谷善二，在北京科学会堂作了《日本专利制度对经济、技术发展的作用》的报告；代表团其他成员分别同我国有关方面的专家进行关于专利法、专利干部培训、专利情报文献利用和电子计算机在专利工作中的应用的专题座谈。

5 月 15 日，我国和瑞典政府签订《中华人民共和国和瑞典贸易协定》。协定第 6 条规定，缔约双方应鼓励成套设备和技术专利的交易，并应对有关这种交易的商业和技术合作的一切可能性给予应有的注意。

5 月 18 日 ~ 19 日，国家科委专利工作代表团访问 WIPO。期间，代表团与 WIPO 总干事鲍格胥和副总干事范纳尔等 5 人进行两次会谈，就 1978 年 11 月 7 日和 12 月 12 日 WIPO 致时任国家科委成果局负责人关文魁的《会议记录稿》和《备忘录》中所列合作项目，具体进行商谈并达成协议。

5月，国务院派出由国家科委副主任武衡率领的考察团访问WIPO。这是中国官方首次访问WIPO。期间，WIPO同意出资用于中国向有关国家派遣进修生学习专利知识，联邦德国、英国、法国、美国、加拿大等国也同意协助中国培养知识产权人才，并到欧美等13个国家考察专利制度。考察团回国后形成《关于我国建立专利制度的请示报告》，于1979年10月上报国务院。

6月6日，WIPO总干事鲍格胥就中国建立专利制度的一些具体问题致信时任国家科委代主任武衡。

7月1日，中华人民共和国政府与美利坚合众国政府在北京签订《中美贸易关系协定》。协定第5条规定，缔约双方同意在互惠基础上，相互给予对方自然人或法人专利权、商标权及版权的保护。

7月10日，人民日报发表郑土生文章《从居里夫人拒绝专利谈起》。这是人民日报首次刊登涉及专利制度价值的主题文章。

7月14日，国家科委召开专利工作座谈会，讨论提交《关于我国建立专利制度的请示报告》。当月，专利法草案第三稿和第四稿先后完成。

8月，我国首批专利进修生分赴日本、美国、加拿大、法国和WIPO学习。

11月17日，国家科委向国务院提出《关于我国建立专利制度的请示报告》，建议起草专利法，成立专利局，建立专利代理机构，加强对专利知识的普及宣传工作。

11月19~26日，应国家科委邀请，以WIPO总干事鲍格胥为团长的WIPO代表团访问我国，商谈了双方合作和我国参加WIPO的问题。11月22日，国务院副总理方毅会见了鲍格胥，鲍格胥在谈话中向方毅介绍了WIPO的宗旨、任务，表示希望中国参加该组织。方毅指出，中国是联合国常任理事国，参加WIPO符合我们对外开放的方针。事后，鲍格胥表示，这次会见是中国和WIPO间未来合作的美好开端。

11月20日，“中国专利法草案讨论会”在北京召开。经济界、法律界、科技界的200人参会。

11月21日，国务院发布了《自然科学奖励条例》11条。该条例被国务院1999年5月23日发布的《国家科学技术奖励条例》废止。

这一年，最高人民法院设立经济审判庭，负责审理包括技术合同纠纷案件在内的经济纠纷案件。

1980 年

1 月 14 日，国务院以“国发（1980）10 号”文件批准了《国家科委关于我国建立专利制度的请示报告》，根据批示，中国专利局正式成立。

1 月，国家科委成果局在《关于填写〈发明申报书〉的说明》中，规定按《国际专利分类表》第三版填写《国际专利分类号》一栏，反映我国科技成果管理制度中已引入国际专利制度的某些内容。

2 月 4 日 ~3 月 4 日，我国政府派代表参加在日内瓦召开的修订巴黎公约外交会议，这是我国第一次派代表参加有关该公约的外交会议。由于发达国家同发展中国家在许多问题上存在的分歧较大，这次会议只对程序问题进行了长时间的讨论，对实质性问题未达成任何协议。

3 月 2 日，人民日报发表华北制药厂许留明的文章《这种技术保密对谁有利》和评论《需要立个法》；此后，人民日报发表了多篇介绍专利制度、论述专利制度对于我国科技经济发展价值的文章。如，6 月 19 日，夏叔华的《建立专利制度完全必要》；6 月 30 日，陈德彰的《美国的专利制度》；7 月 19 日，范慕韩的《迅速实行专利制度，促进我国四化建设》；8 月 5 日，孙亚明的《关于加快经济立法的几点建议》、张联的《巴西利用专利制度发展经济》；8 月 29 日，宋永林、段瑞麟的《罗马尼亚专利制度的主要特点》。

3 月 3 日，我国向 WIPO 总干事鲍格胥递交了我国加入 WIPO 的加入书。按照《世界知识产权组织公约》规定，一个国家递交加入书之日起 3 个月后正式生效，我国于 1980 年 6 月 3 日正式成为 WIPO 的第 90 个成员。

5 月，铁道部根据对外科技交流和贸易工作的需要，决定在铁道部科技情报研究所内设立“发明专利室”，配备铁路各有关专业的科技人员，其任务除了科技成果的管理和汇编，申报国家发明奖的初审以外，主要是筹备有关专利的各项工作。

6 月，天津市科委同天津市科协合办了全国第一家宣传专利知识、交流技术有偿转让信息的报纸——《技术市场》报。

7 月 20 ~26 日，由国家科委组织，国家专利局在北京怀柔县中国科学院干部学校举办了第五期专利培训班，以普及、宣传专利制度。学习内容主要有：①专利的基本知识；②我国专利法的基本思想；③一些主要国家的专利制度和概况。参加本期培训班的学员，来自在京科学院各研究所、中央各部委机关、企事业单位，共150人。

8月25日，原工业部就我国建立专利制度问题，上书邓小平和国务院领导，提出反对意见。为此，国务院分别于1980年10月和11月召开研讨会，论证专利法的必要性和可行性。经过激烈争论，多数人认为，为了对外开放、引进技术和发展经济，中国应当制定一部自己的专利法。

10月22日，WIPO推出《关于中国专利局的计划大纲》。

10月29~30日，国家科委、国家经委在北京召开专利法问题座谈会，就我国实行专利制度的问题，进行了广泛、深入的讨论。

1981年

2月23日~3月6日，贸促会邀请WIPO来华举办了《专利法和专利代理讨论会》。WIPO总干事鲍格胥、联合国开发计划署驻北京办事处副代表道斯和贸促会副主任王文林出席了开幕式。我国各有关方面的干部、专家共120余人参会。会议介绍了发明和专利的基本含义、有关专利的三个条约、国际专利代理的一些惯例等。

3月7日，国家科委、中国专利局将《中华人民共和国专利法（草案）》报送国务院审核。

3月，中国专利代表团首次访问联邦德国，这是中德两国专利合作的开端。

6月，中国种子公司向美国专利商标局申请“强伏势杂交水稻技术”专利（申请号为156004），发明人为袁隆平。12月15日，该专利申请获得批准，其美国专利号为4305225。

8月，中国科技情报研究所专利馆并入中国专利局，中国专利局文献馆成立。它是中国专利局第一个对外开展服务的部门。

1982年

1月12日，联邦德国驻华使馆正式照会我国外交部，联邦德国政府批准对中华人民共和国专利局的无偿援助。

3 月 16 日，国务院颁布《合理化建议和技术改进奖励条例》，对合理化建议和技术改进的奖励、审查和处理等事项做出了规定。后被 1986 年 6 月 4 日国务院发布的《国务院关于修订发布〈合理化建议和技术改进奖励条件〉的通知》修改。

6 月 3 日，人民日报发表国家科委顾问、发明评选委员会主任武衡的文章《保护和奖励发明》。

8 月，中国宣布成立 AIPPI 中国分会，任建新被选为会长。1983 年 5 月 23 日，在任建新率团参加的 AIPPI 巴黎全体会议上，AIPPI 中国分会被正式认可。

10 月 25 日，国家科委在人民大会堂召开全国科学技术奖励大会。经国家科委评选出的 428 项发明和 124 项自然科学成果获得奖励。

11 月 18 日，我国正式成为 WIPO 协调委员会委员。

11 月 26 日 ~12 月 10 日，第五届全国人民代表大会第五次会议通过的《国民经济和社会发展的第六个五年计划》中，明确提出“要制定和施行专利法”。

1983 年

1 月 24 日，人民日报发表武衡、黄坤益、雷激的文章《建立专利制度，推动技术进步》。

5 月 16 日，新华社发表文章《种菇专业户花钱买技术专利》。

8 月 2 日，国务院常务会议审查专利法草案，提出制定专利法要达到便于发动大家搞发明创造、便于迅速推广应用技术发明、便于引进外国的先进技术的立法指导思想。会议决定将专利法草案提请人大常委会审议。

8 月 12 日，新华社发表文章《我国专利制度正加紧筹建》，对外发布我国专利制度建立信息。

9 月 7 日，人民日报发表戈泊、姚英敏的文章《专利制度与我国科学技术的发展》。

9 月 8 日，国务委员张劲夫会见联邦德国专利局局长豪依赛尔为团长的专利代表团，并表示对以优惠条件积极向中国转让先进技术的国家，我国将在贸易方面给予优惠待遇，体现平等互利原则。豪依赛尔表示，他这次来华是为了加强同中国在专利方面的合作，特别在专利工作中使用电子计算机的合作。他说，联邦德国由于专利信息传播的组织工作做得好，全国科研经费每年可节约30%，德国愿意在这方面向中国提供帮助。中德专利合作项目协议已于这一年 8 月 22 日生效，德国专利局同我国专利局建立的良好合作关系，为我国专利制度的建立提供了设备和技术援助。

9 月 26 日 ~10 月 4 日，以中国专利局局长黄坤益为团长的中国代表团出席了 WIPO 在日内瓦召开的第 14 届联席会议暨巴黎公约签订 100 周年纪念会。黄坤益当选为成员国会议主席，这是自 1980 年我国加入该组织以来，首次由中国人荣任该职。

10 月 19 日，国务院副总理万里会见了 WIPO 总干事鲍格胥一行。

11 月 8 ~26 日，中国专利局在京举办“专利分类学习班”。这是根据中德两国专利局签订的“专利合作实施计划”在中国举办的第一期学习班。

11 月 21 日，人民日报发表黄敏的文章《专利文献与科学研究》。

11 月 25 日 ~12 月 7 日，第六届全国人大常委会第三次会议对专利法草案进行了第一次审议。

12 月 4 日，人民日报刊发关于专利的 4 篇文章：黄坤益的《建立有中国特色的专利制度》、刘激扬的《专利制度小史》、于昌华的《好参谋——记铁道部“发明专利室”》和何润华的《天津市科委为实行专利制度早做准备》。

12 月 5 日，人民日报又发表董大一的《台湾的专利制度》。

1984 年

1 月 25 日，司法部公证律师司向贸促会法律事务部发出《关于出具专利有关证明事的复函》。

3 月 12 日，第六届全国人大常委会第四次会议通过并由主席令第 11 号公布《中华人民共和国专利法》。专利法共 8 章 69 条，自 1985 年 4 月 1 日正式实施。专利法的颁行标志着我国现代专利制度的正式建立。

1984 年 3 月 25 日，中国专利代理（香港）有限公司成立。

1984年6月5日，中国专利局和国家工商行政管理局商标局邀请人大法制工作委员会经济法室、外交部国际司、经贸部条法局和贸促会法律部等单位开会，讨论我国加入巴黎公约的问题和“关于我国加入《保护工业产权巴黎公约》的请示报告（草案）”。报告从4个方面阐述了我国应当加入《保护工业产权巴黎公约》的理由。会后，将修改的报告以（84）国专发法字第100号文由外交部、财政部、中国专利局和国家工商行政管理局4单位联名上报国务院，得到国务院同意。

6月，由国务院指定的涉外专利代理机构——中国国际贸易促进委员会专利代理部（贸促会专利代理部）正式开业。这是我国第一家涉外专利代理机构。

8月16日，WIPO总干事鲍格胥代表该组织授予我国时任国家科委顾问武衡一枚发明和创造金质奖章，表彰他在建立中国专利制度和促进国际合作中做出的突出贡献。

8月21日，国务院批准并印发了《国家经委、中国专利局关于处理外国人申请专利的优先权和建立第二个涉外专利代理机构的请示》，该请示涉及外国人申请专利的优先权起算日期和设立上海专利事务所两个事项。

8月23日，中国专利局发布1号公告，对外国人向中国申请专利时，依法享有优先权的问题做出规定。

8月23日，国家经委、国家科委、劳动人事部、中国专利局联合发布《关于在全国设置专利工作机构》的通知。

9月12日，国务院发布《中华人民共和国科学技术进步奖励条例》。已被国务院于1999年5月23日发布的《国家科学技术奖励条例》废止。

11月1日，由国务院总理签署、以国函字151号文将提请审议加入《保护工业产权巴黎公约》的议案报送全国人大常委会，于11月13日获得通过。《保护工业产权巴黎公约》加入书由时任外交部部长吴学谦签署，于同年12月19日递交给WIPO总干事鲍格胥。依照公约规定，我国于3个月后的1985年3月19日正式成为巴黎联盟成员国，离我国专利法的实行尚有12天。我国是该联盟的第96个成员。

11月初，AIPPI日本分会派遣以青木朗为团长的代表团在访问我国之际，提出两国分会建立相互交流关系，每年交流一次，地点互换，内容由两国分会秘书处事先商定。两国分会经协商就此达成一致意见。1985年开始举办的中、日两国定期知识产权交流会现已扩大为中、日、韩三国的交流。

11 月，中国专利局专利复审委员会成立。

12 月 6 日 ~12 日，第一次全国专利工作会议在北京召开。此次会议周密安排了专利法实施前的准备工作，重点研讨了中国专利法的宣传、普及和专利体系的建设问题。此后，全国专利工作会议分别于 1986 年、1989 年、1991 年、1993 年、1995 年、1997 年、2000 年、2001 年、2004 年在北京召开。

12 月 12 日，中国工业产权研究会创办内部刊物《通讯》；1987 年 8 月《工业产权》杂志创刊；1990 年 6 月 20 日，中国工业产权研究会第三次常务理事会召开会议并决定：中国工业产权研究会改为中国知识产权研究会，《工业产权》杂志改为《知识产权》杂志。1991 年 1 月《知识产权》杂志创刊，自 2012 年起改为月刊。该杂志为全国 21 种法学核心期刊之一。

这一年，中国专利局文献中心举办了全国首期专利文献检索学习班。

1985 年

1 月 19 日，国务院批准、中国专利局公布《中华人民共和国专利法实施细则》。本实施细则共 10 章 96 条，于 1985 年 4 月 1 日实施。这是我国第一部关于专利法实施的行政法规。

1 月 19 日，中国专利局发布第 4 号公告，公布《专利收费标准》。已于 2001 年 11 月 28 日被《国家知识产权局局长令（第 16 号）——废止部门规章》废止。

2 月 4 日，中国专利局发布《个人申请专利费用减缓办法》；2 月 25 日，又发布《中国专利局关于个人申请专利费用减缓比例掌握在不超过 50% 的通知》，对办法第三条关于各项费用的减缓比例最高不超过 80% 的规定做出修订。已于 1992 年 8 月 18 日被《中国专利局关于印发〈申请专利费用减缓办法〉的通知》废止。

2 月 16 日，最高人民法院发布《最高人民法院关于开展专利审判工作的几个问题的通知》，对有关专利纠纷案件的审判工作和有关专利的犯罪案件的审判工作中的问题做出了规定。已于 2001 年 12 月 27 日被《最高人民法院予以废止的 2000 年底以前发布的有关司法解释目录（第四批）》废止。

3月2日，中国专利局发布第7号公告，决定采用国际专利分类法（第四版）对发明和实用新型进行分类。

3月12日，中国专利局发布《中国微生物菌种保藏管理委员会普通微生物中心用于专利程序的微生物保藏办法》和《中国典型培养物中心用于专利程序的微生物保藏办法》，委托中国微生物菌种保藏管理委员会普通微生物中心和中国典型培养物保藏中心担负用于专利程序的微生物保藏工作。

3月29日，中国工业产权研究会正式成立，后于1990年11月30日更名为中国知识产权研究会，是经国家民政部批准成立的全国性社团法人。1990年12月6日至9日，中国知识产权研究会首届会员代表大会暨1990年度学术报告会在广东肇庆市举行，会议通过了中国知识产权研究会章程，选举产生了理事会，任建新为名誉会长，高卢麟为理事长。

4月1日，专利局设立的首批3家专利代办处成立并开业。它们为济南代办处、沈阳代办处和长沙代办处。

4月1日，专利法正式施行，航天部二院207所的胡国华递交了第一件专利申请，并取得了发明专利申请号85100001。当天受理专利申请量达3455件。1985年12月，胡国华顺利拿到了中国专利局颁发的发明专利证书，专利号为“85100001.0”，名称为“可变光学滤波实时假彩色显示装置”，是一种用于分析卫星图片的光学装置。

4月1日，国家专利局发布《专利管理机关调处专利纠纷暂行办法》，对专利纠纷的调处范围、处理和调解程序等事项做出规定。已于1990年9月19日被专利局令（第一号）（中国专利局发布的专利工作规章及规范性文件）废止。

4月19日，中国专利局发布《中国专利局关于专利代理机构备案的通知》，对专利代理机构备案的期限、内容等事项做出了规定。已于2002年4月27日被《国家知识产权局废止的局长令、公告和其他规范性文件》废止。

5月6日，国家海洋局发布《国家海洋局专利工作管理办法（暂行）》，规定了国家海洋局专利工作体系、专利申请与实施、专利纠纷处理等事项。

5月14日~6月9日，全国首届技术成果交易会在北京举行。

5月24日，国务院发布《中华人民共和国技术引进合同管理条例》。已于2001年12月10日被国务院《中华人民共和国技术进出口管理条例》废止。

6月，中国专利局和欧洲专利局在德国慕尼黑签署合作框架协议，建立正式的双边合作关系。次年4月3~4日，中欧专利局混合委员会在北京举行第一次会议。

7月2日，中国工业产权研究会专利专业委员会成立，会上聘请中国专利局副局长、自然科学博士沈尧曾为主任委员，马连元、王栋令为副主任委员。

7月20日，中国专利局发布《中国单位或个人向外国申请专利的办法》，已于1990年9月19日被专利局令（第一号）废止。

9月2日，农牧渔业部（现已变更为农业部）发布《农牧渔业部关于抓好农牧渔业专利工作的通知》，对农牧渔业专利工作的管理机构、农牧渔业专利服务机构等事项做出了规定。

9月3日，我国第一所专利干部进修学校在上海成立，校长由中国专利局顾问汤宗舜教授兼任。

9月4日，国务院批准《中华人民共和国专利代理暂行规定》，中国专利局于9月12日公布并施行。已被国务院于1991年3月4日发布的《专利代理条例》废止。

9月10日，卫生部、农牧渔业部、中国专利局发布《关于用于专利程序的微生物菌（毒）种、培养物入境检疫暂行规定》，对用于专利程序的微生物菌（毒）种、培养物入境许可审批单位、审批依据等事项做出了规定。

9月10日，第一期《中国专利公报》刊印。《中国专利公报》包括《发明专利公报》、《实用新型专利公报》、《外观设计专利公报》3种。首批公告的专利申请共150件，其中发明46件，实用新型65件，外观设计39件，国内124件，国外26件。此后，在世界3000多万份专利文献宝库中，增加了中国专利文献。

9月10日，中国专利局发布第9号公告，公布第一批中国专利文献服务网点，共64个（包括一个待定网点）。

9月23日~10月1日，中国代表团出席在日内瓦召开的WIPO第16次会议，中国是本次大会巴黎公约联盟成员中最年轻的国家，在这次大会上成为巴黎联盟执行委员会的成员国。

10月9~18日，全国首届发明展览会在北京举行。国家主席李先念为展览会亲临视察并剪彩。会上展出来自全国各地的发明成果347项，3人获得世界知识产权奖。会上完成技术贸易成交额800余万元。此后，全国发明展览会成功举行了二十届。

10 月 16 日，中国发明协会成立大会在北京人民大会堂举行。这是我国首个保护发明创造、推广民间发明的全国性社会团体。此后，各地相继成立分会。中国发明协会至今已在全国各省市成功主办了二十届全国发明展览会和七届国际发明展览会。

12 月 18～21 日，中国高校知识产权研究会成立。来自全国 77 所高等院校和有关单位的 100 多名代表，在武汉华中工学院（现华中科技大学）举行成立大会，会议推选黄白为名誉理事长，张培荣为理事长，大会通过了《中国高等院校知识产权研究会章程》。

12 月 28 日，中国专利局在人民大会堂颁发首批专利证书，143 项专利申请被授予专利权。

这一年，天津市政府经济协作办公室工程师潘家清成为我国第一件非职务发明专利的申请人。其专利名称为“直腹杆曲拉弦杆钢屋架及其制造”。

1986 年

2 月 1 日，中国专利局、外交部、国家科委发布《关于我国学者在国外完成的发明创造申请专利的规定》，规定了办理专利事宜的负责机构、在国外取得的专利权的归属等问题。

2 月 5 日，中国专利局发布第 11 号公告，公布《关于申请费的补充规定》，规定了权利要求附加费和说明书附加费等。已于 2001 年 11 月 28 日被《国家知识产权局局长令（第 16 号）——废止部门规章》废止。

3 月 10 日，中国专利局发布第 12 号公告，公布实施专利许可合同的备案方式和要求。

3 月 28 日，发布《中国专利局关于实施专利许可合同的备案的通知》，对实施专利许可合同备案方式和要求等事项做出了规定。

4 月 9 日，成立中国许可证贸易工作者协会，又称国际许可证贸易工作者协会中国协会（China Licensing Executives Society，简称中国 LES 或 LES China）。该协会是一个以会员个人身份参加的非营利性的专业团体，是国际许可证贸易工作者协会的一个成员。协会的宗旨是促进中国许可证贸易的发展，提高许可证贸易工作者的素质和业务水平，并加强中国与其他国家许可证贸易工作者之间的交流和合作。

4月22日，中国专利局发布《专利管理机关调处专利纠纷暂行办法》，对专利管理机关调处专利侵权纠纷的调处范围、处理和调解程序做出了规定。已1990年9月19日被《中华人民共和国专利局令（第一号）——有关专利工作的规章及规范性文件的清理》废止。

5月6日，中国专利局发布第14号公告，公布已向中国专利局备案的专利代理机构的名单，共244个。

6月11日，专利代理人考核委员会发布《专利代理人考核委员会章程》，对考核委员会的组成、考核委员会的工作制度等事项做出了规定。

6月30日，机械工业部发布《机械部专利代理工作试行办法》，自1986年7月1日起实行。

1986年，在WIPO总干事鲍格胥的倡导下，原国家教育工作委员会决定在中国人民大学设立中国人民大学知识产权教学与研究中心，并批准该中心从1986年起在我国创立知识产权法专业。6月，中国人民大学知识产权教学与研究中心成立，这是中国第一个知识产权教学和研究机构。次年，该校招收首届知识产权专业学生，从此拉开了中国知识产权高等教育序幕。

7月3日，机械工业部发布《机械工业部机械工业专利管理工作暂行规定》，自1986年7月1日起实行。

1986年7月31日，发布《中国专利局关于缴纳第一次年费的补充办法》，已于1992年2月17日被《中国专利局关于废止〈关于缴纳第一次年费的补充办法〉的通知》废止。

12月15日，国家科学技术进步奖评审委员会发布《中华人民共和国科学技术进步奖励条例实施细则（试行）》，对科学技术进步奖励的目的、范围等事项做出了规定。

12月16日，国家经委、国家科委、财政部、中国专利局发布《关于加强企业专利工作的规定》，规定了建立健全企业专利管理工作、对企业专利工作的要求、加强企业专利工作的措施。

12月26日，财政部、税务总局发布《财政部、税务总局关于对专利代理业务征免营业税问题的通知》，规定对专利代理机构为国内发明单位和个人提供专利咨询、代申请专利、代缴专利费用等取得的收入，在1988年底以前继续给予免征营业税的优惠。

1987 年

2 月 10 日，中国有色金属总公司发布《有色金属工业专利管理暂行规定》。

3 月 5 日，国家经济委员会、中华全国总工会发布《合理化建议和技术改进奖励条例实施细则》，对奖金标准的评定、奖励办法、评审程序与机构等事项做出了规定。

3 月 17 日，中国专利局发布《关于培训企业专利工作者的通知》；1989 年 2 月 21 日，又发布《关于培训企业专利工作者的补充通知》。已于 1990 年 9 月 19 日被专利局令（第一号）（中国专利局发布的专利工作规章及规范性文件）废止。

3 月，河南巩县"DFM－120 型蜂窝煤成型机"实用新型专利权侵权案发生。这是专利法实施以来的第一件涉及面比较广的侵权案，涉及厂家达 46 家之多。

4 月 13 日，国家建筑材料工业局发布《国家建筑材料工业局专利代理服务收费暂行办法》和《国家建筑材料工业局专利代理工作试行办法》。

5 月 28 日，中国专利局发布《专利技术人员靠用自然科学研究人员职务系列、实行〈自然科学研究人员职务试行条例〉的实施细则》，对专利技术人员的任职条件、任职资格评审组织、评审与聘任等事项做出了规定；1987 年 5 月 8 日，《中国专利局关于专利管理机构中的专业技术人员如何靠用专业技术职务的通知》，对《专利技术人员靠用自然科学研究人员职务系列、实行〈自然科学研究人员职务试行条例〉的实施细则》规定的从事专利工作的技术人员的范围进行了解释。

5 月 28 日，发布《中国专利局关于实行〈自然科学研究人员职务试行条例〉的实施细则的补充通知》，对专利代理人的任职条件做出了进一步说明。

1987 年 6 月 29 日，最高人民法院发布《最高人民法院关于专利侵权纠纷案件地域管辖问题的通知》，对专利侵权纠纷案件的地域管辖问题做出补充规定。已于2001 年 12 月 27 日被《最高人民法院予以废止的2000 年底以前发布的有关司法解释目录（第四批）》废止。

10 月 9 日至 11 日，航空工业部专利工作会议在北京召开。会议强调专利工作要促进科技进步，推动社会生产力的发展；鼓励专利工作者努力为发展航空工业服务。

10 月 19 日，《最高人民法院关于审理专利申请权纠纷案件若干问题的通知》发布，对专利申请权纠纷案件的 5 个问题做出了说明。已于 2013 年 1 月 14 日被《最高人民法院关于废止 1980 年 1 月 1 日至 1997 年 6 月 30 日期间发布的部分司法解释和司法解释性质文件（第九批）的决定》废止。

11 月 4 日，中国专利局复审委员会对日本夏普“电保温瓶”外观设计专利权宣告无效，这是我国首次宣告专利权无效的案例。1986 年 6 月 4 日，中国上海保温瓶一厂对该专利提出无效宣告请求，理由是该外观设计在申请日以前就处于公知范畴。

11 月 16 日，《中国专利局关于涉外代理工作中几个问题的说明》发布，对《专利法》第 36 条、《专利法实施细则》第 4 条和第 7 条进行了解释。已于 2002 年 4 月 27 日被《国家知识产权局废止的局长令、公告和其他规范性文件》废止。

11 月 30 日，辽宁省沈阳市中级人民法院经济庭开庭审理沈阳皮鞋九厂诉沈阳皮鞋一厂专利纠纷诉讼案。这是专利法实施以来，人民法院第一次开庭审理专利侵权诉讼案件。

12 月 12 日，发布《中国专利局、国家物价局关于专利代理机构收取专利代理费的通知》，规定各专利管理机关可根据当地情况制订收费标准，报同级物价部门批准后执行。

12 月 18 日，《中国专利局关于受理台胞专利申请的意见》发布，对台胞向中国专利局申请专利的申请文件、申请专利的费用等问题做出了规定。已于 1993 年 3 月 29 日被《中国专利局关于受理台胞专利申请的规定》废止。

1988 年

1 月 7 日，《航空工业部专利工作管理暂行办法》发布，对专利管理、专利的申请、实施等事项做出了规定。

1月20日，对外经济贸易部发布《中华人民共和国技术引进合同管理条例施行细则》，已于2001年12月10日被国务院《中华人民共和国技术进出口管理条例》废止。

2月25日，中国专利局发布第20号公告，规定了以申请人无申请权为理由的异议的处理程序。

2月26日，《中国专利局关于暂停批准企业、事业单位成立新的专利代理机构的通知》发布，规定由于《专利代理条例》的制定工作仍在进行当中，各专利管理机关暂停批准企事业单位新设专利代理机构。

3月1日，中国专利局发布《中国专利局关于向申请人出具优先权证明的办法》，此前1985年7月20日发布的《关于中国单位或个人向外国申请专利的办法》同时废止。

3月21日，国家科委发布《技术合同管理暂行规定》，已于2001年10月6日被《国务院关于废止2000年底以前发布的部分行政法规的决定》废止。

3月31日，首次全国专利代理人考试在上海、天津、合肥和成都市举行。

9月26日~10月3日，以中国专利局第一副局长高卢麟为团长，国家工商行政管理局商标局局长李继忠为副团长的中国代表团出席了在WIPO总部召开的WIPO及所辖联盟领导机构第19次例会，高卢麟当选为该组织协调委员会主席。

11月20日，中国专利局发布第21号公告，公布新的专利文献编号系统方案。

11月28日，发布《国家税务局关于对专利代理机构征收营业税问题的通知》，规定按照营业税税法的有关规定，对专利代理机构从事相关业务取得的收入应从1989年1月1日起按适用税目税率计征营业税。

12月12日，全国专利代理人协会筹备会在安徽合肥召开会议，宣布中华全国专利代理人协会成立，选举中国专利代理（香港）有限公司董事长柳谷书出任会长，通过了《中华全国专利代理人协会会员章程（草案）》。

1989年

2月2日，为表彰中国专利局前任局长黄坤益为中德专利领域的合作所做贡献，德国驻华大使韩培德以德国总统的名义授予黄坤益“星级大十字级德意志联邦共和国勋章”，授勋仪式在德国驻华使馆举行。

4月1日，《中国专利报》试刊号面世，邓小平亲笔为《中国专利报》题写报名。1989年7月，《中国专利报》正式创刊，伴随着我国专利工作体系框架的形成和不断完善，该报成为普及专利知识、宣传政策法规、交流专利信息的重要媒介。1999年7月1日起更名为《中国知识产权报》。现由国家知识产权局主管，中国知识产权报社主办，每周二、五出版。

4月19日，中国专利局发布《关于受理台胞专利申请的补充规定》，就台胞申请专利过程中某些具体事项做出了补充规定。已于1993年3月29日被中国专利局发布的《关于受理台胞专利申请的规定》废止。

5月8~26日，中国专利代表团参加了WIPO在华盛顿召开的签订“集成电路知识产权保护条约”会议，并在会议的最后文本上签字。在这次会议上，WIPO首次印发了该条约及会议最后文本的中文文本。

6月20日，中国专利局学术委员会成立。

7月1日，中国专利局专利文献馆首次对公众开放。其成立于1981年，前身是中国科技情报所专利馆，现隶属于国家知识产权局专利局专利文献部。在中国尚未实行专利制度、没有专利文献的成立之初，接受的第一批专利文献是联邦德国捐助的该国专利文献。

7月11日，国家医药管理局发布《专利工作管理办法（试行）》，对医药专利的管理机构、医药专利的申请、审批等事项做出了规定。

7月27日，中国专利局发布第24号公告，公布专利申请过程中注明邮政编码的事项。

9月15日，中国专利局发布第25号公告，公布与人体健康有关的医疗器具实用新型专利申请的审查规定。

11月1~2日，“二十一世纪国际专利制度世界讨论会”在北京举行。会议由中国专利局和WIPO联合主办，联合国开发计划署协办。会议研讨的主题有3个：①专利制度的国际化；②专利系统的计算机化；③专利文献、检索和审查。参加会议的有44个国家和地区以及二个国际组织的110名代表，包括来自联邦德国、日本、美国．苏联、法国、加拿大等和一些发展中国家代表，其中有30多位专利局局长和有关部门负责人。

11月20日，中国专利局发布第26号公告，规定了专利管理机关宣告专利权无效程序的有关事项。

11 月，在北京举行的第三次全国专利工作会议上，中国专利局与 WIPO 首次联合颁发了“中国专利发明创造金奖”，标志着中国专利技术的水平得到了世界公认。中国专利奖由中国专利局于 1989 年设立，目前已评选了十五届，2009 年第十一届起，评选周期由二年一届改为一年一届。

12 月 4 日，中国专利局发布《专利管理机关处理专利纠纷办法》，对专利管理机关处理专利纠纷的受理、调处程序等事项做出了规定。已于 2002 年 4 月 27 日被《国家知识产权局废止的局长令、公告和其他规范性文件》废止。

12 月 6 日，国家科学技术委员会、国家保密局发布《国家秘密技术出口审查暂行规定》，自 1990 年 1 月 1 日起施行。

12 月 10 日，中国专利局、财政部、中国人民银行、国家税务局发布《关于职务发明创造专利的发明人、设计人奖酬提取办法的规定》，自发布之日起施行。

12 月 21 日，中国专利局发布第 27 号公告，公布实用新型专利保护对象的规定，明确 8 项不授予实用新型专利权的发明创造。

1989 年，第 32 届国际专利分类法（IPC）专家委员会大会宣布，由中国专利局代表中国政府提交的中国传统药物分类修订提案首次纳入了 IPC 的修订计划，出版在 2005 年第 8 版的 IPC 当中。

1990 年

1 月 1 日，IPC 第五版正式生效，为与世界各主要专利局步调一致，中国专利局决定从即日起，IPC 第五版分类号用于中国专利局出版物。

1 月 2 日，中国科学院研发的熔盐籽晶法生长低温相偏硼酸钡单晶专利技术，在美国洛杉矶获国际权威杂志《世界激光集锦》授予的光电子工业技术成就奖。

1 月 18 日，在日内瓦举行的 WIPO 新建大楼委员会会议上通过的文本中规定，新建大楼将增设中文同声传译设备。

2 月 2 日，《国家科委、中国专利局关于加强专利管理工作的通知》发布，对专利管理机关的职能、加强专利管理机关的建设做出了规定。

2月10日，《中国专利代理》杂志创刊。由国家知识产权局主管，中华全国专利代理人协会主办，是协会内部季度刊物。

2月15日，中国专利基金委员会发布《中国专利基金委员会章程》和《专利基金使用管理办法》。

3月22日，专利局、国家计委、国家体改委、国家科委、国务院生产委员会发布《企业专利工作办法（试行）》，自发布之日起试行。

5月6日，中国专利局和农业部发布《关于推荐首批农业专利技术项目的通知》。共16项，均为经济效益比较好、能促进农作物大面积增产、防治病虫害效果较好的成熟专利和专利申请项目。

6月6日，发布《中国专利局关于处理有关微生物菌种保藏问题的通知》；7月14日又发布《中国专利局关于〈关于处理有关微生物菌种保藏问题的通知〉的执行办法》。已于2002年4月27日被《国家知识产权局废止的局长令、公告和其他规范性文件》废止。

6月26日，最高人民法院答复山东省高级人民法院《关于几种专利纠纷案件的管辖问题的请示报告》，发布《最高人民法院关于专利纠纷案件管辖问题的复函》。已2013年1月14日被《最高人民法院关于废止1980年1月1日至1997年6月30日期间发布的部分司法解释和司法解释性质文件（第九批）的决定》废止。

6月27日，南京市中级人民法院对沙亚西诉中国人民解放军总参谋部第六十三研究所专利权权属纠纷案做出判决，认定争议专利属非职务发明，专利权归沙亚西所有，并增补一名专利设计人。次年1月24日，江苏省高级人民法院做出终审判决，维持一审判决第一项，撤销一审判决第二项。

7月6日，国家科委发布《技术合同认定登记管理办法》，已2000年3月23日被国家科委（现为科技部）的《技术合同认定登记管理办法》废止。

7月6日，我国和瑞士在北京签订《中华人民共和国政府和瑞士联邦委员会关于对所得和财产避免双重征税的协定》，其中第12条规定了对于包括专利报酬在内的各种特许使用费征收税款。

7月23日，发布《中国专利局关于贸促会专利代理部和上海专利事务所可以代理台胞专利申请的通知》。

7月30日，国务院、中央军事委员会批准《国防专利条例》，8月17日由国防科工委发布施行。《条例》分为总则、国防专利的申请、审查和授权、国防专利的实施、国防专利的管理和保护、附则，共 5 章共 40 条。这是我国首部《国防专利条例》，标志着国防专利制度正式建立。

9 月 29 日，国家建筑材料工业局发布《关于加强建材科技管理中专利工作的规定》。

10 月 18 ~ 19 日，联合国开发计划署和 WIPO 对“发展经济与技术切实应用知识产权制度并使之现代化”（RAS/86/157）项目的联合评估团访华。这是该机构共同组织的一个亚太地区的援助项目，中国作为该项目的受惠国之一，是项目联合评估团的一个调查对象。在华期间，评估团访问了中国专利局，互相通报了项目执行情况。

11 月 22 日，首家全国性常设技术市场“全国技术信息发布厅”在中国科技情报所正式开业。

12 月 7 日，国家科委主任宋健签发国家科委第 10 号令，发布《技术交易会管理暂行办法》，自 1991 年 1 月 1 日起施行。

12 月，我国第一个知识产权纠纷案件审判合议庭在北京市中级人民法院成立。该合议庭隶属于经济审判庭。

这一年，中国专利局专利法研究所、中国专利报社、中国专利局机关团委和中国专利代理（香港）有限公司联合举办了首届全国专利论文征评活动，选出一等奖 2 篇、二等奖 4 篇、三等奖 8 篇和鼓励奖 20 篇。

这一年，我国第一部宣传专利的电视系列片《专利纵横谈》在武汉拍成，由武汉电视台和武汉市专利管理局联合录制。

1991 年

3 月 4 日，国务院发布了《专利代理条例》，自 1991 年 4 月 1 日起施行。这是我国第一部规范专利代理的行政法规。条例规定专利代理机构、专利代理人、罚则等内容，并废止了 1985 年起施行的《专利代理暂行规定》。

3 月，在七届全国人大会议上，李鹏总理在《政府工作报告》中首次提到知识产权。

4 月 8 ~ 11 日，由中国专利局与 WIPO 联合举办的亚洲地区食品加工业中工业产权应用和技术转让研讨会在北京召开，WIPO 总干事特别助理于寿谷及美、英、法、比、澳等国的代表出席了会议，会议研究了食品方面的工业产权问题和技术转让问题。

4 月 18 日，福建省微生物研究所副研究员刘华珍的发明专利“福菇肽产生菌发酵提取工艺和测定方法”在第十九届日内瓦国际发明与新技术展览会上，荣获“世界知识产权妇女发明奖”。

4 月 26 日，北京工业产权研究会召开了第二届第二次全体理事会，总结了 90 年度的工作，并讨论通过了 1991 年工作计划。会议讨论并决议，该会改名为“北京知识产权研究会”。

5 月 8 ~ 10 日，中国专利局副局长姜颖为团长的中国专利局代表团前往韩国参加 WIPO 与韩国工业产权局联合举办，联合国开发计划署资助的“世界知识产权组织为有效利用知识产权制度开发人才资源亚洲地区研讨会暨国际知识产权培训学院新址落成典礼”。

5 月 28 日，全国第一家省级专利工作研究会——江苏省企业专利工作研究会，在南京成立。

6 月 4 日，国务院发布《计算机软件保护条例》，该条例自 1991 年 10 月 1 日起施行。已于 2001 年 12 月 20 日被《计算机软件保护条例》废止。

7 月 26 日，国家科委发布《关于加强技术合同认定登记工作的通知》，提出专利技术是技术合同的重要标的之一，地方科委可在本行政区划内的专利管理机关中设立登记机构，受理本地区专利权转让、专利申请权转让、专利实施许可合同的认定登记申请。

7 月底，世界知识产权组织专利合作条约（PCT）专家一行三人访问中国专利局，举行了关于 PCT 问题的研讨会，系统地讲解了 PCT 制度，并就有关 PCT 程序和我国加入 PCT 等问题，同中国有关人员进行了广泛的探讨和座谈。

8 月，广东省顺德县召开中国专利技术转让及信息发布会，专利技术转让达成意向书 455 项，签订协议 16 项，转让金额 1000 多万元。

9 月 12 ~ 14 日，全国 15 个城市专利工作联席会议在上海举行，会议呼吁城市专利工作应形成立体辐射网络，全国地方专利管理工作尽快纳入统一规划、健康发展的轨道。

9 月 24 日，国务院第 159 次总理办公会议决定成立知识产权领导小组。

9 月，由机械电子部七八五厂研制的灵龟八法穴位显示仪，在保加利亚的索菲亚荣获1991年度国际青年发明奖金奖。它采用现代电子技术，依据中医灵龟八法推算的原理归纳整理而设计，由单片计算机实现，可以在数秒内找到开穴穴位进行针灸施治，具有技术先进、设计合理、计算准而快、工艺简单、易于推广应用的特点，在50多个国家参加的国际展览中夺得金奖。

10月12～13日，由大陆“海峡两岸经贸协调会”和台湾“海峡两岸商务协调会”联合举办的“海峡两岸专利、商标、著作权研讨会”在广东珠海市举行。

10月29日，北京知识产权研究会和北京高校知识产权研究会在北京航空航天大学联合举行了为期4天的“计算机知识产权研讨会”，这是我国颁布“计算机软件保护条例”以来第一次召开的有关计算机软件产权的大规模学术研讨会。来自北京和17个省市的120余位专家学者研讨了在“条例”条件下，我国计算机软件开发将会出现的新形势。

10月，由机械电子工业部科技司主办的《电子知识产权》杂志创刊。《电子知识产权》月刊是在原《电子专利信息》月刊的基础上创办的，增加了版权以及工业产权等方面的内容。

11月，奥地利专利局代表团访问中国专利局，中国专利局局长高卢麟、副局长沈尧曾同客人举行了工作会议，双方签署了《工业产权保护问题中奥混合工作小组第三次会议纪要》。

11月7日，由署长戴婉莹率领的香港知识产权署代表团来访，国务委员兼国家科委主任、国务院知识产权领导小组组长宋健在人民大会堂予以接见。专利局局长高卢麟、副局长沈尧曾、马连元向代表团介绍了中国专利局的组织机构、专利审批流程管理及专利审查工作情况。

11月19日，北京市中级人民法院知识产权合议庭公开宣判一起专利纠纷案，一审判决撤销中国专利局专利复审委员会关于“惰钳式门”专利的第112号无效宣告请求决定，香港美芝（珠江）金属制品厂胜诉。这是人民法院首次判决发明专利权确权案件。该案于1992年3月4日由北京市高级人民法院做出终审判决：驳回专利复审委员会上诉，维持原判。

11月27～29日，WIPO总干事鲍格胥一行访问北京，与中国专利局就1992年至1993年合作举行了会谈。28日总书记江泽民在中南海会见了鲍格胥；29日，北京大学授予鲍格胥名誉教授衔。

12月5日，为协调领导我国知识产权的有关工作，国务院成立了国务院知识产权领导小组。

12月12～15日，由中国科学报社主办的1991年海峡两岸高科技合作项目洽谈会，在厦门市富山国际展览城举行。

12月17～18日，机电部微电子司在京召开了第三次集成电路知识产权立法研讨会。国务院法制局、国家科委政法司、机电部微电子司、科技司、法规司有关领导和集成电路产业界及有关学者一起，讨论集成电路知识产权保护法（或条例）在我国知识产权法律体系中的地位、立法的指导思想和目的以及立法后将对我国集成电路产业产生的影响等。

12月19日，中国专利局根据国务院发布的《行政复议条例》，发布了《中华人民共和国专利局行政复议规程（试行）》，自1992年2月1日起试行。已于2001年11月28日被《国家知识产权局局长令（第16号）——废止部门规章》废止。

12月，日本会同美国及部分欧洲国家，并邀请部分亚洲国家和地区，举办了软件国际讨论会。会议参加者约300人，多为日本大企业知识产权部或专利部的负责人、学者、律师、专利代理人、有关技术人员。主题报告从技术和法律上介绍了软件保护现状，专题报告讨论：美、欧保护软件的情况，软件技术的发展与法律保护方面的问题，专利法的保护与著作权法保护的关系。体现了日本业界对软件知识产权保护的诉求。

1992年

1月17日，我国政府与美国政府在华盛顿签订《中华人民共和国政府与美利坚合众国政府关于保护知识产权的谅解备忘录》，两国政府确认了中国将提供本国专利法水平的知识产权保护。

1月25日至31日，应中国专利局邀请，意大利知识产权代表团来到北京和上海访问。代表团与中国专利局、国家版权局、国家工商行政管理局和贸促会的有关进行了会谈。

2月24～28日，WIPO、中国专利局、日本特许厅在北京召开了“WIPO亚洲地区电子工业中工业产权应用和技术转让研讨会”。WIPO有关官员以及国内外近百名代表参会。会议分四个部分对20个议题进行了研讨。

3月10日，全国专利管理局（处）长会议在广州召开，来自全国54个省、自治区、直辖市、计划单列市、沿海开放城市、经济特区、专利试点城市的代表出席了会议。会上通报了修改专利法和中美知识产权谈判的有关情况，讨论和研究了今后专利工作应如何开展的问题。

3月10~15日，首届外观设计专利及新产品展览会在广州举行，来自全国18个省市的近800多个项目参展，其中外观设计专利300多项。经评委会评选，评出金奖15项，优秀奖348项。

3月11~13日，中国民办科技实业家协会在北京举办了保护知识产权研讨会。参加会议约50名代表讨论了从技术上如何认定专利侵权、如何正确利用知识产权法律保护自己的合法权益、如何利用专利法避免重复劳动、如何利用知识产权搞活企业提高效益等问题，表现出企业主对利用知识产权法律保护自己合法权益的关心。

4月13~14日，由国际保护工业产权协会（AIPPI）中国分会举办的“中国知识产权法律制度讨论会”在北京召开，来自5大洲40多个国家和地区的知识产权界的律师、学者、政府官员和国际组织代表420余人参加了讨论会。

4月15日，国家医药管理局与中国专利局就我国将对美国药品采取行政保护问题举行座谈，国家医药管理局草拟了关于对美国药品实行行政保护的条例，中国专利局则在文献、自动化、专利审查方面积极配合国家医药管理局的工作。

5月8日，北京市高级人民法院公开宣判首起专利权属纠纷案，判决“钻孔压浆成桩法”发明为非职务发明创造，该专利权归发明人陶义所有。

5月25~29日，机械电子工业部在北京召开了“全国电子工业知识产权工作会议”，来自全国电子行业、地方厅局、集团公司、研究所、工厂、院校的110余名代表参会。机械电子工业部常务副部长曾培炎《关于加强知识产权管理、促进电子工业发展》的工作报告，并着重阐述了我国电子工业知识产权面临的形势、工作进展情况、指导方针、对外专利政策和主要任务；总工程师俞忠枉作了《中国集成电路知识产权法律保护》的长篇政策性报告。会议还讨论了机械电子工业部《机电工业专利工作八五规划要点》、《机械电子工业部专利管理办法》草案。

6月5日，台湾和美国经过为期九天的谈判，在华盛顿达成保护知识产权的协议，其中包括旨在解决复杂问题的首次双边承诺。

6月11日，中国签署《生物多样性公约》，11月7日批准，次年1月5日交存加入书。

6月20日，国家物价局、财政部发布了《关于发布专利收费项目和标准的通知》，自10月1日起执行。

7月6日，中国知识产权研究会与经济技术研究会在北戴河举办知识产权学术研讨会，中国知识产权研究会秘书长刘激扬的"我国知识产权制度日臻完善"的专题报告介绍了我国知识产权制度的发展。

8月12日，西藏第一件发明专利"一种藏药坐台粉的加工方法"被授予专利权。

8月18日，中国专利局印发了《申请专利费用减缓办法》，自10月1日起施行。1985年《个人申请专利费用减缓办法》和1987年《关于个人申请专利费用减缓以后掌握在不超过50%的通知》同时废止。10月10日，又发布《中国专利局关于执行〈申请专利费用减缓办法〉的补充规定》。《申请专利费用减缓办法》已于2001年11月28日被《国家知识产权局局长令（第16号）——废止部门规章》废止。

9月4日，第七届全国人大常委会第二十七次会议通过专利法的第一次修改。1993年1月1日，第一次修改后的《中华人民共和国专利法（修正）》及其《实施细则》实施。

9月5日，中国专利局发布《对外国优先权和本国优先权说明的公告》，公告对第一次修订后的《专利法》对外国优先权和本国优先权的规定做出了说明。现已于2002年4月27日被《国家知识产权局废止的局长令、公告和其他规范性文件》废止。

9月8日，《中国专利局关于做好修改后的专利法实施前有关专利申请工作的通知》，规定专利法修订前后专利申请的协调问题。

9月8~12日，首届中国专利新技术新产品博览会在烟台举行。截至2012年，中国专利新技术新产品博览会共举办十届。

9月15日，中国专利局和中国知识产权研究会在人民大会堂举行了颁布中国专利法修正案座谈会，WIPO总干事鲍格胥、德国专利局长豪依塞尔、全国人大常委会副委员长王汉斌及有关专家、学者参会。会上，国际人士对我国修改专利法给予了高度评价，鲍格胥赞扬我国专利制度运行十分出色，在较短的时间里进入了世界五大专利国的行列。

9月17~24日，中国知识产权研究会在北京举办了92知识产权培训班。

9月21日，WIPO联盟第23次领导机构会议在日内瓦召开，中国代表团团长高卢麟在会上介绍了我国在专利、商标和版权方面所取得的成就。9月23日，专利合作条约（PCT）联盟大会第20次会议批准了WIPO和中国专利局达成的协议，一致通过了中文为PCT正式文字，中国专利局为PCT国际检索和国际初审单位的提案。

11月3~4日，由中国知识产权研究会主办的内地与香港知识产权法律制度研讨会在广州召开。这是内地与香港第一次举行的知识产权研讨会，40多名代表来自内地、香港的知名学者、律师、法官、政府官员和学术团体，主讲嘉宾高卢麟、戴婉莹、胡红玉、李继忠、韦德诗、沈仁干、廖长城、费宗伟分别就内地、香港的专利、商标、版权和知识产权诉讼制度的现状与展望发表演讲。

11月11日，国务院总理李鹏批准了中国专利局于10月30日上报的《关于受理南非专利申请的请示》。

11月18~19日，海峡两岸经贸协调会和海峡两岸商务协调会共同举办的“海峡两岸专利、商标、著作权学术研讨会”在北京举行，110多名代表大都是海峡两岸知识产权界的知名人士和专家学者。

11月28~29日，全国专利代理人资格考试开考，这是《专利代理条例》颁布后在全国进行的第一次面向社会的公开报考，全国共计2060人分别在北京、山东、浙江、广东等13个考场应试。现在，全国专利代理人资格考试是国家知识产权局举办的从事专利代理行业的职业资格考试，每年举行一次，一般于11月在全国十几个考点城市同时进行。考试内容分为法律知识（包括专利法律知识、相关法律知识两个科目）和专利代理实务两个部分，分别确定合格分数线。两部分均合格的，可取得由专利代理人考核委员会颁发的“专利代理人资格证书”。

12月12日，国务院批准修订《中华人民共和国专利法实施细则》，1992年12月21日由中国专利局发布，自1993年1月1日起施行。

12月31日，《最高人民法院关于审理专利纠纷案件若干问题的解答》发布。现已被2001年6月22日《最高人民法院关于审理专利纠纷案件适用法律问题的若干规定》（法释〔2001〕21号）所代替，并被《最高人民法院予以废止的2000年底以前发布的有关司法解释目录（第四批）》废止。

这年底，台湾“行政院”大陆委员会决定，开放大陆商标、专利在台湾登记，以保障大陆企业在台湾的权利，进而推动两岸产业技术交流，提高两岸经济贸易往来层次。台湾经济部中央标准局制定了“大陆人士、公司在台湾申请专利、商标办法”，以作为开放大陆专利、商标在台湾登记的管理依据。

1992年，中国专利情报检索系统（简称CIPIS系统）投入试运行。该系统是在中日技术合作项目——中国专利情报检索教育用系统的基础上，历经4年由中国专利局自动化部开发而成的，是目前国内数据最完备的中国专利情报检索系统，贮存了至今所有已公开的实用新型、发明的著录项目、文摘、独立权利要求及主要的法律状态。其数据将不断追加和更新。它在检索手段上也是国内同类系统中最完善的，提供了一次检索、二次检索、对发明名称和文摘的全文检索等检索功能，可实现检索过程的存贮、修改和执行，并且其输出格式可因用户的需要随时调整。

1992年，机电部第二届专利信息网会议在无锡举行，来自全国各地机电部部属企业、院、所专利工作的150多位代表参加会议。

1992年，第二次交通系统专利工作研讨会暨交通部交通专利情报网成立大会在上海召开，成立交通部交通专利情报网，并制定了1992年度专利情报网的工作计划。

1992年，福州发明协会与台湾发明协会签订了每年联合举办一次发明展览会的协议。该协议旨在打开海峡两岸发明家交往之门，加强两岸科技交流与合作。协议约定，从1992年开始，福州发明协会和台湾发明协会将每年联合举办一次发明展览会，第一届海峡两岸科技发明展在台湾举办。

1993年

1月1日，修改后的专利法和专利法实施细则开始实施。

1月27日，中国科学院发布关于《中国科学院保护知识产权的规定》，自公布之日起施行。

2月15日，中国专利文摘数据库（CNPAT）产品发布会暨首发式在中国专利局举行。该数据库将中国专利局自1985年实施专利法以来至1992年12月底为止已公布的发明和实用新型专利约18.3万件，集成在一张直径为12CM、重15克的CD-ROM光盘上。

3月10日，中国专利局首次公开发布《审查指南》，并于4月1日起实施。《审查指南》对统一专利审查标准，提高专利审查质量和专利代理水平等具有重要的作用。

3月29日，中国专利局发布《关于受理台胞专利申请的规定》，自1993年5月1日起施行。同时废除《关于受理台胞专利申请的意见》、《关于受理台胞专利申请的补充通知》。4月23日，中国专利局发布根据该规定制定的《中国专利局关于台胞申请专利手续中若干问题的处理办法》，细化该规定的实施办法。

3月30~4月2日，机电部科技司和《电子知识产权》编辑部在京举办了电子行业《关贸总协定与知识产权研讨会》。会议主要研讨了关贸总协定乌拉圭回合关于与贸易有关的知识产权问题，在我国“复关”后对电子工业的影响及其应采取的对策和措施。

4月7日，WIPO在马来西亚首都吉隆坡召开了WIPO亚洲地区发展有效的工业产权制度圆桌会议。应WIPO邀请，中国代表团参加了会议。会议主要研讨亚太地区发展中国家目前工业产权制度的状况，以及工业产权制度作为一种政策和管理手段，在支持经济和技术发展中要保证其有效性所应具备的基本要素。孟加拉、斐济、印度、印度尼西亚、马来西亚、蒙古、巴基斯坦、菲律宾、韩国、新加坡、斯里兰卡、泰国、越南等国参会。

5月4~7日，由欧共体资助，中国专利局和欧洲专利局主办、国际工业产权研究中心协办的许可证和技术转让合同研讨班在中国专利局举行。

7月23~28日，应中国专利局的邀请，以局长布兰德利为团长的欧洲专利局代表团一行五人来华访问。

8月1日，国防科学技术工业委员会国防专利局公布经国防科工委和国家物价局收费管理司批准的《国防专利收费项目和标准》及《申请国防专利费用减缓办法》，自1993年10月1日起施行。

8月5日，北京市高、中级人民法院在京举行新闻发布会，宣布两院正式建立知识产权审判庭。

8月7日，我国第一张中国专利说明书CD-ROM光盘试制成功，标志着我国专利文献的出版发行已过渡到多种载体并存的阶段。

9月1日，贸促会所属专利代理部和商标代理部合并，组建中国国际贸易促进委员会专利商标事务所（简称贸促会“专利商标事务所”）。

9月2日，第八届全国人大常务委员会第三次会议通过《中华人民共和国反不正当竞争法》，同日公布，同年12月1日起施行。

9月11～17日，最高人民法院经济庭、中国专利局人教部和中国知识产权研究会在四川省成都市联合举办了专利法和专利诉讼培训研讨班。

9月13～14日，WIPO和中国专利局在北京中国专利局会议大厅召开“专利合作条约（PCT）和中国”国际研讨会。开幕式上，中国外交部副部长刘华秋代表中国政府向WIPO鲍格胥总干事递交了中国政府加入专利合作条约的证书。至此，中国将正式成为PCT第57个成员。继日本、美国、澳大利亚、奥地利、俄国、瑞典及欧洲专利局（EFO）之后，我国成为第8个承担PCT检索单位的国家、国际初审单位和受理局，除英、法、德、日、俄、西文外，中文也正式成为PCT的正式出版语言。期间，WIPO还和中国国家科委、商标局、版权局分别召开了“保护植物新品种亚洲地区研讨会”、“关于马德里协定与中国国际研讨会”、“民间创作保护研讨会”。

9月20日，WIPO及其所辖联盟领导机构第24次系列会议在日内瓦举行，中国专利局局长高卢麟为团长的中国代表团出席会议，会上正式使用中文同声传译，高卢麟当选为WIPO成员国主席；中国继续担任WIPO协调委员会、巴黎联盟执行委员会、预算委员会、工业产权常设委员会和版权常设委员会工作组的成员。

10月1日，我国政府正式向WIPO递交专利合作条约加入书，于1994年1月1日起我国成为专利合作条约的缔约国。

11月5日，我国政府与瑞典政府在北京签订《关于知识产权的谅解备忘录》，双方政府再次确认相互间根据巴黎公约所承担的权利、义务，包括专利保护的地域性和独立性原则。

11月23日，中国专利局发布《关于中国实施专利合作条约的规定》，自1994年1月1日起施行。

1993年，北京大学知识产权学院成立，这是中国高校中第一家专门的知识产权学院。学院实行董事会制度，由北京大学领导，挂靠在法学院，并由董事会监督管理。2009年10月，原北京大学知识产权学院董事会决议改董事会为理事会，实行理事会管理、院长执行制。

1994 年

1 月 1 日起，我国成为《专利合作条约》（PCT）的成员国，中国专利局正式成为 PCT 的受理局、指定局和选定局。至此，中国成为 PCT 第 57 个成员；继日本、美国、澳大利亚、奥地利、俄国、瑞典及欧洲专利局（EFO）之后，我国成为第 8 个承担 PCT 检索单位的国家、国际初审单位和受理局，除英、法、德、日、俄、西文外，中文也正式成为 PCT 的正式出版语言。

当天，中国专利局受理了第一件 PCT 国际专利申请，该申请由上海专利事务所代理，是一项有关“交通自动控制”的发明。

2 月 15 日，中国专利局印发《中国申请人向国际局递交国际申请实施办法》的通知。

3 月 1～3 日，中国专利局与 WIPO 及日本特许厅在北京联合举办了亚洲地区外观设计研讨会。

3 月，在庆祝中国专利法施行十周年之际，中国专利局举行了 3 项大型活动，即 1994 年 3 月 17～22 日在北京展览馆举行《中国专利十年成就展》；3 月 28～30 日举行《专利制度促进技术与经济发展国际研讨会》；3 月 30 日在人民大会堂举行《庆祝中国专利法十周年大会》。

4 月 13 日，发明者协会国际联合会（IFIA）将“义福亚”杯授予中国发明协会会长武衡，以表彰他为中国和世界发明事业所做出的杰出贡献，武衡是国际上第二个获此殊荣的人。

5 月 9 日，由北京大学与华盛顿大学联合举办的知识产权国际保护新发展学术报告会，在北京大学召开。

5 月 9 日～6 月 10 日，中国专利代理（香港）有限公司 CPA 总经理郑松宇先生一行访问欧洲。

5 月 10 日，由中国发明家协会、中华全国总工会和中国专利局共同举办的首届全国优秀发明企业家评选揭晓，这是我国第一次评选致力于发明成果商品化的发明企业家。

5 月 11～28 日，电子工业部电子知识产权考察团对日、美两国电子领域的知识产权保护状况进行了为期 18 天的考察。考察团先后拜会了日本通产省、文部省和美国专利与商标局等政府知识产权主管部门，访问了日本软件信息中心、半导体集成电路布图设计登记中心和有关民间机构、日本京都大学和美国乔治华盛顿大学知识产权教学研究部门，参观了富士通、苹果计算机公司等有关电子企业。

5 月 12 日，第八届全国人民代表大会常务委员会第七次会议通过《中华人民共和国对外贸易法》，2004 年 4 月 6 日第十届全国人大常务委员会第八次会议修订。

5 月 18 日，中国专利局、国家经贸委和国家科委联合发布《企业专利工作办法》，自发布之日起施行。已于 2000 年 2 月 16 日被国家知识产权局、国家经济贸易委员会发布的《企业专利工作管理办法（试行）》废止。

6 月 10 日，肯尼亚工业产权局致信中国专利局，希望中国专利局同意作为肯尼亚国民和居民向肯尼亚工业产权局或国际局提交的 PCT 申请的主管国际检索单位（ISA）和国际初步审查单位（IPEA）。根据“中国专利局和世界知识产权组织关于中国专利局作为 PCT 的国际检索单位和国际初步审查单位而开展工作的协议”，中国专利局同意作为肯尼亚国民和居民 PCT 申请的主管 ISA 和 IPEA，并将这项决定书面通知 WIPO 总干事。该决定在国际局收到通知、并公布在 PCT 公报后正式生效。

6 月 13 日，中国专利局、国家经贸委、国家科委联合印发了《企业专利工作办法》，该办法自发布之日起施行。

6 月 16 日，国务院新闻办公室发表《中国知识产权保护状况》白皮书。白皮书分三部分：①中国保护知识产权的基本立场和态度；②中国具有高水平保护知识产权的法律制度；③中国具有完备的保护知识产权的执法体系。自 1998 年起，国家知识产权局组织公安部、农业部、文化部、海关总署、工商总局、版权局、林业局、法制办、最高人民法院及最高人民检察院等知识产权相关部门共同编写本年度的《中国知识产权保护状况》白皮书。白皮书内容全面、数据翔实，从立法、审批登记、行政执法、司法保护、体制机制建设、宣传、培训、国际合作交流等各方面，充分展示我国知识产权保护所取得的重大进展，是国内外各界了解我国知识产权保护总体状况的重要渠道。

6 月 20 日，国务院决定建立知识产权办公会议制度，负责研究、协调我国知识产权的有关问题。该办公会议由国务委员宋健主持，办公室设在国家科委。

6月23~30日，国家国有资产管理局和中国专利局在中共中央党校共同举办全国首届专利系统资产评估培训班。

7月5日，国务院发布《国务院关于进一步加强知识产权保护工作的决定》，提出了进一步加强知识产权保护的十一点意见，包括完善知识产权法律制度等。

7月26~28日，澳大利亚工业产权局局长安德鲁·贝恩一行应中国专利局的邀请，对北京进行正式访问。

8月9日，国家专利局印发了专利局公告（第四十三号），公布了调整后的专利收费项目和标准。8月15日，根据该公告，国家专利局制定了新的《申请专利费用减缓办法》，自1994年9月1日起施行。国家专利局于1992年8月18日和10月10日发布的国专发审字［1992］第181号文和第238号文同时废止。

8月15~18日，北京市高级人民法院邀请部分省、市的高、中级人民法院负责知识产权审判工作的审判庭庭长和审判员举行了知识产权审判工作业务研讨会，与会代表共30余人。最高人民法院副院长唐德华、北京市高级人民法院院长盛连刚、审判委员会委员费宗祎及国家专利局、国家版权局、电子工业部等主管机关的领导和知识产权专家参加研讨。

9月26~29日，由北京大学主办、台湾资讯工业策进会协办的第一届海峡两岸知识产权保护学术交流会在北京大学召开，会议主题为“海峡两岸知识产权保护制度”。此后，海峡两岸知识产权学术交流研讨会轮流在内地和台湾举行，截至2012年，已举行九届。

9月29日，最高人民法院发布了《关于进一步加强知识产权司法保护的通知》，提出了包括健全审判机构、及时受理案件等五点要求，以加强知识产权的司法保护，保证知识产权法律、法规的贯彻实施。

1994年，乌克兰、亚美尼亚、俄罗斯等国家为了建立保护专利的区域合作体系，签订了《欧亚专利公约》（Eurasian Patent Convention）。该组织目前有11个成员，从1996年1月1日开始接受专利申请，其管理机构是主管委员会，行政机构是欧亚专利局。欧亚专利保护体系建立在巴黎合作体系基础上，规定不得弱化其他条约所保护的专利权利；任何欧亚专利都在所有的缔约国获得跟本国专利同样地位的保护。

1994 年，国际许可贸易工作者协会（简称国际 LES）在北京召开了 1994 年国际大会。这是国际许可贸易工作者协会第一次在中国举行大会。

1995 年

1 月 10 日，根据国务院《行政复议条例》，中国专利局制定并发布《中华人民共和国专利局行政复议规程》，自 1995 年 2 月 1 日起施行。1991 年 12 月 29 日发布的《中华人民共和国专利局行政复议规程（试行）》同时废止。

1 月 11 日，中国专利局向国务院上报《关于我国加入〈国际承认用于专利程序微生物保存布达佩斯条约〉及将我国的两个菌种保藏单位转为国际保藏单位的请示》。3 月，国务院批准我国加入该条约。

1 月，美国沃纳·兰伯特公司专利权被专利复审委员会宣告无效。这是我国首例宣告外国发明专利无效案。

3 月 5 日，国务院办公厅发出《关于进一步做好知识产权保护工作的通知》，决定将 1995 年 1 月 1 日开始的知识产权重点执法期延长到 8 月 31 日，集中力量在全国范围内加强知识产权保护的宣传教育和法律实施。为配合这次行动，最高人民检察院发布了《最高人民检察院关于进一步严厉打击侵犯知识产权犯罪的通知》，提出了打击侵犯知识产权犯罪工作的五点要求，包括增强工作自觉性、加大查处力度等。

3 月 11 日，中美知识产权协议在北京正式签署，中美贸易关系中的僵局随之被打破。

3 月 14 日，鞍山钢铁公司制定《鞍山钢铁公司保护知识产权的规定》。

3 月 17 日，“中国专利十年成就展”在北京展览馆开幕。

3 月 20 日，“专利制度促进技术与经济发展国际研讨会”在北京举行。WIPO 副总干事长柯肖德、德国、英国、澳大利亚、日本、朝鲜等 17 个国家的专利局局长、副局长及来自 30 多个国家和地区的外宾和我国代表参加了研讨会.

3 月 28 ~ 30 日，由 WIPO、中国专利局和日本特许厅联合举办的“专利制度促进技术与经济发展国际研讨会”在中国专利局举行。

3 月 30 日，中国政府向 WIPO 递交《国际承认用于专利程序的微生物保存布达佩斯条约》加入书。三个月后的7月1日，中国成为该条约的成员国。该条约简称《微生物保存布达佩斯条约》或《布达佩斯条约》，是巴黎公约成员国缔结的专门协定之一，1977年4月27日，由布达佩斯外交会议通过，1980年9月26日修正。

4月2日，最高人民法院印发由最高人民法院和国家科委共同研究起草的《最高人民法院关于正确处理科技纠纷案件的若干问题的意见》，供各级人民法院在审判工作中参照执行。

4月7日，中国知识产权研究会召开了十周年座谈会。

5月28日，中国海关总署令第54号发布《中华人民共和国海关关于知识产权保护的实施办法》，于10月1日施行。

2004年5月25日，海关总署令第114号发布《中华人民共和国海关关于〈中华人民共和国知识产权海关保护条例〉的实施办法》，自2004年7月1日起施行；海关总署令第54号公布的办法同时废止。

2009年3月3日，海关总署公布《中华人民共和国海关关于〈中华人民共和国知识产权海关保护条例〉的实施办法》，自2009年7月1日起施行。2004年5月25日海关总署令第114号公布的办法同时废止。

6月12~15日，由WIPO和北京大学联合主办的“亚洲地区大学发明创造商品化与产业界关系研讨会”，在北京大学召开。

6月20日，《中华人民共和国政府与挪威王国政府关于保护知识产权的谅解备忘录》签订，再次确认相互间根据保护巴黎公约所承担的权利、义务，包括专利保护的地域性和独立性原则。

6月20日，由中德两国专利局联合编辑的《中德专利合作回顾》纪念册出版，江泽民为纪念册题词：“加强专利合作，促进中德友谊”，李鹏为其致祝词，宋健为其作序。德国总统罗曼·赫尔左克，总理赫尔穆特·科尔分别为纪念册写了祝词。

7月3日，联邦德国司法部在慕尼黑卡斯泰克文化中心举行隆重授勋仪式，施娜伦贝尔部长代表总统分别授予德国专利局局长豪依赛尔和中国专利局局长高卢麟“德意志联邦共和国总统星级大十字勋章”。

7月3~7日，中国知识产权研究会和国家科委科技成果司在北京联合举办知识产权及技术作价培训班。

7月5日，国务院发布《中华人民共和国知识产权海关保护条例》，自10

月1日起施行。2003年11月26日，国务院公布《中华人民共和国知识产权海关保护条例》，自2004年3月1日起施行，1995年的该条例同时废止；2010年3月24日，国务院对《条例》进行了修改。

7月24~25日，中美计算机软件知识产权保护研讨会在北京举行。研讨会由中国专利局与美国专利与商标局及美国5家公司联合主办，多名中美知识产权界和计算机界的专家、学者参会。

8月21日，中国专利局发布《关于港澳地区专利申请若干问题的规定》，自10月1日起施行。

9月25日~10月3日，中国代表团出席WIPO领导机构及其管理的各联盟第26届系列会议。会上，中国代表团团长，专利局局长高卢麟当选为巴黎联盟大会主席。

10月4~5日，中英联合联络小组就香港知识产权制度本地化问题在香港召开第二次专家会议，就“关于专利制度和外观设计注册制度本地化方面”和“关于专利合作条约的适用方面”等问题，初步达成共识，并就其他有关专利方面的问题进行了磋商。

10月18日，中国专利局与美国专利与商标局签署提供有关数据库的谅解备忘录。根据此协议，美方将向中方提供美国专利与商标局和欧洲专利局、日本特许厅合作开发或单独开发的数据库。

10月，最高人民法院成立知识产权审判庭（印章启用时间1996年10月30日），与经济审判庭合署办公，负责审理各类知识产权案件，指导监督全国法院知识产权审判工作。

10月，应美国联邦巡回上诉法院首席法官安彻（Archer）邀请，最高人民法院知识产权庭副庭长杨金琪、北京市高级人民法院知识产权庭副庭长程永顺和北京市第二中级人民法院院长王永源参加了在美国召开的第二次国际法官大会，中国及亚洲的法官是第一次被邀请参加。

11月5日，中国专利代理（香港）有限公司（CPA）举行招待会欢迎亚洲专利代理人协会（APAA）成员。

12月7日，国家工商行政管理局发布《关于处理商标专用权与外观设计专利权权利冲突问题的意见》。于2004年6月30日被《关于废止有关工商行政管理规章、规范性文件的决定》废止。

12月16日，中国国家科学技术委员会徐冠华副主任访问中国专利代理

（香港）有限公司（CPA）。

1996 年

2 月 8 日，中国知识产权研究会专利委员会全体会员会议暨学术报告会在京召开。

3 月 23 ~30 日和 3 月 31 日 ~4 月 13 日，应中国知识产权研究会邀请，日本知识产权协会（JIPA）代表团和美国知识产权法律协会（AIPLA）代表团分别来华访问。

4 月 1 日，由国务院批准的中国知识产权培训中心在人民大会堂成立。会上，中国专利局局长高卢麟向培训中心聘请的 11 名名誉教授颁发聘书。这是我国首个由政府直接创办的知识产权专门人才教学实体。

4 月 12 日，北京市高级人民法院做出终审判决，维持北京市第一中级人民法院做出的由中国专利局赔偿专利申请人陶小京直接经济损失 1105. 75 元的一审判决。至此，历时七个月的申请人诉专利局行政赔偿案审结。该案是首例中国专利局行政赔偿案。

4 月 24 日，中国知识产权研究会在北京召开理事长秘书长会议，副秘书长以上人员出席。

4 月 25 日，中俄两国政府在北京签订《中华人民共和国政府和俄罗斯联邦政府关于在知识产权保护领域合作的协定》，全面为双方的知识产权提供有效保护，促进双方在知识产权问题上的交流与合作。

5 月 20 日，中国知识产权研究会在北京召开了保护知识产权专家座谈会。

6 月 11 ~14 日，中国专利局举办的“中国专利局代办处工作年会”在北京召开。

6 月 17 日，中国政府向 WIPO 递交了我国加入《国际专利分类斯特拉斯堡协定》和《建立工业品外观设计国际分类洛加诺协定》的加入书。

7 月 31 日 ~8 月 3 日，1996 浙江专利研讨会在桐庐县召开。

9 月 1 ~7 日，应中国知识产权研究会的邀请，以加藤武彦为团长的日本轻金属协会专利委员会代表团一行 8 人来我国进行友好访问。

9 月 19 日，中国知识产权研究会专利委员会主办、中国专利信息中心和中国专利局检索咨询中心协办的“专利（局）业务学术交流会”在北京举行。

9月19日，中国专利局发布《专利权质押合同登记管理办法》，自1996年10月1日起施行。

2010年8月26日，国家知识产权局发布《专利权质押登记办法》，于2010年10月1日施行。1996年《专利权质押合同登记管理暂行办法》同时废止。

9月25日，《广东省专利保护条例》通过，这是我国专利法实施来，第一部关于专利保护的地方性法规。

9月25日，中国和奥地利在维也纳签订《中华人民共和国政府和奥地利联邦政府经济、工业、技术和工艺合作协定》，于1996年12月1日生效。自该协定生效起，1980年11月5日两国《经济、工业和技术合作协定》即行失效。

10月18日，国家国有资产管理局、中国专利局发布《关于加强专利资产评估管理工作若干问题的通知》，旨在加强对专利资产评估工作的管理，进一步规范专利资产评估行为，维护专利权人的合法权益。

11月26～27日，由WIPO与中国专利局共同举办的WIPO工业产权评估研讨会在北京召开。这是WIPO首次在中国以无形财产为主要议题的国际性研讨会。

12月6日，中国船舶工业总公司和中国知识产权研究会在南京联合召开“国有企业知识产权保护研讨会”。

12月11～12日，中国知识产权研究会1996年度知识产权学术研究会在北京举行。

1997年

3月23～29日，应中国知识产权研究会邀请，以片刚健二理事长为团长的日本知识产权协会（JIPA）访华团一行12人来华访问。

3月31日，海关总署、中国专利局发布《关于实施专利权海关保护若干问题的规定》，自发布之日起施行。

4月20日，中国专利局与国家国有资产管理局联合制定发布《专利资产评估管理暂行办法》，自发布之日起施行。

5月23日，香港知识产权署署长谢肃方、知识产权审查主任凌友薇拜会中国专利局，与局长高卢麟、副局长马连元以及专利局有关专家就1997年7月1日香港回归后的诸多问题进行商议和探讨，并在一些方面取得进展。

6月16~27日，应美国知识产权法律协会（AIPLA）邀请，以高卢麟理事长为团长，由中国知识产权界各方面专家组成的中国知识产权研究会一行9人访问美国，受到美国知识产权界热情接待。

6月29~7月1日，WIPO总干事鲍格胥、副总干事及候任总干事加米尔·依德利斯以及王彬颖女士一行三人专程来港参加香港回归活动。

7月1日，中国专利局受理首批含电子数据的专利申请。

8月13~17日，中国知识产权研究会和新疆知识产权研究会举办的知识产权保护研讨会在新疆乌鲁木齐市召开。

9月22~10月1日，WIPO及其管理的联盟领导机构第31次系列会议在日内瓦召开，中国专利局局长高卢麟当选为巴黎联盟执委会主席，副局长马连元当选为IPC联盟大会副主席，任期两年。

10月26日~11月2日，德国知识产权代表团来华访问。

11月14~18日，最高人民法院在江苏省吴县市召开全国部分法院首次知识产权审判工作座谈会。15个高级人民法院、10个中级人民法院和3个基层法院知识产权审判庭庭长或副庭长、审判人员，以及国务院知识产权办公会议办公室、国家知识产权局、国家版权局、国家工商行政管理局商标局、公平交易局等单位的领导和专家共60余人参会。北京、上海市高级人民法院和南京市中级人民法院代表介绍了近年开展知识产权审判工作的情况和经验，代表围绕知识产权审判工作中亟待解决的问题和5个司法解释（征求意见稿）进行了深入讨论。

12月12日，美国制药研究及生产协会总裁一行访问中国专利局。

12月29日，中国专利局发布《关于香港回归后中国内地和香港专利申请若干问题的说明》。中国政府对香港恢复行使主权后，香港特别行政区设有单独的专利制度，施行香港《专利条例》和《注册外观设计条例》。为方便中国内地、香港特别行政区以及其他国家和地区的申请人办理有关申请专利手续，说明回答了关于香港特别行政区的法人和居民提交专利申请的问题等四个事项。

1998 年

4 月 1 日，中国专利局更名为“国家知识产权局”，并举行挂牌仪式。

4 月 2 日，中华全国专利代理人协会第五次全国会员代表大会通过《专利代理人职业道德和执业纪律规范》，并于同日施行。

2010 年 7 月 2 日，中华全国专利代理人协会第八届二次常务理事会修改该规范，自 2010 年 8 月 1 日起施行。

4 月 13 ~ 14 日，由中国国家知识产权局（SIPO）和法国工业产权局（INPI）共同举办的“1998 年中法知识产权研讨会”在北京召开。

4 月 15 ~ 17 日，由 WIPO 与中国国家知识产权局联合举办的“二十一世纪 PCT 制度国际研讨会”在中国知识产权培训中心举行。

5 月 5 ~ 7 日，中国知识产权研究会举办的外观设计专利保护研讨会在京召开。

5 月 11 ~ 15 日，首届“中国北京高新技术产业国际周”在北京举办。从 2002 年第五届起正式更名为“中国北京国际科技产业博览会”（简称“科博会”），迄今已连续举办十六届。科博会是经国务院批准，由科技部、商务部、教育部、工信部、国资委、中国贸促会、国知局和北京市人民政府共同主办，每年 5 月定期在北京举办的大型国家级国际科技交流与合作盛会。其宗旨是促进高新技术产业的商品化、市场化和国际化。

5 月 18 ~ 19 日，辽宁省知识产权研究会在沈阳举办了 1998 辽宁中美知识产权研讨会，旨在加强辽宁省与美国知识产权界之间的学术交流与合同，促进辽宁的对外开放。

6 月 9 日，《中华人民共和国政府和意大利共和国政府科学技术合作协定》签订。其附件为《知识产权保护条款》（共 3 条），涉及知识产权范围的界定，权利的分配和商业秘密信息。

6 月 22 日，国际工业产权代理人联合会（FICPI）主席约翰 · 奥林奇、FICPI 联络委员会主席戴维 · 格里菲思等在香港与中华全国专利代理人协会（ACPAA）会长郑松宇、理事刘建国以及中国专利代理（香港）有限公司首席秘书杨文泉举行了会谈，向中国专利代理人行业介绍国际工业产权代理人联合会。

7月14日，国务院任命姜颖为国家知识产权局新任局长。离任局长高卢麟被WIPO聘任为高级顾问，已于1998年7月15日赴任。

7月20日~8月20日，郑松宇会长率中华全国专利代理人协会代表团一行15人分别访问日本和韩国。中华全国专利代理人协会在日本与日本弁理事会进行了中日两协会第十次联席理事会和交流会，在韩国与大韩辩理事会进行了1998年度中韩两协会联席理事会。

9月13~19日，应中国知识产权研究会的邀请，台北保护智慧财产权协会代表团一行13人来京访问。

10月28~30日，由中国知识产权研究会和美国知识产权法律协会共同主办的“面向21世纪知识产权保护制度国际研讨会”在中国知识产权培训中心召开。

12月31日，在北京签订《中华人民共和国政府和土库曼斯坦政府科学技术合作协定》（《中土科学技术合作协定》）。协定规定，涉及专利的具体问题，将由两国有关部门、科学院、科学机构、高等院校、公司、科学组织、协会、学者和专家个人根据本国的法律在双方签订的协定、合同基础上进行。

1998年，中国知识产权培训中心建成投入使用，为从事知识产权工作的在职人员提供系统、规范、有效的培训，并利用各种培训方式向社会普及知识产权知识。

1999年

1月6日，国家知识产权局发布《专利管理机关查处冒充专利行为规定》，自2月1日起施行，1994年7月22日的《专利管理机关查处冒充专利行为暂行规定》同时废止。

1月20日和22日，中国专利代理（香港）有限公司（CPA）总经理郑松宇率团分别参加了在法国巴黎、德国慕尼黑举行的“中国内地和香港特别行政区知识产权保护制度研讨会”。会上介绍了内地和香港特别行政区在知识产权保护立法、司法和实践中的最新情况，特别是介绍了内地通过司法和行政途径解决知识产权纠纷的情况，以及香港知识产权法律本地化后在实际运作中的问题。

1月26~28日，WIPO总干事伊德里斯访问北京，北京大学授予伊德里斯名誉教授称号。

2月25日，在莫斯科签订《中华人民共和国政府和俄罗斯联邦政府科学技术合作协定》(《中俄科学技术合作协定》)。其附件为《知识产权保护和权利分配原则议定书》，对发明者和著作者的酬劳、专利申请的程序等问题，依据各自本国的法律和双方参加的国际公约达成一致意见。

3月30日，在比勒陀利亚签订《中华人民共和国政府和南非共和国政府科学和技术合作协定》(《中南科学和技术合作协定》)。双方同意协定框架下共同研究开发获得的技术成果和经济利益，包括专利、专有技术、版权等知识产权由双方共享。

4月12日，在北京签订《中华人民共和国政府和荷兰王国政府科学技术合作协定》(《中荷科学技术合作协定》)。协议旨在加强两国在科学技术方面的合作，并规定有关共同研究成果的分享和在本协定下从合作研究活动中产生出的专利、版权、设计及其他工业和知识产权的分配事宜，将同意单独安排解决。

4月22日，国家药品监督管理局公布《新药保护和技术转让的规定》，于5月1日施行。该规定赋予新药类似于专利权的保护期限。

4月29日，日本特许厅代表团访问中国专利代理（香港）有限公司（CPA）总部。

9月14~16日，WIPO在日内瓦主持召开了电子商务和知识产权国际会议。来自各国企业界、政府部门和其他相关部门的700余位代表参加了会议。

9月16日，中华全国专利代理人协会会长、中国专利代理（香港）有限公司（CPA）总经理郑松宇率团出席在美国达拉斯市举行的中国高科技投资及知识产权保护研讨会。该研讨会由中国贸促会美国代表处、美国海福律师事务所、大达拉斯商会、理查逊商会和CPA子公司中国专利商标代理（美国）有限公司（CPTA）共同举办。

10月5~10日，首届中国国际高新技术成果交易会（高交会）在新建成的高交会展览中心举行。开幕式上，国务院总理朱镕基亲自出席并宣布“为了促进中国与世界各国的经济技术合作，中国政府决定每年在深圳举办中国国际高新技术成果交易会”。被称为“中国科技第一展”的高交会，是由商务部、科学技术部、工业和信息化部、国家发展和改革委员会、教育部、人力资源和社会保障部、农业部、国家知识产权局、中国科学院、中国工程院、深圳市人民政府主办，深圳市中国国际高新技术成果交易中心（深圳会展中心管理有限责任公司）承办，中国规模最大、最具影响力的科技类展会。

10月31日~11月3日，由中国知识产权研究会和北京大学知识产权教学研究中心主办、台湾亚太智慧财产权发展基金会和台湾政治大学科技政策与法律研究中心协办的第三届海峡两岸知识产权学术交流研讨会在北京召开。

11月8日，在北京签订《中华人民共和国政府和乌兹别克斯坦共和国政府知识产权保护合作协定》，约定双方将在平等互利原则的基础上开展知识产权保护合作。

11月16日~12月9日，中国知识产权研究会和国家知识产权局智力引进办公室共同立项，组成20人的加强企业知识产权保护培训班，赴美国进行考察。

2000年

1月5日，国家知识产权局与国家经济贸易委员会共同印发《企业专利工作管理办法（试行)》，1994年《企业专利工作办法》（国专发管字〔1994〕第117号）同时废止。

1月6日，国家知识产权局与清华大学、日本通产省、日本贸易振兴会、庆应大学、日中经济协会北京事务所知识产权室等共同举办“中日企业知识产权管理研讨会”。

1月26日，国家知识产权局印发《关于加强全国专利宣传工作的意见》和《关于加强全国专利培训工作的意见》。

1月27日，国家知识产权局和中国石油化工集团公司共同主办国务院有关部委直属机构集团公司知识产权工作座谈会。

1月28日，国家知识产权局印发《关于加强中国专利信息工程地方网点建设的意见》。

3月25日~4月3日，南斯拉夫知识产权局局长鲁宾卡·拉多萨维耶维奇女士一行五人访问国家知识产权局，签订了《中华人民共和国国家知识产权局与南斯拉夫联盟知识产权局双边合作备忘录》。

4月1~5日，国家知识产权局在中国人民革命军事博物馆举办“中国专利十五年成就展”。

4月6日，国家知识产权局在人民大会堂举办“庆祝《中华人民共和国专利法》实施十五周年座谈会”。

4月12~14日，国家知识产权局首次与香港特区知识产权署联合在京举办“香港特区与内地知识产权研讨会”。研讨会主要探讨了香港特区与内地在知识产权制度及法律方面的异同点以及如何加强香港特区与内地在知识产权领域的合作等问题，澳门特区知识产权界代表作为特邀嘉宾也出席了研讨会。

“内地、香港与澳门三地知识产权研讨会”自2000年起，由内地、香港、澳门轮流筹办，截至2013年已举办十四届。

4月15~17日，国家知识产权局与厦门市政府共同主办“2000年中国厦门高新技术项目投资洽谈会”。

6月2日，我国代表团在《专利法条约》外交会议文件最后文本上签字，2005年4月28日《专利法条约》生效。该条约旨在协调国家专利局和地区专利局的形式要件并简化取得和维持专利的程序。

6月23~24日，WIPO亚太地区发展中国家成员国PCT研讨班在北京举办，来自WIPO的专家以及中国、韩国、印度尼西亚、蒙古、越南和斯里兰卡的学员约70名参加了研讨班。

6月25~30日，国家知识产权局南京代办处自动化项目试验成功，标志着国家知识产权局代办处的专利受理和收费工作在自动化、标准化、规范化方面迈上新台阶。

6月26日，国家知识产权局出台《国家知识产权局2000年西部大开发专利工作方案》。

6月，国家知识产权局成立实施“西部大开发”战略和“走出去”战略专利工作领导小组。

7月1日，国家知识产权局出台《国家知识产权局软科学研究工作管理办法（试行）》。

7月3日，国家知识产权局向各省、自治区、直辖市知识产权局（专利管理局）发出《关于进一步推动我国发明专利申请的通知》。

7 月 15 ~ 28 日，国家知识产权局派出专利审查服务小分队赴新疆进行现场专利审案、专利代理人资格考前培训、企业专利事务咨询等活动。

7 月 25 ~ 26 日，中国知识产权局与欧盟和欧洲专利局在京共同举办了“知识产权与中国——21 世纪的挑战与机遇”国际研讨会。

8 月 16 ~ 20 日，中国知识产权研究会和新疆知识产权研究会主办的“西部大开发与知识产权保护研讨会”在新疆乌鲁木齐举行。出席会议的代表 90 余人，会议交流论文 20 多篇。会议主要议题是，在西部大开发中如何更好地促进知识产权保护，使知识产权制度更好地为西部大开发服务。

8 月 18 日，国家知识产权局与中科院在京共同举办“基因工程与专利保护研讨会”。中科院副院长陈宜瑜等到会并讲话，国家知识产权局有关部门 50 多人参加了研讨会。研讨会主要介绍国内外基因科技发展的最新动态及其发展趋势，探讨基因与专利保护的关系，以促进我国基因科技的发展。

8 月 22 ~ 24 日，国家知识产权局就促进技术创新、推动城市专利试点工作，在厦门市召开全国城市专利试点工作会议。

8 月 25 日，第九届全国人大常委会第十七次会议通过《关于修改〈中华人民共和国专利法〉的决定》。修改后的《中华人民共和国专利法》自 2001 年 7 月 1 日起正式施行。

8 月 27 日 ~ 9 月 3 日，法国工业产权局局长昂卡尔一行三人访问国家知识产权局，并在四川成都做了专题报告。期间，签订了第十五届中法专利混合工作小组会议会谈纪要和中国国家知识产权局与法国工业产权局关于药物数据库的合作协议。

8 月 30 ~ 31 日，国家知识产权局与中国工程院、科技部中国生物工程开发中心在青岛共同主办了“生物技术国际专利政策研讨会”。中国工程院副院长侯云德等八位院士、中科院副院长许智宏等两位院士以及 WIPO 高级专员等国内外专家、学者约 50 人出席会议。会议就生物技术专利保护等国际、国内政策问题等进行了研讨。

9 月 1 日，就中国专利法第二次修改情况，国务院新闻办邀请国家知识产权局领导共同召开记者招待会。中外 73 家新闻媒体 80 余名记者参加会议。

9 月 6 ~ 8 日，国家知识产权局在兰州市举办全国专利信息与技术创新会议。

9 月 21 ~ 23 日，第一届中国（曲阜）专利高新技术产品博览会在山东省济宁市举办。截至2012年，已举办十一届。

9月26~28日，国家知识产权局与辽宁省政府在沈阳市共同主办“2000年中国专利技术产业化对接洽谈会”。

9月29日，国家知识产权局主办“纳米材料与技术”学术报告会。北京大学教授刘忠范、中科院研究员漆宗能、解思深等做了报告。国家知识产权局有关部门100多人参会。

10月10~12日，由国家知识产权局与WIPO共同举办的“亚洲地区新技术知识产权保护研讨会”在北京召开。近200名来自亚洲地区21个国家和地区的知识产权领域的代表出席会议。此次为期三天的研讨会，旨在促进亚洲地区发展中国家知识产权制度的发展，研讨知识产权制度在新技术保护方面的作用，探索为新技术保护制订知识产权政策的问题。主题涉及：计算机软件、生物技术的知识产权保护；数字技术的发展与著作权的保护；电子商务中的商标和域名保护等。

10月12~15日，国家知识产权局与青海省政府在西宁市共同主办全国专利技术展示暨洽谈对接会。

10月13~18日，美国专利与商标局局长托德·狄更生率团访问了北京和上海。在京期间，与国家知识产权局举行了正式会谈并签署了两局的合作会谈备忘录。这是美国专利与商标局局长的首次正式来访。

11月2~4日，国家知识产权局在上海召开“运用专利制度促进技术创新经验交流会”。

11月7~10日，中国知识产权研究会（CIPS）和日本发明协会亚太工业产权中心（APIC－JIII）共同主办的“中日知识产权研究会”分别在北京和上海举行。会议主题为：知识产权在企业发展中的作用和专利信息的利用。出席会议的代表有140多人。

11月18~29日，应日本知识产权协会（JIPA）的邀请，吴伯明副理事长率中国知识产权研究会代表团11人到日本进行考察和学术交流活动。代表团访问了日本知识产权协会（JIPA），日本特许厅（JPO），日本发明协会工业产权中心（APIC），日本弁理事会，日本工业所有权协力中心（IPCC），深见特许事务所以及部分日本企业。吴伯明副理事长作了两场有关中国专利法修改的专题讲演。

12月15日，国家知识产权局与经济日报共同举办“专利——产业化——

创业”研讨会。国家科技部朱丽兰及部分省市代表、专家学者、企业界人士参加了会议。

2001 年

1 月 10 ~ 11 日，国家知识产权局在北京召开全国专利代理机构脱钩改制工作会议。至 12 月，全国已有 204 家专利代理机构完成脱钩改制，47 家申请注销。

1 月，国家知识产权局在南京召开全国专利代办处自动化现场会暨年会。

2 月 19 ~ 23 日，国家知识产权局派员参加 WIPO 召开的第 30 次 IPC 专家委员会会议，中国加入传统知识分类工具开发工作组。

3 月 6 日，国家知识产权局与美国大使馆在京联合召开中美知识产权研讨会。

3 月 29 日，由国家知识产权局批准的“中国专利技术产业示范园区”在四川省德阳市揭牌。这是中国首家专利技术产业化示范园区。该园区的建设是国家知识产权局支持西部大开发的重要举措。

4 月 12 日，国家知识产权局在京举办基因资源、传统知识和民间文艺国内单位座谈会。

4 月 26 日，国家知识产权局会同中央有关部门，在全国开展系列活动，庆祝第一个“世界知识产权日”。

2000 年 10 月，在 WIPO 第 35 届成员大会上，中国和阿尔及利亚提出了关于建立“世界知识产权日”的提案，获大会通过，世界知识产权日由此设立。2001 年起，每年的 4 月 26 日被定为世界知识产权日。

4 月 26 日，由国家知识产权局主办、《中国知识产权报》报社和知识产权出版社承办的“中国首届外观设计专利大赛”拉开帷幕。大赛从设计结构、实用性、安全性、市场及经济效益、美学等几方面对参赛作品进行评审，并对评审出的优秀作品予以奖励和表彰。8 月 30 日，国家知识产权局在京召开“中国企业外观设计专利保护暨发展研讨会”，并为“首届中国外观设计专利大赛”举行颁奖仪式。

截至 2012 年，中国外观设计专利大赛已举办了七届。

4 月底，国家知识产权局全面启动发明专利申请公报电子编辑、电子校对试验工作。

5 月 21 日 ~6 月 1 日，国家知识产权局举办地方知识产权师资培训班，全国各省、自治区、直辖市和副省级城市 37 名地方局代表参加了培训。

5 月 22 日，国家知识产权局制定印发《全国专利工作“十五”计划》。

6 月 10 ~16 日，国家知识产权局与 WIPO 共同在北京和上海举办知识产权执法高级研讨班，国内外共计 250 人参会。

6 月 13 ~15 日，中国知识产权研究会和台湾资讯工业策进会科技法律中心在京共同举办“海峡两岸科技法律论坛”。论坛旨在为台湾的一些高新技术领域的企业家、律师普及大陆的科技法律知识，进一步加深海峡两岸在科技投资方面的相互了解和合作。

6 月 25 日，国家知识产权局发布第 77 号公告，规定自 7 月 1 日起废止原中华人民共和国专利局第 27 号公告，对实用新型专利保护对象按新规定执行。

6 月 28 日，国家知识产权局发布第 78 号公告，对我国修改前后的《专利法》及其实施细则的过渡问题做出决定。

7 月 1 日，我国新修改专利法及其实施细则等法规开始施行。同日，根据修改后的专利法第四十一条规定：“中华人民共和国国家知识产权局专利局复审委员会”更名为“中华人民共和国国家知识产权局专利复审委员会”。

7 月 16 日，国家知识产权局专利文献馆开始使用《中外专利检索数据库(2.0 版)》。

7 月 24 ~26 日，国家知识产权局与农业部、林业局在京共同主办国际植物新品种保护联盟（UPOV）亚洲地区植物新品种保护技术协调会。

7 月 25 ~27 日，国家知识产权局在青海西宁举办“西北地区企业领导知识产权培训班”。

8 月 1 ~3 日，国家知识产权局在贵阳召开全国专利行政执法工作座谈会。

8 月 7 ~9 日，国家知识产权局在甘肃省兰州市召开全国城市专利试点工作会议。全国 20 个试点城市 70 余名代表参加了会议。

8 月 28 ~30 日，国家知识产权局在河北省秦皇岛市召开全国专利政务信息会议。

8 月 30 日，国家知识产权局在京召开“中国企业外观设计专利保护暨发展研讨会”，并为“首届中国外观设计专利大赛”举行颁奖仪式。

8月，为落实局党组关于加快培养和选拔专利人才的战略决策，国家知识产权局首次选派13人赴美进行知识产权法律培训。

9月1日前，国家知识产权局顺利完成WIPO传统知识分类工作组的阶段性工作。WIPO国际局对此给予充分肯定。

9月11~12日，中日韩三局局长第一次政策对话会议及第一次东盟+3知识产权局会议在日本东京召开，王景川局长出席会议并发表重要讲话。

9月18日，国家知识产权局公布《集成电路布图设计保护条例实施细则》。该实施细则于10月1日与《集成电路布图设计保护条例》同日施行。

9月，国家知识产权局同武汉市政府联合发出通知，决定在东湖开发区共建国家实施知识产权制度示范园区，并同时启动试点工作。

11月2日，国家知识产权局副局长甘绍宁2日向武汉东湖新技术开发区管委会授予“国家知识产权示范园区”牌匾，武汉东湖新技术开发区成为全国第一家“国家知识产权示范园区”。

同年，该示范园区被原国家计委、科技部批准为国家光电子产业基地，即“武汉·中国光谷”，并创办“武汉·中国光谷”知识产权保护国际论坛。截至2012年该论坛已举办十届。

第十届“武汉·中国光谷知识产权保护国际论坛”于2012年11月2日举办，主题为“知识产权保护与国家中心城市建设”。

10月10日~12月1日，国家知识产权局举办WIPO远程教育中文班。

11月1日，国家知识产权局公布《专利申请人和专利权人（单位）代码标准》、《专利代理人代码标准》和《核苷酸和/或氨基酸序列表和序列表电子文件标准》。这三个知识产权行业标准将分别于2002年1月1日、6月1日和11月1日起施行。

11月5日，在第八届中国杨凌农高会期间，国家知识产权局向“陕西杨凌农业高新技术产业示范园区专利工作试点”授牌，并为“中国杨凌农业知识产权信息中心”揭牌。

11月7~8日，国家知识产权局在四川成都召开全国地方网点建设研讨会。至12月，实施“中国专利信息工程”共建省级网点29个。

11月14日，国务院首次行政裁决，保持国家知识产权局第527号行政复议决定。

11月16～18日，“2001上海国际知识产权保护研讨会”在沪举行。出席会议的有来自近20个国家和地区的代表200多人，其中外国代表50多人。会议由中国知识产权研究会和上海专利商标事务所共同主办。研讨会共分为四个议题：各国知识产权法律和实践的最新发展；新兴技术的知识产权保护；知识产权的司法和行政保护和知识产权保护与国际贸易。

11月19～23日，国家知识产权局在福建省厦门市举办第四届全国专利审查与代理业务研讨班。

11月26日，国家知识产权局在京召开保密专利工作协调会。国务院各部委、有关企事业单位45名代表参会。

11月26～30日，国家知识产权局与欧盟、欧洲专利局在四川成都共同举办“入世后知识产权保护——企业的战略”国际研讨会，来自国内外200余名代表参会。

11月27～29日，为了进一步适应入世后给地方知识产权所带来的挑战，国家知识产权局与日本贸易振兴会、庆应大学、日本特许厅等合作在浙江杭州和云南昆明举办了“企业知识产权管理研讨会”，两地共约250人参会。

11月28日，国家知识产权局公布《集成电路布图设计执行办法》，自公布之日起施行。

11月，国家知识产权局组织编纂的首部《中国知识产权年鉴（2000年）》出版发行。全国政协副主席任建新、宋健为年鉴题词。

12月10日，为履行我国在世贸组织中的义务与承诺，国家知识产权局针对1992年以前发明专利的有效期延长事宜发布了第80号公告，并做出相应准备。

12月11日，中国正式加入世界贸易组织（WTO），享受和履行《与贸易有关的知识产权协议》（TRIPS协议）规定的权利和义务。

12月17日，国家知识产权局发布《专利实施许可合同备案管理办法》，自2002年2月1日起施行，1986年3月10日《中华人民共和国专利局公告（第十二号）》同时废止。

2011年6月27日，国家知识产权局发布新的《专利实施许可合同备案管理办法》，自2011年8月1日起施行，该《专利实施许可合同备案管理办法》同时废止。

12月17日，国家知识产权局发布《专利行政执法办法》，并于同日施行。

2010年12月29日，国家知识产权局发布新的《专利行政执法办法》，于2011年2月1日起施行，2001年的《专利行政执法办法》同时废止。新办法规定了专利侵权纠纷的处理、专利纠纷的调解、假冒专利行为的查处以及相应的法律责任等。

12月17日，国家知识产权局印发《关于印发〈管理专利工作的部门报告重大专利案件办法〉的通知》、《关于印发〈关于加强地方专利管理工作的若干意见〉的通知》、《关于印发〈设立专利代办处申报办法〉的通知》和《关于开展评选和表彰全国专利工作先进单位活动的通知》。以此加强对地方专利管理工作的监督和管理。

12月25~27日，国家知识产权局在京召开全国专利工作会议。

12月30日，国家知识产权局公布《表格格式和代码标准》第一部分：表格代码规则。自2002年4月1日起施行。

12月31日，国家知识产权局发布《国家知识产权局规章制定程序的规定》，自发布之日起施行。

12月，国家知识产权局编制了《专利行政执法专用表格》，供专利管理部门的专利行政执法之用。

2002年

3月25~27日，国家知识产权局马连元副局长率我国代表团出席WIPO在日内瓦举行的“世界专利制度研讨会”。

3月26~27日，国家知识产权局与国家经贸委共同在深圳召开全国第一批企事业专利试点单位工作会议。全国60家企事业单位主要负责人参会。

3月28~31日，国家知识产权局在云南召开全国专利培训工作会议。来自全国31个省区市知识产权局有关人员参会。

3月，国家知识产权局专利审查检索用中国中药专利数据库投入运行。该数据库是国家知识产权局第一个拥有自主知识产权的数据库。

4月3~5日，国家知识产权局在北京主办“入世与知识产权保护研讨会”。国内150余名代表参会。

4 月 8 日，由包括国家知识产权局在内的 18 个部委局领导组成的国家认证认可监督管理委员会召开“全国认证认可部际联席会议成立大会暨第一次全体会议”。

4 月 15 ~ 19 日，国家知识产权局作为国内知识产权事务协调机构，派员参加在日内瓦举行的“国际植物新品种保护联盟（UPOV）第 38 次会议、行政和法律委员会第 45 次会议、咨询委员会第 63 次会议和理事会第 19 次特别会议”。

4 月 25 日，国家知识产权局在人民大会堂举行首届“新世纪巾帼发明家”颁奖仪式，10 位有突出贡献的女发明人当选。此次评选活动是国家知识产权局联合全国妇联、中国发明协会共同组织的，以在广大妇女中树立知识产权意识、激发其不断发明创新的热情，展现新时代中国女性自尊、自信、自立、自强的风采。

4 月 26 日，国家知识产权局改版后的英文政府网站开通。

4 月，国家知识产权局成立软科学研究和专利战略推进工程领导小组。

4 月，国家知识产权局专利复审委员会建立业务研讨会议制度。

5 月 1 日前，国家知识产权局自动化 EPOQUE. JAVA 专利审查检索系统升级。

5 月 21 日，《中华人民共和国国家知识产权局与世界知识产权组织合作框架协议》在北京签署。此协议是根据 WIPO 总干事伊德里斯的提议做出的。国家知识产权局在草拟这个框架协议的文本时，注意切合中国国情和目前知识产权保护现状，旨在加强中国与 WIPO 在包括工业产权和版权在内的知识产权领域全方位的合作与交流。协议包括合作与磋商、合作领域、技术援助、实施、修改、评价、期限和终止、生效 8 条内容。

5 月 21 ~ 23 日，国家知识产权局与 WIPO 在北京共同举办首次“中非知识产权论坛”。

5 月 23 ~ 25 日，国家知识产权局与 WIPO 在北京联合举办了主题为“为了 21 世纪人类更美好的未来”的“第二次创造力与发明论坛”。中国发明协会会长倪志福、国家知识产权局局长王景川，WIPO 副总干事丽塔·海叶丝，芬兰专利局局长恩纳加维，以及 20 多个国家知识产权界的官员、专家、学者近 200 人参加了论坛。

5 月 29 ~ 31 日，国家知识产权局在重庆市举办西南地区知识产权培训班。

6月6日，国家知识产权局成立《专利合作条约》（PCT）改革课题小组。

6月10～14日，国家知识产权局派员参加在日内瓦举行的WIPO信息常设委员会第七次全体会议。

6月20～21日，国家知识产权局在武汉市召开“全国专利试点城市工作会议”。

6月24～28日，国家知识产权局派员出席TRIPS协议理事会，讨论公共健康与药品专利问题。

7月1～5日，国家知识产权局派员出席在日内瓦举行的PCT改革委员会第二次会议，讨论在9月成员国大会通过的PCT细则修改草案。同期，国家知识产权局与欧洲专利局（EPO）联合在北京举办“发展中国家及中国国家知识产权局新审查员培训班”。

7月23日，国家知识产权局与长春市政府在长春市高新技术开发区举行“国家实施知识产权制度示范园区授牌仪式”，正式启动长春高新区知识产权试点工作。

7月30日，在北京召开的“国际保护知识产权协会（AIPPI）中国分会第5次会员大会”选举产生了新一届理事会，王景川、田力普分别当选为该协会中国分会会长和副会长。

8月13～14日，“全国专利行政执法工作会议”在新疆乌鲁木齐召开，全国知识产权界及其相关人士70余人参加了会议。

8月15日，就专利审查等知识产权热点问题，国家知识产权局首次邀请部分全国人大代表、全国政协委员召开座谈会。同日，国家知识产权局与经济日报社共同举办“知识产权与核心竞争力论坛”。

8月26～28日，国家知识产权局在宁夏银川市举办“大型企业集团管理人员专利战略研讨培训班”。来自全国各大型企业约70人参加了培训。

8月30日，为迎接中国共产党第十六次全国代表大会的召开，国家知识产权局举行知识产权报告会。王景川局长在题为《积极实施专利战略，培育和发展国家竞争力》的报告中强调：要肩负起双重历史责任，积极推进专利战略。

8月，为进一步落实国务院赋予国家知识产权局的“统筹协调涉外知识产权事宜”的职责，国家知识产权局成立涉外知识产权工作领导小组。

8月，国家知识产权局成立信息化工作领导小组。

9 月 8 ~ 13 日，为支持我国青藏铁路建设，国家知识产权局专门成立的"冻土地基处理技术的专利保护与应用研究小组"首次赴青藏铁路施工现场考察。

9 月 11 ~ 12 日，国家知识产权局在山东省威海市召开"全国专利实施许可合同备案工作会议"。

9 月 23 日 ~ 10 月 1 日，中国政府代表团出席在日内瓦召开的"第 37 届 WIPO 成员国大会"。

9 月 25 ~ 27 日，国家知识产权局在甘肃省兰州市举办"西北地区企事业单位知识产权培训班"。来自西北五省区的 80 余名代表参加了培训。

9 月 27 ~ 29 日，国家知识产权局和辽宁省政府在大连市共同主办"2002 年中国国际专利技术与产品交易会"。交易会由国家知识产权局、辽宁省人民政府和中国贸促会共同主办，是我国唯一的国家级、国际化专利技术品牌展会。展会主要有展览交易、高层论坛、公开庭审、交流合作等主题活动。截至 2012 年，交易会已举办七届。

10 月 10 ~ 11 日，中国知识产权研究会和日本发明协会共同主办的中日知识产权高层研讨会在北京举行。会议议题为：知识产权在商业中的应用，中日两国的知识产权法律制度及其运作特点和知识产权保护与工业发展的关系。共有 8 位中日著名专家作了学术报告。

10 月 12 ~ 14 日，国家知识产权局在江西省井冈山市举办"全国专利行政执法培训班"。来自全国各省、自治区和直辖市及部分地市知识产权局的近百名学员参加了培训。

10 月 15 ~ 17 日，国家知识产权局在北京举办第一批"全国企事业专利试点单位专利工作负责人培训班"。共有试点企事业单位及其所在省、市知识产权局 70 余名代表参加了培训。

10 月 23 ~ 25 日，"全国专利软科学暨政务信息工作会议"在四川省成都市召开。来自全国近 30 个省、自治区、直辖市、副省级城市的知识产权局和有关部门以及软课题承担单位的代表 70 余人参会。

10 月 29 日 ~ 11 月 2 日，国家知识产权局与中央组织部、中央党校和国家经贸委在北京共同举办"全国省级党校、经济管理干部学院知识产权师资培训班"。来自全国省级党校、经济管理学院、行政学院的 40 多人参加了培训班。

11月4~5日，为促进我国企业更有效地应用《专利合作条约》（PCT），国家知识产权局与WIPO在中国知识产权培训中心联合主办“WIPO PCT国家巡回研讨班”。来自大型企业、涉外知识产权代理机构及国家知识产权局的近百名代表参加。

11月8~10日，国家知识产权局与安徽省政府共同举办“中国合肥高新技术项目资本对接会”。

12月12~16日，国家知识产权局在深圳主办2002年中国工业设计论坛、中国企业“产品创新设计奖”、中国（国际）工业设计展以及“三诺”杯中国工业设计现场创意精英赛等系列活动。

2003年

3月28日，由国家知识产权局和国家统计局共同立项的“企业专利统计指标体系研究”课题验收会在四川德阳市举行。

5月22日，国家知识产权局“中国生物多样性知识产权信息网”（www. biodiv - ip. gov. cn）开通。

7月7~15日，中国代表团出席WIPO遗传资源、传统知识和民间文艺政府间委员会第五次会议。

7月29日，中国知识产权研究会主办的“互联网与知识产权保护专家论坛”在北京举行。

8月14~17日，国家知识产权局主办、云南省知识产权局协办的首届“中国国际专利与名牌博览会”在昆明国际贸易中心举办。该博览会是国家知识产权局主办、中国专利信息中心与中国知识产权报社承办的“中国专利技术博览会”及“中国专利新技术新产品博览会”的继续和发展。

8月25~29日，国家知识产权局田力普副局长赴斯里兰卡科伦坡出席了WIPO亚太地区知识产权局局长圆桌会议。

9月3日，由国家知识产权局和辽宁省政府、贸促会主办的“中国国际专利技术与产品交易会”在大连开幕。

9月12日，由国家知识产权局和科博会其他主办单位联合举办的“2003标准与专利北京国际论坛”在京举行。

10 月 23 日，中国知识产权研究会和有关单位联合在北京举办了中国企业如何运用美国知识产权保护制度报告会。来自全国各地知识产权有关的代表大约 200 人出席会议。会上，有关专家详细介绍了美国 337 条款及中国企业应采取的对策。

10 月 23 ~ 24 日，在欧盟——中国知识产权合作项目框架下，国家知识产权局与欧洲专利局在北京共同举办了“中国与欧洲知识产权保护合作回顾、现状及展望”国际研讨会。

10 月 27 日，由国家知识产权局与北京市政府共建的中关村国家知识产权制度示范园区在京举行揭牌仪式。

11 月 8 日，由国家知识产权局与中国石油天然气集团公司共建的中国石油化工专利信息中心揭牌暨中国石油石化网站开通仪式在兰州举行。

11 月 21 日，由国家知识产权局与科技部、浙江省政府联合主办的“2003 中国浙江网上技术市场活动周”在杭州开幕。

11 月 27 日，国家知识产权局在南京主办全国知识产权发展战略论坛。

2003 年，首届上海知识产权国际论坛在上海举行，论坛主题为“知识产权和企业竞争力”。截至 2012 年，上海知识产权国际论坛已连续举办九届。

2004 年

2 月 9 日，新加坡知识产权局局长 Liew Woo Yin 来国家知识产权局访问。王景川局长、田力普副局长会见并举行双边正式会谈。会谈后，双方签署了《两局合作框架协议备忘录》以及《中国知识产权培训中心与新加坡培训学院合作协议备忘录》。

2 月 19 ~ 27 日，国家知识产权局与欧洲专利局合作在欧盟——中国知识产权合作项目框架下，连续在黑龙江哈尔滨、辽宁沈阳及天津各举办了一次大型“知识产权与企业发展”国际研讨会，共有 500 多名代表参加。

2 月 23 日，国家知识产权局在天津召开全国知识产权宣传培训工作会议。

3 月 2 日，国家知识产权局王景川局长、李玉光副局长会见来访的美国专利商标局代理局长 Jon Dudas 一行，并举行了双边高层会谈。

3 月 12 日，国家知识产权局举行中国“电子专利申请系统”开通仪式。

田力普副局长在仪式上轻点按钮，第一件电子专利申请被成功接收并通过受理。

3月19日，国家知识产权局与全国人大教科文卫委员会、法制工作委员会，以及国务院法制办公室联合在人民大会堂举行了“纪念中华人民共和国专利法颁布二十周年座谈会”。

3月19日，生物物种资源保护部际联席会议第二次联络员会议召开，国家知识产权局就加强生物物种资源利用成果的知识产权保护等方面提出建议。

3月22日，国家知识产权局远程查询会晤系统正式开通。该系统可使国家知识产权局更加快速、准确地为专利申请人及公众提供服务。

4月12日，国际知识产权保护协会（AIPPI）中国分会主办的企业知识产权发展战略高层论坛在云南举行。

4月13~15日，国家知识产权局在新疆乌鲁木齐市召开全国企事业专利试点单位工作会议。第一批先进试点企事业单位的代表和第二批试点单位的代表，以及全国各省区市知识产权局有关负责人、部分部委的代表190余人与会。

4月19~26日，全国开展首届“保护知识产权宣传周”活动。活动的主题是“尊重知识产权，维护市场秩序”。

该活动于2004~2008年连续举办五届，于2009年更名为“知识产权宣传周”，截至2013年，已连续举办十届。一般始于每年4月20日，于4月26日即世界知识产权日结束，为期一周。

4月20日至21日，国家知识产权局、国务院发展研究中心和经济合作与发展组织（OECD）在北京共同举办了“中国知识产权与经济发展高级研讨会”。

5月17日，国家知识产权局与美国约翰·马歇尔法学院在京共同举办合作十周年庆典活动。国家知识产权局局长王景川与梅尔院长签署《中国知识产权培训中心与美国马歇尔法学院联合培养法学硕士研究生合作协议》。

5月24~25日，国家知识产权局与WIPO在中国知识产权培训中心举办WIPO知识产权教育与培训国家研讨会。WIPO世界学院院长Mpazi Sinjela、芬兰发明基金会会长Kari Sipila，以及国家知识产权局有关部门领导等，就国际层面知识产权领域的最新发展、知识经济时代知识产权人才培养、中国的知识产权教育和培训、大学和其他高等教育机构知识产权的教授方法、知识产权课程的设定等主题进行演讲。

5月25日，国家知识产权局在上海主办全国知识产权局局长知识产权战略研讨班。来自全国60多名地方知识产权局局长参加。

6月8日，国家知识产权局局长王景川代表中国政府与来华访问的意大利生产活动部部长 Antonio Marzano 在国家知识产权局签订了《中华人民共和国政府与意大利共和国政府知识产权合作协定》。

8月16日，国家知识产权局和国防科学技术工业委员会联合发布了《国防科技工业知识产权推进工程总体方案》。

8月18~20日，国家知识产权局与外交部联合召开“涉外知识产权案件管辖权问题研讨会”，国务院相关知识产权部门和学术机构参会。

9月7日，国务院副总理吴仪在福建厦门主持召开外商投资企业知识产权保护座谈会。国家知识产权局局长王景川和全国整规办保护知识产权工作组成员单位的领导等，以及86家外商投资企业的200余人出席。

9月10~12日，国家知识产权局在青海省西宁市举办全国专利政务信息工作会议。来自全国各地知识产权管理机关以及国家知识产权局与政务信息有关人员80多人与会。

9月13日，温家宝、江泽民签署第418号中华人民共和国国务院、中华人民共和国中央军事委员会令，公布了《国防专利条例》。2004年11月1日起施行。

9月27~10月5日，中国政府代表团出席 WIPO 成员国大会第四十届系列会议。代表团由国家知识产权局、国家工商行政管理总局、国家版权局和驻日内瓦代表团组成。代表团积极参与了“建立 WIPO 发展议程”、PCT 费用调整、专利法常设委员会（SCP）新工作计划、CBD 缔约方大会请求、保护广播组织权利以及商标法条约等重大议题的讨论，并在会议期间会见了 WIPO 总干事伊德里斯及部分国家的高级官员。

11月15日，国家知识产权局主办的“知识产权战略与企业竞争力国际研讨会”在重庆市举行。

11月15~18日，国家知识产权局在山东威海市召开了国知识产权系统第一次政府网站建设工作会议。

12月9日，国家知识产权局在河南省郑州市召开全国专利行政执法规章研讨会。

12月15日，由国家知识产权局和WIPO共同主办的“WIPO亚洲地区中小型企业知识产权研讨会”在上海召开。来自亚太地区22个国家和我国政府部门、科研机构以及中小型企业的100余名代表参加。在为期三天的研讨会上，有关官员、专家、学者围绕如何建立知识产权营销和品牌战略、中小型企业如何利用知识产权提高企业竞争力、中小型企业知识产权资产的使用和开发及争端解决以及知识产权有效实施等主题进行了深入探讨。

2005年

1月24～28日，意大利专利商标局局长Maria Ludovica AGRò女士率代表团访问国家知识产权局，参加两局第一次混委会会议，签署了2005年双边合作工作计划。这是自2004年6月签署两国知识产权合作协定以来，意大利知识产权主管机构第一次对国家知识产权局进行正式友好访问，标志着两局建立正式合作关系。

1月29日～2月2日，欧洲专利局主办的“欧亚知识产权局局长会议”在香港举行。国家知识产权局李玉光副局长做了题为“国家知识产权局的最新进展”的主题发言。会议期间，中欧两局就合作问题举行了会谈。

3月17～18日，中国知识产权研究会与江苏省知识产权研究会联合主办的“2005年中国知识产权保护论坛”在连云港市召开，150余名代表参会，其中来自沿海海关的代表占1/4。此次论坛突出了海关知识产权保护的重点。

4月8日，中国知识产权研究会与有关知识产权代理机构共同举办的“专利检索和分析及企业知识产权管理研讨会”在北京举行，来自美国和台湾地区的知识产权界专家学者出席会议并发言。

4月11日，由国家知识产权局、国家工商行政管理总局、法国工业产权局、法国驻华大使馆、法国制造业协会联合举办的“中法知识产权交流——法国知识产权保护制度”国际研讨会在京召开。有关各界150多名代表参加。

4月11～25日和10月17～25日，国家知识产权局与WIPO联合举办了PCT国家巡回研讨会，上下半年各一场，历时共计四周余，途经北京、上海、深圳、武汉、石家庄五座城市，共计约900人参加。来自WIPO和国家知识产权局的PCT专家为全国各地的PCT用户以及专利从业者讲解了申请策略等问题，并走访了当地的PCT用户及潜在用户。田力普、李玉光、贺化等局领导出席了有关会议。

4月14日，国家知识产权局王景川局长与来访的泰国知识产权厅厅长Kanissorn Navanugraha举行会谈并签署《中国国家知识产权局与泰国知识产权厅专利合作行动计划》。根据该计划，两局间将建立联系人机制，并进一步在人力资源开发、信息交换以及知识产权保护等领域加强合作。

4月28日，国家知识产权局向国务院呈报《关于建设专利信息检索与服务平台的请示》，根据国务院领导批示，国家知识产权局积极与国信办和发改委沟通，明确了立项流程，开始撰写项目建议书，启动了检索引擎测试的各项工作。

4月，配合世界知识产权日的活动，中国知识产权研究会与深圳市知识产权局和深圳市知识产权研究会合作，在深圳举办“2005年中国企业知识产权实务与战略论坛”，约200人出席。田力普副局长作主题报告，郑成思等专家学者进行演讲，对中国企业如何掌握自主知识产权、提升核心竞争力等问题进行研讨，取得良好的效果。

4月，国家知识产权局启动专利法第三次修改的前期研究工作，采取“开门立法”的方式，发动社会力量对专利法及其实施细则中需要进一步完善的问题归纳了20个专题，向社会公开招标，开展研究工作。

4月，发改委将《知识产权事业发展“十一五”规划》列入国家专项规划编制计划。

12月20日，国家知识产权局完成该规划（征求意见稿）编制工作，印发全国有关部门、单位征求意见。

2006年12月，《知识产权事业发展“十一五”规划》编制完成并提请国务院审批。这是我国历史上第一次将知识产权发展规划列入国家专项规划。

5月2~3日，国家知识产权局副局长李玉光受邀参加日内瓦WIPO总部召开的“知识产权与发展国际研讨会”，并就“知识产权与发展国家的实践与经验”主题做了演讲。

5月31日~6月1日，国家知识产权局与WIPO、甘肃省人民政府在甘肃省兰州市联合举办“中国西部在发展中战略利用知识产权高级研讨会”。来自WIPO的专家和我国西部13个省区市和建设兵团的180余名代表参加了会议。李玉光致开幕词并作题为“中国的知识产权保护”的主题演讲。

6月2日，国家知识产权局局长王景川与秘鲁共和国外交部副部长 Armando Lecaros de Cossio 共同签署《中华人民共和国政府与秘鲁共和国政府知识产权合作协定》。双方同意进一步加强两国在知识产权立法、人员培训及国际知识产权事务等方面的交流和合作，并确认将就建立和完善保护遗传资源、传统知识和民间文艺的法律制度加强合作，将相互沟通信息、交流经验。

6月8~9日，由广东省知识产权局、广东江门市政府、香港知识产权署共同举办的“2005 粤港知识产权与中小企业发展研讨会”在广东省江门市举办。

6月9~10日，国家知识产权局知识产权发展研究中心与美国摩根路易斯律师事务所在知识产权培训中心举办“国际知识产权竞争与纠纷应对实务论坛”。本次论坛运用大量实际案例，为中国高科技企业提供有效的策略方法。

7月2~8日，WIPO 派代表团对我国知识产权教育状况进行考察。考察团首先考察了广东省佛山市的知识产权基础教育、职业教育和公民教育的开展情况。后又走访了国家教育部、清华大学等机构，并在国家知识产权局召开了知识产权教育座谈会。

7月11~16日，国家知识产权局与欧洲专利局在中国知识产权培训中心联合举办“专利审批流程管理”国际研讨班。参加本次培训班的中外学员 55 人。这是中欧两局第三次联合举办主要针对发展中国家学员的国际培训班。副局长贺化和欧洲专利局副局长 Manuel Desantes 共同向中外学员颁发了培训结业证书。

7月15日，中国知识产权研究会组建了新一届专利委员会，召开了第一次专利委员会会议，讨论通过《中国知识产权研究会专利委员会工作条例》，并对专利委员会的近期工作进行部署。

9月5~9日，国家知识产权局成功承办“中国——东盟知识产权研讨会”。

9月8~11日，国家知识产权局知识产权发展研究中心在吉林省长春市举办“专利战略推进工程工作经验交流会”。会议得到各地方知识产权局和各专利战略推进工程课题承担单位的积极响应。

9月12~16日，国家知识产权局承办 WIPO 世界学院与瑞典政府的“WIPO/瑞典全球经济中的知识产权高级培训班”，30 多名来自亚洲、非洲和拉丁美洲的学员还访问了国家知识产权局和国家工商行政管理总局商标局。

9月24~10月3日，中国政府代表团赴日内瓦出席WIPO第41次成员国大会。大会讨论了发展议程、专利法常设委员会和版权常设委员会的未来工作、商标法外交会议、IPC联盟相关事宜、PCT联盟相关事宜等重要问题。

10月15~23日，国家知识产权局与WIPO世界学院合作在日内瓦组织WIPO中国西部局长培训班。来自西部14省区市的知识产权局相关人员参加了此次培训班。

11月15日，国家知识产权局与WIPO联合举办了“外观设计国际注册海牙体系”国内研讨会。这是WIPO首次在国内举办的有关工业品外观设计国际注册海牙体系的会议，有利于促进我国相关部门及有关人员了解、认识海牙协定。WIPO助理总干事Ernesto Rubio等一行四人来华出席会议。

11月21~23日，国家知识产权局和WIPO在广东省佛山市联合举办“WIPO知识产权教育国家高级研讨会”。会议邀请WIPO、英国、澳大利亚、新加坡以及我国知识产权和教育主管部门等的发言人就相关主题进行演讲。会议代表共计约120人。国家知识产权局副局长李玉光作题为“知识产权教育在知识产权促进发展中的作用”的主题发言。

11月28日，《中华人民共和国政府与蒙古国政府知识产权合作协议》在北京签署。这是国家知识产权局主动倡议签署的第一份国家间协议。该协议的签署表明了两国间国家层次的知识产权合作，揭开了中蒙两国知识产权合作新的一页，是近年来中蒙知识产权局友好合作关系的结晶。

11月28日，国家知识产权局正式向WIPO传送PCT申请电子优先权文本，成为继美国、日本和韩国之后第四个向WIPO国际局传送电子优先权文件的国家局。

12月1日，北京大学知识产权学院教授张平向国家知识产权局专利复审委员会提出专利权无效宣告请求，请求宣告皇家飞利浦电子有限公司一项名为“编码数据的发送和接收方法以及发射机和接收机”（专利号为ZL95192413.3）的专利权无效。张平是以个人身份提起该无效宣告请求的。这是中国首个知识产权方面的公益诉讼。

12月4~日，国家知识产权局与欧专局共同庆祝两局合作20周年：举行第十六次混委会，签署了2006年合作纪要；联合召开座谈会，回顾合作成就。中央政治局委员、天津市委书记张立昌和全国人大常委会副委员长路甬祥会见欧洲专利局局长蓬皮杜；北京大学、人民大学授予蓬皮杜荣誉博士学位和荣誉教授称号。

12月14~15日，国家知识产权局知识产权发展研究中心在浙江杭州举办“美国知识产权司法及‘337诉讼’实务论坛”。美国国际贸易委员会的主审法官Charles Bullock和美国联邦上诉法院资深大法官Randall R. Rader到会进行演讲和交流，美国从事知识产权代理与诉讼的知名律师也结合具体案例，并特别针对中国长江、珠江三角洲地区及中国其他外向型企业的特点，讲述了中国企业应如何应对“337调查”和知识产权侵权纠纷、在相关争端与诉讼中取得最有利的结果等问题。会议引起了国内外知名企业及行业协会的关注。

12月14~16日，由信息产业部软件与集成电路促进中心（CSIP）主办的中国首届硅知识产权峰会在北京召开。此次峰会以“关注IP发展，促进IC创新”为主题，来自国内外60多家集成电路（IC）企业及法律研究机构的300余名代表分别从法律和技术两个层面讨论了知识产权对于发展我国IC业的重要作用，并提出了许多发展建议。

2006年

1月1日起，国家知识产权局启用新版专利证书。这是我国实行专利制度以来，专利证书的第三个版本。新版证书将专利证书与专利授权文书装订在一起，改变了过去申请人先接到专利证书再接到专利授权文书的不便，同时也方便权利人转让权利。在新版改革中，还首次出版了外观设计专利单行本。为了与国际接轨，新版专利证书采用A4版面，证书页采用防伪纸。

1月10日，商务部、国家工商总局、国家版权局、国家知识产权局发布《展会知识产权保护办法》，自2006年3月1日起施行。

2月10日，4位香港居民首次获得内地颁发的专利代理人执业证，并在中国专利代理（香港）有限公司执业。

2月20日，我国首家保护知识产权投诉受理中心在江苏成立。该中心主要受理专利、版权和商标权人的各类投诉举报，重点保护拥有自主知识产权和驰名商标的企业。

2月24日，上海市人事局、上海市知识产权局印发《上海市专利管理专业工程技术人员任职资格暂行办法》，将专利管理工程师纳入上海市专业技术职称系列。专利管理职称系列分为助理工程师、工程师和高级工程师三个级别，其任职资格分别通过用人单位直接聘任、全市统一考试、考试和评审相结合等方式取得。

3 月 10 日，最高人民法院召开知识产权司法保护专题新闻发布会，同日正式开通“中国知识产权裁判文书网”（www. ipr. chinacourt. org）。

3 月 28 ~31 日，首次“农业知识产权管理培训会”在北京举办。会议由中国农业科学研究院主办，中国农业科学院农业经济与发展研究所承办。针对我国农业知识产权现状，与会专家重点介绍了我国植物新品种、农产品原产地、农业专利、农业生物技术知识产权保护等内容。来自欧盟的国家知识产权及农业领域的专家介绍了德国、法国、荷兰等国农业知识产权保护的经验。此次培训会由“中国——欧盟小项目便捷基金”资助，各省市农业厅、高等院校、科研机构以及农业科技企业共 200 多人参加。

4 月 1 ~3 日，2006 中国知识产权刑事保护论坛在上海举行，我国与 WIPO、欧盟、美国、加拿大、澳大利亚、法国、德国等国家和组织的有关执法机构一致通过了《上海宣言》，旨在加强国际合作，共同打击侵犯知识产权犯罪。

4 月 19 日，中国国家知识产权局局长田力普和德国专利商标局局长沙德在北京正式签署双边合作工作计划。

4 月 25 ~27 日，由中国知识产权研究会、中国国际经济贸易仲裁委员会、中国知识产权研究会专利委员会、美国华美化学会、美国化学会法律部共同主办的“北京国际医药化工知识产权高峰论坛”在京举办。出席会议的代表中有来自国内医药化工领域和知识产权领域的代表 200 多人，还有近 40 位来自美国、德国、日本、加拿大、英国、新加坡以及中国香港、台湾地区的专家学者和企业界人士。会上，中外专家学者围绕医药化工领域的知识产权问题广泛交换了意见。讲演主题涵盖“全球经济中的知识产权保护与实施策略”、“21 世纪中国的知识产权保护体系及发展”、“知识产权资产管理与价值”，内容涉及：知识产权体系、医药化工领域的知识产权战略、知识产权价值、知识产权保护、知识产权诉讼、美国 ITC 程序、医药进出口知识产权问题等。

4 月 26 日，国家知识产权局举办开放日活动，社会各界人士、国际组织代表以及20多个国家的使馆官员参观了国家知识产权局。截至2013年，国家知识产权局已经连续八年举办开放日活动。

4月26日，全国知识产权局系统政府门户网站（www. sipo. gov. cn）于上午9时准时开通。2005年下半年，国家知识产权局批准了《全国知识产权局系统政府门户网站建设方案》，方案以现有的国家知识产权局政府网站为主站，国家知识产权局内部各职能部门和各省、自治区、直辖市知识产权局为子站，将主站和子站的政务信息和服务信息统一在门户网站平台上。这种架构和建设模式保证了网站内容的完整性、权威性、专业性和及时性。同时，由于子站覆盖国家知识产权局内部各职能部门和31个省级知识产权局，可以保证各类政务信息及时上网。新的门户网站重点突出信息传播、便民服务以及交流互动功能，主页增加了意见反馈、费用查询、发文信息查询、专利证书查询以及事务性公告查询等多项便民服务功能。

4月26日，“2006年中国保护知识产权高层论坛”在北京人民大会堂举行。来自国内外的著名企业负责人、知识产权专家共同探讨加强知识产权领域的国际交流与合作，并探索保护知识产权的应对策略。

5月24日，国家知识产权局公布新版《专利审查指南》，自7月1日起施行。

5月29日~6月2日，WIPO的IPC修订工作组第15次会议在日内瓦召开。会上，中国国家知识产权局的关于植物农药的IPC“A01N65/00”细分的修订提案C432得到批准，这是我国作为WIPO成员国就国际专利事务提出修订议案并获得通过的第一个提案。它表明，我国正在由知识产权国际规则的被动接受方、执行方转变成积极的参与方和制定方，并且开始在知识产权国际舞台上发挥积极的作用。

5月，美国新墨西哥州联邦法院下达的马克曼命令以及意见书，完全采纳了浙江通领科技集团有限公司对美国莱伏顿公司“五五八”专利保护要求和技术适用范围的解释。这是中美知识产权纠纷案中首次中国企业获得全胜的美国法院下达的马克曼命令，是中国企业知识产权保护由被动维权转入主动维权的典型案例。

5月，中国国家知识产权局与新加坡知识产权局首次在新加坡联合举办“透视中国知识产权制度”研讨会。迄今，中国——新加坡知识产权研讨会已举办四届。2006年8月，中新两局在知识产权领域的合作正式纳入到中国——

新加坡双边合作联合委员会（JCBC）框架下，使两局的合作纳入两国整体外交的层面。

5月，中国海关首度评选年度中国知识产权海关保护十佳案例，截至2012年，已连续七年发布“中国海关保护知识产权十佳案例”。

6月5日，最高人民法院发出《关于本院民事审判第三庭对外称“知识产权审判庭”的通知》。通知指出：根据审判工作需要，经批准，民三庭将对外称“知识产权审判庭”。请设置知识产权审判工作机构的地方各级人民法院参照办理。

6月9日，《中华人民共和国政府与吉尔吉斯共和国政府知识产权合作协定》在北京签署。根据该协定，双方将在平等互利的基础上开展知识产权领域的合作，在知识产权法律制度的完善、审查实务、知识产权领域人员培训等方面加强研讨和交流，并就重大国际知识产权问题交换意见。

6月12~15日，西部地区知识产权研讨会暨西部地区专利执法协作会在拉萨召开。来自四川、云南、陕西、青海、广西、西藏等省区以及成都市知识产权局负责人参加会议，交流探讨了各地开展知识产权工作和专利执法的情况。

6月14日，全球反假冒组织将“全球反假冒2005年度政府机构嘉勉奖”颁给中国海关，以肯定其在保护知识产权方面取得的成绩和公开透明的作风。这是我国政府知识产权执法机构首次获得世界性奖项。

6月16~18日，首届中国（淮北）专利技术推介会在安徽省淮北市召开。500多名专利权人和28家展团参加，展示了1000多项专利技术项目和成果。中国（淮北）专利技术推介会于2006年、2007年、2008年连续举办了三届。

6月20日，在日内瓦举行WIPO协调委员会第54次会议（第18次特别会议）上，来自我国的WIPO现任执行主任王彬颖（女）成功晋升为助理总干事。总干事伊德里斯提出的这一WIPO高级职位任命方案获得与会者一致通过。我国官员首任世界知识产权组织助理总干事，实现了我国自加入WIPO 26年来，在其高级职位零的突破。这对于扩大我国在国际知识产权领域的影响、推进国内知识产权工作等具有重要意义。

6月26~27日，“工业品外观设计国际海牙注册体系研讨会”在深圳举行。此次研讨会主要交流合理运用海牙体系的经验、我国企业在海外保护外观设计的经验、中国工业品外观设计制度的最新进展及未来趋势等。研讨会由 WIPO、国家知识产权局联合主办，深圳市知识产权局承办。

6 月 27 日，中国国家知识产权局宣布，中国专利申请总量突破 300 万件。

自 1985 年专利法实施至 2000 年初，专利申请总量历时近 15 年才超越百万大关，4 年零两个月后达到第二个 100 万件，突破第三个 100 万件仅 2 年零 3 个月。

6 月，由国家知识产权局委托专家完成的《我国知识产权司法体制改革》报告正式对外公布。报告共分为 8 部分，对困扰我国知识产权司法体制的基本问题，提出了相关措施和建议。

7 月 12 日，“自主创新，共赢中国——知识产权信息服务与自主创新论坛”在人民大会堂举行。会议由国家知识产权局中国知识产权报社主办、汤姆森科技信息集团协办。

7 月 25 日，国家知识产权局局长田力普与俄罗斯鲍里斯·西蒙诺夫局长举行双边合作友好会谈，会后签署《中华人民共和国国家知识产权局与（俄罗斯联邦）联邦知识产权、专利与商标局谅解备忘录》。

7 月 26 ~ 29 日，国务委员兼公安部长周永康对美国正式访问。在结束访问之际，双方发表了《中华人民共和国公安部和美利坚合众国司法部关于进一步加强执法合作的联合声明》，双方决定进一步加强打击侵犯知识产权执法等领域的合作。

8 月 2 ~ 3 日，“世界知识产权组织（WIPO）中国中部和东北部知识产权高级研讨会”在湖南省长沙市隆重举行。国内外知识产权领域的政府官员、专家学者、企业管理者以及专利代理人等 180 多位代表参会。会上，就国际知识产权制度的最新发展、知识产权国际条约、知识产权保护在中国的现状及未来趋势、日本制订知识产权战略的经验、知识产权作为吸引投资的工具、知识产权作为技术转让的重要工具等议题进行了深入研讨。此次研讨会由 WIPO 和国家知识产权局、湖南省政府联合举办、湖南省知识产权局承办。

8 月 7 日，国家知识产权局与欧洲专利局联合举办的“亚洲的传统知识：亚洲专利检索数据库的发展”国际研讨会在北京召开。研讨会为期 3 天，讨论国际层面有关传统知识保护的讨论和进展情况、现有的知识产权制度和专门制度对传统知识的保护等问题，同时还就中国、墨西哥、东盟各国传统知识，尤其是在传统医药数据库的应用和文献化领域的保护经验进行交流。来自澳大利亚、墨西哥、中国以及东盟国家的资深专家出席会议并发言。

8月30日~9月1日，国家知识产权局局长田力普率团对越南知识产权局进行了首次访问，并与该局局长范庭障举行中越两局第一次局长会谈，签署了《中越两局知识产权合作协议》。此次访问是中越两局合作历史上的第一次官方访问和第一次局长会谈。

9月5日，由国家知识产权局主办的“全国知识产权法律高级培训班”在清华大学法学院拉开帷幕。国家知识产权局局长田力普介绍了专利法第三次修改问题。

9月19日，中国海关总署、欧盟税务和关税联盟总司以及荷兰、英国的税务海关部门在布鲁塞尔签署了一项启动智能化安全贸易航线试点计划的文件，将中欧在贸易安全与便利领域的合作向前推进了一步，意在打击知识产权侵权及走私等行为。

9月28日，“知识产权司法保护国际研讨会”在重庆召开。100多位国内外知识产权法律专家、中国知识产权法官共同研讨知识产权司法保护领域的热点问题。

9月，中国建设银行出台我国银行业首部全面规范知识产权管理活动的规章：《中国建设银行知识产权管理办法》，为加强我国银行业知识产权管理走向制度化、规范化迈出重要一步。

10月11~12日，由国家保护知识产权工作组办公室（SOIPP）与德国技术合作公司合作主办的“知识产权保护的法律程序——快速程序及其他高效率机制”研讨会在北京举行。会上，中德双方的专家、学者和法务工作者就各自在知识产权方面的立法现状、执法情况演讲，并对大家关注的知识产权保护的快速程序和救济程序展开讨论。企业代表及媒体记者则就共同关注的专利、版权保护的问题发表意见。

10月12日，国务院新闻办发表《2006年中国的航天》白皮书。白皮书指出，中国重视航天科技工业基础能力建设，支持航天科技重点实验室和工程研究中心建设，加强信息化工作、知识产权工作和航天标准化工作。

10月12日，国家知识产权局公布《专利费用减缓办法》，自11月13日起施行。

10月24~25日，国家知识产权局专利复审委员会联合最高法院、北京高院及北京一中院知识产权庭举办的“专利行政诉讼与行政执法业务研讨会”

在北京召开。三级法院知识产权庭的法官及专利复审委的有关领导和部分审查员共100多人参会。研讨会针对新的专利审查指南实施后，专利无效、复审案件在后续司法程序中法律适用上存在的问题，如新旧审查指南的适用、无效程序中关于实用新型专利的审查、外观设计确权案件的审理等问题，以大会专题发言、分组讨论的形式进行了研讨。

10月25日，中国——蒙古国知识产权法律制度研讨会在北京开幕，这是双方首次在知识产权法律保护领域举办研讨会，旨在落实两国政府签署的知识产权合作协议，执行双方知识产权机构合作计划。截至2012年，中蒙知识产权法律制度研讨会已举办七届。

10月26日，中国政府和法国政府发表联合声明《共同建设更加安全、繁荣、和谐与团结的世界》。联合声明称，中法将在司法领域采取行动，将法律合作纳入双方合作的有关各领域；两国还将进一步深化知识产权领域的合作，加强知识产权保护。

11月3日，国家知识产权局在全国专利技术展示交易工作研讨会上，向全国首批18个国家专利技术展示交易中心授牌。这18个交易中心，将为中国广大非职务发明人、中小企业及中小投资人搭建一个公益性的交易平台。

11月7日，中国与欧盟在北京举行的第21届中欧经贸混委会上，就进一步发展中欧经贸关系达成八项共识。会后双方签署《关于加强知识产权保护合作的谅解备忘录》等协议。

11月21日，包括欧盟、美国、俄罗斯、日本、韩国、中国、印度在内的国际热核聚变实验反应堆（ITER）计划7方代表，在法国总统府所在地——爱丽舍宫正式签署有关协议，使这项人类科技史上仅次于国际空间站的科学合作项目正式步入实施阶段。根据协议，参与各方（共同出资建设）完全平等地享有项目的所有科研成果和知识产权。

11月22日，中国标准化协会在北京举办了“《胶粉聚苯颗粒复合型外墙外保温系统》协会标准颁布”新闻发布会。该标准是我国建设行业内第一个将国内自主创新企业的专利技术写入标准的案例。

11月，我国首个国家工业设计知识产权园在江苏省无锡市滨湖区无锡（国家）工业设计园成立，并举行了揭牌仪式。国家知识产权局在无锡（国家）工业设计园建立“工业设计外观设计专利服务站”，为企业申请专利、专利权质押、专利复审、法律咨询和法律援助等，提供便捷高效的知识产权服务。

12月11日，“世界知识产权组织知识产权执法高层圆桌会”在北京举行。会上，最高法院知识产权审判庭庭长蒋志培就“知识产权执法的法律框架”作专题发言。会议对“假冒盗版对国家经济、文化和社会所早晨的负面影响”等7个议题进行了交流。

12月13～15日，“世界知识产权组织传统知识、传统文化表达和遗传资源地区间研讨会”在郑州市举行。会议由WIPO、国家知识产权局和河南省人民政府联合举办，河南省知识产权局承办，邀请韩国、新加坡、泰国、印度、蒙古、马来西亚和菲律宾等多个国家，及东盟、非洲地区工业产权组织(ARIPO)、非洲知识产权组织（OAPI)、南亚区域合作联盟（SAARC)、安第斯共同体、太平洋共同体等地区性组织的代表参会。会议通过《郑州成果——国际范围内对传统知识、传统文化表达和遗传资源的保护展望》。

2006年，国际知识产权律师联合会（FICPI）世界大会和非政府组织协调会在法国巴黎举行。中华全国专利代理人协会首次以国家会员名义参会，FICPI会长在世界大会上郑重宣布中国参加FICPI。

2007年

1月11日，国家知识产权战略征文颁奖会暨郑成思学术成就交流会在京召开。2006年9月10日去世的前中国社会科学院学部委员、学术咨询委员、全国人大常委郑成思所著的《信息、知识产权与中国知识产权战略若干问题》以及北京大学法学院博士何怀文所著的《中国知识产权战略之战略形势分析》荣获国家知识战略征文一等奖。

2月10日，国家知识产权局与公安部联合印发《关于严厉打击假借专利评奖等手段进行诈骗违法犯罪活动的通知》，要求全国知识产权局系统和公安部门共同开展严厉打击假借专利评奖等手段进行诈骗违法犯罪的活动。

2月，厦门仲裁委员会知识产权仲裁中心成立。这是中国大陆第一个专业知识产权仲裁中心，旨在为知识产权纠纷案提供专业、便捷和有效的解决。

2月，我国第一部全面反映我国知识产权保护与产业现状的专业蓝皮书——《中国知识产权蓝皮书》，由北京大学出版社出版。该书由我国中南财经政法大学（校长）知识产权法学教授吴汉东主编，核心内容是《中国知识产权发展报告》，其间介绍我国知识产权领域的重大事纪要、典型案例、国际要闻、知识产权公约成员发展、各国立法新进展以及问题与展望等。

3月8日，国家知识产权局与湖南省人民政府工作会商制度议定书签字仪式在京举行，同时召开了第一次会商会议。

3月8日，国家知识产权局开始为海湾合作委员会专利局检索其专利申请文件，这标志着两局合作备忘录的正式执行。这是国家知识产权局首次以双边合作为基础，为外国专利局进行专利申请文件检索工作。

3月14日，国家知识产权局印发《2007~2010年“百千万知识产权人才工程”实施方案》。9月，公布了首批“百千万知识产权人才工程”百名高层次人才培养人选名单。

3月20日，“亚洲地区知识产权研讨会”在北京开幕。本次研讨会是国家知识产权局利用亚洲区域合作基金，在外交部、财政部的支持下举办的。来自19个亚洲地区国家及组织的25位代表参加了这次研讨会。会议为期5天，就加强知识产权保护、知识产权信息的传播与利用、提高公众知识产权意识、提高企业竞争力、知识产权人才队伍的能力建设以及知识产权的转化与管理等方面交换意见、交流经验。迄今，国家知识产权局已利用亚洲区域合作基金举办四次知识产权研讨会。

3月21日，国家知识产权局、科技部、卫生部、国家中医药管理局及国家食品药品监督管理局等16个部门在京举行新闻发布会，联合发布了《中医药创新发展规划纲要（2006~2020年）》。

4月9日，国家知识产权局印发《全国知识产权教育培训指导纲要》。

4月20日，由国家知识产权局主办、成都市人民政府承办的“知识产权与软件产业发展国际论坛”在成都举行。

4月23日，国务院办公厅发出通知，印发2007年全国整顿和规范市场经济秩序工作要点，其中包括“狠抓保护知识产权工作”。

4月26日，最高人民法院公布2006年十大知识产权民事案例。

最高人民法院自2007年起评选并公布“知识产权司法保护十大案件”，自2009年开始在十大案件之外同时公布五十个典型案例。最高人民法院通过每年评选和公布“中国法院知识产权司法保护十大案件和五十个典型案例”，积极发挥典型案例的示范效应和指导作用。

5月1日，作为PCT国际申请受理局，国家知识产权局开始接收PCT-SAFE全电子模式的申请。

5月8日，国家知识产权局印发《关于公布国家知识产权局高层次人才培养对象人选名单的通知》，确定首批高培对象。

5月15日，由国家知识产权局和德国专利商标局共同主办的“中德知识产权研讨会”在北京举行。国家知识产权局局长田力普主持开幕式并致辞，德国专利商标局局长沙德、德国驻华大使馆官员龙安德也分别在开幕式上讲话。研讨会上，双方就知识产权领域关心的问题进行广泛讨论，来自国家知识产权局、德国专利商标局、北大方正集团有限公司、上海市第二中级人民法院等单位的有关专家，分别就生物技术发明的保护、跨国公司企业专利管理和工业产权领域的侵权诉讼等相关主题发表演讲。

5月，第一次中美欧日韩五局局长会议在桂林召开。2007年起，中国国家知识产权局、美国专利商标局、欧洲专利局、日本特许厅、韩国特许厅开始合作，以消除各局之间不必要的重复工作，加强专利审查的效率和质量，确保专利权的稳定性。截至2012年，五局局长会议已召开七次。

6月4日，国家知识产权局与人事部联合发布《关于开展知识产权公需科目继续教育的通知》，共同组织开展全国五大专业技术领域专业技术人才知识产权公需科目继续教育培训工作。

6月29日，中国国家知识产权局和欧洲专利局签署战略合作伙伴关系协议，双边合作从纯技术合作向战略合作的方向推进。中欧两局每年举办一次局长会，轮流在中国和欧洲举行，2007年首次中欧两局局长会议在重庆举行。

7月6~9日，2007中国国际消费电子博览会在青岛国际会展中心举办。博览会期间，国家知识产权局与美国消费电子协会和中国电子商会共同举办“电子信息产品知识产权保护论坛”。论坛讨论了困扰我国电子企业的专利许可、专利权利用尽等问题，帮助企业认识并尊重知识产权，学会维护自己的知识产权。

8月1日，国家知识产权局举行中国专利电子审批系统项目启动仪式。

8月7~8日，国家知识产权局在京召开2007年度全国专利信息服务和地方信息网点建设工作会议。

8月27日，国家知识产权局发布《关于规范专利申请行为的若干规定》。

9月2日，国家知识产权局在浙江省杭州市召开全国企事业知识产权工作会议。

9月10～11日，“WIPO中国东部知识产权高级研讨会”在天津举行。会议由国家知识产权局与WIPO主办、天津市知识产权局承办，WIPO世界学院、日本、韩国和比利时的知识产权专家，以及我国知识产权主管部门和知识产权研究机构的专家学者、东部7省和3市知识产权管理部门及相关部门领导150多人，围绕知识产权核心、热点问题发表主题演讲。

9月11日，国家知识产权局和中宣部、全国总工会、共青团中央、全国妇联、中国发明协会共同主办的为期两个半月的中国当代发明家创新事迹巡回报告活动结束。活动得到北京、辽宁、重庆、海南、河南地方政府的支持。

9月30日，由国家知识产权局、中国科学院、中国工程院、中国科协主办的“首届全国杰出专利发明创新展”在中国科技馆开幕。

9月21日，国家知识产权局印发《关于开展国家知识产权示范城市评定工作的通知》，制定了《国家知识产权示范城市评定指标（暂行）》。成都、武汉、宜昌、济南、长春成为国家知识产权工作示范城市。

10月9～12日，国家知识产权局在深圳召开全国专利运用与产业化会议暨国家专利技术展示中心工作会议。

10月30～31日，国家知识产权局与财政部中国资产评估协会在北京联合举办了以“知识产权战略与资产评估”为主题的中国评估论坛。

10月30日，国家知识产权局和中央11个部委局联合制定并公布《关于切实加强民族医药事业发展的指导意见》。

11月8日，国家知识产权局印发《关于开展知识产权维权援助工作的指导意见》，正式启动知识产权维权援助工作。

11月14～15日，2007年全国知识产权政务信息和政府网站工作会议在昆明召开。

11月16～20日，国家知识产权局主办的首届中国专利周在24个省市同时举办。国家发改委、教育部、科技部、有关省市人民政府、国家开发银行为本次活动的支持单位。截至2012年，中国专利周已连续举办6届。

11月18日，首届全国农业知识产权论坛在云南昆明召开，与会人员讨论了植物新品种领域的农业知识产权问题。截至2012年，全国农业知识产权论坛已成功举办了五届。

11月22日，国家知识产权局在浙江省义乌市召开首次“涉外知识产权执法工作座谈会”。知识产权执法联席会议成员单位和当地代表参会。

11月26～27日，全国专利战略推进工程研讨会在湖南长沙召开。全国各地方知识产权局专利战略推进工程项目负责人、2006年及2007年项目承担单位的项目负责人和研究人员70余名代表参加。

11月28日，由科技部牵头，国家知识产权局、卫生部、国家中医药管理局、国家食品药品监管局和世界卫生组织共同举办中医药国际科技合作大会。大会通过了中医药国际科技合作《北京宣言》。

12月3日，WIPO和国家知识产权局在北京联合举行“世界知识产权组织（WIPO）《专利合作条约》（PCT）国际会议”。

12月6日，国家知识产权局和国家发改委、财政部、科技部、国家工商总局、国家版权局联合发布《建立和完善知识产权交易市场的指导意见》，共同推进知识产权交易市场的建立和完善。

12月13日，国家知识产权局与深圳市人民政府签署了《国家知识产权局、深圳市人民政府共建知识产权强市合作议定书》。

12月13日，WIPO亚太区域知识产权有效执法研讨会在北京举行。WIPO执法与特别项目司副司长路易斯·瓦格奈特、中国国家知识产权局国际司司长吕国良等出席开幕式并讲话。来自全球5大洲23个国家的海关、知识产权及其他政府部门执法机构的50余名负责人参会。此次研讨会由WIPO、中国国家知识产权局以及日本特许厅共同举办，旨在促进中国和亚太地区各国知识产权局、海关及其他执法机构的持续合作关系。与会代表就全球性的假冒和盗版情况、加强有效执法的政策和战略、知识产权执法在海关的重要作用、引导公众重视假冒和盗版等问题进行深入研讨。

12月17日，国家知识产权战略制定工作领导小组办公室在京召开美国《拜杜法案》研讨会。《拜杜法案》的起草者之一、美国前参议员Birch Bayh应邀介绍了《拜杜法案》的制定背景和实施情况。

12月24日，我国受理的专利申请总量突破400万件，且第四个100万件中，国内发明专利申请增幅明显高于国外。

12月26日，由国家知识产权局主办的首届中国知识产权执法论坛在南宁市开幕。最高人民检察院、最高人民法院、科技部、公安部、国家版权局，以及全国各地方知识产权局的代表近300人出席论坛并听取演讲。截至2012年，中国知识产权执法论坛已连续举办六届。期间召开的全国知识产权执法工作会议，总结过去两年的工作，表彰执法先进集体和个人，并对2008年执法工作进行了部署。

12月28日，国家知识产权局完成首次专利审查员资格考评工作。

2008年

2月4日，国家知识产权局发布《“雷雨”、“天网”知识产权执法专项行动方案》，深入开展知识产权执法专项行动。

3月3~8日，国家知识产权局、国家版权局和国家工商行政管理总局共同组团出席WIPO发展与知识产权委员会（CDIP）在日内瓦WIPO总部召开的第一次会议。

3月25~26日，国家知识产权局在陕西省西安市召开首次全国专利代理管理工作会议。截至2012年，全国专利代理管理工作会议已连续召开五届。

3月28日，国家知识产权局参加WIPO的IPC分类论坛，对“IPC-B82（纳米技术）修订项目”发表评论意见。

3月、10月，国家知识产权局和国家版权局、驻日内瓦代表团组成的中国代表团出席WIPO与遗传资源、传统知识和民间文艺政府间委员会（IGC）在日内瓦召开的第十二次、第十三次会议。

4月18日，国家知识产权局和重庆高新技术交易会组委会在重庆联合主办“知识产权战略与企业竞争力国际研讨会”。

4月30日~5月12日，国家知识产权局组团出席了在法国巴黎举行的“巴黎国际发明展览会”。

5月8~9日，国家知识产权局与WIPO在京联合举办、中国知识产权培训中心承办“第二届全球知识产权学院院长研讨会”。首届研讨会在巴西举行。

5月14日，国家知识产权局在南京市召开“全国城市和园区知识产权试点示范工作会议”。

5月25~26日，由中蒙两国知识产权局主办的“中国——蒙古国知识产权执法研讨会”在江苏省南京市举行。

6月1日，国家知识产权局制定的两项国家标准——知识产权文献与信息

“《基本词汇》和《分类及代码》”正式实施。这是我国首次推出的知识产权文献信息国家标准。

6月5日，国务院发布《国家知识产权战略纲要》，知识产权战略成为国家重要发展战略。

6月11~12日，国家知识产权局在北京举办“国家知识产权战略培训班”，地方知识产权局和在京新闻单位人员参加。

6月16~20日，国家知识产权局和非洲地区知识产权组织（ARIPO）、WIPO在中国知识产权培训中心共同举办“中非知识产权局局长会议”。

6月30日，国家知识产权局与铁道部签署知识产权战略合作框架协议，正式启动首个国家行业知识产权战略试点。

7月16日，由国家知识产权局主办、北京市知识产权局承办的“奥运知识产权保护论坛”在北京市举行。

7月17日，国家知识产权局举行“奥运火炬技术专利证书颁发仪式”。

7月29日，国家知识产权局在北京国际新闻中心举行“中国专利制度的发展与展望”新闻发布会。

8月26日，国家知识产权局发布《关于组织实施国家知识产权强县工程的通知》，提出建立符合我国国情的县域知识产权工作机制的目标。

9月16日，国家知识产权局、欧洲专利局、欧盟内部市场协调局和重庆市人民政府在重庆市联合主办“欧洲知识产权制度——外观设计与专利”国际研讨会。

9月22~30日，中国政府代表团出席“WIPO成员国第45届系列会议”。

9月，国家知识产权局和德国知识产权局联合举办的中德知识产权研讨会在慕尼黑举行，研讨会的主题为“专利制度/经济和传统的PCT/新的合作模式”。

10月1日，新《专利代理人资格考试实施办法》和《专利代理人资格考试考务规则》施行。

10月14日，地方与国家知识产权战略衔接问题研究课题总报告结题评审会暨研讨会在长沙召开。

10月25日，中国国家知识产权局和美国专利商标局（USPTO）在北京举行两局局长会谈，并签署两局合作谅解备忘录，以保持中美两局长期合作的连续性。备忘录包括审查业务、自动化、合办研讨会、互派联络员等合作项目。

10月29日，上海知识产权仲裁院成立。作为上海仲裁委的分支机构，上海知识产权仲裁院专门负责处理涉及知识产权合同纠纷的仲裁案件，以立足上海、服务长三角、面向全国为目标，适应国内外“两个市场”知识产权合作、转移、许可的发展需求。

11月1日，《专利代理人资格考试违纪行为处理办法》施行。

11月1~7日，应非洲知识产权组织的邀请，国家知识产权局派代表团赴塞内加尔首都达喀尔出席“非洲知识产权组织成员国企业和经济发展以及知识产权保护国际大会”。会议期间，国家知识产权局和非洲知识产权组织签署了知识产权合作协议。

11月3日，由国家知识产权局、国家食品药品监督管理局主办的“专利保护与公共健康——药物创新与药物可及性国际论坛”在京开幕。会议邀请了来自阿根廷、泰国、美国等国家以及世界卫生组织等国际组织和部分非政府组织的专家学者，围绕专利保护与药物可及性、专利保护与药物创新、专利与公共健康等主题进行讨论。

11月4日，国家知识产权局与欧洲专利局在京联合举办“SIPO-EPO自动机器翻译国际研讨会”。来自WIPO、中国国家知识产权局、欧洲专利局、韩国知识产权局和日本特许情报机构的代表在会上发言，国内外相关企业、高校及科研机构专家、学者150余人参会。研讨会围绕机器翻译技术的发展现状及未来趋势展开交流，主要介绍了当前机器翻译系统在中、欧、韩、日等主要非英语国家和地区知识产权机构中的开发和应用，并就当前机器翻译技术的热点、难点问题及其解决方案展开讨论。

11月13~14日，国家知识产权局主办的首届知识产权与城市发展市长论坛在厦门市举办。截至2010年，该论坛共举办三届。

11月18日，由国家知识产权局主办、重庆市科委、市知识产权局承办的首次“全国外商机构保护知识产权座谈会”在重庆召开。座谈会上，外商机构代表交流了中国知识产权保护工作方面经验和做法，对我国知识产权保护存在的问题提出了意见和建议。截至2011年，全国外商机构保护知识产权座谈会已举办四次。

11月18~19日，首届两岸专利论坛在台湾宜兰举行。两岸专利论坛由中华全国专利代理人协会与台湾工业总会共同举办，截至2012年，已连续举办五届。

11 月 26 日，纪念改革开放 30 周年暨中国知识产权发展论坛在北京举行。论坛由国家知识产权局主办，知识产权出版社承办。论坛内容涉及对改革开放 30 年来我国知识产权事业的回顾和对未来的展望、地方知识产权事业发展的总结和思考，企事业单位知识产权工作的经验介绍等多个方面。地方知识产权管理部门、高等院校、科研单位、企业、社会服务组织等各界领导、专家、学者以及征文作者 180 余人参加。

12 月 16 ~ 17 日，由国家知识产权局、欧洲专利局和四川省人民政府联合主办的“传统医药国际研讨会”在成都举行。来自中国、欧洲专利局、巴西及东盟的印度尼西亚、柬埔寨、老挝、马来西亚、泰国和越南六国知识产权部门和传统医药管理机构的近 30 位专家参会。与会代表分别交流了各国、各地区传统医药的保护和利用等方面的经验和做法。

12 月 23 日，国家知识产权局派代表团赴越南出席中越两国知识产权部门联合举办的中越知识产权研讨会。

12 月 27 日，十一届全国人大常委会第六次会议通过《关于修改〈中华人民共和国专利法〉的决定》。2009 年 10 月 1 日，修改后的《中华人民共和国专利法》开始实施。

12 月，国家知识产权局正式启动知识产权质押融资试点工作。截至 2012 年底，国家知识产权局已在全国 28 个地区开展知识产权质押融资试点、投融资服务试点及创建国家知识产权投融资综合试验区。

2008 年，国家知识产权局和日本特许厅建立了自动化专家组会议机制，并在日本举行首次专家组会议。

2008 年，国家知识产权局设立“面向发展中国家知识产权人才培训”专项资金，开展了多项面向发展中国家的培训活动，对海湾合作组织（GCC）、越南国家知识产权局、朝鲜发明局等发展中国家的审查员进行培训。

2009 年

1 月 27 日，世界知识产权组织在其网站上公布 2008 年全球专利申请情况，中国企业首次居 PCT 国际专利申请量排名榜首位。

2月2日，国家知识产权局局长田力普与英国知识产权局局长伊恩·弗莱彻（Ian Fletcher）于英国伦敦共同签署了两局《2009年双边合作行动框架协议》。

2月15日，《国家知识产权局、江苏省人民政府创建实施知识产权战略示范省合作协议》在南京签署。

2月26日，国家统计局发布2008年国民经济和社会发展统计公报，首次将我国专利水平的评价指标纳入国家经济社会发展综合指标体系。

2月27日，国家知识产权局将《中华人民共和国专利法实施条例修订草案（送审稿）》上报国务院审议。

3月19日，国家知识产权战略实施工作部际联席会议办公室印发《2009年国家知识产权战略实施推进计划》。

3月22日，国务院印发《国务院关于落实〈政府工作报告〉重点工作部门分工的意见》，其中第20条为："继续实施知识产权战略。完善知识产权法律法规体系。加强知识产权公共服务体系建设，提高知识产权审查质量和效率。继续开展保护知识产权专项行动。加大知识产权宣传教育力度。推进知识产权对外交流与合作，加强对外贸易和国内市场知识产权预警及维权工作"，并明确此项工作由国家知识产权局负责。

3月30日，WIPO跨区域知识产权高级论坛在北京开幕。

3月30日，国家知识产权局印发《2009年度"雷雨"、"天网"知识产权执法专项行动方案》。

4月1日，首次全国专利统计工作会议在重庆召开。截至2012年，全国专利统计工作会议已召开四次。

4月10日，《中华人民共和国国家知识产权局公报》正式出版发行。《公报》为每季度一期。

4月14日，国家知识产权战略实施工作部际联席会议印发实施《2009年中国保护知识产权行动计划》。

4月28日，《中国—秘鲁自由贸易协定》在北京签署。该协定规定了发展中国家共同关注的遗传资源、传统知识、民间文艺和地理标志保护等问题。

6月3日，国家知识产权局举办"专利代理行业发展规划（2009~2015年）"专题新闻发布会。

6月28日~7月7日，国家知识产权局和国家版权局、我常驻日内瓦使团组成中国代表团出席 WIPO 第 14 届知识产权与遗传资源、传统知识与民间文艺政府间委员会，并应邀对 WIPO 及欧专局进行正式工作访问。

8 月 27 日，国家知识产权局印发《关于促进企业运用知识产权应对金融危机的若干意见》。

9 月 3 日，美国约翰·马歇尔法学院在美中知识产权合作暨研究论坛上宣布在该院成立中国知识产权资源中心。该中心是美国首个集中收集中国知识产权资源的机构。

9 月 22 ~ 10 月 1 日，中国政府代表团出席 WIPO 成员国大会第 47 届系列会议。

10 月 10 日，国家知识产权局联合财政部共同下发了《关于组织申报 2009 年度资助向国外申请专利专项资金的通知》。

10 月 25 日，国家知识产权局局长田力普代表中国政府签署《中华人民共和国政府与东南亚国家联盟成员国政府知识产权领域合作谅解备忘录》。

12 月 7 日，我国专利授权总量突破 300 万件。

12 月 10 日，在海口市召开“全国企事业知识产权工作会议暨全国专利运用与产业化会议”。

12 月 15 日，国家知识产权局和 WIPO 在京共同举办“非洲国家高级官员和高级审查员研讨会”。

12 月 30 日，国务院常务会议审议并通过《关于修改〈中华人民共和国专利法实施细则〉的决定（草案)》，修改后的《中华人民共和国专利法实施细则》于 2010 年 2 月 1 日起施行。

12 月 31 日，国家知识产权局与工业和信息化部联合印发《关于实施中小企业知识产权战略推进工程的通知》。

2010 年

1 月 7 日，全国知识产权维权援助工作会议在海南召开，会议对知识产权维权援助工作进行全面总结。

1 月 21 日，国家知识产权局公布新修订的《专利审查指南》，与我国《专利法实施细则》同步施行。

2月10日，中国专利电子审批系统（E系统）和专利检索与服务系统（S系统）正式上线，全流程电子化专利审查系统建设工作取得重大进展。

2月25日，重点产业专利信息服务平台建成新闻发布会暨开通仪式在京召开。重点产业专利信息服务平台收录了美国、日本、WIPO、欧洲专利局等国家、地区和组织的专利文献数据3337万余条。平台同时集产业分类导航、检索、分析、机器翻译等功能于一体。

3月3日，由国家知识产权局主办、福建省知识产权局承办的全国知识产权信息应用与服务工作会议在福建召开。来自国务院国有资产监督管理委员会、国家发展和改革委员会、全国知识产权局系统、行业协会、企业及中介机构的代表约140余人参加了会议，共同回顾了2009年知识产权信息服务工作，深入交流了工作经验，并研讨了新形势下推进工作的新思路和新举措。

4月1日，由全国人大教科文卫委员会、全国人大常委会法工委、国务院法制办、国家知识产权局联合召开的“纪念专利法实施二十五周年座谈会”在北京人民大会堂举行。

4月13日，由国家知识产权局主办的“中国——东盟知识产权合作会议”在京开幕。此次会议是为落实上一年签署的《中国——东盟知识产权领域合作谅解备忘录》而举办。来自东盟10个成员知识产权主管部门的40余位高级代表参会。在为期1天半的会议中，与会人员就各自的知识产权制度建设以及如何加强中国与东盟在知识产权领域的合作等问题进行了交流和讨论。

4月20日，EPOQUE系统中的美国专利数据向中国国家知识产权局开放仪式在北京举行。美国专利全文图像数据和全文文本数据向中国国家知识产权局的开通，是美国专利商标局（USPTO）和中国国家知识产权局合作史上的一个重大事件，不仅扩展了两局国际合作的新领域，同时也标志着两局合作进入一个新阶段。

6月3日，国家知识产权局印发《关于加强地方知识产权战略实施工作的若干意见》。

6月29日，海峡两岸关系协会会长陈云林29日与台湾海峡交流基金会董事长江丙坤在重庆签署了《海峡两岸知识产权保护合作协议》，全方位建立起两岸知识产权保护合作机制。

7月1日，国家知识产权局、科技部、发改委、财政部联合印发《国家科技重大专项知识产权管理暂行规定》。

7月5日，国家知识产权局正式实现专利申请文件受理案卷信息“双采”。“双采”指工作人员受理专利申请文件后，对案卷信息由双人分别采集录入并进行比对，以确保采集数据的准确。

7月7日，国际知识产权环境论坛在北京举办。论坛发布了国家知识产权局关于国外知识产权环境专题研究的首批成果，美国、欧洲等4个知识产权环境专题研究报告备受关注。

7月13日，全国内资企业保护知识产权座谈会在东莞市召开。与会代表介绍了企业开展知识产权工作、应对美国337调查、海外知识产权诉讼等情况，并围绕知识产权法律法规的制定和完善、知识产权的执法和司法保护、企业境外参展中的知识产权保护、企业海外维权工作、政府对企业的知识产权扶持政策等五个方面提出了40余条意见和建议。

7月22日，国家知识产权局、工信部等12个国家部委联合印发《关于促进工业设计发展的若干指导意见》。

8月12日，国家知识产权局、财政部等6个国家部委联合发布《关于加强知识产权质押融资与评估管理，支持中小企业发展的通知》。

8月26日，国家知识产权局与工信部联合印发《关于确定“中小企业知识产权战略推进工程首批实施单位”的通知》，启动了32个城市的中小企业知识产权战略推进工程。

9月8日至9日，由国家知识产权局主办、知识产权出版社承办的首届“中国专利信息年会”在北京国家会议中心举办。年会的主题为“专利信息应用与企业创新”。截至2013年，中国专利信息年会已举办四届。

9月20~26日，中国政府代表团赴日内瓦出席WIPO成员国大会第四十八届系列会议。国家知识产权局局长田力普在WIPO第二届部长级高级别会议上就“创新、增长与发展：知识产权的作用和成员国的国家经验”做主旨演讲。

9月27日，全国专利分析暨重大经济活动知识产权评议工作会议在贵阳召开。本次会议是围绕专利分析和重大经济科技活动知识产权评议工作举行的第一次全国性会议，对于充分发挥知识产权制度在推动培育战略性新兴产业、促进经济发展方式转变中的保障支撑作用具有重要的现实意义。

10月18日，《国务院关于加快培育和发展战略性新兴产业的决定》发布。《决定》指出，要加快落实人才强国战略和知识产权战略。

10月22日，国家知识产权局印发《专利行政执法操作指南（示范文本试行)》。

11月4日，国家知识产权局印发《关于加强知识产权维权援助中心举报投诉维权服务工作的通知》。

11月10日至16日，非洲知识产权组织成员国知识产权局局长研讨会在北京召开。

11月11日，国家知识产权局在北京召开新闻发布会，隆重发布《全国专利事业发展战略（2011～2020年)》。专利战略以纲要提出的专利工作战略目标为主线，明确提出了全面提升专利创造、运用、保护和管理的具体措施，以实现专利工作战略目标。

11月12日，全国知识产权局执法工作会议在天津召开。来自全国各省、自治区、直辖市、新疆生产建设兵团、副省级城市、进入5·26执法推进工程、设立知识产权维权援助中心的城市、国家知识产权工作示范城市、示范创建市、试点城市知识产权局主要负责人，以及国家知识产权局有关部门、单位的主要负责人近200名代表参加会议。

12月10日，由国家知识产权局主办、知识产权出版社承办的知识产权与转变经济发展方式论坛在京举行。论坛上，9位演讲者围绕专利制度对创新的作用、知识产权对版权产业发展的促进作用、植物新品种保护制度对种业技术创新影响、知识产权信息服务在经济发展方式转变中的作用、地方知识产权工作新思路、企业知识产权工作成功经验等作专题演讲。中央有关部门、地方知识产权管理部门、高等院校、科研单位、企业、社会服务组织等各界领导、专家、学者以及征文的作者130多人参加论坛。

2011年

1月15日，曾经为北京奥运会开幕式“中国画卷”提供LED显示屏幕的中关村企业利亚德公司，宣布推出拥有自主知识产权的以LED为显示面板的电视机。截至2011年1月，利亚德已为LED面板电视机申报了三十余项发明及实用新型专利（部分申请了国外专利），初步形成了LED电视的知识产权体系。

2 月 24 日，中国科学技术发展战略研究院发布中国首份“国家创新指数报告”，报告显示：以美国创新指数 100 为计，中国创新指数为 57.9，在全球 40 个科技实力较强国家中，排名第 21 位。

3 月 14 日，十一届全国人大第四次会议表决通过了《关于国民经济和社会发展第十二个五年规划纲要的决议》。在“十二五”规划纲要的主要目标部分明确提出每万人口发明专利拥有量提高到 3.3 件。

3 月 18 日，国家知识产权局印发《关于继续深入开展知识产权局系统执法专项行动的通知》。

3 月 23 日，国家知识产权局印发《2011 年电子申请推广计划总体实施方案》。

3 月 30 日，国家知识产权局与泰州市政府举行国家专利战略推进与服务（泰州）中心揭牌暨中心共建签约仪式。

4 月 7 日，国家知识产权局组织战略实施工作部际联席会议 28 家成员单位共同制定的《2011 年中国保护知识产权行动计划》印发。同日，国家知识产权局牵头制定的《2011 年国家知识产权战略实施推进计划》正式出台。

4 月 13 日，国家知识产权局发布《因日本地震而延误专利期限的救济通知》。

4 月 14～16 日，由北京市科学技术委员会、北京大学、科技部国际合作司、科技部火炬高技术产业开发中心、美国大学技术经理人协会（AUTM）、意大利创新署等联合主办的“2011 跨国技术转移北京论坛”在北京举行。来自全球 20 余个国家和地区的 80 余家世界知名技术转移机构、研发服务机构、大型跨国企业的近 300 位高端职业经理人，携带 400 余项技术转移与产学研合作项目参会。论坛上，正式签署了中意技术转移中心、中芬企业创新中心、中加生物技术转移平台建设等合作协议，10 余项涉及生物医药、农业科技、节能环保等领域的国际技术转移合作项目也正式签约。

4 月 26 日，中国工业设计协会主办的首届“中国工业设计知识产权高峰论坛”在北京举办，论坛的主题是“知识产权与设计未来”。论坛从工业设计领域有关法律政策、企业知识产权维权途径、不同法律渠道对知识产权保护的利弊分析、知识产权谈判和争议解决等多方面进行探讨，力求为企业提供各类实用方法策略，加强企业在知识产权的创造、运用、保护和管理方面的能力，在提高核心竞争力的同时全方位维护企业的切身权益。

5月1日，国家知识产权局印发《关于进一步开展专利电子申请工作的通知》。通知明确了2011～2012年电子申请推广工作总体目标。

5月4日，国家知识产权局、教育部等9部门印发《关于加强深圳第26届世界大学生夏季运动会知识产权保护工作的通知》。

5月17日，国家知识产权局印发《全国知识产权系统管理工作十二五规划》和《中小企业集聚区知识产权托管工作指南》。

6月7～8日，由国际科技信息委员会（ICSTI）主办、中国科学技术信息研究所承办的"2011年国际科技信息委员会夏季大会"在北京举行。本次大会以"迈向知识服务"为主题，来自中国、美国、加拿大、荷兰、比利时等10多个国家的图书馆界、科技信息界、出版界和企业界代表共400多人出席会议。这是ICSTI在中国举办的第一次会议。

6月15日，国家知识产权局与佛山市南海区政府签署国家知识产权投融资综合试验区创建工作协议，首个国家级知识产权投融资试验区正式挂牌成立。

6月21日，国家知识产权局发布《关于规范台湾居民参加2011年全国专利代理人资格考试有关事项的公告》。公告规定，福州考点是2011年台湾地区居民参加大陆专利代理人资格考试的唯一考点，符合报名条件且经查验合格获准参加考试的报名人员应当于2011年11月4日持"台湾居民来往大陆通行证"前往福州考点报到。台湾地区居民参加考试的要求和标准和大陆居民一样。

6月27日，国家知识产权局印发《关于加强专利行政执法工作的决定》。决定分为制度建设、执法机制、能力建设三部分，对专利行政执法工作提出了多项要求和具体工作措施。

6月30日，国家知识产权局与交通银行在北京签署中小企业知识产权金融服务战略合作协议，这是国家知识产权局首次与商业银行就知识产权金融服务展开全方位的战略合作。

7月27～28日，国家知识产权局在内蒙古包头稀土高新区召开国家知识产权试点示范园区现场经验交流会。

7月28日，2011年度专利分析普及推广项目研究课题启动暨座谈会在京召开。涉及十个产业"智能手机""有机发光二极管""光通信网络""通信用光纤和光器件”“立体影像”“切削加工刀具”“煤矿机械”“锅炉燃烧设备”“乳制品”及“生物医用天然多糖”的课题组代表汇报了课题的研究背景及研究内容。

7月28日，国家知识产权局印发《知识产权高层次人才引领计划实施方案（2011~2015年）》。

7月29日，国家知识产权局印发《知识产权培训基地建设工程实施方案（2011~2015年）》。

8月3~4日，全国知识产权信息应用与服务工作会议在哈尔滨召开。会议为期两天，主要围绕如何加强知识产权信息服务体系建设、提升知识产权信息应用能力和加快发展知识产权服务业，促进经济结构调整和发展方式转变等内容交流了经验和做法，研讨“十二五”工作思路及下步工作重点。

8月16日，国家知识产权局出台《关于加强知识产权人才工作的意见》。

8月30日，国家知识产权局主办的全国内资暨港澳台资企业保护知识产权座谈会在青岛市举行，公安部、海关总署等相关工作负责人出席会议。

9月21~22日，“2011年度全国地方知识产权战略实施工作会议”在长沙召开。

9月22日，国家知识产权局、发改委等10部委共同编发《国家知识产权事业发展“十二五”规划》。国家知识产权局同期发布了《专利工作“十二五”规划》。

9月23日，“全国知识产权托管工作会议”在京召开。会议由国家知识产权局专利管理司主办，有关城市知识产权局知识产权托管工作负责人、参与知识产权托管工作的服务机构代表参加会议。

9月26日~10月5日，中国代表团在日内瓦召开的WIPO成员国大会第49届系列会议上，我国关于将中国专利文献纳入PCT最低文献量的提案获得通过，并于2012年7月1日正式生效。

9月30日，国家知识产权局印发《关于加强重大项目和高层次人才知识产权维权援助服务工作的通知》。

10月18日，国家知识产权局（SIPO）和日本特许厅（JPO）第十八次局长会议在北京举行，双方签署了《中华人民共和国国家知识产权局与日本特许厅关于专利审查合作意向的联合声明》和会谈纪要。该声明确定，两局将于11月1日正式启动中日PPH试点项目，进一步发挥两局在世界专利领域的重要作用。

10月19日，北京市海淀区人民法院召开专利案件专家陪审员公布仪式暨启动培训会。来自科研院所和高科技企业的5名专家陪审员参会。这些专家全部具有高级工程师或教授以上职称，所擅长的技术领域涵盖计算机、生物医药、无线通信、政策研究等各个方面。

11月1日，中日专利审查高速路（PPH）试点正式启动。试点为期一年，至2012年10月31日止。必要时，试点时间将延长，直至国家知识产权局和日本特许厅受理足够数量的PPH请求，以恰当地评估PPH项目的可行性。

截至2013年9月，与国家知识产权局启动PPH试点项目合作的国家已达12个，分别是：日本、韩国、美国、德国、俄国、丹麦、芬兰、奥地利、墨西哥、波兰、加拿大、新加坡。

11月7日，国家知识产权局印发《2012年全国专利事业发展战略推进计划》。

11月9～16日，国家知识产权局举办以“实施专利战略、推动创新发展”为主题的第五届中国专利周。期间，田力普局长与WIPO总干事高锐签署了《中国国家知识产权局与世界知识产权组织关于发展知识产权局信息服务的合作协议》。

11月13日，国家知识产权局局长田力普与埃塞俄比亚知识产权局局长阿代洛共同签署合作谅解备忘录。

11月15日，国家知识产权局与香港特别行政区政府知识产权署签署了知识产权合作协议。这是内地与香港间的首份知识产权协议。协议旨在继续加强内地与香港在知识产权领域的合作，促进两地交流，深化彼此沟通，共同通过重视知识产权，促进创新和经济增长。

11月22日，国家知识产权局在上海国际会议中心举行神舟八号和天宫一号航天交会对接技术中国专利证书颁发仪式。国家知识产权局局长田力普为圆满完成我国载人航天首次交会对接任务的中国航天科技集团公司上海航天技术研究院颁发了专利证书。此次颁证仪式上，由上海航天技术研究院研制申请的飞行器对接装置、空间对接缓冲机构试验台等15件专利获得了中国专利证书。

11月21日，《中美知识产权合作项目框架协议》在成都签署。协议确定了两国知识产权的合作方向：双方共同设立专项资金，通过技术支持与能力建设提高公众知识产权意识，在知识产权立法和执法交流等方面开展密切合作，共同改善知识产权保护与执法环境，探讨构建和谐平衡的国际知识产权制度。

11月22日，国家知识产权局在广州市召开全国知识产权系统首次人才工作会议，总结和交流了“十一五”以来知识产权系统人才工作取得的成绩和经验，分析了人才工作面临的形势。

11月，北京日立北工大信息系统有限公司（简称HBIS）成功开发出提供专利信息检索系统的“digi－patent/s”。利用这项服务，用户可以对中国、美国、欧洲及日本等十四个国家和地区的专利信息进行检索和浏览。

12月21日，全国专利信息传播与利用工作会议在广州召开。会议总结了2011年专利信息传播利用工作，并重点对2012年工作进行部署。国家知识产权局副局长甘绍宁为国家知识产权局（广东）专利信息传播利用基地授牌。全国各地方专利信息工作负责人及相关工作人员100余人参会，并就相关内容展开讨论。

12月22日，全国企事业知识产权工作会议和国家自主创新示范园区专利许可业务交流会在南昌召开。

2012年

3月1日，国家知识产权局优先权文件的数字接入服务（简称“DAS服务”）开通。

3月15日，国家知识产权局发布《专利实施强制许可办法》，自5月1日起施行。

4月26日，国家知识产权局、商务部等15部门共同发布《关于促进中医药服务贸易发展的若干意见》。

4月27日，国家知识产权局发布首批23个国家知识产权示范城市。

4月27日，中国专利查询系统正式开通；同年11月29日，推出英文界面；2013年3月29日，推出西班牙文界面；2013年4月26日，推出日文、韩文、德文、法文、俄文界面。

4月28日，电子申请网上缴纳专利费用系统正式开通。

5月10日和11月14日，国家知识产权局与河南省政府先后签署《关于发挥知识产权支撑作用加快中原经济区建设合作框架协议》和《关于共建国家知识产权局专利局专利审查协作河南中心的合作框架协议》。

5月23日，国家知识产权局知识产权发展研究中心发布《2011年全国专利实力状况报告》。从2012年起，国家知识产权局知识产权发展研究中心每年定期发布年度全国专利实力状况报告。

6月19日，国家知识产权局发布《发明专利申请优先审查管理办法》，自同年8月1日起施行。其规定了对发明专利申请予以优先审查的条件、数量、材料等。

7月10日，《全国知识产权服务业统计制度》获国家统计局批准。

7月16日，国家知识产权局举行中国第100万号发明专利证书签发仪式。

8月23日，国家知识产权局出台《重大经济科技活动知识产权评议试点工作管理暂行办法》。

9月6日，国家知识产权局、铁道部在青岛召开专利保障高铁企业“走出去”专题政策宣讲会。

9月10日，中国—东盟知识产权与传统知识及遗传资源保护研讨会在京召开。在为期3天的研讨会上，与会代表就国际上遗传资源传统知识的保护现状、中国传统中医药库、世界传统药物专利数据库及其在传统药物保护中的应用等议题展开深入探讨。

10月1日，中国政府代表团出席WIPO成员国大会第50次系列会议。

11月13日，国家知识产权局、国家发改委、科技部、农业部、商务部、国家工商总局、国家质检总局、国家版权局、国家林业局联合发布《关于加快培育和发展知识产权服务业的指导意见》。

11月27日，国家知识产权局印发《国家知识产权局关于加强试点城市分类指导工作的通知》。

11月28日，2012年全国地方知识产权战略实施工作会议在南京召开。

11月29日，中国企业知识产权网（www. cneip. org. cn）正式开通。

12月1日，国务院印发《服务业发展“十二五”规划》，将知识产权服务体系列为服务业总体发展的重要支撑体系。

12月11日，WIPO发布《2012年世界知识产权指标》报告。其中指出：中国已经成为专利申请第一大国。

12 月 20 日，2012 全国专利信息传播利用工作会议在南京召开。会议对 2012 年专利信息传播利用工作进行总结，并对 2013 年工作重点进行部署。

12 月 22 日，中美欧日韩五大知识产权局联合公布首个《世界五大知识产权局年度统计报告（2011 年）》。

12 月 25 日，全国知识产权领军人才集中评审会召开，评选出首批知识产权领军人才 81 名。

2013 年

3 月 1 日，由国家知识产权局起草制定、由国家质量监督检验检疫总局、国家标准化管理委员会批准颁布的《企业知识产权管理规范》正式实施。这是我国首部企业知识产权管理国家标准。

3 月，2013 年专利审查业务国际交流工作会议在京召开。会上，国家知识产权局专利局审查业务管理部有关负责人就审查业务国际交流工作、五局合作及 PCT 国际专利申请相关工作，以及专利审查高速路（PPH）工作等进行了介绍，随后与会代表就如何更好地开展审查业务国际合作进行了交流讨论。

3 月，《中国国家知识产权局与埃及科学技术研究院合作谅解备忘录》在北京签署。

4 月 8 日，中国国家知识产权局局长田力普在京会见来访的塔吉克斯坦共和国国家专利和信息中心局局长杰姆西德·科波诺夫一行。会谈后，签署了两局《合作谅解备忘录》。

4 月 9 日，中国国家知识产权局局长田力普在京会见了印度尼西亚法律人权部部长阿米尔·山苏丁率领的知识产权代表团一行。双方就知识产权制度建设、知识产权数据库等议题交换了意见。会谈后，双方签署了《关于知识产权保护的合作谅解备忘录》。

4 月 23 日，中国专利保护协会、中华商标协会、中国版权协会在京联合召开新闻发布会，发布了我国首次开展的知识产权保护社会满意度调查的相关情况。调查结果显示，2012 年，我国知识产权保护社会满意度得分为 63.69 分，总体评价偏低，但已过及格水平。

4月25日，国家知识产权局专利复审委员会召开文化建设座谈会，并在会上揭晓了专利复审委首个官方标志。

5月8日至11日，由商务部、科技部、国家知识产权局和上海市政府共同主办的首届中国（上海）国际技术进出口交易会在上海开幕。交易会以“创新驱动发展、保护知识产权、促进技术贸易”为主题。上交会是我国第一个专门为技术贸易搭建的国家级、综合性展会。

5月14日，检索与审查共享—自动化工具和解决方案研讨会在京举行。来自澳大利亚、巴西、欧洲专利局、日本、韩国、WIPO以及中国的专利审查和自动化领域的专家参会。

5月30日，中国国家知识产权局局长田力普在加拿大渥太华访问了加拿大知识产权局，并与加拿大知识产权局局长西尔万·拉波特（Sylvain Laporte）举行了中加两局局长会谈，签署了《中加专利审查高速路谅解备忘录》和《中加两局合作谅解备忘录》，并就双方共同关心的话题进行了深入的交流。

5月，首次中、蒙、俄知识产权联合研讨会在蒙古国乌兰巴托市举行。研讨会围绕三国知识产权制度、专利审查实践等议题深入研讨。会后，三国知识产权局举行了三边合作会谈并签署三边会谈纪要。

6月4日，中国国家知识产权局与欧洲专利局签署了加强两局专利分类领域合作的谅解备忘录。根据该备忘录，中国国家知识产权局将在未来几年逐步引入CPC对中国发明专利文献进行分类。自2014年1月起，中国国家知识产权局将在已接受欧洲专利局专门培训的技术领域中，针对新公开的发明专利申请进行CPC分类；争取从2016年1月开始，对所有技术领域的新发明专利申请进行CPC分类，并与欧洲专利局共享相关分类数据。

7月19日，由中国知识产权研究会、日本知财学会、韩国产业财产权法学会主办，中国知识产权研究会学术顾问委员会承办的首届中日韩国际知识产权研讨会在京举行。

7月29日，由中国国家知识产权局主办的中国专利文献知识与应用发展中国家培训班在京开班。来自拉美七国以及非洲地区知识产权组织的学员代表参加此次培训班。

9月23日，首批国家知识产权强县工程示范县（区）集中授牌活动在京举行，国家知识产权局专利管理司负责人及部分省局相关负责人、浙江省杭州市西湖区等22个示范县（区）的政府负责人参加了活动。

9 月 23 日，中国政府代表团赴日内瓦出席 WIPO 成员国大会第 51 届系列会议。

9 月 25 日，国家知识产权局专利局专利审查协作北京中心十年专利预警成果汇报会在京举行。

9 月，世界五大知识产权局（IP5）代表——欧洲专利局局长伯努瓦·巴迪斯戴利、日本特许厅长官羽藤秀雄、韩国知识产权局局长金荣敏、中国国家知识产权局副局长贺化、美国商务部副部长次官及美国专利商标局副局长特蕾莎·斯坦尼克·莉亚在瑞士日内瓦举行会议，就于 2014 年 1 月启动一项全面的 IP5 专利审查高速路（PPH）试点达成一致意见。

9 月，国家知识产权局制定印发《关于加强知识产权人才体系建设的意见》，以期为推进实施国家知识产权战略和创新驱动发展战略，促进知识产权事业科学持续发展提供强有力的人才支撑。

10 月 14 日，全国首批知识产权管理体系认证审核员培训班在北京开班。培训结束后，中国认证认可协会将统一组织审核员确认考试。通过考试的学员，将成为我国第一批认证工作兼职审核员。

10 月 23 日，由中国国家知识产权局主办的专利审查高速路（PPH）业务推广会在京举行。会上，中国国家知识产权局、美国专利商标局、日本特许厅、韩国知识产权局的有关专家，以及 PPH 国内申请人代表向参会企业和代理机构分别介绍了各局 PPH 业务的开展情况及 PPH 的优势。

10 月 28 日，中国专利保护协会在北京举办了中国企业知识产权战略论坛。

10 月 28 日，国家知识产权局副局长杨铁军在北京会见了来访的美国知识产权所有人协会代表团。双方就专利审查实践、实用新型审查制度、我国专利法修改最新进展等议题进行了深入交流。该协会成立于 1972 年，总部设在美国，是一个为专利、商标、著作权和商业秘密的所有人服务而成立的国际性行业协会，也是唯一一家为全球所有行业和技术领域的知识产权所有者提供服务的协会。

11 月 5 日，中国—维斯格拉德集团知识产权联合研讨会在京举办。中国国家知识产权局局长田力普，波兰专利局局长爱莉简·爱当扎克，波兰驻华大使塔德乌什·霍米茨基出席研讨会并致辞。维斯格拉德集团是匈牙利、波兰、捷克、斯洛伐克 4 国为加强合作而成立的区域合作组织。

11 月 28 日 ~29 日，由国家知识产权局和世界知识产权组织主办、天津市知识产权局承办的“知识产权价值评估国家研讨会”在天津市举办。研讨会邀请了世界知识产权组织官员以及国内外专家，分别对知识产权评估在研究成果管理中的运用、知识产权评估理论与实务、专利价值分析等 10 个专题进行了讲解和阐述，并不时与台下参会人员互动交流和讨论。

12 月 11 日，中国国家知识产权局、美国专利商标局、日本特许厅、韩国特许厅实用新型圆桌会议在北京举行，来自中国、美国、日本、韩国、德国的知识产权专家、专利权人、企业法律顾问及专利代理人就中日韩德等国的实用新型制度、专利无效和司法保护以及地方行政执法保护等进行了交流和讨论。

12 月 18 日，国家知识产权局发布《国家知识产权局关于进一步提升专利申请质量的若干意见》，提出了充分认识提升专利申请质量的重要性和紧迫性、优化有利于提升专利申请质量的政策导向、建立有利于提升专利申质量的监管机制、加强有利于提升专利申请质量的能力建设等意见，以深入实施国家知识产权战略，进一步提升专利申请质量，充分发挥专利制度激励和保护创新的作用，支撑创新驱动发展。

12 月，国家知识产权局修订印发《全国知识产权教育培训指导纲要》，以期推动建设一支高素质知识产权人才队伍，加快形成全方位、多领域、开放型的知识产权教育培训体系，为推动创新驱动发展战略、知识产权战略和专利事业发展战略实施提供坚实的人才保障。